KB103341

에티오피아 언어 암하릭어 문법 배우기(한글판)

정호칭

에티오피아 언어 암하릭어 문법 배우기(한글판)

발　행 | 2017년 4월 27일
저　자 | 정호칭
펴낸이 | 한건희
펴낸곳 | 주식회사 부크크
출판등록 | 2014.07.15.(제2014-16호)
주　소 | 경기도 부천시 원미구 춘의동 202 춘의테크노파크2단지 202동 1306호
전　화 | (070) 4085-7599
이메일 | info@bookk.co.kr

ISBN | 9791127215347

www.bookk.co.kr

에티오피아 언어 암하릭어 문법 배우기(한글판)

*** 암하릭어를 잘하는 15가지 방법 ***
밑의 있는 것들을 먼저 순서대로 외우시고 이 교재를 보시면 쉽고 빠르게 암하릭어를 잘 하실 수 있습니다. 암하릭어 어순과 한글 어순이 90% 정도 같습니다. 그래서 밑의 것들을 이해하신다면 암하릭어를 배우기 쉬울 것입니다.

1. 암하릭어 알파벳(피델)을 읽고 쓸줄 알아야 합니다.
2. 암하릭어 기본(Basic, Root) 동사들 알아야 합니다.
3. 암하릭어 문법 - 인칭대명사, 소유 대명사의 규칙을 알아야 합니다.
4. 암하릭어 문법 - 과거 시제 규칙을 알아야 합니다.
5. 암하릭어 문법 - 현재(미래) 시제, 과거진행 규칙을 알아야 합니다.
6. 암하릭어 문법 - 명령법1, 명령법2(The Jussive)의 규칙을 알아야 합니다.
7. 암하릭어 문법 - 부정사의 규칙 알아야 합니다.
8. 암하릭어 문법 - 단순 전치사, 복합 전치사들을 알아야 합니다.
9. 암하릭어 문법 - 과거 접속사, 현재(미래) 접속사, 접속사의 부정들을 알아야 합니다.
10. 암하릭어 문법 - 과거, 현재(미래) 관계사절(관계대명사)의 규칙과 어순을 알아야 합니다.
11. 암하릭어 문법 - 동명사, 현재완료, 과거완료 규칙을 알아야 합니다.
12. 암하릭어 문법 - 인칭대명사의 부정, 과거, 현재완료, 과거완료, 현재(미래), 과거 진행 부정들을 알아야 합니다.
13. 암하릭어 문법 - 목적격 접미사를 알아야 합니다.
14. 암하릭어 문법 - said 동사, have 동사를 알아야 합니다.
15. 암하릭어 단어들을 알아야 합니다.

암하릭어를 잘하는 15가지 방법 요약은 이 책 맨 뒤(321 페이지)에 있습니다.

Mp3 file sample(mp3 파일 다운로드)
https://worlddic.com/xe/amharic/01.html

Video lecture sample
https://worlddic.com/xe/amharic/02.html

Buy Paperback(book) with mp3 files
https://worlddic.com/xe/amharic/03.html

Buy E-book with mp3 files
https://worlddic.com/xe/amharic/04.html

Buy Video Lecture(159 video, lesson 1-15)
https://worlddic.com/xe/amharic/05.html

(mp3 파일 다운로드)
https://worlddic.com/xe/amharic/01.html

암하릭어 문법들(Amharic Grammars)

암하릭어 알파벳 읽기 - 영어 발음을 한국어로 읽기 설명 예

He arrested, he tied አሰረ asere 아세레 a는 "아" 발음으로 읽어 주세요	አሰር arrest, tie iser 으세르 자음 뒤에 모음이 없으면 모두 "으" 발음으로 읽어 주세요	ማሰር to tie maser 마세르
He arrived, he reached ደረሰ derese 데레세	ድረስ arrive, reach dres 드레스	መድረስ to arrive, to reach medres 메드레스
He became tired ደከመ dekeme 데케메	ድከም tire dkem 드켐 마지막에 있는 m 은 "므" 발음이지만 "ㅁ"으로 읽어 주세요	መድከም to tire medkem 메드켐
He believed አመነ amene 아메네	አመን believe imen 으멘 i는 "으" 발음으로 읽어 주세요	ማመን to believe mamen 마멘 마지막에 있는 n 은 "느" 발음이지만 "ㄴ" 으로 읽어 주세요

Amharic Grammar(암하릭어 문법)
Lesson 1 - Amharic Alphabet(암하릭어 알파벳) - 한글 버전

	1st e(a)	2nd u	3rd I	4th a	5th e(ɛ)	6th ɨ	7th o		1st e(a)	2nd u	3rd I	4th a	5th e(ɛ)	6th ɨ	7th o
h	(하)	(후)	(히)	(하)	(해)	(흐)	(호)	**h**	(해)	(후)	(히)	(하)	(해)	(흐)	(호)
l	(래)	(루)	(리)	(라)	(래)	(르)	(로)	**w**	(애)	(우)	(이)	(와)	(애)	(으)	(오)
h	(하)	(후)	(히)	(하)	(해)	(호)	(호)	**a**	(아)	(우)	(이)	(아)	(애)	(으)	(오)
m	(매)	(무)	(미)	(마)	(매)	(므)	(모)	**z**	(재)	(주)	(지)	(자)	(재)	(즈)	(조)
s	(새)	(수)	(시)	(사)	(새)	(스)	(소)	**Zh**	(제)	(쥬)	(지)	(쟈)	(제)	(즈)	(조)
r	(래)	(루)	(리)	(라)	(래)	(르)	(로)	**y**	(애)	(유)	(이)	(야)	(예)	(이)	(요)
s	(새)	(수)	(시)	(사)	(새)	(스)	(소)	**d**	(대)	(두)	(디)	(다)	(대)	(드)	(도)
sh(ʃ)	(셰)	(슈)	(쉬)	(샤)	(셰)	(스)	(쇼)	**j(z)**	(재)	(주)	(지)	(쟈)	(재)	(즈)	(조)
q	(깨)	(꾸)	(끼)	(까)	(깨)	(끄)	(꼬)	**g**	(개)	(구)	(기)	(가)	(게)	(그)	(고)
b	(배)	(부)	(비)	(바)	(베)	(브)	(보)	**th**	(때)	(뚜)	(띠)	(따)	(때)	(뜨)	(또)
t	(태)	(투)	(티)	(타)	(태)	(트)	(토)	**ch**	(폐)	(주)	(찌)	(쨔)	(폐)	(쯔)	(쯔)
ch	(채)	(주)	(치)	(차)	(채)	(츠)	(초)	**ph**	(패)	(푸)	(피)	(파)	(패)	(프)	(포)
h	(하)	(후)	(히)	(하)	(해)	(호)	(호)	**ts**	(깨)	(쭈)	(찌)	(짜)	(깨)	(쯔)	(쯔)
n	(내)	(누)	(니)	(나)	(내)	(느)	(노)	**tz**	(때)	(주)	(찌)	(짜)	(때)	(쯔)	(쯔)
ny	(네)	(뉴)	(니)	(냐)	(녜)	(느)	(뇨)	**f**	(패)	(푸)	(피)	(파)	(패)	(프)	(포)
a	(아)	(우)	(이)	(아)	(애)	(으)	(오)	**p**	(패)	(푸)	(피)	(파)	(패)	(프)	(포)
k	(캐)	(쿠)	(키)	(카)	(캐)	(크)	(코)	**v**	(배)	(부)	(비)	(바)	(배)	(브)	(보)

Amharic Alphabet(암하릭 알파벳) - 영어 버전

	1st	2nd	3rd	4th	5th	6th	7th		1st	2nd	3rd	4th	5th	6th	7th
	e(a)	u	i	a	e(ɛ)	ɨ	o		e(a)	u	i	a	e(ɛ)	ɨ	o
h	ሀ (ha)	ሁ (hu)	ሂ (hi)	ሃ (ha)	ሄ (he)	ህ (hi)	ሆ (ho)	h	ከ (he)	ኩ (hu)	ኪ (hi)	ካ (ha)	ኬ (he)	ክ (hi)	ኮ (ho)
l	ለ (le)	ሉ (lu)	ሊ (li)	ላ (la)	ሌ (le)	ል (li)	ሎ (lo)	w	ወ (we)	ዉ (wu)	ዊ (wi)	ዋ (wa)	ዌ (we)	ው (wi)	ዎ (wo)
h	ሐ (ha)	ሑ (hu)	ሒ (hi)	ሓ (ha)	ሔ (he)	ሕ (hi)	ሖ (ho)	a	ዐ (a)	ዑ (u)	ዒ (i)	ዓ (a)	ዔ (e)	ዕ (i)	ዖ (o)
m	መ (me)	ሙ (mu)	ሚ (mi)	ማ (ma)	ሜ (me)	ም (mi)	ሞ (mo)	z	ዘ (ze)	ዙ (zu)	ዚ (zi)	ዛ (za)	ዜ (ze)	ዝ (zi)	ዞ (zo)
s	ሠ (se)	ሡ (su)	ሢ (si)	ሣ (sa)	ሤ (se)	ሥ (si)	ሦ (so)	Zh	ዠ (zhe)	ዡ (zhu)	ዢ (zhi)	ዣ (zha)	ዤ (zhe)	ዥ (zhi)	ዦ (zho)
r	ረ (re)	ሩ (ru)	ሪ (ri)	ራ (ra)	ሬ (re)	ር (ri)	ሮ (ro)	y	የ (ye)	ዩ (yu)	ዪ (yi)	ያ (ya)	ዬ (ye)	ይ (yi)	ዮ (yo)
s	ሰ (se)	ሱ (su)	ሲ (si)	ሳ (sa)	ሴ (se)	ስ (si)	ሶ (so)	d	ደ (de)	ዱ (du)	ዲ (di)	ዳ (da)	ዴ (de)	ድ (di)	ዶ (do)
sh(ʃ)	ሸ (ʃe)	ሹ (ʃu)	ሺ (ʃi)	ሻ (ʃa)	ሼ (ʃe)	ሽ (ʃi)	ሾ (ʃo)	j	ጀ (je)	ጁ (ju)	ጂ (ji)	ጃ (ja)	ጄ (je)	ጅ (ji)	ጆ (jo)
q	ቀ (qe)	ቁ (qu)	ቂ (qi)	ቃ (qa)	ቄ (qe)	ቅ (qi)	ቆ (qo)	g	ገ (ge)	ጉ (gu)	ጊ (gi)	ጋ (ga)	ጌ (ge)	ግ (gi)	ጎ (go)
b	በ (be)	ቡ (bu)	ቢ (bi)	ባ (ba)	ቤ (be)	ብ (bi)	ቦ (bo)	th	ጠ (the)	ጡ (thu)	ጢ (thi)	ጣ (tha)	ጤ (teh)	ጥ (thi)	ጦ (tho)
t	ተ (te)	ቱ (tu)	ቲ (ti)	ታ (ta)	ቴ (te)	ት (ti)	ቶ (to)	ch	ጨ (che)	ጩ (chu)	ጪ (chi)	ጫ (cha)	ጬ (che)	ጭ (chi)	ጮ (cho)
ch	ቸ (che)	ቹ (chu)	ቺ (chi)	ቻ (cha)	ቼ (che)	ች (chi)	ቾ (cho)	ph	ጰ (phe)	ጱ (phu)	ጲ (phi)	ጳ (pha)	ጴ (phe)	ጵ (phi)	ጶ (pho)
h	ኀ (ha)	ኁ (hu)	ኂ (hi)	ኃ (ha)	ኄ (he)	ኅ (hi)	ኆ (ho)	ts	ጸ (tse)	ጹ (tsu)	ጺ (tsi)	ጻ (tsa)	ጼ (tse)	ጽ (tsi)	ጾ (tso)
n	ነ (ne)	ኑ (nu)	ኒ (ni)	ና (na)	ኔ (ne)	ን (ni)	ኖ (no)	tz	ፀ (tze)	ፁ (tzu)	ፂ (tzi)	ፃ (tza)	ፄ (tze)	ፅ (tzi)	ፆ (tzp)
ny	ኘ (nye)	ኙ (nyu)	ኚ (nyi)	ኛ (nya)	ኜ (nye)	ኝ (nyi)	ኞ (nyo)	f	ፈ (fe)	ፉ (fu)	ፊ (fi)	ፋ (fa)	ፌ (fe)	ፍ (fi)	ፎ (fo)
a	አ (a)	ኡ (u)	ኢ (i)	ኣ (a)	ኤ (e)	እ (i)	ኦ (o)	p	ፐ (pe)	ፑ (pu)	ፒ (pi)	ፓ (pa)	ፔ (pe)	ፕ (pi)	ፖ (po)
k	ከ (ke)	ኩ (ku)	ኪ (ki)	ካ (ka)	ኬ (ke)	ክ (ki)	ኮ (ko)	v	ቨ (ve)	ቩ (vu)	ቪ (vi)	ቫ (va)	ቬ (ve)	ቭ (vi)	ቮ (vo)

주의 - 6th (ɨ) => "으" 발음(예- 흐(hɨ) =흐, 르(lɨ)=르, 흐(hɨ)=흐, 므(mɨ)=므)

Lesson 2 - Demonstrative Pronouns(지시대명사)

& Personal Pronouns(인칭 대명사)

1. Demonstrative Pronouns(지시대명사)

ይህ 이흐 (yih)	this	이것	
ያ 야 (ya)	that	저것	
እነዚህ 으내지흐 (inezih)	these	이것들	
እነዚያ 으내지야 (ineziya)	those	저것들	
ነገር 내개르 (neger)	thing	(사물을 가리키는) 것	
ቀለም 깨렘(래므) (qelem)	color	색, 칼라	
ዓይነት 아이내트 (ayinet)	kind of	종류	
ብቻ 브차 (bcha)	only	단지	

2. Personal Pronouns(인칭대명사)

Personal Pronouns	to be Verbs	to be Verbs (Negative)
እኔ 으내(ine) I 나	ነኝ 낸(내느)(nen) I am 나 입니다.	አይደለሁም 아이대래훔(후므)(aidelrehum) I am not 나는 아닙니다.
I am a teacher, I am not a student. እኔ አስተማሪ ነኝ። ተማሪ አይደለሁም። 으내 아스태마리 낸(내느)። 태마리 아이대래훔(후므)። (ine astemari nen። temari aidelrehum) 나는 선생입니다. 나는 학생이 아닙니다.		
አንተ 안(아느)태(ante) You(masculine = m) 당신(남성)	ነህ 내흐(nehi) You are 당신(남성) 입니다.	አይደለህም 아이대래홈(흐므)(aidelrehim) You(m) are not 당신은(남성) 아닙니다.
Are you(masculine) a teacher? አንተ አስተማሪ ነህ? 안(아느)태 아스태마리 내흐? (ante astemari nehi?) 당신은(남성) 선생입니까?		
አንቺ 안(아느)치(anchi) You(feminine = f) 당신(여성)	ነሽ 내시(neshi) you are 당신(여성) 입니다.	አይደለሽም 아이대래심(시므)(aidelreshim) You(f) are not 당신은(여성) 아닙니다.
Are you(feminine) a student? 안(아느)치 태마리 내시?		

አንቺ ተማሪ ነሽ? (anchi temari neshi?) 당신은(여성) 학생입니까?		
እርሱ 으르수(irsu) He 그	ነው 내우(newu) he is 그는 입니다.	አይደለም 아이대램(래므)(aidelrem) he is not 그는 아닙니다.
He is a teacher. እርሱ አስተማሪ ነው። 으르수 아스태마리 내우። (irsu astemari newu) 그는 선생님입니다.		
እርስዋ으르스와(irswa) She 그녀는	ናት 나트(nat) she is 그녀는 입니다.	አይደለችም 아이대래침(치므) (aidelrechim) she is not 그는 아닙니다.
She is a nurse. እርስዋ ነርስ ናት። 으르스와 내르스 나트። (irswa ners nat) 그녀는 간호사입니다.		
እኛ 으냐(ingya) We 우리	ነን낸(내느)(nen) we are 우리는 입니다.	አይደለንም 아이대래늠(aidelrenm) we are not 우리는 아닙니다.
We are merchants. We are not farmers. እኛ ነጋደዎች ነን። ገበሬዎች አይደለንም። 으냐 내가대오치 낸(내느)። 개배래오치 아이대래늠። (ingya negadeochi nen። negadeochi aidelrenm።) 우리는 상인들입니다. 우리는 농부들이 아닙니다.		
እናንተ으난태(inante) You(plural = pl) 당신들	ናችሁ (nachihu) you are 당신들은 입니다.	አይደላችሁም 아이대라치훔(후므) (aidelrachihum) You(pl) are not 당신들은 아닙니다.
What are you(plural)? እናንተ ምንድን ናችሁ? 으난태 믄(므느)든(드느) 나치후? (inante mindin nachihu?) 당신들은 무엇(누구)입니까?		
እነርሱ 으내르수(inersu) They 그들	ናቸው 나쵸우(nachowu) they are 그들은 입니다.	አይደሉም 아이대룸(루므)(aidelrum) they are not 그들은 아닙니다.

They are farmers.
እነርሱ ገበሬዎች ናቸው።
으내르수 개배래오치 나쵸우።
(inersu gebereochi nachowu)
그들은 농부들입니다.

እረስዎ	ነዎት	አይደሉም
으래스오(ireso)	내오트(neot)	아이대룸(루므)(aidelrum)
You(polite)	you are	You(pol) are not
당신(공손한 표현)	당신은(공손한 표현) 입니다.	당신은(공손한 표현) 아닙니다.
እርሳቸው	ናቸው	አይደሉም
으르사쵸우(irsachowu)	나쵸우(nachowu)	아이대룸(루므)(aidelrum)
he(polite) ,	He is (polite),	He (polite) is not,
she (polite)	she is (polite)	she (polite) is not
그는(공손한 표현), 그녀는(공손한 표현)	그는(공손한 표현)입니다, 그녀는(공손한 표현) 입니다.	그는(공손한 표현) 아닙니다. 그녀는(공손한 표현) 아닙니다.

Is he(polite) a priest? No, He is not a priest.
እርሳቸው ቄስ ናቸው? ቄስ አይደሉም።
으르사쵸우 깨스 나쵸우? 깨스 아이대룸(루므)።
(irsachowu qes nachowu? qes aidelrum)
그는(공손한 표현) 성직자입니까? 성직자가 아닙니다.

Lesson 2 - Demonstrative Pronouns(지시대명사)

& Personal Pronouns(인칭 대명사)

Exercise(예문)
1. What is this? This is a pencil.
ይህ ምንድን ነው? ይህ እርሳስ ነው።
이흐 믄(므느)든(드느) 내우? 이흐 으르사스 내우።
(yih mndn newu? yih irsas newu።)
이것은 무엇입니까? 이것은 연필입니다.

2. What is that? That is a notebook.
ያ ምንድን ነው? ያ ደብተር ነው።
야 믄(므느)든(드느) 내우? 야 대브태르 내우።
(ya mndn newu? ya debter newu።)
저것은 무엇입니까? 저적은 공책입니다.

3. What are these? These are books.
እነዚህ ምንድን ናቸው? እነዚህ መጻሕፍት ናቸው።
으내지흐 믄(므느)든(드느) 나쵸우? 으내지흐 매짜흐프트 나쵸우።
(inezih mndn nachewu? inezih metsahft nachewu።)
이것들은 무엇입니까? 이것들은 책들입니다.

4. What are those? Those are students.
እነዚያ ምንድን ናቸው? እነዚያ ተማሪዎች ናቸው?
으내지야 믄(므느)든(드느) 나쵸우? 으내지야 태마리오치 나쵸우?
(ineziya mndn nachewu? ineziya temariwochi nachewu?)
저것들(저분들)은 무엇입니까? 저것들(저분들)은 선생님들입니다.

5. Who is it? It is a doctor.
ማን ነው? ሐኪም ነው።
만(마느) 내우? 하킴(키므) 내우።
(man newu? hakim newu።)
누구입니가? 의사입니다.

6. This is our house.
ይህ ቤታችን ነው።
이흐 배타친(치느) 내우።
(yih betachin newu።)
이것은 우리의 집입니다.

7. Is it easy to cross the river? It is not.
ወንዙን መሻገር ቀላል ነው? አይደለም።
앤(애느)준(주느) 매샤개르 깨랄(라르) 내우? 아이대램(래므)።
(wenzun meshager qelal newu? ayidelem።)
그 강을 건너는 것은 쉽습니까? 아닙니다.

8. This is our house. Where is your cat(f)?
ይህ ቤታችን ነው። ድመትሽ የት ነው?
이흐 배타친(치느) 내우። 드매트시 애트 내우?
(yih betachin newu። dmetsh yet newu?)

9. This book is mine. it is not yours(pl).
ይህ መጽሐፍ የእኔ ነው። የእናንተ አይደለም።
이흐 매쯔하프 애으내 내우። 애으난태 아이대램(래므)።
(yih metshaf yeine newu። yeinante ayidelem።)
이 책은 나의 것입니다. 당신들의 것이 아닙니다.

10. I am praying.
በጸሎት ላይ ነኝ።
배째로트 라이 낸(내느)።
(betselot layi neny።)
기도하는 중입니다.(직역: 기도 위에 나 입니다.)

11. This is my daughter.
ይህች የኔ ልጅ ናት።
이흐치 애내 르즈 나트።
(yihchi yene lj nat።)
이(여성) 나의 딸입니다.

12. He is a teacher. She is a nurse.
እርሱ አስተማሪ ነው፣ እርስዋ ነርስ ናት።
으르수 아스태마리 내우፣ 으르스와 내르스 나트።

(irsu astemari newu፣ irswa ners nat።)
그는 선생님입니다. 그녀는 간호사입니다.

13. We are not teachers.
አስተማሪዎች አይደለንም።
아스태마리오치 아이대래늠።
(astemariwochi ayidelenm።)
우리는 선생님들이 아닙니다.(직역: 선생님들이 우리는 아닙니다.)

14. Are you(f) a student? no I'm not a student. I'm a nurse.
ተማሪ ነሽ? አይ ተማሪ አይደለሁም፣ ነርስ ነኝ።
태마리 내시? 아이 태마리 아이대래훔(후므)፣ 내르스 낸(내느)።
(temari nesh? ayi temari ayidelehum፣ ners neny።)
학생입니까?(여성) 아니요, 학생이 나는 아닙니다. 나는 간호사입니다.

15. When he calls her, she will come.
እርሱ ሲጠራት ትመጣለች።
으르수 시때라트 트매따래치።
(irsu sitherat tmethalechi።)
그가 그녀를 불렀을 때 그녀는 올 것입니다.

16. Those people are my friends.
እነዚያ ሰዎች ጓደኞቼ ናቸው።
으내지야 새오치 과대뇨채 나쵸우።
(ineziya sewochi gwadenyoche nachewu።)
저 사람들은 나의 친구들입니다.

17. Abarasi wants to go, but I do not want.
አባራሲ መሄድ ትፈልጋለች። እኔ ግን አልፈልግም።
아바라시 매해드 트패르가래치። 으내 근(그느) 알패르금(그므)።
(abarasi mehed tfelgalechi። ine gn alfelgm።)
아바라시(여자 이름) 가기를 그녀는 원합니다. 나는 그러나 원하지 않습니다.

18. Those pictures are very expensive.
እነዚያ ሥዕሎች በጣም ውድ ናቸው።
으내지야 스으로치 배땀(따므) 우드 나쵸우።
(ineziya silochi betham wud nachewu።)
저 사진들은 매우 비쌉니다.

19. I want to go also.
እኔም ልሄድ እፈልጋለሁ።
으내므 르해드 으패르가래후።
(inem lhed ifelgalehu።)
또한(그리고) 나는 가기를 원합니다.

20. That woman is my sister.
ያቺ ሴት እህቴ ናት።
야치 새트 으흐태 나트።
(yachi set ihte nat።)
저 여성은 나의 여동생입니다.

21. He(pol) is not a priest, he is a teacher.
እርሳቸው ቄስ አይደሉም። አስተማሪ ናቸው።
으르사쵸우 깨스 아이대룸(루므)። 아스태마리 나쵸우።
(irsachewu qes ayidelum። astemari nachewu።)
그는(공손한 표현) 성직자가 아닙니다. 선생님입니다.

22. He will receive all who come to him.
ወደ እርሱ የሚመጡትን ሁሉ ይቀበላል።
애대 으르수 애미매뚜튼(트느) 후루 이깨배랄(라르)።
(wede irsu yemimethutn hulu yiqebelal።)
그에게 온 모두를 그는 받을 것입니다.

23. That girl is my sister.
ያች ልጅ እህቴ ናት።
야치 르즈 으흐태 나트።
(yachi lj ihte nat።)
저(여성) 소녀는 나의 여동생입니다.

24. The girl who came yesterday is my sister.
ትናንትና የመጣችው ልጅ እህቴ ናት።
트난(나느)트나 애매따치우 르즈 으흐태 나트።
(tnantna yemethachiwu lj ihte nat።)
어제 왔던 그 소녀는 나의 여동생입니다.

25. You also do as they have done(pl).
እነርሱ እንዳደረጉት አንተም አድርግ።
으내르수 은(으느)다대래구 안(아느)태므 아드르그።
(inersu indaderegu antem adrg።)
그들이 했던 것처럼 또한 당신도 하라!

27. I cannot work as he does.
እርሱ እንደሚሰራ እኔ ልሰራ አልችልም።
으르수 은(으느)대미새라 으내 르새라 아르치름(르므)።
(irsu indemisera ine lsera alchilm።)
그가 한 것처럼 나는 일 할 수 없습니다.

28. I cannot sew it as she did(sewed it).
እርስዋ እንደሰፋችው እኔ መስፋት አልችልም።
으르스와 은(으느)대새파치우 으내 매스파트 아르치름(르므)።
(irswa indesefachiwu ine mesfat alchilm።)
그녀가 그것을 수선했던 것처럼 나는 수선할 수 없습니다.

29. What do you(pol) want? I want new pencil.

ምን ይፈልጋሉ? አዲስ እርሳስ እፈልጋለሁ።

믄(므느) 이패르가루? 아디스 으르사스 으패르가래후።

(mn yifelgalu? adis irsas ifelgalehu።)

무엇을 당신은(공손한 표현) 원합니까? 새로운 연필을 나는 원합니다.

30. How many book do you(pol) want? I want 4 books.

ስንት መጽሐፍ ይፈልጋሉ? አራት መጻሕፍት እፈልጋለሁ።

슨(스느)트 매쯔하프 이패르가루? 아라트 매짜흐프트 으패르가래후።

(snt metshaf yifelgalu? arat metsaft ifelgalehu።)

얼마만큼의 책 당신은(공손한 표현) 원합니까? 4개 책들을 나는 원합니다.

Lesson 3 - The Possessive Pronouns(소유 대명사)

(noun(명사) + (ዬ(에), ህ(흐), ሽ(시), ው(우), ዋ(와), አችን(아친), አችሁ(아치후),

አቸው(아쵸우), ዎ(오))

	አስተማሪ 아스태마리 Teacher	እናት 으나트 mother	ውሻ 우샤 Dog	አባት 아바트 Father
ዬ 예(e) my (나의) 에	አስተማሪዬ 아스태마리예 My teacher (astemarie) 나의 선생님	እናቴ 으나태 My mother (inate) 나의 어머니	ውሻዬ 우샤예 My dog (wushwae) 나의 개	አባቴ 아바태 My father (abate) 나의 아버지
ህ 흐(h) your (m) (당신의(남성)) 흐	አስተማሪህ 아스태마리흐 Your(m) teacher (astemarihi) 당신의(남성) 선생님	እናትህ 으나트흐 Your(m) mother (inathi) 당신의(남성) 어머니	ውሻህ 우샤흐 Your(m) dog (wushwahi) 당신의(남성) 개	አባትህ 아바트흐 Your(m) father (abathi) 당신의(남성) 아버지
ሽ 시(shi) your (f) (당신의(여성)) 시	አስተማሪሽ 아스태마리시 Your(f) teacher (astemarishi) 당신의(여성) 선생님	እናትሽ 으나트시 Your(f) mother (inatshi) 당신의(여성) 어머니	ውሻሽ 우샤시 Your(f) dog (wushwashi) 당신의(여성) 개	አባትሽ 아바트시 Your(f) father (abatshi) 당신의(여성) 아버지
ው 우(wu) his (그의) or The (그) 우	አስተማሪው 아스태마리우 His teacher The teacher (astemariwu)	እናቱ(ት+ው) 으나투(트+우) His mother The mother	ውሻው 우샤우 His dog The dog (wushwawu)	አባቱ(ት+ው) 아 바 투 (트 + 우) His father The father

	그의 선생님	(inatu) 그의 어머니	그의 개	(abatu) 그의 아버지
ዋ 와(wa) her (그녀의) 와	አስተማሪዋ 아스태마리와 Her teacher (astemariwa) 그녀의 선생님	እናትዋ(ትዋ) 으나트와(트 와) Her mother (inatwa) 그녀의 어머니	ውሻዋ 우샤와 Her dog (wushwawa) 그녀의 개	አባትዋ(ትዋ) 아 바 트 와 (트 와) Her father (abatwa) 그녀의 아버지
አችን 아친(치느)(a chin) our (우리의) 아친	አስተማሪአችን 아스태마리아 친(치느) Our teacher (astemariach in) 우리의 선생님	እናታችን(ት+አ ችን) 으나 타 친 (치 느)(트+아친(치느)) Our mother (inatachin) 우리의 어머니	ውሻችን 우샤친(치느) Our dog (wushwachin) 우리의 개	አባታችን(ት+አ ችን) 아 바 타 친 (치 느) (트 + 아 친 (치느)) Our father (abatachin) 우리의 아버지
አችሁ 아치우(achiwu) your(pl) (당신들의) 아치우	አስተማሪአችሁ 아스태마리아 치후 Your(pl) teacher (astemariach ihu) 당신들의 선생님	እናታችሁ(ት+አ ችሁ) 으나 타 치 후 (트+아치후) Your(pl) mother (inatachihu) 당신들의 어머니	ውሻችሁ 우샤치후 Your(pl) dog (wushwachih u) 당신들의 개	አባታችሁ(ት+አ ችሁ) 아 바 타 치 후 (트+아치후) Your(pl) father (abatachihu) 당신들의 아버지
አቸው 아 쵸 우 (achowu) their (그들의) 아쵸우	አስተማሪአቸው 아스태마리아 쵸우 Their teacher (astemariach owu) 그들의 선생님	እናታቸው(ት+አ ቸው) 으나 타 쵸 우 (트+아쵸우) Their mother (inatachowu) 그들의 어머니	ውሻቸው 우샤쵸우 Their dog (wushwacho wu) 그들의 개	አባታቸው(ት+አ ቸው) 아 바 타 쵸 우 (트+아쵸우) Their father (abatachowu) 그들의 아버지
ዎ 오(o) your (polite) (당신의(공손 한 표현)) 오	አስተማሪዎ 아스태마리오 Your(pol) teacher (astemario) 당신의(공손) 선생님	እናትዎ 으나트오 Your(pol) mother (inato) 당신의(공손) 어머니	ውሻዎ 우샤오 Your(pol) dog (wushwao) 당신의(공손) 개	አባዎ 아바오 Your(pol) father (abato) 당신의(공손) 아버지

1. This is my daughter.
ይህች ልጄ ናት።
이흐치 르재 나트።
(ihichi rje nat)
이 사람은(여성) 나의 딸입니다.

Explanation

=> ይህ(this masculine), ይህች(this feminine),
ልጄ(my son(daughter)=ልጅ(boy)+ ዬ(my)), ናት(she is)
=> 이흐(this masculine), 이흐치(this feminine),
르재(my son(daughter)=르즈(boy)+ 예(my)), 나트(she is)

2. My father is a doctor.
አባቴ ሐኪም ነው።

아바태 하킴(키므) 내우።
(abate hakim newu)
나의 딸은 의사입니다.

Explanation

=> አባቴ(አባት(father)+ ዬ(my)), ሐኪም(doctor), ነው(he is)
=> 아바태(아바트(father)+ 예(my)), 하킴(키므)(doctor), 내우(he is)

3. Those children are our students.
እነዚያ ልጆች ተማሪዎቻችን ናቸው።
으내지야 르조치 태마리오차친(치느) 나쵸우።
(inejiya rjochi temariochachin nachowu)
저 아이들은 나의 학생들입니다.

Explanation

=> እነዚያ(those), ልጆች(children)= ልጅ(boy)+ ዎች(plural),
ማሪዎቻችን(our students)= ተማሪ(student)+ ዎች(plural)+ አችን(our)
=> 으내지야(those), 르조치(children)= 르즈(boy)+ 오치(plural),
마리오차친(치느)(our students)= 태마리(student)+ 오치(plural)+ 아친(치느)(our)

4. Our teacher is a good woman.
አስተማሪአችን ጥሩ ሴት ናቸው።
아스태마리아친(치느) 뜨루 새트 나쵸우።
(astemariachin tru set nachowu)
나의 선생님은 좋은 여성입니다.

Explanation

=> አስተማሪአችን(Our teacher)= አስተማሪ(teacher)+ አችን(our),
ጥሩ(good), ሴት(woman), ናቸው(he(she) is(politer) or they are)
=> 아스태마리아친(치느)(Our teacher)= 아스태마리(teacher)+ 아친(치느)(our),
뜨루(good), 새트(woman), 나쵸우(he(she) is(politer) or they are)

5.This is our house. Where is your cat(f)?

ይህ ቤታችን ነው። ድመትሽ የት ነው?

이흐 배타친(치느) 내우። 드매트시 애트 내우?

(ihi betachin newu። dmetshi et newu?)

이것은 나의 집입니다. 그의 고양이는 어디에 있습니까?

Explanation

=> ይህ(this), ቤታችን(our house)= ቤት(house)+ አችን(our), ነው(he is),

ድመትሽ(your(feminine) cat)= ድመት(cat) +ሽ(your(feminine)),

የት(where), ነው(he is)

=> 이흐(this), 배타친(치느)(our house)= 배트(house)+ 아친(치느)(our),

내우(he is),

드매트시(your(feminine) cat)= 드매트(cat) +시(your(feminine)),

애트(where), 내우(he is)

6. My sister is a nurse.

እህቴ ነርስ ናት።

으흐태 내르스 나트።

(ihite ners nat)

나의 여동생은 간호사입니다.

Explanation

=> እህቴ(My sister)= እህት(sister)+ ዬ(my), ነርስ(nurse), ናት(she is)

=> 으흐태(My sister)= 으흐트(sister)+ 예(my), 내르스(nurse), 나트(she is)

Lesson 3 - The Possessive Pronouns(소유 대명사)

Exercise(예문) - 50

1. When will he receive his salary?

ደመወዙን መቼ ይቀበላል?

대매애준(주느) 매채 이깨배랄(라르)?

(demewezun meche yiqebelal?)

그의 월급을 언제 그는 받을까요?

2. My father is a doctor.

አባቴ ሐኪም ነው።

아바태 하킴(키므) 내우።

(abate hakim newu።)

나의 아버지는 선생님입니다.

3. My mother cooked vegetables.

እናቴ አትክልት ቀቀለች።

으나태 아트크르트 깨깨래치።

(inate atklt qeqelechi።)

나의 어머니는 채소들을 요리했습니다.

4. My sister went in the morning.
እኅቴ ጠዋት ሄደች።
으흐태 때와트 해대치።
(ihte thewat hedechi።)
나의 여동생은 아침에 (직역: 그녀는) 갔습니다.

5. My grandfather has a big house.
ወንድ አያቴ ትልቅ ቤት አለው።
앤(애느)드 아야태 트르끄 배트 아래우።
(wend ayate tlq bet alewu።)
나의 할아버지는 큰 집을 가지고 있습니다.

6. Mamusi washed his clothes.
ማሙሲ ልብሱን አጠበ።
마무시 르브순(수느) 아때배።
(mamusi lbsun athebe።)
마무시(남성 이름)는 그의 옷을 씻었습니다.

7. What did you(m) buy in the market?
I bought vegetables for my mother.
ከገበያ ምን ገዛህ? አትክልት ለእናቴ ገዛሁ።
캐개배야 믄(므느) 개자흐? 아트크르트 래으나태 개자후።
(kegebeya mn gezah? atklt leinate gezahu።)
시장으로부터 무엇을 당신은(남성) 샀습니까?
채소들을 나의 어머니를 위하여 나는 샀습니다.

8.Who is the letter from? It is from my sister.
ደብዳቤው ከማን ነው? ከእህቴ ነው።
대브다배우 캐만(마느) 내우? 캐으흐태 내우።
(debdabew keman new? keihte new።)
그 편지는 누구로부터 왔습니까?(직역: 입니까?) 나의 여동생으로부터입니다.

9. Bring(f) the book which is in my room.
በክፍሌ ያለውን መጽሐፍ አምጪ።
배크프래 야래운(우느) 매쯔하프 암(아드)찌።
(bekfle yalewun metshaf amchi።)
나의 방안에 있는 그 책을 가져와라(여성에게-명령형).

10. The lady who is coming is my aunt.
የምትመጣው ሴት አክስቴ ናት።
애므트매따우 새트 아크스태 나트።
(yemtmethawu set akste nat።)
온 그 여성은 나의 아주머니입니다.

11. Did you(pl) hear that he has returned to his country?
ወደ አገሩ መመለሱን ሰማችሁ?
애대 아개루 매매래순(수느) 새마치후?
(wede ageru memelesun semachihu)
그의 나라로 그가 되돌 간 것을 당신들(너희들)은 들었습니까?

12. The boy wept because his brother took the ball.
ወንድሙ ኳሱን ስለወሰደ ልጁ አለቀሰ።
앤(애느)드무 콰순(수느) 스래애새대 르주 아래깨새።
(wendmu kwasun slewesede lju aleqese።)
그의 형제 그 볼을 취했기 때문에 그 아이는 울었습니다.

13. The lost son returned to his father.
የጠፋው ልጅ ወደ አባቱ ተመለሰ።
애때파우 르즈 애대 아바투 태매래새።
(yethefawu lj wede abatu temelese።)
잃었던 그 아이가 그의 아버지에 돌아왔다.

14. I gave the beggar 10 Birr to buy his dinner.
እራቱን እንዲገዛበት ለለማኙ 10 ብር ሰጠሁት።
으라툰(투느) 은(으느)디개자배트 래래마누 10 브르 새때후트።
(iratun indigezabet lelemanyu 10 br sethehut።)
그의 저녁을 사 먹도록 그 거지에게 10 비르를 나는 (그에게) 주었습니다.

15. He gave his mother the bananas which he bought this morning.
ዛሬ ጠዋት የገዛውን ሙዝ ለናቱ ሰጠ።
자래 때와트 애개자운(우느) 무즈 래으나투 새때።
(zare thewat yegezawun muz leinatu sethe።)
오늘 아침 그가 샀던 그 바나나를 그의 어머니에게 (그는) 주었다.

16. I do not want my book.
መጽሐፌን አልፈልግም።
매쯔하팬(패느) 알패르금(그므)።
(metshafen alfelgm።)
나의 책을 나는 원하지 않습니다.

17. What is her name? Her name is Abarasi.
ስምዋ ማን ነው? ስምዋ አባራሲ ነው።
슴(스므)와 만(마느) 내우? 슴(스므)와 아바라시 내우።
(smwa man newu? smwa abarasi newu።)
그녀의 이름은 무엇(누구)입니까? 그녀의 이름은 아바라시입니다.

18. I can not go with you(pol) because my mother is not at home.
እናቱ በቤት ስለሌለች ከእርስዎ ጋር መሄድ አልችልም።
으나태 배배트 스래래래치 캐으르스오 갈(가르) 매해드 아르치롬(르므)።
(inate bebet slelelechi keirswo gar mehed alchilm።)
나의 어머니는 집에 없었기 때문에 당신(공손한 표현)과 함께 가기를 나는 원하지 않습니다.

19. He finished his work and went home.
ሥራውን ጨርሶ ወደ ቤት ሄደ።
스라운(우느) 째르소 애대 배트 해대።
(srawun cherso wede bet hede።)
그의 일을 끝난 후 집에 그는 갔습니다.

20. He will receive his salary today.

ዛሬ ደሞዙን ይቀበላል።
자래 대모준(주느) 이깨배랄(라르)።
(zare demozun yiqebelal።)
오는 그의 월급을 그는 받았습니다.

21. The boy who lost his book are crying.
መጽሐፉ የጠፋበት ልጅ ያስቃሳል።
매쯔하푸 애때파배트 르즈 야래끄살(사르)።
(metshafu yethefabet lj yaleqsal)
그의 책을 잃었던 그 소년은 울고 있습니다.

22. Give 10 Birr to the boy who lost his book.
መጽሐፉ ስጠፋበት ልጅ 10 ብር ስጠው።
매쯔하푸 래때파배트 르즈 10 브르 스때우።
(metshafu lethefabet lj 10 br sthewu።)
그의 책을 잃었던 그 아이에게 10비르 주어라.

23. Is my brother here?
ወንድሜ እዚህ ነው?
앤(애느)드매 으지흐 내우?
(wendme izih newu?)
나의 형제는 여기에 있습니까?

24. She finished her work Monday.
ሰኞ ሥራዋን ጨረሰች።
새뇨 스라완(와느) 째래새치።
(senyo srawan cheresechi።)
월요일에 그녀의 일을 (그녀는) 끝냈습니다.

25. Mrs Abarasi sold her(pol) house.
ወይዘሮ አባራሲ ቤታቸውን ሸጡ።
애이재로 아바라시 배타쵸운(우느) 셰뚜።
(weyizero abarasi betachewun shethu።)
미세스 아바라시(여성 이름) 그녀의(공손한 표현) 집을 팔았습니다.

26. My mother writes a letter to me every week.
እናቴ በየሳምንቱ ደብዳቤ ትጽፍልኛለች።
으나태 배애사믄(므느)투 대브다배 트쯔프르냐래치።
(inate beyesamntu debdabe ttsflnyalechi።)
나의 어머니는 매주 마다 편지를 (그녀는) 나에게 씁니다.

27. She gave her book to the student.
መጽሐፍዋን ለተማሪው ስጠች።
매쯔하프완(와느) 래태마리우 새때치።
(metshafwan letemariwu sethechi።)
그녀의 책을 그 학생에게 (그녀는) 주었습니다.

28. The girl wrote a letter to her father.
ልጅቱ ደብዳቤ ለአባትዋ ጻፈች።

르지투 대브다배 래아바트와 짜패치∥
(ljitu debdabe leabatwa tsafechi∥)
그 소녀는 편지를 그녀의 아버지에게 썼습니다.

29. She has gone out to visit her aunt?
አክስትዋን ለመጠየቅ መጥተሻል?
아크스트완(와느) 래매때애끄 매뜨태샬(샤르)?
(akstwan lemetheyeq methteshal?)
그녀의 아주머니를 방문하기 위하여 그녀는 갔습니까?

30. She did as her father told her.
አባትዋ እንደነገራት አደረገች∥
아바트와 은(으)대내개라트 아대래개치∥
(abatwa indenege라t aderegechi∥)
그녀의 아버지는 그녀에게 말했던 것처럼 그녀는 했습니다.

31. The girl is following her father.
ልጅቱ አባትዋን ትከተላለች∥
르지투 아바트완(와느) 트캐태라래치∥
(ljitu abatwan tketelalechi∥)
그 소녀는 그녀의 아버지를 따라가고 있습니다.

32. We will finish our lesson.
ትምህርታችንን እንጨርሳለን∥
톰(트므)흐르타친(치느)느 은(으)째르사랜(래느)∥
(tmhrtachinn inchersalen∥)
우리의 수업을 우리는 끝낼 것입니다.

33. We will start our work.
ሥራችንን እንጀምራለን∥
스라친(치느)느 은(으)재므라랜(래느)∥
(srachinn injemralen∥)
우리의 일을 우리는 시작할 것입니다.

34. The children saw their father and ran toward him.
ልጆቹ አባታቸውን አዩና ወደ እርሱ ሮጡ∥
르조추 아바타쵸운(우느) 아유나 애대 으르수 로뚜∥
(ljochu abatachewun ayuna wede irsu rothu∥)
그 아이들은 그들의 아버지를 보았습니다 그리고 그에게 달려갔습니다.

35. Are not they going to our house?
ወደ ቤታችን አይሄዱም?
애대 배타친(치느) 아이해둠(두므)?
(wede betachin ayihedum?)
우리의 집에 그들은 가지 않을 것입니까?

36. Watch(f) our children.
ልጆቻንን ጠብቂ∥
르조차느느 때브끼∥
(ljochann thebqi∥)

우리의 아이들을 지켜 주세요(여성).

37. This is our house
ይህ ቤታችን ነው፡፡
이흐 배타친(치느) 내우፡፡
(yih betachin newu፡፡)
이것은 우리의 집입니다.

38. Those children are our pupils.
እነዚያ ልጆች ተማሪዎቻችን ናቸው፡፡
으내지야 르조치 태마리오차친(치느) 나쵸우፡፡
(ineziya ljochi temariwochachin nachewu፡፡)
저 아이들은 우리 아이들입니다.

39. The dog watches our house well.
ውሻው ቤታችንን በደንብ ይጠብቃል፡፡
우샤우 배타친(치느)느 배댄(대느)브 이때브깔(까르)፡፡
(wushawu betachinn bedenb yithebqal፡፡)
그 개 우리의 집을 잘 지킵니다.

40. When their father came the children ran towards the gate.
አባታቸው በመጣ ጊዜ ልጆቹ ወደ በሩ ሮጡ፡፡
아바타쵸우 배매따 기재 르조추 애대 배루 로뚜፡፡
(abatachewu bemetha gize ljochu wede beru rothu፡፡)
그들의 아버지가 왔을 때 그 아이들은 그 문으로 달려갔습니다.

41. After their father died they sold the house.
አባታቸው ከሞተ በኋላ ቤቱን ሸጡ፡፡
아바타쵸우 캐모태 배후알라 배툰(투느) 셰뚜፡፡
(abatachewu kemote behuwala betun shethu፡፡)
그들의 아버지가 죽은 후 그 집을 그들은 팔았습니다.

42. Give(m) the money to your father.
ገንዘቡን ለአባትህ ስጠው፡፡
갠(개느)재분(부느) 래아바트흐 스때우፡፡
(genzebun leabath sthewu፡፡)
그 돈을 당신의(남성) 아버지에게 주어라.

43. Finish your(pl) work.
ሥራችሁን ጨርሱ፡፡
스라치훈(후느) 째르수፡፡
(srachihun chersu፡፡)
당신들의 일을 끝내라

44. That woman is my sister.
ያቺ ሴት እህቴ ናት፡፡
야치 새트 으흐태 나트፡፡

(yachi set ihte nat፡፡)
저 여성은 나의 여동생입니다.

45. Show me your(f) new dress.
አዲሱን ቀሚስሽን አሳዪኝ፡፡
아디순(수느) 깨미스신(시느) 아사인(이느)፡፡
(adisun qemisshn asayiny፡፡)
새로운 당신(여성)의 옷을 나에게 보여 주세요.

46. Did you eat your(m) lunch?
ምሳህን በላህ?
므사흔(흐느) 바래흐?
(msahn baleh?)
당신(남성)의 점심을 당신(남성)은 먹었습니까?

47. Did you(pl) hear of my arrival?
መድረሴን ሰማችሁ?
매드래새느 새마치후?
(medresen semachihu?)
나의 도착을 당신들은 들었습니까?

48. I will give fifty money for my brother
ለወንድሜ አምሳ ገንዘብ እሰጣለሁ፡፡
래앤(애느)드매 암(아므)사 갠(개느)재브 으새따래후፡፡
(lewendme amsa genzeb isethalehu፡፡)
나의 형제를 위하여 50 비르를 나는 줄 것입니다.

49. What is your(m) name? My name is Mamusi.
ስምህ ማን ነው? ስሜ ማሙሲ ነው፡፡
슴(스므)흐 만(마느) 내우? 스매 마무시 내우፡፡
(smh man newu? sme mamusi newu፡፡)
당신(남성)의 이름은 무엇(누구)입니까? 나의 이름은 마무시 입니다.

50. Have you eaten your(m) breakfast? Yes, I have.
ቁርስህን በለተሃል? አዎን በልቻለሁ፡፡
꾸르스흔(흐느) 배르태할(하르)? 아온(오느) 배르차래후፡፡
(qurshn beltehal? awon belchalehu፡፡)
당신(남성)의 아침을 먹었습니까? 예, 나는 먹었습니다.

Lesson 4 - Possessive Nouns(소유 명사들)

(የ+ Personal Pronouns እኔ, አንተ ...)

(애+ Personal Pronouns 으내, 안(아느)태 ...)

የእኔ(የኔ)	애으내(애내)	my, mine
የአንተ(ያንተ)	애안(아느)태(얀(야느)태)	your, yours (2p. m)
የአንቺ(ያንቺ)	애안(아느)치(얀(야느)치)	your, yours (2p. f)
የእርሱ(የርሱ)	애으르수(애르수)	His
የእርሰዋ(የርሰዋ)	애으르스와(애르스와)	her, hers
የእኛ(የኛ)	애으냐(애냐)	our, ours
የእናንተ(የናንተ)	애으난태(애난(나느)태)	your, yours (2p. pl)
የእነርሱ(የነርሱ)	애으내르수(애내르수)	their, theirs
የእርሰዎ(የርሰዎ)	애으르스오(애르스오)	your, yours (2. polite)
የእርሳቸው(የርሳቸው)	애으르사쵸우(애르사쵸우)	his, her, hers(3p. polite)

whose(የማን), which(የትኛው, የቱ)
Mr(አቶ), Mrs(ወይዘሮ), Miss(ወይዘሪት), girl(young)(ልጃገረድ)

whose(애만(마느)), which(애트냐우, 애투)
Mr(아토), Mrs(애이재로), Miss(애이재리트),　　girl(young)(르자개래드)

1. Whose house is this? It is his.
ይህ የማን ቤት ነው? የእርሱ ነው።
이흐　 애만(마느) 배트 내우? 애으르수 내우。

2. Who is the child's Mother?
የልጁ እናት ማን ናት?
애르주 으나트 만(마느) 나트?

Lesson 4 - Possessive Nouns(소유 명사들)

Exercise(예문) - 20
1. Is this pencil yours(m)? No, it is not mine, it is his.
ይህ እርሳስ ያንተ ነው? አይ የእኔ አይደለም የእርሱ ነው።
이흐 으르사스 얀(야느)태 내우? 아이 애으내 아이대램(래므) 애으르수 내우。
(yih irsas yante newu? ayi yeine ayidelem yeirsu newu።)
이 연필은 당신의 것입니까? 아니요 나의 것이 아닙니다. 그의 것입니다.

2. This book is mine. it is not yours(pl).
ይህ መጽሐፍ የእኔ ነው። የእናንተ አይደለም።
이흐 매쯔하프 애으내 내우。 애으난태 아이대램(래므)。
(yih metshaf yeine newu። yeinante ayidelem።)
이 책은 나의 것입니다. 당신의 것이 아닙니다.

3. Whose sheep is this? It is our neighbor's.

ይህች በግ የማን ናት? የጎረቤታችን ናት።
이흐치 배그 애만(마느) 나트? 애고래배타친(치느) 나트።
(yihchi beg yeman nat? yegorebetachin nat።)
이(여성 표현) 양은 누구의 것입니까? 우리의 이웃의 것입니다.

4. Which is further of jimma or debre zeit?
ከጅማና ከደብረ ዘይት የትኛው ይርቃል?
캐즈마나 캐대브래 재이트 애트냐우 이르깔(까르)?
(kejmana kedebre zeyit yetnyawu yirqal?)
짐마(지역 이름)와 데르레 제이트(지역 이름) 중에 어느 것이 먼 곳입니까?

5. Is this your(pol) car? Yes, it is.
ይህ የርስዎ መኪና ነው? አዎን የእኔ ነው።
이흐 애르스오 매키나 내우? 아온(오느) 애으내 내우።
(yih yerswo mekina newu? awon yeine newu።)
이것은 당신(공손한 표현)의 차입니까? 예 나의 것입니다.

6. On Tuesday night Mr Mamusi drank a lot tella(beer) in our house.
ማክሰኞ ማታ አቶ ማሙሲ በቤታችን ብዙ ጠላ ጠጡ።
마크새뇨 마타 아토 마무시 배배타친(치느) 브주 때라 때뚜።
(maksenyo mata ato mamusi bebetachin bzu thela thethu።)
화요일 저녁에 미스터 마무시(남성 이름)는 우리의 집에서 많은 맥주는 마셨습니다.

7. The student's father is my brother.
የተማሪው አባት የእኔ ወንድም ነው።
애태마리우 아바트 애으내 앤(애느)듬(드므) 내우።
(yetemariwu abat yeine wendm newu።)
그 학생의 아버지는 나의 형제입니다.

8. Whose are these plates? They are ours.
እነዚህ ሰሃኖች የማን ናቸው? የእኛ ናቸው።
으내지흐 새하노치 애만(마느) 나쵸우? 애으냐 나쵸우።
(inezih sehanochi yeman nachewu? yeinya nachewu።)
이 접시들은 누구의 것입니까? 우리의 것입니다.

9. Whose book is this? it is his.
ይህ መጽሐፍ የማን ነው? የእርሱ ነው።
이흐 매쯔하프 애만(마느) 내우? 애으르수 내우።
(yih metshaf yeman newu? yeirsu newu።)
이 책은 누구의 것입니까? 그의 것입니다.

10. Is pen on the chair yours?
በወንበሩ ላይ ያለው ብዕር ያንተ ነው?
배앤(애느)배루 라이 야래우 브으르 얀(야느)태 내우?
(bewenberu layi yalewu bir yante newu?)
그 의자 위에 있는 펜은 당신(남성)의 것입니까?

11. Mr Mamusi bought a book for five Birr.

አቶ ማሙሲ መጽሐፍ በአምስት ብር ገዙ።
아토 마무시 매쯔하프 배암(아므)스트 브르 개주።
(ato mamusi metshaf beamst br gezu።)
미스터 마무시 책을 5비르에 샀습니다.

12. These children are ours.
እነዚህ ልጆች የእኛ ልጆች ናቸው።
으내지흐 르조치 애으냐 르조치 나쵸우።
(inezih ljochi yeinya ljochi nachewu።)
이 아이들은 우리의 아이들입니다.

13. These children are not mine.
እነዚያ ልጆች የኔ አይደሉም።
으내지야 르조치 애내 아이대룸(루므)።
(ineziya ljochi yene ayidelum።)
이 아이들은 나의 것(아이들)이 아닙니다.

14. Is this pen yours(f)? No, it is not mine, it is hers.
ይህ ብዕር ያንቺ ናት? አይ የኔ አይደለም የእርሷ ነው።
이흐 브으르 얀(야느)치 나트? 아이 애으냐 아이대램(래므) 애으르스와 내우።
(yih bir yanchi nat? ayi yeine ayidelem yeirswa newu።)
이 펜은 당신(여성)의 것입니까? 나의 것이 아닙니다. 그녀의 것입니다.

15. Whose is the book which is on the table?
በጠረጴዛው ላይ ያለው መጽሐፍ የማን ነው?
배때래패자우 라이 야래우 매쯔하프 애만(마느) 내우?
(bethephezawu layi yalewu metshaf yeman newu?)
그 책상위에 있는 책은 누구의 것입니까?

16. Where is your(pl) country?
የእናንተ አገር የት ነው?
애으난태 아개르 애트 내우?
(yeinante ager yet newu?)
당신들의 나라는 어디입니까?

17. Which road is the best (better)?
የትኛው መንገድ የተሻለ ነው?
애트냐우 맨(매느)개드 애태샤래 내우?
(yetnyawu menged yeteshale newu።)
어느 길이 더 좋습니까?

18. His(pol) worker went to the market.
የእርሳቸው ሠራተኛ ወደ ገበያ ሄደ።
애으르사쵸우 새라태냐 애대 개배야 해대።
(yeirsachewu seratenya wede gebeya hede።)
그(공손한 표현)의 일꾼은 시장에 갔다.

19. Mrs Abarasi sold her(pol) house.
ወይዘሮ አባራሲ ቤታቸውን ሸጡ።

애이재로 아바라시 배타쵸운(우는) 셰뚜::
(weyizero abarasi betachewun shethu::)
미세스 아바라시는 그녀(공손한 표현)의 집을 팔았다.

20. The red dress is mine.
ቀዩ ቀሚስ የእኔ ነው::
깨유 깨미스 애으내 내우::
(qeyu qemis yeine newu::)
빨간 옷은 나의 것입니다.

Lesson 5 - Five W's and one H, which(5 W 그리고 1 H, 어느것)

ማን 만(마느) (man)	who 누구
መቼ 매채 (meche)	when 언제
የት፤ ወደት 애트፤ 애대트 (yet፤ wedet)	where 어디서
ምን፤ ምንድን 믄(므느)፤ 믄(므느)든(드느) (mn፤ mndn) what 무엇	
ለምን፤ ስለምን 램(래므)느፤ 스램(래므)느 (lemn፤ slemn) why 왜	
ስንት፤ እንዴት፤ እንደምን 슨(스느)트፤ 은(으느)대트፤ 은(으느)댐(대므)느 (snt፤ indet፤ indemn) how 얼마나	
የትኛው 애트냐우 (yetnyawu) which 어느 것	

Lesson 5 - Five W's and one H, which(5 W 그리고 1 H, 어느것)

Exercise(예문) - 35
*** who ***
1. Who did you(pl) buy this pencil from?
ይህንን እርሳስ ከማን ገዛችሁ?
이흔(흐느)느 으르사스 캐만(마느) 개자치후?
(yihnn irsas keman gezachihu?)
이 연필을 누구로부터 당신들은 샀습니까?

2. Who is it? It is a teacher.
ይህ ማን ነው? አስተማሪ ነው::
이흐 만(마느) 내우? 아스태마리 내우::
(yih man newu? astemari newu::)
이분은 누구입니까? 선생님입니다.

3. Whose is the book which is on the table?
በጠረጴዛው ላይ ያለው መፅሐፍ የማን ነው?
배때래패자우 라이 야래우 매쯔하프 애만(마느) 내우?
(bethephezawu layi yalewu metzhaf yeman newu?)
그 책상위에 있는 책은 누구의 것입니까?

4. who sent you(pl)?

ማን ላካችሁ?
만(마느) 라카치후?
(man lakachihu?)
누구를 당신들은 보냈습니까?

5. Who is the man who opened the door for us?
በሩን የከፈተልን ሰው ማን ነው?
배룬(루느) 애캐패태룬(르느) 새우 만(마느) 내우?
(berun yekefeteln sewu man newu?)
그 문을 우리를 위해 연 사람은 누구입니까?

*** when ***
1. When will you(m) sweep the room? I can not now.
 ክፍሉን መቼ ትጠርጋለህ? አሁን አልችልም።
크프룬(루느) 매채 트때르가래흐? 아훈(후느) 아르치름(르므)?
(kflun meche tthergaleh? ahun alchilm::)
그 방을 언제 당신(남성) 청소할 것입니까? 지금 나는 할 수 없습니다.

2. Have you(f) heard when they will come?
መቼ እንደሚመጡ ሰምተሻል?
매채 은(으느)대미매뚜 새므태샬(샤르)?
(meche indemimethu semteshal?)
언제 그들이 올 것인지 당신(여성)은 들었습니까?

3. When will he receive his salary?
ደመወዙን መቼ ይቀበላል?
대매애준(주느) 매채 이깨배랄(라르)?
(demewezun meche yiqebelal?)
그의 월급을 언제 그는 받을 것입니까?

4. We do not know when they will arrive.
መቼ እንደሚደርሱ አናውቅም።
매채 은(으느)대미대르수 아나우끔(끄므)::
(meche indemidersu anawuqm::)
언제 그들이 도착할 것인지 우리는 모릅니다.

5. When will you(pl) visit me?
መቼ ትጠይቁኛላችሁ?
매채 트때이꾸냐라치후?
(meche ttheyiqunyalachihu?)
언제 당신들은 나를 방문 할 것입니까?

6. When will you(pl) come back?
መቼ ትመለሳላችሁ? ሰኞ ወይም ማክሰኞ እንመለሳለን።
We will be back Monday or Tuesday.
매채 트매래사라치후? 새뇨 애임(이므) 마크새뇨 은(으느)매래사랜(래느)::
(meche tmelesalachihu?
senyo weyim maksenyo inmelesalen::)

언제 당신들은 되돌아 올 것입니까?
월요일 또는 화요일 우리는 되돌아 올것입니다.

*** where ***
1. Where do your(pol) children append the night?
ልጆችዎ የት ያድራሉ? በዘመድ ቤት ያድራሉ::
They spend the night at my relative's house.
르조치오 애트 야드라루? 배재매대 배트 야드라루::
(They spend the night at my relative's house.)
당신의(공손한 표현) 아이들은 어디에서 지난밤 보냈습니까?
나의 친척 집에 그들은 보냈습니다.

2. Where is your cat(f)?
ድመትሽ የት ነው?
드매트시 애트 내우?
(dmetsh yet newu?)
당신의(여성) 고양이는 어디에 있습니까?

3. Where did the farmer go? He went to the field.
ገበሬው የት ሄደ? ወደ እርሻ ሄደ::
개배래우 애트 해대? 애대 으르샤 해대::
(geberewu yet hede? wede irsha hede::)
그 농부는 어디 갔습니까? 밭에 그는 갔습니다.

4. Where did Mamusi go?
ማሙሲ ወደት ሄደ?
마무시 애대트 해대?
(mamusi wedet hede?)
마무시는 어디에 갔습니까?

*** what ***
1. What did you(m) say?
ምን አልክ?
믄(므느) 아르크?
(mn alk?)
무엇을 당신(남성)은 말했습니까?

2. What will I say?
ምን ልበል?
믄(므느) 르배르?
(mn lbel?)
무엇을 나는 말할까요?

3. What does this mean?
ይህ ምን ማለት ነው?
이흐 믄(므느) 마래트 내우?
(yih mn malet newu?)

이것은 무슨 의미입니까?

4. What do you(pl) want to become?
ምን ለመሆን ትፈልጋላችሁ?
믄(므느) 래매혼(호느) 트패르가래치후?
(mn lemehon tfelgalechihu?)
무엇이 되기를 당신들은 원합니까?

5. What did you(m) give to the teacher? I gave a book.
ለአስተማሪው ምን ሰጠህ? አንድ መጽሐፍ ሰጠሁ።
래아스태마리우 믄(므느) 새때흐? 안(아느)드 매쯔하프 새때후።
(leastemariwu mn setheh? and metshaf sethehu።)
그 선생님에게 무엇을 당신(남성)은 주었습니까? 한 책을 나는 주었습니다.

6. Have you(m) heard at what time they will come?
በስንት ሰዓት እንደሚመጡ ሰምተሃል?
배슨(스느)트 새아트 은(으느)대미매뚜 새므태할(하르)?
(besnt seat indemimethu semtehal?)
몇 시에 그들이 올 것인지 당신(남성)은 들었습니까?

7. What time will we return there?
በስንት ሰዓት ወደዚህ እንመለስ?
배슨(스느)트 새아트 애대지흐 은(으느)매래스?
(besnt seat wedezih inmeles?)
몇 시에 거기로 우리는 되돌아 올까요?

8. What happened?
ምን ሆነ?
믄(므느) 호누?
(mn honu?)
무슨 일이니?

9. What did you(m) see on the road yesterday?
ትናንትና በመንገድ ላይ ምን አየህ?
트난(나느)트나 배맨(매느)개드 라이 믄(므느) 아애흐?
(tnantna bemenged layi mn ayeh?)
어제 길 위에 무엇을 당신(남성)은 보았습니까?

10. What did you(pl) do yesterday?
ትናንትና ምን አደረጋችሁ?
ጠረጴዛውን በክፍሉ ውስጥ አስቀመጥነው።
we put the table into the room.
트난(나느)트나 믄(므느) 아대래가치후?
때래패자운(우느) 배크프루 우스뜨 아스깨매뜨내우።
(tnantna mn aderegachihu?
therephezawun bekflu wusth asqemethnewu።)
어제 무엇을 당신들은 하였습니까?
그 책상을 그 방안에 우리는 놓았습니다.

11. What did you(m) buy from the market?

ከገበያ ምን ገዛህ? ድንችና ሥጋ ገዛሁ።
I bought potatoes and meat.
캐개배야 믄(므느) 개자흐? 든(드느)치나 스가 개자후።
(kegebeya mn gezah? dnchina sga gezahu።)
시장으로부터 무엇을 당신(남성)은 샀습니까?
감자와 고기를 나는 샀습니다.

12. What did the children do?
ልጆቹ ምን አደረጉ? መጽሐፍቹን አነሱና ሄዱ።
They picked up the books and went.
르조추 믄(므느) 아대래구? 매쯔하포춘(추느) 아내수나 해두።
(ljochu mn aderegu? metshafochun anesuna hedu።)
그 아이들은 무엇을 하였습니까?
그 책들을 그들은 들었습니다. 그리고 그들은 갔습니다.

13. What did you(m) say? Say it again.
ምን አልህ? እንደገና በል።
믄(므느) 아르흐? 은(으느)대개나 배르።
(mn alh? indegena bel።)
무엇을 당신(남성)은 말했습니까? 다시 말해 주세요(합시다).

14. What will you(pol) do today?
ዛሬ ምን ያደርጋሉ? ክፍሌን አጠርጋለሁ።
자래 믄(므느) 야대르가루? 크프랜(래느) 으때르가래후።
(zare mn yadergalu? kflen ithergalehu።)
오늘 무엇을 당신(공손한 표현)은 하였습니까?
나의 방을 나는 청소할 것입니다.

15. What is the time? it is exactly 3 o'clock.
ስንት ስዓት ነው? ልክ 9 ስዓት ነው።
슨(스느)트 새아트 내우? 르크 9 새아트 내우።
(snt seat newu? lk 9 seat newu።)
몇 시입니까? 정확히 3시(에티오피아 시간)입니다.

16. The gate will be opened at 9 a.m.
At what time will it be closed?
በሩ በ3 ስዓት ይከፈታል። በስንት ስዓት ይዘጋል።
배루 배3 새아트 이캐패탈(타르)። 배슨(스느)트 새아트 이재갈(가르)።
(beru be3 seat yikefetal። besnt seat yizegal።)
그 문은 3시에 열 것입니다. 몇 시에 닫을까요?

17. What will I say?
ምን አላለሁ?
믄(므느) 으라래후?
(mn ilalehu?)
무엇을 나는 말 할까요?

*** why ***

1. Why you(f) were mad at me?
ለምን ተቆጣሽኝ?
램(래므)느 태꼬따신(시느)?
(lemn teqothashny?)
왜 당신(여성)은 나에게 화를 냈습니까?

2. Why do you(pl) laugh? We heard a funny story.
ለምን ትሥቃላችሁ? አሥቂኝ ታሪክ ስለሰማን ነው፡፡
램(래므)느 트스까라치후? 아스끼느 타리크 스래새만(마느) 내우፡፡
(lemn tsgalachihu? asqiny tarik sleseman newu፡፡)
왜 당신들은 웃습니까? 웃긴 이야기를 우리는 들었기 때문입니다.

3. Why are you(pl) laughing? we will not tell you(m).
ለምን ትስቃላችሁ? አንንግርህም፡፡
램(래므)느 트스까라치후? 안(아느)내그르홈(흐므)፡፡
(lemn tsqalachihu? annegrhm፡፡)
왜 당신들은 웃습니까? 우리는 당신(남성)에게 말하지 않을 것입니다.

4. Since I told you(m) yesterday,
ትናንትና ክነገርኩህ ዛሬ ደግሞ ለምን ትጠይቀኛለህ?
why are you(m) asking me again today?
트난(나느)트나 캐내개르쿠흐 자래 대그모 램(래므)느 트때이깨냘흐?
(tnantna kenegerkuh zare degmo lemn ttheyiqenyalh?)
어제 내가 당신(남성)에게 말했는데 오늘 또 왜 당신은 나에게 질문 하십니까?

5. why do not you(pl) call her?
ለምን አትጠሯትም?
램(래므)느 아트때라톰(트므)?
(lemn atthe라tm?)
왜 당신들은 그녀를 부르지 않습니까?

6. Why do you(m) use this for?
ይህን ለምን ትጠቀምበታለህ?
이흔(흐느) 램(래므)느 트때깨므배타래흐?
(yihn lemn ttheqembetaleh?)
이것을 왜 당신(남성) 사용합니까?

*** how, how many ***
1. How old is it(pol)?
ስንት አመቱ ነው?
슨(스느)트 아매투 내우?
(snt ametu newu?)
몇 살입니까?(공손한 표현)

2. How many children does she have?
ስንት ልጆች አሏት?
슨(스느)트 르조치 아르아트?
(snt ljochi alawat?)
얼마나 많은 아이들을 그녀는 가지고 있습니까?

3. About how long did she stay?
ምን ያህል ጊዜ ቆየች?
믄(므느) 야흐르 기재 꼬애치?
(mn yahl gize qoyechi?)
얼마동안 그녀는 머물렀습니까?

4. How did you(pol) spend the night?
እንደምን አደሩ? እንደምን ዋሉ?
How did you(pol) spend the day?
은(으느)댐(대므)느 아대루? 은(으느)댐(대므)느 와루?
(indemn aderu? indemn walu?)
어땠습니까? (지난 밤) 어땠습니까? (낮에)

5. How often do you(f) go to the market?
በየስንት ቀን ወደ ገበያ ትሄጃለሽ?
배애슨(스느)트 깬(깨느) 애대 개배야 트해자래시?
(beyesnt qen wede gebeya thejaleshi?)
얼마나 자주(직역: 매주 날) 시장에 당신(여성)을 갑니까?

*** which ***
1. Which road is the best (better)?
የትኛው መንገድ የተሻለ ነው?
애트냐우 맨(매느)개드 애태샤래 내우?
(yetnyawu menged yeteshale newu?)
어느 길이 더 좋습니까?

2. Which is further, jimma or debre zeit?
ከጅማና ከደብረ ዘይት የትኛው ይርቃል?
캐즈마나 캐대브래 재이트 애트냐우 이르깔(까르)?
(kejmana kedebre zeyit yetnyawu yirqal?)
짐마와 데브레 제이트 중에 어느 것이 멉니까?

Lesson 6 - Adjective and Numbers, Ethiopian month
(형용사와 숫자들, 에티오피아인의 달)

1. Adjective rules(형용사 규칙들)

Adjective rules (형용사 규칙들)
1. adjective + noun (형용사 + 명사) አዲስ መጽሐፍ new book 아디스 매쯔하프 new book adis metshaf

새로운 책

2. adjective + the(우) + noun (형용사 + the(우) + 명사)

አዲሱ መጽሐፍ

아디수 매쯔하프   the new book

adisu metshaf

그 새로운 책

3. adjective + the(우) + noun + noun (형용사 + the(우) + 명사 + 명사)

አዲሱ ቀይ መጽሐፍ

아디수 깨이 매쯔하프   the new red book

adisu qeyi metshaf

그 새로운 빨간 책

4. adjective + the(우) + noun + a possessive suffix
((형용사 + the(우) + 명사 + 소유 접미사)

አዲሱ መጽሐፍዬ

아디수 매쯔하프예   my new book

adisu metshafye

그 새로운 나의 책(직역: 그 새로운 나의 책)

5. adjective + the(우) + object + noun + verb
(형용사 + the(우) + 목적격 + 명사 + 동사)

አዲሱን መጽሐፍ ገዛሁ።

아디순(수느) 매쯔하프 개자후።   I bought the new book.

adisun metshaf gezahu።

그 새로운 책을 나는 샀다.

6. adjective + the(우) + object + noun + a possessive suffix + object
(형용사 + the(우) + 목적격 + 명사 + 소유 접미사 + 목적격)

አዲሱን መጽሐፍዬን ገዛሁ።

아디순(수느) 매쯔하프예느 개자후።   I bought my new book.

adisun metshafyen gezahu።

나의 새로운 책을 나는 샀다(직역: 그 새로운 나의 책을 나는 샀다)

7. adjective + the(우) + object + noun + a possessive suffix + object +
verb

(형용사 + the(우) + 목적격 + 명사 + 소유 접미사 + 목적격 + 동사)

ትንሹቱን ተማሪዋን አየሁ።

튼(트느)쉬툰(투느) 태마리완(와느) 아애후። I saw her little student.

tnshitun temariwan ayehu።

그녀의 작은 학생을 나는 보았다.

(직역: 그 새로운 그녀의 학생을 나는 보았다.)

ትልቁን ተማሪዋን አየሁ።

트르꾸느 태마리완(와느) 아애후∷	I saw her big student.	

트르꾸느 태마리완(와느) 아애후∷

tlqun temariwan ayehu∷

그녀의 큰 학생을 나는 보았다.

(직역: 그 큰 그녀의 학생을 나는 보았다.)

---

8. adjective + noun(the plural suffix) or
adjective(the plural suffix) + noun(the plural suffix)
(형용사 + 명사(복수 접미사) 또는 형용사(복수 접미사)+ 명사(복수 접미사)
አዲስ መጽሐፍት new pencils or አዲሶች መጽሐፍት new pencils
아디스 매짜흐프트 new pencils or 아디소치 매짜흐프트 new pencils
adis metsahft   adisochi metsahft
새로운 연필들 또는 새로운 연필들

---

9. the adjective can be used alone as a noun.
(형용사는 명사처럼 혼자 사용될 수 있다)
አዲሱን እፈልጋለሁ∷
아디순(수느) 으패르가래후∷ I want the new one
adisun ifelgalehu∷
그 새로운 것을 나는 원합니다.

---

10. adjective + the(우) + noun + a possessive suffix
(형용사 + the(우) + 명사 + 목적격 접미사)
ትንሽቱ ተማሪዋ
튼(트느)시투 태마리와   her little student
tnshtu temariwa
그녀의 작은 학생(직역: 그 작은 그녀의 학생)
ትልቁ ተማሪዋ
트르꾸 태마리와   her big student
tlqu temariwa
그녀의 큰 학생(직역: 그 큰 그녀의 학생)

2. Useful Adjectives(유용한 형용사들)

ትልቅ 트르끄 (tlq)	big 큰			
ትንሽ 튼(트느)시 (tnsh)		small 작은		
አዲስ 아디스 (adis)	new	새로운		
አሮጌ 아로개 (aroge)	old	늦은		
ወፍራም 애프라므 (wefram)	fat	살찐		
ቀጭን 깨쭌(쯔느) (qechn)		thin	가는	
ረጅም 래즈므 (rejm)	tall	키가 큰		
አጭር 아쯔르 (achr)	short	짧은		
ውድ 우드 (wud)	expensive	비싼		
ርካሽ 르카시 (rkash)	cheap	싼		
ትኩስ 트쿠스 (tkus)	hot or fresh	뜨거운 또는 신선한		
ቀዝቃዛ 깨즈까자	(qezqaza)		cold	차가운

꾀샤샤 꼬샤샤 (qoshasha)	dirty 더러운
ንጹህ 느쭈흐 (ntsuh)	clean 깨끗한
ቅርብ 끄르브 (qrb)	near or close 가까운 또는 친한
ሩቅ 루끄 (ruq)	far 먼

3. Adjectives(형용사들)

1. abysmal በጣም መጥፎ 배땀(따므) 매뜨포 betham methfo 아주 열약한
2. active ጉብዝ፣ ንቁ (ሠራተኛ)፣ አድራጊ 고배즈፣ 느꾸 (새라태냐)፣ 아드라기 gobez፣ nqu (seratenya)፣ adragi 활동적인, 활발한
3. affable ፈገግተኛ፣ ተወዳጅ 패개그태냐፣ 태애다즈 fegegtenya፣ tewedaj 상냥한
4. afraid መፍራት[ፈራ] 매프라트[파라] mefrat[fera] 두려워하여, 걱정하여
5. alive በሕይወት ያለ፣ ነዋሪ፣ ሕያው 배흐이야트 야래፣ 내와리፣ 흐야우 살아 있는 (↔ dead 죽은 애모태፣ 므우트)
behyiwet yale፣ newari፣ hyawu (↔dead 죽은 yemote፣ mwut)

6. ancient ጥንታዊ 뜬(뜨느)타이 thntawi 고대의, 낡은
7. animated ሕይወታዊ 흐이애타이 hyiwetawi 활기찬
8. calm ዝምተኛ ፣ ጸጥተኛ፣ 즈므태냐 ፣ 째뜨태냐 zmtenya ፣ tsethtenya 평온한, 침착한
9. clear ግልጥ፣ ጥሩ፣ በውሰጡ የሚያሳይ 그르뜨፣ 뚜루፣ 배우스뚜 애미야사이 glth፣ thru፣ bewusthu yemiyasayi 맑은, 또렷한, 명백한
10. comfortable ምቹ፣ ድሎት ያለው 므추፣ 드로트 야래우 mchu፣ dlot yalewu 기분 좋은, 안락한

11. common ዝቅተኛ (በማኅበራዊ ኑሮ)፣ ባለጌ፣ ሰድ 즈끄태냐 (배마하배라이 누로)፣ 바래개፣ 스드
zqtenya (bemahaberawi nuro)፣ balege፣ sd 공통의, 일반의, 흔한
12. cool ቀዝቃዛ፣ ነክሮ 깨즈까자፣ 내크로 서늘한, 냉정한
(↔ warm 따뜻한 무끄፣ 모깨 ሙቅ፣ ሞቀ it became warm)
qezqaza፣ nekro (↔warm 따뜻한 muq፣ moqe it became warm)
13. correct ልክ፣ ያልተሳሳተ 르크፣ 야르태사사태 lk፣ yaltesasate 정확한, 옳은
14. dark ጥቁር፣ ጨለማ 뜨꾸르፣ 째래마 thqur፣ chelema 어두운
15. deep ጥልቅ 뜨르끄 thlq 깊은

16. delicious ጣፋጭ፣ ጣዕም ያለው 따파쯔፣ 따음(으므) 야래우 thafach፣ thaim yalewu 맛있는
17. difficult አስቸጋሪ፣ ከባድ፣ አዋኪ 아스쵸가리፣ 캐바드፣ 아와키 aschegari፣ kebad፣ awaki 어려운, 까다로운
18. diligent ትጉህ 트구흐 tguh 부지런한, 열심히 하는
19. dirty ቆሻሻ፣ ዕድፋም 꼬샤샤፣ 으드파므 qoshasha፣ idfam 더러운, 더럽히다
20. each እያንዳንዱ 으얀(야느)다느두 iyandandu 각각의, 각자의, 각자, 제각기

21. either ከሁለት አንዱ፣ ወዲያና 캐후래트 안(아느)두፣ 애디야나 kehulet andu፣ wediyana 어느 하나의 ~도 또한,
22. electric ኤለትሪካዊ 애래트리카이 eletrikawi 전기의
23. enough በቂ፣ በቃ 배끼፣ 배까 beqi፣ beqa 충분한, 충분히
24. equal ተመሳሳይ፣ ትክክል 태매사사이፣ 트크크르 temesasayi፣ tkkl 균등한, 평등한
25. excellent በጣም ጥሩ፣ እጅግ የላቀ፣ ክቡር 배땀(따므) 뚜루፣ 으즈그 애라깨

크부르
betham thru፤ ijg yelaqe፤ kbur 뛰어난, 우수한

26. expensive ውድ 우드 비싼(↔cheap 값이 싼 으르카시)
wud (↔cheap 값이 싼 እርካሽ) irkash)
27. far ሩቅ 루끄 먼, 멀리 (↔near 가까운 끄르브)
ruq (↔near 가까운 ቅርብ) qrb)
28. fat ሰብ፤ ሞራ፤ ውፍረትስብ፤ 모라፤ 우프래트 살찐, 지방 (↔ thin 얇은, 가는
깨쭌(쯔느)፤ 크스)
sb፤ mora፤ wufret (↔thin 얇은, 가는 ቀጭን፤ ክስ) qechn፤ ks)
29. favorite ተስማ 태스마 tesma 아주 좋아하는
30. fearful ፈሪ፤ እስፈሪ፤ ፈራ፤ ሰጋ 패리፤ 아스패리፤ 파라፤ 새가 feri፤ asferi፤ fera፤
sega 걱정되는, 염려되는

31. few ጥቂት 뜨끼트 소수의, 거의 없는 (↔many 많은 브주፤ 아야래)
thqit (↔many 많은 ብዙ፤ እያለ) bzu፤ ayale)
32. first አንደኛ፤ የመጀመሪያ 안(아느)대냐፤ 애매재매리야 첫 번째의, 첫째로
(↔last 나중에 매째래샤፤ 재래깨፤ 꼬애)
andenya፤ yemejemeriya
(↔last 나중에 መጨረሻ፤ ዘለቀ፤ ቆየ) mechersha፤ zeleqe፤ qoye)
33. funny የሚያስገርም፤ አስቂኝ 애미야스개름(르므)፤ 아스끼느 yemiyasgerm፤
asqiny 재미있는, 기묘한
34. giant ታላቅ ዝና ያለው ሰው፤ ግዙፍ ጭራቅ 타라끄 즈나 야래우 새우፤ 그주프
쯔라끄 talaq zna yalewu sewu፤ gzuf chraq 거대한
35. golden የወርቅ፤ በወርቅ 애애르끄፤ 배애르끄 yewerq፤ bewerq 금빛의, 황금
같은

36. harmful ጠንቅ፤ ጎጂ 땐(때느)끄፤ 고지 thenq፤ goji 해로운
37. harsh ሻካራ ድምፅ፤ ጨካኝ 샤카라 듬(드므)쯔፤ 째카느 shakara dmtz፤
chekany 가혹한
38. honest ታማኝ፤ እውነተኛ 타만(마느)፤ 으우내태냐 tamany፤ iwunetenya 정직한
39. huge በጣም ትልቅ፤ ግዙፍ 배땀(따므) 트르끄፤ 그주프 betham tlq፤ gzuf
거대한
40. idle ሥራ ፈት፤ ሰነፍ፤ እሥራ ላይ ያልዋለ 스라 패트፤ 새내프፤ 으스라 라이
야르와래 게으른 (↔ diligent 부지런한 트구흐) sra fet፤ senef፤ isra layi yalwale
(↔ diligent 부지런한 tguh)

41. ill መታመም [ታመመ]፤ በሽታ፤ መቅሠፍት 매타매므 [타매매]፤ 배시타፤ 매끄새프트
metamem [tameme]፤ beshta፤ meqseft 병든, 나쁜
42. important አርግፐ፤ አለቆች 으르그뜨፤ 아래꼬치 irgth፤ aleqochi 중요한
43. independent በራሱ ሐሳብ የሚመራ ነፃ 배라수 하사브 애미매라 내짜
berasu hasab yemimera netza 독립의, 독립심이 강한
44. lazy ሰነፍ፤ ዝግተኛ 새내프፤ 즈그태냐 senef፤ zgtenya 게으른, 태만한
45. less ያነስ 야내새 더 적은(little의 비교급 튼(트느)시፤ 아쯔르፤ 뜨끼트)
yanese ትንሽ፤ አጭር፤ ጥቂት) (little의 비교급 tnsh፤ achr፤ thqit)

46. lovely የማሪ፤ ቆንጆ፤ ውብ፤ ተወዳጅ 야마래፤ 꼬느조፤ 우브፤ 태애다즈

yamare፤ qonjo፤ wub፤ tewedaj 아름다운, 사랑스러운
47. lucky ዕድለኛ 으드래냐 idlenya 행운의
48. modern ዘመናዊ፤ አዲስ ሐሳብ ያለው 재매나이፤ 아디스 하사브 야래우
zemenawi፤ adis hasab yalewu 현대의
49. natural ጠባያዊ፤ የተለመደ 때바야이፤ 애태래매대 thebayawi፤ yetelemede
자연의, 당연한
50. necessary አስፈላጊ 아스패라기 asfelagi 필요한, 필연적인

51. nice ጥሩ፤ ያማረ 뜨루፤ 야마래 thru፤ yamare 좋은, 훌륭한, 친절한
52. normal የተለመደ፤ ያለመመው፤ ያልተበላሸው 애태래매대፤ 야라매매우፤
야르태배라셰우 yetelemede፤ yalamemewu፤ yaltebelashewu 보통의, 정상의
53. obscure ግልጽ ያልሆነ፤ የተሠወረ 그르쯔 야르호내፤ 애태새애래 glts yalhone፤
yetesewere 비밀의
54. pacific ሠላምን የሚወድ 새라믄(므느) 애미애드 selamn yemiwed 평화로운,
평온한
55. past ያለፈ ጊዜ 야래패 기재 yalefe gize 지난, 과거의

56. perfect ፍጹም፤ እንከን የሌለው 프쭈므፤ 은(으)느캐느 애래래우 ftsum፤ inken
yelelewu 완전한, 완벽한
57. private የግል፤ እልፍኝ፤ ብቻ 애그르፤ 으르프느፤ 브차 yegl፤ ilfny፤ bcha 개인의,
사적인
58. quick ፈጣን፤ ቀልጣፋ፤ ፍጠን 패따느፤ 깨르따파፤ 프땐(때느) fethan፤ qelthafa፤
fthen 빠른
59. rough ሻካራ፤ ኮረኮንች፤ ጎርናና 샤카라፤ 코래코느치፤ 고르나나 shakara፤
korekonchi፤ gornana (표면) 거친
60. rude ባለጌ፤ ነውረኛ balege፤ newurenya 무례한

61. same ያው፤ የታወቀው 야우፤ 애타애깨우 같은 (↔ different ልዩ፤ የተለየ) 다른
르유፤ 애태래애) yawu፤ yetaweqewu (↔different lyu፤ yeteleye)
62. several ብዙ፤ አያሌ፤ አንዳንዶች 브주፤ 아야래፤ 안(아느)다느도치 bzu፤ ayale፤
andandochi 여럿의, 몇 사람의
63. short አጭር 아쯔르 (↔ tall ረጅም) 키가 큰 래즈므) achr 짧은, 키가 작은
(↔ tall rejm)
64. shy ዓይን አፋር 아인(이느) 아팔(파르) ayin afar 부끄러워하는, 수줍은
65. silent ጸጥ ያለ፤ ዝም ያለ 째뜨 야래፤ 즈므 야래 tseth yale፤ zm yale 침묵의,
조용한

66. similar ተመሳሳይ፤ የሚመስል 태매사사이፤ 애미매스르 temesasayi፤ yemimesl
비슷한, 같은 모양의
67. simple ቀላል፤ የማያስቸግር 깨랄(라르)፤ 애마야스쵸그르 qelal፤ yemayaschegr
간단한, 간소한
68. single ያላገባ፤ ወንድ ላጤ፤ ብቸኛ 야라개바፤ 앤(애느)대 라때፤ 브쵸냐 yalageba፤
wende lathe፤ bchenya 단 하나의, 독신의
69. slow ዝግ ያለ ፤ ቀርፋፋ 즈그 야래 ፤ 깨르파파 zg yale ፤ qerfafa 느린
70. social ማኅበራዊ፤ ከሌሎች ጋር አብሮ የሚኖር 마흐배라이፤ 캐래로치 갈(가르)
아브로 애미노르 사회적인 mahberawi፤ kelelochi gar abro yeminor

71. southern ደቡባዊ 대부바이 debubawi 남쪽의
72. strenuous ጉይለኛ፤ ከባድ (ለሥራ) 하이래냐፤ 캐바드 (래스라) hayilenya፤ kebad

(lesra) 힘든, 곤란한
73. such   አንዲህ፣ አንደዚህ 은(으느)디흐፣ 은(으느)대지흐 indih፣ indezih 이러한,
그러한
74. sufficient በቂ 배끼 beqi 충분한, 넉넉한
75. tenth   አሥራት 아스라트 asrat 열 번째의

76. terrible   በጣም አስደንጋጭ፣ አስፈሪ፣ ኃይለኛ፣ አሳዛኝ 배땀(따므) 아스댄(대느)가쯔፣
아스패리፣ 하이래냐፣ 아사자느
betham asdengach፣ asferi፣ hayilenya፣ asazany 끔찍한, 무서운
77. tired   ደከመ 대캐매 dekeme 피곤한, 싫증난
78. wild   አውሬ፣ ያልተገራ፣ የበረሃ 아우래፣ 야르태개라፣ 애배래하 awure፣ yaltegera፣
yebereha 야생의, 난폭한

Lesson 6 - Adjective and Numbers, Ethiopian month
(형용사와 숫자들, 에티오피아인의 달)

Exercise(Sentence) 20
1. It is big.
ትልቅ ነው።
트르끄 내우።
tlq newu።
큽니다.

2. It is a beautiful car.
ቆንጆ መኪና ነው።
꼬느조 매키나 내우።
qonjo mekina newu።
아름다운 자동차입니다.

3. I have a small car.
ትንሽ መኪና አለኝ።
튼(트느)시 매키나 알랜።
tnsh mekina aleny።
작은 차를 나는 가지고 있습니다.

4. My car is expensive.
መኪናዬ ውድ ነው።
매키나예 우드 내우።
mekinaye wud newu።
나의 차는 비쌉니다.

5. It is new.
አዲስ ነው።
아디스 내우።
adis newu።

새롭습니다.

6. It is a old house.
አሮጌ ቤት ነው።
아로개 배트 내우።
aroge bet newu።
오랜 집입니다.

7. You(pl) have a new house.
አዲስ ቤት አላችሁ።
아디스 배트 알라치후።
adis bet alachihu።
새로운 집을 당신들을 가지고 있습니다.

8. It is new our house.
ቤታችን አዲስ ነው።
배타친(치느) 아디스 내우።
betachin adis newu።
우리의 집은 새로운 것입니다.

9. The teacher is thinner than all the students.
አስተማሪው ከተማሪዎቹ ሁሉ ቀጭን ነው።
아스태마리우 캐태마리오추 후루 깨쯘(쯔느) 내우።
astemariwu ketemariwochu hulu qechn newu።
그 선생님은 모든 학생들보다 가냘픕니다.

10. Is that house near? It is not near, it is far.
ያ ቤት ቅርብ ነው? ቅርብ አይደለም ሩቅ ነው።
야 배트 끄르브 내우? 끄르브 아이대램(래므) 루끄 내우።
ya bet qrb newu? qrb ayidelem ruq newu።
저 집은 가까이에 있습니까? 가까이에 없습니다. 멀리 있습니다.

11. Because this is small I will sell it.
ይህ ትንሽ ስለሆነ እሸጠዋለሁ።
이흐 튼(트느)시 스래호내 으셰때와래후።
yih tnsh slehone ishethewalehu።
이것은 작기 때문에 나는 그것을 팔 것입니다.

12. Do you(pl) think she will buy a new car?
አዲስ መኪና የምትገዛ ይመስላችኋል?
아디스 매키나 애므트개자 이매스라치후알?
adis mekina yemtgeza yimeslachihuwal?
새로운 자동차를 사는 것을 당신들을 생각합니까?

13. I want new dress. The old one is short.
አዲስ ቀሚስ እፈልጋለሁ። አሮጌው በጣም አጭር ነው።
아디스 깨미스 으패르가래후። 아로개우 배땀(따므) 아쯔르 내우።
adis qemis ifelgalehu። arogewu betham achr newu።
새로운 옷을 나는 원합니다. 오래된 것은 짧습니다.

14. The girl is taller than her brother.
ከወንድምዋ ልጃቱ ረጅም ናት።
캐앤(애느)듬(드므)와 르지투 래즈므 나트።
kewendmwa ljitu rejm nat።
그녀의 형제(자매)보다 그 소녀는 큽니다.

15. Tomorrow we will tell a short story in Amharic.
ነገ በአማርኛ አጭር ታሪክ እንነግራለን።
내개 배아마래냐 아쯔르 타리크 은(으느)내그라랜(래느)።
nege beamarenya achr tarik innegralen።
내일 암하릭어로 짧은 이야기를 우리는 말 할 것입니다.

16. Those pictures are very expensive.
እነዚያ ሥዕሎች በጣም ውድ ናቸው።
으내지야 스으로치 배땀(따므) 우드 나쵸우።
ineziya silochi betham wud nachewu።
저 사진들은 매우 비쌉니다.

17. Is sheep available for a cheap price in this market?
በዚህ ገበያ በግ በርካሽ ዋጋ ይገኛል?
배지흐 개배야 배그 배르카시 와가 이개냘?
bezih gebeya beg berkash waga yigenyal?
이 시장 안에 있는 양을 싼 가격으로 얻을 수 있습니까?

18. I will drink the hot milk. But I will not drink the cold.
ትኩሱን ወተት እጠጣለሁ። ቀዝቃዛውን ግን አልጠጣም።
트쿠순(수느) 애태트 으때따래후። 깨즈까자운(우느) 근(그느) 아르때땀(따므)።
tkusun wetet ithethalehu። qezqazawun gn althetham።
그 뜨거운 우유를 나는 마실 것입니다.
그 차가운 것을 그러나 나는 마시지 않을 것입니다.

19. Wash(f) our dirty clothes and bring(f) the clean ones.
ቆሻሻውን ልብሳችንን እጠቢና ንጹሐን አምጪ።
꼬샤샤운(우느) 르브사친(치느)느 으때비나 느쭈훈(후느) 암(아므)찌።
qoshashawun lbsachinn ithebina ntsuhun amchi።
그 더러운 우리의 옷을 씻어라(여성) 그리고
그 깨끗한 것을 가져와라(여성-명령문)

20. The village to which we are going is far away.
የምንሄድበት መንደር ሩቅ ነው።
애믄(므느)해드배트 맨(매느)대르 루끄 내우።
yemnhedbet mender ruq newu።
우리가 갈 그 마을은 멉니다.

Numbers(숫자들)

አንድ	ሁለት	ሶስት	አራት	አምስት
안(아느)드 1	후래트 2	소스트 3	아라트 4	암(아므)스트

				5
ahnd	hoolet	sost	arat	amist
ስድስት 스드스트 6 sidist	ሰባት 새바트 7 sebat	ስምንት 스믄(므느)트 8 simint	ዘጠኝ 재땐(때느) 9 zeteny	አስር 아스르10 asir
ሃያ 하야 20 haya	ሰላሳ 새라사 30 selasa	አርባ 아르바 40 arba	ሐምሳ 하므사 50 hamsa	ስልሳ 스르사 60 silsa
ሰባ 새바 70 seba	ሰማንያ 새 만(마느)야 80 semanya	ዘጠና 재때나 90 zete'na	ምቶ 므토 100 meto	ሺህ(ሺ.) 시흐(쉬) 1000 shee
1ኛ or አንደኛ 1냐 or 안(아느)대냐 andenya first	2ኛ or ሁለተኛ 2냐 or 후래태냐 huletenya second	3ኛ or ሦስተኛ 3냐 or 소스태냐 sostenya third	9ኛ or ዘጠነኛ 9냐 or 재때내냐 zethenenya ninth	20ኛ or ሃያኛ 20냐 or 하야냐 hayanya twentieth
40ኛ or አርባኛ 40냐 or 아르바냐 arbanya fortieth	አርባ ሁለተኛ 40/2 아르바 후래태냐 a r b a huletenya forty second	አንድ ሦስተኛ 1/3 안(아느)드 소스태냐 and sostenya	ሁለት አምስተኛ 2/5 후래트 암(아므)스태냐 h u l e t amstenya	

Ethiopian month(에티오피아인의 달)

Amharic	Amharic	English	Ethiopian month
መስከረም meskerem	매스캐램(래므) meskerem	September 9월	1
ጥቅምት thqmt	뜨꼼(끄므)트 thqmt	October 10월	2
ህዳር hdar	흐달(다르) hdar	November 1월	3
ታህሳሥ tahsas	타흐사스 tahsas	December 12월	4
ጥር thr	뜨르 thr	January 1월	5
የካቲት yekatit	애카티트 yekatit	February 2월	6
መጋቢት megabit	매가비트 megabit	March 3월	7
መያዝያ meyazya	매야즈야 meyazya	April 4월	8
ግንቦት gnbot	근(그느)보트 gnbot	May 5월	9
ሰኔ sene	새내 sene	June 6월	10
ሐምሌ hamle	하므래 hamle	July 7월	11

ነሐሴ nehase	내하새 nehase	August 8월	12
ጳጉሜ phagume	파구매 phagume		13 (5 days or 6 days)

Lesson 7 - The Noun(명사)

1. Genders(성-남성, 여성)

1. There are only two genders in Amharic masculine and feminine. The gender will be indicated by the verb, or by an article

or a pronoun.

He is a student.   ተማሪ ነው

태마리 내우   temari newu 학생입니다.(남성)

she is a student.   ተማሪ ናት

태마리 나트   temari nat 학생입니다.(여성)

The boy ልጁ 르주   lju 그 소년

the girl ልጁቱ 르지투   ljitu 그 소녀

That boy ያ ልጅ   야 르즈   ya lj 저 소년

that girl ያች ልጅ   야치 르즈   yachi lj 저 소녀

2. the sun, moon, earth, countries and qualities like soul, love, sin, etc, are commonly made feminine.

sun ፀሐይ 째하이   tzehayi 태양
moon ጨረቃ 째래까   chereqa 달
earth አፈር፣ ምድር 아패르፣ 므드르   afer፣ mdr 지구, 땅
soul ነፍስ 내프스   nefs 영혼

to love, he loved ማፍቀር [አፈቀረ] ፤ መውደድ [ወደደ]
to love, he loved 마프깨르 [아패깨래] ፤ 매우대드 [애대대]
          mafqer [afeqere] ፤ mewuded [wedede]
          사랑하기를[사랑했다] ፤ 좋아하기를 [좋아했다]

sin ኃጢአት 하띠아트   hathiat 죄

3. Plural. => Noun + ዎች(pl)
a farmer ገበሬ 농부   farmers ገበሬዎች 농부들

a letter ደብዳቤ 편지   letters ደብዳቤዎች 편지들

Plural. => Noun + 오치(pl)
a farmer 개배래   농부   farmers 개배래오치 농부들

a letter 대브다배 편지	letters 대브다배오치 편지들

4. Exception (Plural)

miracle 기적 ታምC 타므르 tamr /

miracles 기적들 ታምራት 타므라트 tamrat

angel 천사 መልአክ 매르아크 melak /

angles 천사들 መላእክት 매라으크트 melaikt

heaven 하늘 ሰማይ 새마이 semayi /

heavens 하늘들 ሰማያት 새마야트 semayat

5. Noun + the(우)

house ቤት 배트 bet 집 /

 the house ቤቱ 배투 betu 그 집

a teacher አስተማሪ 아스태마리 학생 astemari /

the teacher አስተማሪው 아스태마리우 astemariwu 그 학생

a dog ውሻ 우샤 wusha 개 /

the dog ውሻው 우샤우 wushawu 그 개

6. Noun + the(ዩ.ው)
Noun + the(예우)

a person, man ሰው 새우 sewu 사람 /
the man ሰውዩው or ሰውዩው 새우예우 or 새우애우 그 사람
　　　　　　　　　sewuyewu or sewuyewu

7. Feminine singular nouns(Noun + the(ዪቱ))(Noun + the(이투))

a woman 여자 ሴት 새트 set /

the woman 그 여자 ሴቲቱ 새티투 setitu

a cow 암소 ላም 라므 lam /

the cow 그 암소 ላሚቱ 라미투 lamitu

a hen ጆC 조로 닭 joro /

the hen 그 닭 ጆርዪቱ 조로이투 joroyitu

Lesson 7 - The Noun(명사)

Exercise(Sentence) 10
1. Who is it? It is a student.
ማን ነው? ተማሪ ነው።
만(마느) 내우? 태마리 내우።

man newu? temari newu::
누구입니까? 학생입니다.

2. My sister is a nurse.
እህቴ ነርስ ናት::
으흐태 내르스 나트::
ihte ners nat::
나의 여동생은 간호사입니다.

3. I gave pen to the child.
እስክሪብቶን ለልጁ ሰጠሁ::
으스크리브톤(토느) 래르주 새때후::
iskribton lelju sethehu::
펜을 그 아이에게 나는 주었다.

4. The girl wrote a letter to her mother.
ልጇቱ ደብዳቤ ለእናትዋ ጻፈች::
르지투 대브다배 래으나트와 짜패치::
ljitu debdabe leinatwa tsafechi::
그 소녀는 편지를 그녀의 어머니에게 (그녀는) 썼습니다.

5. That boy is big.
ያ ልጅ ትልቅ ነው::
야 르즈 트르끄 내우::
ya lj tlq newu::
저 소년은 큽니다.

6. That girl is small.
ያች ልጅ ትንሽ ናት::
야치 르즈 튼(트느)시 나트::
yachi lj tnsh nat::
저 소녀는 작습니다.

7. Because Christ loved us he came to this world.
ክርስቶስ ስለወደደን ወደዚህ ዓለም መጣ::
크르스토스 스래애대댄(대느) 애대지흐 아램(래므) 매따::
krstos slewededen wedezih alem metha::
그리스도는 우리를 사랑하기 때문에 이 세상에 왔습니다.

8. We are farmers. We are not merchants.
እኛ ገበሬዎች ነን: ነጋዴዎች አይደለንም::
으냐 개배래오치 낸(내느): 내가대오치 아이대래늠::
inya geberewochi nen: negadewochi ayidelenm::
우리는 농부들입니다. 상인들은 우리는 아닙니다.

9. Whose book is that? It is the teacher's.

ያ መጽሐፍ የማን ነው? የአስተማሪው ነው።

야 매쯔하프 애만(마느) 내우? 애아스태마리우 내우።

ya metshaf yeman newu? yeastemariwu newu።

저 책은 누구의 것입니까? 그 선생님의 것입니다.

10. The woman watched the baby.

ሴቲቱ ሕፃኑን ጠበቀች።

새티투 흐짜눈(누느) 때배깨치።

setitu htzanun thebeqechi።

그 소녀는 그 아이를 돌보았습니다.

Lesson 8 - Root Group Verbs(뿌리 그룹 동사들)(기본 그룹 동사들)

111 Group Verbs 1		111 Group Verbs 2	
He arrested, He tied 그는 체포했다, 그는 묶었다	አሰረ 아새래 asere	He added, He increased 그는 추가했다, 그는 증가했다	ጨመረ 쨰매래 chemere
He arrived, He reached 그는 도착했다	ደረሰ 대래새 derese	He answered, He returned 그는 대답했다, 그는 되돌아왔다	መለሰ 매래새 melese
He became tired 그는 피곤하게 되었 다	ደከመ 대캐매 dekeme	He asked, He visited 그는 질문했다, 그는 방문했다	ጠየቀ 때애깨 theyeqe
He believed 그는 믿었다	አመነ 아매내 amene	He began 그는 시작했다	ጀመረ 재매래 jemere
He broke 그는 깨뜨렸다	ሰበረ 새배래 sebere	He begged 그는 구걸했다	ለመነ 래매내 lemene
He buried 그는 장사했다	ቀበረ 깨배래 qebere	He cooked 그는 요리했다	ቀቀለ 깨깨래 qeqele
He chose, He selected 그는 선택했다	መረጠ 매래때 merethe	He covered 그는 덮었다	ሸፈነ 셰패내 shefene
He counted 그는 세웠다	ቆጠረ 꼬때래 qothere	He did wrong, He sinned 그는 잘못했다, 그는 죄를 지었다	በደለ 배대래 bedele
He created	ፈጠረ	He dug	ቆፈረ

그는 창조했다	패때래 fethere	그는 팠다	꼬패래 qofere
He crucified 그는 희생했다	스깨래 새깨래 seqele	He finished 그는 끝냈다	째래새 cherese
He cut, He decided 그는 잘랐다, 그는 결정했다	꼬래때 qorethe	He locked 그는 잠갔다	꼬래패 qolefe
He dared, He ventured 그는 도전했다 그는 모험했다	대패래 defere	He prayed 그는 기도했다	째래애 tseleye
He fell 그는 넘어졌다	애대깨 wedeqe	He rang 그는 울렸다	대애래 dewele
He fried 그는 튀겼다	때배새 thebese	He reduced 그는 감소했다	깨내새 qenese
he hastened 그는 서둘렀다	패때내 fethene	He renewed, He mended 그는 새롭게했다, 그는 수선했다	아대새 adese
he judged 그는 심판했다	패래대 ferede	He sang 그는 노래했다	재매래 zemere
He killed 그는 죽었다	개대래 gedele	He wanted 그는 원했다	패래개 felege
He knew 그는 알았다	아애깨 aweqe	He tempted, He tested 그는 시험했다	패태내 fetene
He loved, He liked 그는 사랑했다, 그는 좋아했다	애대대 wedede	He thought 그는 생각했다	아새배 asebe
He opened 그는 열었다	캐패태 kefete	He tried 그는 노력했다	모캐래 mokere
He paid, He divided 그는 지불했다, 그는 나누었다	캐패래 kefele	He watched, He looked after 그는 지켰다, 그는 돌보았다	때배깨 thebeqe
He passed the night 그는 밤을 보냈다	아대래 adere	He weighed 그는 저울에 달았다	매재내 mezene
He passed 그는 지나갔다	아래패 alefe	He took away 그는 취했다	애새대 wesede
He permitted,	패깨대	He was satisfied	때개배

He allowed 그는 허락했다	패깨대 feqede	그는 만족하게 되었 다	때개배 thegebe
He ploughed 그는 경작했다	አረሰ 아래새 arese	He was sorry, He grieved 그는 슬펐다	አዘነ 아재내 azene
He put clothes, He wore 그는 입었다	ለበሰ 래배새 lebese	He washed 그는 씻었다	አጠበ 아때배 athebe
He resembled, He seemed 그는 닮았다	መሰለ 매새래 mesele	He went down 그는 내려갔다	ወረደ 애래대 werede
He stole 그는 훔쳤다	ሰረቀ 새래깨 sereqe	It blew 이것은 불었다	ነፈሰ 내패새 nefese
He swept 그는 청소했다	ጠረገ 때래개 therege	It dried 이것은 말랐다	ደረቀ 대래깨 dereqe
He told 그는 말했다	ነገረ 내개래 negere	It rained 이것은 비가 내렸다	ዘነበ 재내배 zenebe
		It was finished 이것은 끝나게 되었 다	አለቀ 아래깨 aleqe
		It was useful 이것은 유용하다	ጠቀመ 때깨매 theqeme

14 Group Verbs 1		14 Group Verbs 2	
He hit 그는 때렸다	መታ 매타 meta	He drank 그는 마셨다	ጠጣ 때따 thetha
He came 그는 왔다	መጣ 매따 metha	He lay, He slept 그는 누웠다, 그는 잤다	ተኛ 태냐 tenya
He filled 그는 가득찼다	ሞላ 모라 mola	He measured 그는 측정했다	ለካ 래카 leka
He worked, He built, He made 그는 일했다, 그는 지었다, 그는 만들었다	ሠራ 새라 sera	He painted, He anointed 그는 페인트칠했다, 그는 기름을 발랐다	ቀባ 깨바 qeba
He forget 그는 잊었다	ረሳ 래사 resa		
He helped 그는 도왔다	ረዳ 래다 reda		

He heard 그는 들었다	ሰማ 새마 sema		
He sawed (clothes) 그는 옷을 수선했다	ሰፋ 새파 sefa		
He roasted 그는(고기를) 굽었다	ቆላ 꼬라 qola		
He ate 그는 먹었다	በላ 배라 bela		
It was enough 이것은 충분했다	በቃ 배까 beqa		
He drove 그는 운전했다	ነዳ 내다 neda		
He went out 그는 나갔다	ወጣ 애따 wetha		
He sowed (seed) 그는 (씨를) 뿌렸다	ዘራ 재라 zera		
He entered 그는 들어갔다	ገባ 개바 geba		
He bought 그는 샀다	ገዛ 개자 geza		
He pushed 그는 밀었다	ገፋ 개파 gefa		
He hurt 그는 상처를 입혔다	ጎዳ 고다 goda		
He called, He invited 그는 불렀다, 그는 초대했다	ጠራ 때라 thera		
He disappeared, He was lost 그는 사라졌다, 그는 잃게 되었다.	ጠፋ 때파 thefa		
It boiled 이것은 끓었다	ፈላ 패라 fela		
He feared 그는 무서웠다	ፈራ 패라 fera		

He untied 그는 풀었다	ፈታ 패타 feta		
He shut 그는 잠갔다	ዘጋ 재가 zega		

11 Group Verbs 1		11 Group Verbs 2	
He fled 그는 도망쳤다	ሸሸ 셰셰 sheshe	He escorted, He accompanied 그는 호위했다, 그는 따랐다	ሸኘ 셰녜 shenye
He gave 그는 주었다	ሰጠ 새때 sethe	He separated 나는 분리했다	ለየ 래애 leye
He ground (grain) 그는 (곡식을) 갈았 다	ፈጨ 패째 feche	He waited, He stayed 그는 기다렸다, 그는 머물렀다	ቆየ 꼬애 qoye
He remained, He was absent 그는 남았다, 그는 결석하게 되었 다	ቀረ 깨래 qere		
He saw 그는 보았다	አየ 아애 aye		
He was present 그는 있었다(현재)	አለ 아래 ale		
It became evening 이것은 밤이 되었다	መሸ 매셰 meshe		

41 Group Verbs		71 Group Verbs	
He forgave, He pitied 그는 용서했다, 그는 동정했다	ማረ 마래 mare	He became, it happened 그는 되었다	ሆነ 호내 hone
He laughed, He smiled 그는 웃었다	ሳቀ 사깨 saqe	He cried 그는 소리쳤다	ጨኸ 쪼해 chohe
he loaded, He pressed 그는 짐을 실었다, 그는 압박했다	ጫነ 짜내 chane	He died 그는 죽었다	ሞተ 모태 mote
He pulled 그는 당겼다	ሳበ 사배	He fasted 그는 금식했다	ጾመ 쪼매

	sabe			tsome
He said 그는 말했다	አለ 아래 ale		He lived 그는 살았다	ኖረ 노래 nore
He seized, He held 그는 묵었다	ያዘ 야재 yaze		He ran 그는 달렸다	ሮጠ 로때 rothe
He sent 그는 보냈다	ላከ 라캐 lake		He returned round, He travelled	ዞረ 조래 zore
He spent the day 그는 보냈다(날)	ዋለ 와래 wale		It became warm 이것은 뜨겁게 되었 다	ሞቀ 모깨 moqe
He swallowed 그는 게걸스럽게 먹 었다	ዋጠ 와때 wathe		he stood 그는 섰다	ቆመ 꼬매 qome
He threw, He rejected 그는 던졌다, 그는 거절했다	ጣለ 따래 thale			
He was able 그는 가능하게 되었 다	ቻለ 차래 chale			
He was saved 그는 구원 되었다	ዳነ 다내 dane			
he wrote 그는 썼다	ጻፈ 짜패 tsafe			

Lesson 9 - Past tense(과거 시제)
(verb + ሁ, ህ, ሽ, , ች, ን, አችሁ, ው)
(verb + 후, 흐, 시, , 치, 느, 아치후, 우)
(verb + hu, h, shi, , chi, n, achihu, wu)
(verb + 후, 흐, 시, , 치, 느, 아치후, 우)

1. Past tense (verb + ሁ, ህ, ሽ, , ች, ን, አችሁ, ው)
(verb + 후, 흐, 시, , 치, 느, 아치후, 우) => general
(verb + hu, h, sh, , chi, n, achihu, wu)
ሰማ(he heard) => ሰማሁ, ሰማህ, ሰማሽ, ሰማ, ሰማች, ሰማን, ሰማችሁ, ሰሙ
새마(he heard) => 새마후, 새마흐, 새마시, 새마, 새마치, 새만(마느), 새마치후,
새무
sema(he heard) => semahu, semah, semash, sema, semachi, seman,
semachihu, semu

ሰማ 새마 (he heard)	Rule		አየ 아애 (he saw)

ሰማ 새마 (he heard)	ሁ 후 (I did) hu 후	ሰማሁ 새마후 I heard semahu 나는 들었다	አየሁ 아애후 I saw ayehu 나는 보았다
	ህ 흐 (you(m) did) h 흐	ሰማህ 새마흐 You(m) heard semah 당신은(남성) 들었다	አየህ 아애흐 You(m) saw ayeh 당신은(남성) 보았다
	ሽ 시 (you(f) did) sh 시	ሰማሽ 새마시 You(f) heard semash 당신은(여성)들었다	አየሽ 아애시 You(f) saw ayesh 당신은(여성) 보았다
		ሰማ 새마 He heard sema 그는 들었다	አየ 아애 He saw aye 그는 보았다
	ች 치 (she did) chi 치	ሰማች 새마치 She heard semachi 그녀는 들었다	አየች 아애치 She saw ayechi 그녀는 보았다
	ን 느 (we did) n 느	ሰማን 새만(마느) We heard seman 우리는 들었다	አየን 아앤(애느) We saw ayen 우리는 보았다
	አችሁ 아치후 (you(pl) did) achihu 이치후	ሰማችሁ(ማ+አችሁ) 새마치후(마+아치후) You(pl) heard semachihu 당신들은 들었다	አያችሁ(የ+አችሁ) 아야치후(애+아치후) You(pl) saw ayachihu(ye+achihu) 당신들은 보았다
	ው 우 (they did, he(pol) did, she(pol) did.) wu	ሰሙ(ማ+ው) 새무(마+우) They heard, He heard(pol) She heard(pol) semu(ma+wu) 그들은 들었다	አዩ(የ+ው) 아유(애+우) They saw, He saw(pol), She saw(pol) ayu(ye+wu) 그들은 보았다

1. Did you(pl) hear that he has returned to his country?

ወደ አገሩ መመለሱን ሰማችሁ?

애대 아개루 매매래순(수느) 새마치후?

wede ageru memelesun semachihu?

그의 나라로 그가 되돌았던 것을 당신들을 들었습니까?

Explanation

=> ወደ(to), አገሩ(his country)= አገር(country)+ ው(his or the),

መመለሱን(return)= መመለስ(to return)+ ው(the)+ ን(objective),

ሰማችሁ?(Did you(plural) hear?)= ሰማ(he heard)+ አችሁ(you(plural) did)

=> 애대(to), 아개루(his country)= 아개르(country)+ 우(his or the),

매매래순(수느)(return)= 매매래스(to return)+ 우(the)+ 느(objective),

새마치후?(Did you(plural) hear?)= 새마(he heard)+ 아치후(you(plural) did)

2. I heard the voice.

ድምፁን ሰማሁ።

듬(드므)쭈느 새마후።

dmtzun semahu።

그 목소리를 나는 들었다.

Explanation

=> ድምፁን(the voice)= ድምፅ(voice)+ ው(the)+ ን(objective),

ሰማሁ(I heard)= ሰማ(he heard)+ ሁ(I did)

=> 듬(드므)쭈느(the voice)= 듬(드므)쯔(voice)+ 우(the)+ 느(objective),

새마후(I heard)= 새마(he heard)+ 후(I did)

3. I heard a funny story yesterday.

ትናንትና አስቂኝ ታሪክ ሰማሁ።

트난(나느)트나 아스끼느 타리크 새마후።

tnantna asqiny tarik semahu።

어제 재미있는 이야기를 나는 들었다.

Explanation

=> ትናንትና(yesterday), አስቂኝ(funny), ታሪክ(story),

ሰማሁ(I heard)= ሰማ(he heard)+ ሁ(I did)

=> 트난(나느)트나(yesterday), 아스끼느(funny), 타리크(story),

새마후(I heard)= 새마(he heard)+ 후(I did)

4. What did you see on the road yesterday (m)?

ትናንትና በመንገድ ላይ ምን አየህ?

트난(나느)트나 배맨(매느)개드 라이 믄(므느) 아애흐?

tnantna bemenged layi mn ayeh?

어제 길 위에서 무엇을 당신은(남성) 보았습니까?

Explanation

=> ትናንትና(yesterday), በመንገድ ላይ(on the road)= በ... ላይ(on)+ መንገድ(road),

ምን(what), አየህ?(did you(masculine) see)= አየ(he saw)+ ህ (you(m) did))

=> ትናንት(나느)트나(yesterday), 배맨(매느)개드 라이(on the road)=
배… 라이(on)+ 맨(매느)개드(road),
믄(므느)(what), 아애흐?(did you(masculine) see)= 아애(he saw)+ 흐
(you(m) did))

5. Did you(m) see the doctor?

ሐኪሙን አየህ?

하키무느 아애흐?

hakimun ayeh?

그 의사는 당신은(남성) 보았습니까?

Explanation

=> ሐኪሙን(the doctor)= ሐኪም(doctor)+ው(the)+ ን(objective),
አየህ?(did you(masculine) see)= አየ(he saw)+ ህ (you(m) did))
=> 하키무느(the doctor)= 하킴(키므)(doctor)+우(the)+ 느(objective),
아애흐?(did you(masculine) see)= 아애(he saw)+ 흐 (you(m) did))

6. Did you(f) see the children?

ልጆቹን አየሽ?

르조춘(추느) 아애시?

ljochun ayesh?

그 아이들을 당신은(여성) 보았습니까?

Explanation

=> ልጆቹን(the children)= ልጅ(boy)+ ዎች(plural)+ ው(the)+ ን(objective),
አየሽ?(did you(feminine) see)= አየ(he saw)+ ሽ (you(f) did))
=> 르조춘(추느)(the children)= 르즈(boy)+ 오치(plural)+ 우(the)+ 느
(objective),
아애시?(did you(feminine) see)= 아애(he saw)+ 시 (you(f) did))

7. Did you (pl) bring the chairs? We brought one chair.

ወንበሮቹን አመጣችሁ? አንድ ወንበር አመጣን።

앤(애느)배로춘(추느) 아매따치후? 안(아느)드 앤(애느)배르 아매따느።

wenberochun amethachihu? and wenber amethan።

그 의자들을 당신들은 가져왔습니까? 한 의자를 우리는 가져왔습니다.

Explanation

=> ወንበሮቹን(the chairs)= ወንበር(chair)+ ዎች(plural)+ ው(the)+ ን
(objective),
አመጣችሁ?(Did you (pl) bring)= አመጣ(he brought)+ናችሁ(you(pl) did),
አንድ(one), ወንበር(chair), አመጣን(We brought)= አመጣ(he brought)+ን(we
did)
=> 앤(애느)배로춘(추느)(the chairs)= 앤(애느)배르(chair)+ 오치
(plural)+ 우(the)+ 느(objective),
아매따치후?(Did you (pl) bring)= 아매따(he brought)+나치후(you(pl)
did),

안(아느)드(one), 앤(애느)배르(chair), 아매따느(We brought)= 아매따 (he brought)+느(we did)

8. What did you(m) buy from the market? I bought potatoes and meat.
ከገበያ ምን ገዛህ? ድንችና ሥጋ ገዛሁ።
캐개배야 믄(므느) 개자흐? 든(드느)치나 스가 개자후::
kegebeya mn gezah? dnchina sga gezahu::
그 시장으로부터 무엇을 당신은(남성) 샀습니까?
감자와 고기를 나는 샀습니다.

Explanation

=> ከገበያ(from the market)= ከ(from)+ ገበያ(market), ምን(what),
ገዛህ?(did you(m) buy?)= ገዛ(he bought)+ ህ(you(m) did),
ድንችና(potatoes and)= ድንች(potatoes)+ና(and), ሥጋ(meat),
ገዛሁ(I bought)= ገዛ(he bought)+ ሁ(I(m) did)
=> 캐개배야(from the market)= 캐(from)+ 개배야(market), 믄(므느)(what),
개자흐?(did you(m) buy?)= 개자(he bought)+ 흐(you(m) did),
든(드느)치나(potatoes and)= 든(드느)치(potatoes)+나(and), 스가 (meat),
개자후(I bought)= 개자(he bought)+ 후(I(m) did)

Exception 1(예외 1)
=> 111 Group Verbs Changes 116 Group Verbs (111 그룹에서 116 변화)
+ ሁ, ህ, ሽ, , ች, ን, አችሁ, ው
+ 후, 흐, 시, , 치, 느, 아치후, 우
+ hu, h, sh, , chi, n, achihu, wu

ፈለገ 패래개 He wanted => 111 Group verb Changes
116 Group Verbs + ሁ, ህ, ሽ, , ች, ን, አችሁ, ው
116 Group Verbs + 후, 흐, 시, , 치, 느, 아치후, 우
=> ፈለግሁ, ፈለግህ, ፈለግሽ, ፈለገ, ፈለገች, ፈለግን, ፈለጋችሁ, ፈለጉ
=> 패래그후, 패래그흐, 패래그시, 패래개, 패래개치, 패래근(그느), 패래가치후, 패래구
=> feleghu, felegh, felegsh, felege, felegechi, felegn, felegachihu, felegu

ወሰደ 애새대 he took => 111 Group verb Changes
116 Group Verbs + ሁ, ህ, ሽ, , ች, ን, አችሁ, ው
116 Group Verbs + 후, 흐, 시, , 치, 느, 아치후, 우
=> ወሰድሁ, ወሰድህ, ወሰድሽ, ወሰደ, ወሰደች, ወሰድን, ወሰዳችሁ, ወሰዱ
=> 애새드후, 애새드흐, 애새드시, 애새대, 애새대치, 애새든(드느), 애새다치후, 애새두
=> wesedhu, wesedh, wesedsh, wesede, wesedechi, wesedn, wesedachihu, wesedu

매우 중요 - 암하릭어는 동사 변화형 언어입니다.
변화 설명 - 다음에 있는 페이지 암하릭어 알파벳 도표를 보시면
ፈለገ 패래개 (He wanted) 단어가 1st, 1st, 1st 에 있는 것을 발견 하실 수 있을
것입니다. 그래서 111 그룹 동사라고 지칭합니다. 그러나 111 그룹 동사는 116
그룹 동사로 변화 하고 뒤에 + 후, 흐, 시, -, 치, 느, 아치후, 우를 붙이
면 됩니다. 그래서 밑에 있는 것처럼 변화 됩니다.

ፈለግሁ(116+ሁ) 패래그후(116+후)(i wanted),
ፈለግህ(116+ህ) 패래그흐(116+흐)(you(m) wanted),
ፈለግሽ(116+ሽ) 패래그시(116+시)(you(f) wanted),
ፈለገ 패래개(he wanted), ፈለገች 패래개치(she wanted), <= 이 두 개는 변화하지
않습니다.
ፈለግን(116+ን) 패래근(그느)(116+느)(we wanted),
ፈለጋችሁ(116+ኣችሁ) 패래가치후(116+아치후)(you(pl) wanted),
ፈለጉ(116+ው)패래구(116+우)(they wanted)

그러나 ፈለገ 패래개, ፈለገች패래개치 이 두 개는 기본 동사(뿌리 동사)로 보기 때
문에 변화하지 않습니다. 모든 변화형 동사들에서도 이 두 개는 변화하지 않습니
다.
=> feleghu, felegh, felegsh, felege, felegechi, felegn, felegachihu, felegu

Left table

	1st	2nd	3rd	4th	5th	6th	7th
	e(ɛ)	u	i	a	e(ɛ)	ɨ	o
h	ህ (허)	ሁ (후)	ሂ (히)	ሃ (하)	ሄ (헤)	ህ (흐)	ሆ (호)
l	ለ (레)	ሉ (루)	ሊ (리)	ላ (라)	ሌ (레)	ል (르)	ሎ (로)
h	ሐ (하)	ሑ (후)	ሒ (히)	ሓ (하)	ሔ (해)	ሕ (흐)	ሖ (호)
m	መ (매)	ሙ (무)	ሚ (이)	ማ (마)	ሜ (매)	ም (으)	ሞ (모)
s	ሠ (새)	ሡ (수)	ሢ (시)	ሣ (사)	ሤ (새)	ሥ (스)	ሦ (소)
r	ረ (래)	ሩ (루)	ሪ (리)	ራ (라)	ሬ (래)	ር (르)	ሮ (로)
s	ሰ (새)	ሱ (수)	ሲ (시)	ሳ (사)	ሴ (새)	ስ (스)	ሶ (소)
sh(ʃ)	ሸ (셰)	ሹ (슈)	ሺ (쉬)	ሻ (사)	ሼ (셰)	ሽ (스)	ሾ (쇼)
q	ቀ (깨)	ቁ (꾸)	ቂ (끼)	ቃ (까)	ቄ (깨)	ቅ (끄)	ቆ (꼬)
b	በ (배)	ቡ (부)	ቢ (비)	ባ (바)	ቤ (배)	ብ (브)	ቦ (보)
t	ተ (태)	ቱ (투)	ቲ (티)	ታ (타)	ቴ (태)	ት (트)	ቶ (토)
ch	ቸ (채)	ቹ (주)	ቺ (치)	ቻ (차)	ቼ (채)	ች (츠)	ቾ (초)
h	ኀ (하)	ኁ (후)	ኂ (히)	ኃ (하)	ኄ (해)	ኅ (흐)	ኆ (호)
n	ነ (내)	ኑ (누)	ኒ (니)	ና (나)	ኔ (내)	ን (느)	ኖ (노)
ny	ኘ (녜)	ኙ (뉴)	ኚ (니)	ኛ (냐)	ኜ (녜)	ኝ (느)	ኞ (뇨)
a	አ (아)	ኡ (우)	ኢ (이)	ኣ (아)	ኤ (에)	እ (으)	ኦ (오)
k	ከ (캐)	ኩ (쿠)	ኪ (키)	ካ (카)	ኬ (캐)	ክ (크)	ኮ (코)

Right table

	1st	2nd	3rd	4th	5th	6th	7th
	e(a)	u	i	a	e(ɛ)	ɨ	o
h	ኸ (해)	ኹ (후)	ኺ (히)	ኻ (하)	ኼ (해)	ኽ (흐)	ኾ (호)
w	ወ (왜)	ዉ (우)	ዊ (이)	ዋ (와)	ዌ (왜)	ው (으)	ዎ (오)
a	ዐ (아)	ዑ (우)	ዒ (이)	ዓ (아)	ዔ (애)	ዕ (우)	ዖ (오)
z	ዘ (재)	ዙ (주)	ዚ (지)	ዛ (자)	ዜ (재)	ዝ (즈)	ዞ (조)
Zh	ዠ (제)	ዡ (쥬)	ዢ (지)	ዣ (자)	ዤ (제)	ዥ (즈)	ዦ (죠)
y	የ (얘)	ዩ (유)	ዪ (이)	ያ (야)	ዬ (예)	ይ (이)	ዮ (요)
d	ደ (대)	ዱ (두)	ዲ (디)	ዳ (다)	ዴ (대)	ድ (드)	ዶ (도)
j(z)	ጀ (재)	ጁ (주)	ጂ (지)	ጃ (자)	ጄ (제)	ጅ (즈)	ጆ (조)
g	ገ (개)	ጉ (구)	ጊ (기)	ጋ (가)	ጌ (개)	ግ (그)	ጎ (고)
th	ጠ (때)	ጡ (뚜)	ጢ (띠)	ጣ (따)	ጤ (때)	ጥ (뜨)	ጦ (또)
ch	ጨ (째)	ጩ (쭈)	ጪ (찌)	ጫ (쫘)	ጬ (째)	ጭ (쯔)	ጮ (쪼)
ph	ጰ (째)	ጱ (뿌)	ጲ (삐)	ጳ (빠)	ጴ (뻬)	ጵ (프)	ጶ (포)
ts	ጸ (째)	ጹ (쭈)	ጺ (찌)	ጻ (짜)	ጼ (째)	ጽ (쯔)	ጾ (쪼)
tz	ፀ (째)	ፁ (쭈)	ፂ (찌)	ፃ (짜)	ፄ (째)	ፅ (쯔)	ፆ (쪼)
f	ፈ (패)	ፉ (푸)	ፊ (피)	ፋ (파)	ፌ (패)	ፍ (프)	ፎ (포)
p	ፐ (패)	ፑ (푸)	ፒ (피)	ፓ (파)	ፔ (패)	ፕ (프)	ፖ (포)
v	ቨ (배)	ቩ (부)	ቪ (비)	ቫ (바)	ቬ (배)	ቭ (브)	ቮ (보)

		111 group verb changes 116 group verb	ወሰደ 애새대 he took 그는 취했다(데려갔다)
111 group verb ፈለገ 패래개 (He wanted)	ሁ 후 (I did) hu 후	ፈለግሁ 패래그후 116 verb + 후 I wanted feleghu 나는 원했다	ወሰድሁ 애새드후 116 verb + 후 I took wesedhu 나는 취했다(데려갔다)
	ህ 흐 (you(m) did) h 흐	ፈለግህ 패래그흐 116 verb + 흐 you (m) wanted felegh 당신은(남성) 원했다	ወሰድህ 애새드흐 116 verb + 흐 you (m) took wesedh 당신은(남성) 취했다
	ሽ 시 (you(f) did) sh 시	ፈለግሽ 패래그시 116 verb + 시 you (f) wanted felegshi 당신은(여성) 원했다	ወሰድሽ 애새드시 116 verb + 시 you (f) took wesedshi 당신은(여성) 취했다
		ፈለገ 패래개 Basic verb he wanted felege 그는 원했다	ወሰደ 애새대 Basic verb He took wesede 그는 취했다
	ች 치 (she did) chi 치	ፈለገች 패래개치 111 verb + 치 (It does not change) she wanted felegechi 그녀는 원했다	ወሰደች 애새대치 111 verb + 치 (It does not change) She took wesedechi 그녀는 취했다
	ን 느 (we did)	ፈለግን 패래근(그느) 116 verb + 느	ወሰድን 애새든(드느) 116 verb + 느

	n 느	we wanted felegn 우리는 원했다	We took wesedn 우리는 취했다
	አችሁ 아치후 (you(pl) did) achihu 이치후	ፈለጋችሁ 패래가치후 116 verb + 아치후 you (pl) wanted felegachihu 당신들은 원했다	ወሰዳችሁ 애새다치후 116 verb + 아치후 you (pl) took wesedachihu 당신들은 취했다
	ው 우 (they did, he(pol) did, she(pol) did.) wu 우	ፈለጉ 패래구 116 verb + 우 they wanted, he (pol) wanted, she (pol) wanted felegu 그들은 원했다	ወሰዱ 애새두 116 verb + 우 they took, he (pol) took, she (pol) took wesedu 그들은 취했다

1. I wanted notebook.
ደብተር ፈለግሁ።
대브태르 패래그후።
편지를 나는 원했다

Explanation
=> ደብተር(notebook),
ፈለግሁ(I wanted)=
ፈለገ(he wanted) 111 group verb changes 116 ፈለግ +ሁ(I did),
=> 대브태르(notebook),
패래그후(I wanted)=
패래개(he wanted) 111 group verb changes 116 패래그 +후(I did),

2. Did you(f) want for your(f) brother?
ወንድምሽን ፈለግሽ?
앤(애느)듬(드므)신(시느) 패래그시?
wendmshn felegsh?
당신의(여성) 형제를 당신은 원했습니까?

Explanation
=> ወንድምሽን(your(f) brother)= ወንድም(brother)+ሽ(your(f))+ን(objective),
ፈለግሽ?(Did you(f) want)=
ፈለገ(he wanted) 111 group verb changes 116 ፈለግ +ሽ(your(f))
=> 앤(애느)듬(드므)신(시느)(your(f) brother)=
앤(애느)듬(드므)(brother)+시(your(f))+느(objective),

패래그시?(Did you(f) want)=
패래개(he wanted) 111 group verb changes 116 패래그 +시(your(f))

3. Did you(f) take the child to hospital today?
ዛሬ ልጁን ወደ ሆስፒታል ወሰድሽ?
자래 르준(주느) 애대 호스피탈(타르) 애새드시?
zare ljun wede hospital wesedshi?
오늘 그 아들을 병원에 당신은(여성) 데려갔습니까?
　　Explanation
=> ዛሬ(today), ልጁን(the child)= ልጅ(child) +ው(the)+ ን(objective),
ወደ(to), ሆስፒታል(hospital),
ወሰድሽ?(Did you(f) take?)=
ወሰደ(he took) 111 group verb changes 116 ወሰድ +ሽ(your(f))
=> 자래(today), 르준(주느)(the child)= 르즈(child) +우(the)+
느(objective),
애대(to), 호스피탈(타르)(hospital),
애새드시?(Did you(f) take?)=
애새대(he took) 111 group verb changes 116 애새드 +시(your(f))

4. I took the book.
መጽሐፉን ወሰድሁ።
매쯔하파느 애새드후።
metshafan wesedhu።
　　Explanation
=> መጽሐፉን(the book)= መጽሐፍ(book) +ው(the)+ ን(objective),
ወሰድሁ(I took)=
ወሰደ(he took) 111 group verb changes 116 ወሰድ +ሁ(I did)
=> 매쯔하파느(the book)= 매쯔하프(book) +우(the)+ 느(objective),
애새드후(I took)=
애새대(he took) 111 group verb changes 116 애새드 +후(I did)

5. Did you(f) open the window? yes, I opened the window.
መስኮቱን ከፈትሽ? አዎን ከፈትሁ።
매스코툰(투느) 캐패트시? 아온(오느) 캐패트후።
meskotun kefetshi? awon kefethu።
그 창문을 당신은(여성) 열었습니까? 예, 나는 열었습니다.
　　Explanation
=> መስኮቱን(the window)= መስኮት(window)+ +ው(the)+ ን(objective),
ከፈትሽ?(Did you(f) open?)=
ከፈተ(he opened) 111 group verb changes 116 ከፈት +ሽ(your(f))
አዎን(yes)
ከፈትሁ(I opened)=
ከፈተ(he opened) 111 group verb changes 116 ከፈት +ሁ(I did)
=> 매스코툰(투느)(the window)= 매스코트(window)+ +우(the)+
느(objective),

캐패트시?(Did you(f) open?)=
캐패태(he opened) 111 group verb changes 116 캐패트
+시(your(f))
아온(오느)(yes)
캐패트후(I opened)=
캐패태(he opened) 111 group verb changes 116 캐패트 +후(I did)

Exception 2 (예외 2)

=> 41 Group Verbs Changes 46 Group Verbs +
ሁ, ህ, ሽ, , ች, ን, አችሁ, ው
후, 흐, 시, , 치, 느, 아치후, 우
hu, h, sh, , chi, n, achihu, wu

ጸፈ 짜패 he wrote => 41 Group verb Changes
46 Group Verbs + ሁ, ህ, ሽ, , ች, ን, አችሁ, ው
46 Group Verbs + 후, 흐, 시, , 치, 느, 아치후, 우
=> ጸፍሁ, ጸፍህ, ጸፍሽ, ጸፈ, ጸፈች, ጸፍን, ጸፋችሁ, ጸፉ
=> 짜프후, 짜프흐, 짜프시, 짜패, 짜패치, 짜프느, 짜파치후, 짜푸
=> tsafhu, tsafh, tsafshi, tsafe, tsafechi, tsafn, tsafachihu, tsafu

ላከ 라캐 he sent => 41 Group verb Changes
46 Group Verbs + ሁ, ህ, ሽ, , ች, ን, አችሁ, ው
46 Group Verbs + 후, 흐, 시, , 치, 느, 아치후, 우
=> ላክሁ, ላክህ, ላክሽ, ላከ, ላክች, ላክን, ላካችሁ, ላኩ
=> 라크후, 라크흐, 라크시, 라캐, 라캐치, 라크느, 라카치후, 라쿠
=> lakhu, lakh, lakshi, lake, lakechi, lakn, lakachihu, laku

41 Group Verbs

		41 group verb changes 46 group verb	ላከ 라캐 he sent 그는 보냈다
41 group verb 짜패 (he wrote)	ሁ 후 (I did) hu 후	ጸፍሁ 짜프후 I wrote 46 verb + 후 tsafhu 나는 썼다	ላክሁ 라크후 I sent 46 verb + 후 lakhu 그는 보냈다
	ህ 흐 (you(m) did) h 흐	ጸፍህ 짜프흐 you (m) wrote 46 verb + 흐 tsafh 당신은(남성) 썼다	ላክህ 라크흐 you (m) sent 46 verb + 흐 lakh 당신은(남성) 보냈다

ሽ 시 (you(f) did) sh 시	ጸፍሽ 짜프시 you (f) wrote 46 verb + 시 tsafsh 당신은(여성) 썼다	ላከሽ 라크시 you (f) sent 46 verb + 시 laksh 당신은(여성) 보냈다
	ጸፈ 짜패 he wrote Basic verb tsafh 그는 썼다	ላከ 라캐 he sent Basic verb lakh 그는 보냈다
ች 치 (she did) chi 치	ጸፈች 짜패치 she wrote 41 verb + 치 (It does not change) tsafechi 그녀는 썼다	ላከች 라캐치 she sent 41 verb + 치 (It does not change) lakechi 그녀는 보냈다
ን 느 (we did) n 느	ጸፍን 짜프느 we wrote 46 verb + 느 tsafn 우리는 썼다	ላከን 라크느 we sent 46 verb + 느 lakn 우리는 보냈다
አችሁ 아치후 (you(pl) did) achihu 이치후	ጸፋችሁ 짜파치후 you (pl) wrote 46 verb + 아치후 tsafachihu 당신들은 썼다	ላካችሁ 라카치후 you (pl) sent 46 verb + 아치후 lakachihu 당신들은 보냈다
ው 우 (they did, he(pol) did, she(pol) did.) wu 우	ጸፉ 짜푸 they wrote, he (pol) wrote, she (pol) wrote 46 verb + 우 tsafu 그들은 썼다	ላኩ 라쿠 they sent, he (pol) sent, she (pol) sent 46 verb + 우 laku 그들은 보냈다

1. I wrote a letter to my mother yesterday
ትናንትና ለእናቴ ደብዳቤ ጸፍሁ።

트난(나느)트나 래으나태 대브다배 짜프후::
tnantna leinate debdabe tsafhu::
어제 나의 어머니에게 편지를 나는 썼습니다.

Explanation

=> ትናንትና(yesterday), ለእናቴ(to my mother)= ለ(to)+ እናት(mother)+ ዬ(my),

ደብዳቤ(letter),

ጻፍሁ(I wrote)= ጻፈ(he wrote) 41 group verb changes 46 ጻፍ +ሁ(I did)

=> 트난(나느)트나(yesterday), 래으나태(to my mother)= 래(to)+ 으나트(mother)+ 예(my),

대브다배(letter),

짜프후(I wrote)= 짜패(he wrote) 41 group verb changes 46 짜프 +후(I did)

2. Did you(pl) write the letter? Yes, we wrote.

ደብዳቤውን ጻፋችሁ? አዎን ጻፍን::

대브다배운(우느) 짜파치후? 아온(오느) 짜프느::

debdabewun tsafachihu? awon tsafn:

그 편지를 당신들은 썼습니까? 예, 우리는 썼습니다.

Explanation

=> ደብዳቤውን(the letter)= ደብዳቤ(letter) +ው(the)+ ን(objective),

ጻፋችሁ?(Did you(pl) write?)=

ጻፈ(he wrote) 41 group verb changes 46 ጻፍ + አችሁ(your(pl))

አዎን(yes),

ጻፍን(we wrote)=

ጻፈ(he wrote) 41 group verb changes 46 ጻፍ + ን(we did)

=> 대브다배운(우느)(the letter)= 대브다배(letter) +우(the)+ 느(objective),

짜파치후?(Did you(pl) write?)=

짜패(he wrote) 41 group verb changes 46 짜프 + 아치후(your(pl))

아온(오느)(yes),

짜프느(we wrote)=

짜패(he wrote) 41 group verb changes 46 짜프 + 느(we did)

3. I sent the boy to school.

ልጁን ወደ ትምህርት ቤት ላክሁ::

르쥰(주느) 애대 틈(트므)흐르트 배트 라크후::

ljun wede tmhrt bet lakhu::

그 소년을 학교에 나는 보냈습니다.

Explanation

=> ልጁን(the boy)=ልጅ(boy)+ው(the)+ ን(objective),

ወደ(to), ትምህርት ቤት(school)

ላክሁ(I sent)=

ላከ(he sent) 41 group verb changes 46 ላክ +ሁ(I did)

Exception 3(예외 3)
=> 71 Group Verbs Changes 76 Group Verbs +
ሁ, ህ, ሽ, , ች, ን, አችሁ, ው
후, 흐, 시, , 치, 느, 아치후, 우
hu, h, sh, , chi, n, achihu, wu

ቆመ 꼬매 he stood => 71 Group verb Changes
76 Group Verbs + ሁ, ህ, ሽ, , ች, ን, አችሁ, ው
76 Group Verbs + 후, 흐, 시, , 치, 느, 아치후, 우
=> ቆምሁ, ቆምህ, ቆምሽ, ቆመ, ቆመች, ቆምን, ቆማችሁ, ቆሙ
=> 꼬므후, 꼬므흐, 꼬므시, 꼬매, 꼬매치, 꼬믄(므느), 꼬마치후, 꼬무
=> qomhu, qomh, qomsh, qome, qomechi, qomn, qomachihu, qomu

ጾመ 쪼매 he fasted => 71 Group verb Changes
76 Group Verbs + ሁ, ህ, ሽ, , ች, ን, አችሁ, ው
76 Group Verbs + 후, 흐, 시, , 치, 느, 아치후, 우
=> ጾምሁ, ጾምህ, ጾምሽ, ጾመ, ጾመች, ጾምን, ጾማችሁ, ጾሙ
=> 쪼므후, 쪼므흐, 쪼므시, 쪼매, 쪼매치, 쪼믄(므느), 쪼마치후, 쪼무
=> tsomhu, tsomh, tsomsh, tsome, tsomechi, tsomn, tsomachihu, tsomu

71 Group Verbs

		71 group verb changes 76 group verb	ቆመ 쪼매 he fasted 그는 금식했다
71 group verb ቆመ 꼬매 (he stood) qom	ሁ 후 (I did) hu 후	ቆምሁ 꼬므후 I stood 76 verb + 후 qomhu 나는 섰다	ጾምሁ 쪼므후 I fasted 76 verb + 후 tsomhu 나는 금식했다
	ህ 흐 (you(m) did) h 흐	ቆምህ 꼬므흐 you (m) stood 76 verb + 흐 qomh 당신은(남성) 섰다	ጾምህ 쪼므흐 you (m) fasted 76 verb + 흐 tsomh 당신은(남성) 금식했다

	ሽ 시 (you(f) did) sh 시	ቆምሽ 꼬므시 you (f) stood 76 verb + 시 qomsh 당신은(여성) 섰다	ጾምሽ 쪼므시 you (f) fasted 76 verb + 시 tsomsh 당신은(여성) 금식했다
		ቆመ 꼬매 He stood Basic verb qome 그는 섰다	ጾመ 쪼매 He fasted Basic verb tsome 그는 금식했다
	ች 치 (she did) chi 치	ቆመች 꼬매치 she stood 71 verb + 치 (It does not change) qomsh 그녀는 섰다	ጾመች 쪼매치 she fasted 71 verb + 치 (It does not change) tsomsh 그녀는 금식했다
	ን 느 (we did) n 느	ቆምን 꼬믄(므느) We stood 76 verb + 느 qomn 우리는 섰다	ጾምን 쪼믄(므느) We fasted 76 verb + 느 tsomn 우리는 금식했다
	አችሁ 아치후 (you(pl) did) achihu 이치후	ቆማችሁ 꼬마치후 you (pl) stood 76 verb + qomachihu 아치후 achihu 당신들은 섰다	ጾማችሁ 쪼마치후 you (pl) fasted 76 verb + 아치후 tsomachihu 당신들은 금식했다
	ው 우 (they did, he(pol) did, she(pol) did.) wu 우	ቆሙ 꼬무 They stood, he (pol) stood, she (pol) stood 76 verb + 우 qomu 그들은 섰다	ጾሙ 쪼무 They fasted, he (pol) fasted, she (pol) fasted 76 verb + 우 tsomu 그들은 금식했다

I waited for the man. I stood near the house.

ሰውየውን ቆየሁ። በቤት አጠገብ ቆምሁ።
새우예운(우느) 꼬애후። 배배트 아때개브 꼬므후።
sewuyewun qoyehu፡ bebet athegeb qomhu፡
그 사람을 나는 기다렸습니다. 집 근처에 나는 섰습니다.

Explanation

=> ሰውየውን(the man)= ሰውየው(man) + ን(objective)
ቆየሁ(I waited)=ቆየ(he waited or he stayed) +ሁ(I did)
በቤት አጠገብ(near the house)=በ... አጠገብ(near, beside)+ ቤት(house)
ቆምሁ(I stood)=
ቆመ(he stood) 71 group verb changes 76 ቆም +ሁ(I did)
=> 새우예운(우느)(the man)= 새우예우(man) + 느(objective)
꼬애후(I waited)=꼬애(he waited or he stayed) +후(I did)
배배트 아때개브(near the house)=배... 아때개브(near, beside)+
배트(house)
꼬므후(I stood)=
꼬매(he stood) 71 group verb changes 76 꼬므 +후(I did)

Exception 4(예외 4) => ሄደ 해대 he went, ሸጠ 셰때 he sold
                    => hede he went, shethe he sold

ሄደ (he went) => ሄድሁ, ሄድህ, ሄድሽ, ሄደ, ሄደች, ሄድን, ሄዳችሁ, ሄዱ
ሄደ 해대 (he went) => 해드후, 해드흐, 해드시, 해대, 해대치, 해든(드느),
                    해다치후, 해두
hede (he went) => hedhu, hedh, hedsh, hede, hedechi, hedn, hedachihu,
                    hedu

ሸጠ (he sold) => ሸጥሁ, ሸጥህ, ሸጥሽ, ሸጠ, ሸጠች, ሸጥን, ሸጣችሁ, ሸጡ
ሸጠ 셰때 (he sold) => 셰뜨후, 셰뜨흐, 셰뜨시, 셰때, 셰때치, 셰뜬(뜨느),
                    셰따치후, 셰뚜
shethe (he sold) => shethhu, shethh, shethsh, shethe, shethechi, shethn,
                    shethachihu, shethu

	ሄደ 해대 he went hede	ሸጠ 셰때 he sold shethe
ሁ 후 (I did) hu 후	ሄድሁ 해드후 I went hedhu 나는 갔다	ሸጥሁ 셰뜨후 I sold shethhu 나는 팔았다
ህ 흐 (y o u (m)	ሄድህ 해드흐 you (m) went	ሸጥህ 셰뜨흐 you (m) sold

did) h 흐	hedh 당신은(남성) 갔다	shethh 당신은(남성) 팔았다
ሽ 시 (you(f) did) sh 시	ሄድሽ 해드시 you (f) went hedsh 당신은(여성) 갔다	ሸጥሽ 셰뜨시 you (f) sold shethsh 당신은(여성) 팔았다
	ሄደ 해대 he went hede 그는 갔다	ሸጠ 셰때 He sold shethe 그는 팔았다
ች 치 (she did) chi 치	ሄደች 해대치 she went (It does not change) hedechi 그녀는 갔다	ሸጠች 셰때치 She sold shethechi 그녀는 팔았다
ን 느 (we did) n 느	ሄድን 해든(드느) we went hedn 우리는 갔다	ሸጥን 셰뜬(뜨느) we sold shethn 우리는 팔았다
አችሁ 아치후 (y o u (p l) did) achihu 이치후	ሄዳችሁ 해다치후 you (pl) went hedachihu 당신들은 갔다	ሸጣችሁ 셰따치후 you (pl) sold shethachihu 당신들은 팔았다
ው 우 (they did, he(pol) did, s h e (p o l) did.) wu 우	ሄዱ 해두 they(pol) went, he(Pol) went, she(pol) went hedu 그들은 갔다	ሸጡ 셰뚜 they(pol) sold, he(Pol) sold, she(pol) sold shethu 그들은 팔았다

1. We went to Jimma yesterday.

ትናንትና ወደ ጅምማ ሄድን፡፡

트난(나느)트나 애대 지므마 해든(드느)፡፡

tnantna wede jimma hedn፡፡

어제 짐마에 우리는 갔습니다.

   Explanation

=> ትናትና(yesterday), ወደ(to), ጅምማ(Jimma= City name)

ሄድን(we went)= ሄደ(he went)(Exception 4)=> ሄድ + ን(we did)
=> ትናንt(나느)트나(yesterday), 애대(to), 지므마(Jimma= City name)
해든(드느)(we went)= 해대(he went)(Exception 4)=> 해드 + 느(we did)

2. Did you(f) go to the market this morning? Yes, I did(went).
ዛሬ ጠዋት ወደ ገበያ ሄድሽ? አዎን ሄድሁ።
자래 때와트 애대 개배야 해드시? 아온(오느) 해드후።
zare thewat wede gebeya hedsh? awon hedhu።
오늘 아침 시장에 당신은(여성) 갔습니까? 예, 나는 갔습니다.

Explanation
=> ዛሬ(today), ጠዋት(morning), ወደ(to), ገበያ(market),
ሄድሽ?(Did you(f) go?)=
ሄደ(he went)(Exception 4)=> ሄድ + ሽ(you(f) did)
አዎን(yes),
ሄድሁ(I went)=
ሄደ(he went)(Exception 4)=> ሄድ + ሁ(I did)
=> 자래(today), 때와트(morning), 애대(to), 개배야(market),
해드시?(Did you(f) go?)=
해대(he went)(Exception 4)=> 해드 + 시(you(f) did)
아온(오느)(yes),
해드후(I went)=
해대(he went)(Exception 4)=> 해드 + 후(I did)

3. She went to the market.
ወደ ገበያ ሄደች።
애대   개배야 해대치።
wede gebeya hedechi።
시장에 그는 갔습니다.

Explanation
=> ወደ(to), ገበያ(market),
ሄደች hedech i(she went)=
ሄደ hede (he went)(Exception 4)=> ሄድ +ች(she did)
=> 애대(to), 개배야(market),
해대치 hedech i(she went)=
해대 hede (he went)(Exception 4)=> 해드 +치(she did)

Past Tense summary
(과거 시제 요약)
1. Past tense (verb + ሁ, ህ, ሽ, , ች, ን, አችሁ, ው) =>   (verb + 후, 흐, 시, , 치, 느, 아치후, 우) =>   + hu, h, sh, , chi, n, achihu, wu) =>   general   ሰማ(he heard) => ሰማሁ, ሰማህ, ሰማሽ, ሰማ, ሰማች, ሰማን, ሰማችሁ, ሰሙ

새마(he heard) => 새마후, 새마흐, 새마시, 새마, 새마치,
새만(마느), 새마치후, 새무
sema(he heard) => semahu, semah, semash, sema, semachi,
seman, semachihu, semu

Exception 1 => 111 Group Verbs Changes 116 Group Verbs +
ሁ, ህ, ሽ, , ች, ን, አችሁ, ው
후, 흐, 시, , 치, 느, 아치후, 우
hu, h, sh, , chi, n, achihu, wu

ፈለገ 패래개 He wanted => 111 Group verb Changes
116 Group Verbs + ሁ, ህ, ሽ, , ች, ን, አችሁ, ው
116 Group Verbs + 후, 흐, 시, , 치, 느, 아치후, 우
=> ፈለግሁ, ፈለግህ, ፈለግሽ, ፈለገ, ፈለገች, ፈለግን, ፈለጋችሁ, ፈለጉ
=> 패래그후, 패래그흐, 패래그시, 패래개, 패래개치, 패래근(그느),
패래가치후, 패래구
=> feleghu, felegh, felegsh, felege, felegechi, felegn, felegachihu,
felegu

ወሰደ 애새대 he took => 111 Group verb Changes
116 Group Verbs + ሁ, ህ, ሽ, , ች, ን, አችሁ, ው
116 Group Verbs + 후, 흐, 시, , 치, 느, 아치후, 우
+ hu, h, sh, , chi, n, achihu, wu
=> ወሰድሁ, ወሰድህ, ወሰድሽ, ወሰደ, ወሰደች, ወሰድን, ወሰዳችሁ, ወሰዱ
=> 애새드후, 애새드흐, 애새드시, 애새대, 애새대치, 애새든(드느),
애새다치후, 애새두
=> wesedhu, wesedh, wesedsh, wesede, wesedechi, wesedn,
wesedachihu, wesedu

Exception 2 => 41 Group Verbs Changes 46 Group Verbs +
ሁ, ህ, ሽ, , ች, ን, አችሁ, ው
후, 흐, 시, , 치, 느, 아치후, 우
hu, h, sh, , chi, n, achihu, wu

ጻፈ 짜패 he wrote => 41 Group verb Changes
46 Group Verbs + ሁ, ህ, ሽ, , ች, ን, አችሁ, ው
46 Group Verbs + 후, 흐, 시, , 치, 느, 아치후, 우
=> ጻፍሁ, ጻፍህ, ጻፍሽ, ጻፈ, ጻፈች, ጻፍን, ጻፋችሁ, ጻፉ
=> 짜프후, 짜프흐, 짜프시, 짜패, 짜패치, 짜프느, 짜파치후, 짜푸
=> tsafhu, tsafh, tsafsh, tsafe, tsafechi, tsafn, tsafachihu, tsafu

ላከ 라캐 he sent => 41 Group verb Changes
46 Group Verbs + ሁ, ህ, ሽ, , ች, ን, አችሁ, ው
46 Group Verbs + 후, 흐, 시, , 치, 느, 아치후, 우
+ hu, h, sh, , chi, n, achihu, wu
=> ላክሁ, ላክህ, ላክሽ, ላከ, ላከች, ላክን, ላካችሁ, ላኩ

=> 라크후, 라크흐, 라크시, 라캐, 라캐치, 라크느, 라카치후, 라쿠
=> lakhu, lakh, laksh, lake, lakechi, lakn, lakachihu, laku

Exception 3 => 71 Group Verbs Changes 76 Group Verbs +
ሁ, ህ, ሽ, , ች, ን, ኣችሁ, ው
후, 흐, 시, , 치, 느, 아치후, 우
hu, h, sh, , chi, n, achihu, wu

ቆመ 꼬매 he stood => 71 Group verb Changes
76 Group Verbs + ሁ, ህ, ሽ, , ች, ን, ኣችሁ, ው
76 Group Verbs + 후, 흐, 시, , 치, 느, 아치후, 우
=> ቆምሁ, ቆምህ, ቆምሽ, ቆመ, ቆመች, ቆምን, ቆማችሁ, ቆሙ
=> 꼬므후, 꼬므흐, 꼬므시, 꼬매, 꼬매치, 꼬믄(므느), 꼬마치후,
꼬무
=> qomhu, qomh, qomsh, qome, qomechi, qomn, qomachihu,
qomu

쪼매 he fasted => 71 Group verb Changes
76 Group Verbs + ሁ, ህ, ሽ, , ች, ን, ኣችሁ, ው
76 Group Verbs + 후, 흐, 시, , 치, 느, 아치후, 우
+ hu, h, sh, , chi, n, achihu, wu
=> ጾምሁ, ጾምህ, ጾምሽ, ጾመ, ጾመች, ጾምን, ጾማችሁ, ጾሙ
=> 쪼므후, 쪼므흐, 쪼므시, 쪼매, 쪼매치, 쪼믄(므느), 쪼마치후,
쪼무
=> tsomhu, tsomh, tsomsh, tsome, tsomechi, tsomn, tsomachihu,
tsomu

Exception 4 => ሄደ (he went) => ሄድሁ, ሄድህ, ሄድሽ, ሄደ, ሄደች, ሄድን,
ሄዳችሁ, ሄዱ
해대 (he went) => 해드후, 해드흐, 해드시, 해대, 해대치,
해든(드느), 해다치후, 해두
=> hede (he went) => hedhu, hedh, hedsh, hede, hedechi, hedn,
hedachihu, hedu

ሸጠ (he sold) => ሸጥሁ, ሸጥህ, ሸጥሽ, ሸጠ, ሸጠች, ሸጥን, ሸጣችሁ, ሸጡ
셰뜨 (he sold) => 셰드후, 셰드흐, 셰드시, 셰때, 셰때치,
셰뜬(뜨느), 셰따치후, 셰뚜
=> shethhu, shethh, shethsh, shethe, shethechi, shethn,
shethachihu, shethu

Lesson 9 - Past tense(과거 시제)

Exercise(Sentence) 30

1. She gave her book to the student.
መጽሐፍዋን ለተማሪው ሰጠች።

매쯔하프완(와느) 래태마리우 새때치::
metshafwan letemariwu sethechi:
그녀의 책을 그 학생에게 그녀는 주었습니다.

2. Where did Mamusi(pol) go?
ማሙሲ. ወደት ሄዱ?
마무시 애대트 해두?
mamusi wedet hedu?
마무시는 어디에 갔습니까?(공손한 표현)

3. Abarasi picked up the book and read.
አባራሲ መጽሀፉን አነሳችና አነበበች::
아바라시 매쯔하프느 아내사치나 아내배배치::
abarasi metshafun anesachina anebebechi::
아바라시 그 책을 (그녀는) 주었습니다. 그리고 (그녀는) 읽었습니다.

4. What did you(m) see on the road yesterday?
ትናንትና በመንገድ ላይ ምን አየህ?
트난(나느)트나 배맨(매느)개드 라이 믄(므느) 아애흐?
tnantna bemenged layi mn ayeh?
어제 길 위에서 무엇을 당신은(남성) 보았습니까?

5. Did you(m) write a letter to your sister?
ለእህትህ ደብዳቤ ጻፍህ?
래으흐트흐 대브다배 짜프흐?
leihth debdabe tsafh?
당신의(남성) 여동생에게 편지를 당신은(남성) 썼습니까?

6. John washed his clothes.
ዮሐንስ ልብሱን አጠበ::
요하느스 르브순(수느) 아때배::
yohans lbsun athebe::
요한은 그의 옷을 씻었습니다.

7. Did you(m) fry the meat? yes.
ሥጋውን ጠበስህ? አዎን::
스가운(우느) 때배스흐? 아온(오느)::
sgawun thebesh? awon::
그 고기를 당신은(남성) 튀겼습니까? 예.

8. Did you(f) see the children?
ልጆቹን አየሽ?
르조춘(추느) 아애시?
ljochun ayesh?
그 아이들을 당신은(여성) 보았습니까?

9. Did you(m) eat your(m) lunch?
ምሳህን ባለህ?
므사혼(호느) 바래흐?

msahn baleh?
당신의(남성) 점심을 먹었습니까?

10. Did you(f) open the window? Yes (I opened).
መስኮቱን ከፈትሽ? አዎን ከፈትሁ።
매스코툰(투느) 캐패트시? 아온(오느) 캐패트후።
meskotun kefetsh? awon kefethu።
그 창문을 당신은(여성) 열었습니까? 예, 나는 열었습니다.

11. I found 3 pencils and put them on the table
ሦስት እርሳስ አገኘሁና በጠረጴዛው ላይ አስቀመጥሁ።
소스트 으르사스 아개녜후나 배때래패자우 라이 아스깨매뜨후።
sost irsas agenyehuna betherephezawu layi asqemethhu።
3개 연필 나는 얻었습니다. 그리고 그 책상위에 나는 놓았습니다.

12. Mr Mamusi bought a book for five Birrs.
አቶ ማሙሲ መጽሐፍ በአምስት ብር ገዛ።
아토 마무시 매쯔하프 배암(아므)스트 브르 개주።
ato mamusi metshaf beamst br gezu።
미스터 마무시 책을 5비르에 샀습니다.

13. Did you(pol) go to market yesterday?
ትናንትና ወደ ገበያ ሄዱ?
트난(나느)트나 애대 개배야 해두?
tnantna wede gebeya hedu?
어제 시장에 당신은 갔습니까?(공손한 표현)

14. Who did you(pl) buy this pencil from?
ይህንን እርሳስ ከማን ገዛችሁ?
이흔(흐느)느 으르사스 캐만(마느) 개자치후?
yihnn irsas keman gezachihu?
이 연필을 누구로부터 당신들은 샀습니까?

15. Did you(m) open the window? yes, I opened the window.
መስኮቱን ከፈትህ? አዎን ከፈትሁት።
매스코툰(투느) 캐패트흐? 아온(오느) 캐패트후트።
meskotun kefeth? awon kefethut።
그 창문을 당신은(남성) 열었습니까? 예, 나는 그것을 열었습니다.

16. Did you(pl) see the man this morning?
ዛሬ ጠዋት ሰውዬውን አያችሁ?
자래 때와트 새우예운(우느) 아야치후?
zare thewat sewuyewun ayachihu?
오늘 아침 그 사람을 당신들은 보았습니까?

17. Did you(pl) bring the chairs? We brought one chair.
ወንበሮቹን አመጣችሁ? አንድ ወንበር አመጣን።
앤(애느)배로춘(추느) 아매따치후? 안(아느)드 앤(애느)배르 아매따느።
wenberochun amethachihu? and wenber amethan።

그 의자들을 당신들은 가져왔습니까? 한 이자를 우리는 가져왔습니다.

18. I knew the man. I did not know the woman.
ሰውዬውን አወቅሁት፤ ሴትዋን ግን አላወቅሁም።
새우예운(우느) 아애끄후트፤ 새트완(와느) 근(그느) 아라애끄홈(후므)።
sewuyewun aweqhut፤ setwan gn alaweqhum።
그 사람을 나는 (그를) 알았습니다. 그 여자를 그러나 나는 모릅니다.

19. If you(f) find the book give it to your teacher.
መጽሐፉን ብታገኚ ለአስተማሪሽ ስጪው።
매쯔하파느 브타개니 래아스태마리시 스찌우።
metshafan btagenyi leastemarish schiwu።
그 책을 만약 당신이(여성) 찾는다면 당신의 선생님에게 그것을 주세요.

20. These children came with their mother.
እነዚህ ልጆች ከእናታቸው ጋር መጡ።
으내지흐 르조치 캐으나타쵸우 갈(가르) 매뚜።
inezih ljochi keinatachewu gar methu።
이 아이들은 그들의 어머니와 함께 왔습니다.

21. Did you(f) go to the market this morning? Yes, I did.
ዛሬ ጠዋት ወደ ገበያ ሄድሽ? አዎን ሄድሁ።
자래 때와트 애대 개배야 해드시? 아온(오느) 해드후።
zare thewat wede gebeya hedsh? awon hedhu።
오늘 아침 시장에 당신은(여성) 갔습니까? 예, 나는 갔습니다.

22. What did you say (m)? Say it again.
ምን አልህ? እንደገና በል።
믄(므느) 아르흐? 은(으느)대개나 배르።
mn alh? indegena bel።
무엇을 당신은(남성) 말했습니까? 다시 말해 주세요(합시다).

23. Mrs Abarasi sold her(pol) house.
ወይዘሮ አባራሲ ቤታቸውን ሸጡ።
애이재로 아바라시 배타쵸운(우느) 셰뚜።
weyizero abarasi betachewun shethu።
미세스 아바라시는 그녀의(공손한 표현) 집을 팔았습니다.

24. I began school.
ትምህርት ጀመርሁ።
톰(트므)흐르트 재매르후።
tmhrt jemerhu።
학교를 나는 시작하였습니다.

25. We called the children.
ልጆችን ጠራን።
르조춘(추느) 때란(라느)።
ljochun theran።
그 아이들을 우리는 불렀습니다.

26. We arrived at school in time.
በጊዜ ትምህርት ቤት ደረስን።
배기재 틈(트므)흐르트 배트 대래슨(스느)。
begize tmhrt bet deresn።
정각에 학교에 우리는 도착했습니다.

27. What did you(pl) do yesterday?
ትናንትና ምን አደረጋችሁ?
트난(나느)트나 믄(므느) 아대래가치후?
tnantna mn aderegachihu?
어제 무엇을 당신들은 하였습니까?

28. He stopped the car near the house.
መኪናውን በቤቱ አጠገብ አቆመ።
매키나운(우느) 배배투 아때개브 아꼬매።
mekinawun bebetu athegeb aqome።
그 차를 그 집 가까이에 그는 세웠습니다.

29. Did you(pl) hear that he has returned to his country?
ወደ አገሩ መመለሱን ሰማችሁ?
애대 아개루 매매래슌(수느) 새마치후?
wede ageru memelesun semachihu?
그의 나라에 되돌아 온 것을 당신들은 들었습니까?

30. She finished her work Monday.
ሰኞ ሥራዋን ጨረሰች።
새뇨 스라완(와느) 째래새치።
senyo srawan cheresechi።
월요일에 그녀의 일을 (그녀는) 끝냈습니다.

Lesson 10 - Present & Future Tense(현재, 미래 시제)
현재와 미래 시제는 똑같습니다.(대부분 미래 시제로 쓰입니다.)
(Verb + እ አለሁ, ት አለህ, ት ee አለሽ, ይ አል, ት አለች, እን አለን, ት ው አላችሁ, ይ ው አሉ)

(Verb + 으 알래후, 트 알래흐, 트 ee 알래시, 이 아르, 트 알래치, 은 알랜, 트 우 알라치후, 이 우 알루)

1. General(일반적)

	rule	14 Group Verbs Changes 14 Group Verbs	11 Group Verbs Changes 16 Group Verbs	51 Group Verbs Changes 56 Group Verbs	71 Group Verbs Changes 76 Group Verbs

		ሰማ 새마 he heard sema	ሰጠ 새때 he gave sethe	ሄደ 해대 he went hede	ቆመ 꼬매 he stood qome
I verb or I will verb	እ አለሁ 으 알래 후	እሰማለሁ (እ+ሰማ(14)+አ ለሁ) 으새마래후 (으 + 새 마 (14)+알래후) I hear I will hear isemalehu 나는 듣는다, 나는 들을 것입니다.	እሰጣለሁ (እ+ሰጥ(16)+አ ለሁ) 으새따래후 (으 + 새 뜨 (16)+알래후) I give I will give isethalehu 나는 준다, 나는 줄것입 니다.	እሄዳለሁ (እ+ሄድ(56)+አ ለሁ) 으해다래후 (으 + 해 드 (56)+알래후) I go I will go ihedalehu 나는 간다, 나는 갈것입 니다.	እቆማለሁ (እ+ቆም(76)+ አለሁ) 으꼬마래후 (으 + 꼬 므 (76)+알래후) I stand I will stand iqomalehu 나는 선다, 나는 설것입 니다.
You(m) verb or You(m) will verb	ት አለህ 트 알래 흐	ትሰማለህ (ት+ሰማ+አለህ) 트새마래흐 (트+새마+알 래흐) You(m) hear You(m) will hear tsemaleh 당신은(남성) 듣는다, 당신은(남성) 들을 것입니 다.	ትሰማለህ (ት+ሰጥ+አለህ) 트새따래흐 (트+새뜨+알 래흐) You(m) give You(m) will give tsethaleh 당신은(남성) 준다, 당신은 (남성) 줄것 입니다.	ትሄዳለህ (ት+ሄድ+አለህ) 트해다래흐 (트+해드+알 래흐) You(m) go You(m) will go thedaleh 당신은(남성) 간다, 당신은 (남성)을 갈 것입니다.	ትቆማለህ (ት+ቆም+አለህ) 트꼬마래흐 (트+꼬므+알 래흐) You(m) stand You(m) will stand tqomaleh 당신은(남성) 선다, 당신은 (남성) 설 것 입니다.
You n(f) verb or You(f) will verb	ት ee አ ለሽ t ee aleshi 트 이 알래시	ትሰሚአለሽ (ት+ሰማ+ee+አ ለሽ) 트 새 미 알래 시 (트 + 새 마 +ee+알래시) You(f) hear You(f) will hear tsemialeshi 당신은(여성) 듣는다, 당신은(여성)	ትሰጪአለሽ (ት+ሰጥ+ee+አ ለሽ) 트 새 찌 알래 시 (트 + 새 뜨 +ee+알래시) You(f) give You(f) will give tsechialeshi 당신은(여성) 준다, 당신은 (여성) 줄것	ትሄጂአለሽ (ት+ሄድ+ee+አ ለሽ) 트 해 지 알래 시 (트 + 해 드 +ee+알래시) You(f) go You(f) will go thejialeshi 당신은(여성) 간다, 당신은	ትቆሚአለሽ (ት+ቆም+ee+አ ለሽ) 트 꼬 미 알래 시 (트 + 꼬 므 +ee+알래시) You(f) stand You(f) will stand tqomialeshi 당신은(여성) 선다, 당신은 (여성)

		들을 것입니다.	입니다.	(여성) 갈 것 입니다.	(여성) 설 것 이니다.
He verb or He will verb	ይ አለ yi al 이 알	ይሰማል (ይ+ሰማ+አል) 이새마르 (이 + 새 마 + 알) He hear He will hear yisemal 그는 듣는다, 그는 들을 것입니다.	ይሰጣል (ይ+ሰጥ+አል) 이새따르 (이 + 새 뜨 + 알) He give He will give yisethal 그는 준다, 그는 줄 것 입니다.	ይሄዳል (ይ+ሄድ+አል) 이해달(다르) (이 + 해 드 + 알) He go He will go yihedal 그는 간다, 그는 줄 것 입니다.	ይቆማል (ይ+ቆም+አል) 이꼬마르 (이+꼬므+알) He stand He will stand yiqomal 그는 선다, 그는 설 것 입니다.
She verb or She will verb	ት አለች t alechi 트 알래치	ትሰማለች (ት+ሰማ+አለች) 트새마래치 (트+새마+알 래치) She hear She will hear tsemalechi 그녀는 듣는 다, 그녀는 들을 것입니다.	ትሰጣለች (ት+ሰጥ+አለች) 트새따래치 (트+새뜨+알 래치) She give She will give tsethalechi 그녀는 준다, 그녀는 줄 것입니다.	ይሄዳለች (ት+ሄድ+አለች) 이해다래치 (트+해드+알 래치) She go She will go yihedalechi 그녀는 간다, 그녀는 갈 것입니다.	ትቆማለች (ት+ቆም+አለች) 트꼬마래치 (트+꼬므+알 래치) She stand She will stand tqomalechi 그녀는 선다, 그녀는 설 것입니다.
We verb or We will verb	እን አለን in alen 은 알랜	እንሰማለን (እን+ሰማ+አለ ን) 은(으느)새마 랜(래느) (은+새마+알 랜) We hear We will hear insemalen 우리는 듣는 다, 우리는 들을 것입니다.	እንሰጣለን (እን+ሰጥ+አለ ን) 은(으느)새따 랜(래느) (은+새뜨+알 랜) We give We will give insethalen 우리는 준다, 우리는 줄 것입니다.	እንሄዳለን (እን+ሄድ+አለ ን) 은(으느)해다 랜(래느) (은+해드+알 랜) We go We will go inhedalen 우리는 간다, 우리는 갈 것입니다.	እንቆማለን (እን+ቆም+አለ ን) 은(으느)꼬마 랜(래느) (은+꼬므+알 랜) We stand We will stand inqomalen 우리는 선다, 우리는 설 것입니다.
You(pl) verb or You(pl)	ት ው አላ ችሁ t wu alachihu	ትሰማላችሁ (ት+ሰማ+ው+አ ላችሁ) 트 새 마 라 치	ትሰጣላችሁ (ት+ሰጥ+ው+አ ላችሁ) 트 새 따 라 치	ትሄዳላችሁ (ት+ሄድ+ው+አ ላችሁ) 트 해 다 라 치	ትቆማላችሁ (ት+ቆም+ው+አ ላችሁ) 트 꼬 마 라 치

will verb	트 우 알 라 치 후	후 (트+새마+우 +알라치후) You(pl) hear You(pl) will hear tsemalachih u 당신들은 듣는다, 당신들은 들을 것입니다.	후 (트+새뜨+우 +알라치후) You(pl) give You(pl) will give tsethalachih u 당신들은 준다, 당신들은 줄 것입니다.	후 (트+해드+우 +알라치후) You(pl) go You(pl) will go thedalachihu 당신들은 간다, 당신들은 갈 것입니다.	후 (트+꼬므+우 +알라치후) You(pl) stand You(pl) will stand tqomalachih u 당신들은 선다, 당신들은 설 것입니다.
They verb or They will verb you, he, she(Pol) verb or you, he, she(Pol) will verb	ይ ው አሉ yi wu alu 이 우 알루	ይሰማሉ (ይ+ሰማ+ው+አ ሉ) 이새마루 (이+새마+우 +알루) They hear They will hear yisemalu 그들은 듣는다, 그들은 들을 것입니다.	ይሰጣሉ (ይ+ሰጥ+ው+አ ሉ) 이새뜨루 (이+새뜨+우 +알루) They give They will give yisethalu 그들은 준다, 그들은 줄 것입니다.	ይሄዳሉ (ይ+ሄድ+ው+አ ሉ) 이해다루 (이+해드+우 +알루) They go They will go yihedalu 그들은 간다, 그들은 갈 것입니다.	ይቆጣሉ (ይ+ቆም+ው+አ ሉ) 이꼬마루 (이+꼬므+우 +알루) They stand They will stand yiqomalu 그들은 선다, 그들은 설 것입니다.

1. She drinks coffee at breakfast time and tea at supper time.
በቁርስ ጊዜ ቡናና በእራት ጊዜ ሻይ ትጠጣለች።
배꾸르스 기재 부나나 배으라트 기재 샤이 트때따래치::
bequrs gize bunana beirat gize shayi tthethalechi::
아침 식사 때에 커피 그리고 저녁 식사 때에 티를 그녀는 마실 것입니다.

   Explanation

=> በቁርስ ጊዜ(at breakfast)= በ...ጊዜ(when)+ ቁርስ(breakfast),
ቡናና(coffee and)= ቡና(coffee)+ና(and),
በእራት ጊዜ(at supper time)= በ...ጊዜ(when)+ እራት(supper),
ሻይ(tea),
ትጠጣለች(She drinks or She will drink)=
ት + ጠጣ(he drank) + አለች <= ት አለች(she (will) do)
=> 배꾸르스 기재(at breakfast)= 배...기재(when)+ 꾸르스(breakfast),
부나나(coffee and)= 부나(coffee)+나(and),
배으라트 기재(at supper time)= 배...기재(when)+ 으라트(supper),
샤이(tea),
트때따래치(She drinks or She will drink)=
트 + 때따(he drank) + 알래치 <= 트 알래치(she (will) do)

2. Are you(pl) going to Jimma? No, we will go nazaret.
ወደ ጅማ ትሄዳላችሁ? አይ ወደ ናዝሬት እንሄዳለን።
애대 지므마 트해다라치후? 아이 애대 나자래트 은(으느)해다랜(래느)።
wede jimma thedalachihu? ayi wede najaret inhedalen።
짐마에 당신들은 갈 것입니까? 아니요 나자렛에 우리는 갈 것입니다.

=> ወደ(to), ጅማ(Jimma= city name)
ትሄዳላችሁ?(Are you(pl) going to?)=
ት + ሄደ(he went) + ው አላችሁ <= ት ው አላችሁ(you(pl) (will) do)
አይ(no), ወደ(to), ናዝሬት(nazaret= city name),
እንሄዳለን(we will go)=
እን + ሄደ(he went) + አለን <= እን አለን(we (will) do)
=> 애대(to), 지므마(Jimma= city name)
트해다라치후?(Are you(pl) going to?)=
트 + 해대(he went) + 우 알라치후 <= 트 우 알라치후(you(pl) (will) do)
아이(no), 애대(to), 나자래트(nazaret= city name),
은(으느)해다랜(래느)(we will go)=
은 + 해대(he went) + 알랜 <= 은 알랜(we (will) do)

3. On Sunday we will go to church and listen to the word of god
በእሁድ ወደ ቤተ ክርስቲያን እንሄድና የእግዚአብሔርን ቃል እንሰማለን።
배으후드 애대 배태 크르스티얀(야느) 은(으느)히드나 애으그지아브해른(르느)
깔(까르) 은(으느)새마랜(래느)።
beihud wede bete krstiyan inhidna yeigziabhern qal insemalen።
일요일에 교회에 우리는 갈 것입니다. 그리고 하나님의 말씀을 우리는 들을 것
입니다.

=> በእሁድ(on Sunday)= በ(on) + እሁድ(Sunday), ወደ(to),
ቤተ ክርስቲያን(church), እንሄድና(we will go and),
የእግዚአብሔርን(of God), ቃል(word),
እንሰማለን(we will hear or we hear)=
እን + ሰማ(he heard) + አለን <= እን አለን(we (will) do)
=> 배으후드(on Sunday)= 배(on) + 으후드(Sunday), 애대(to),
배태 크르스티얀(야느)(church), 은(으느)히드나(we will go and),
애으그지아브해른(르느)(of God), 깔(까르)(word),
은(으느)새마랜(래느)(we will hear or we hear)=
은 + 새마(he heard) + 알랜 <= 은 알랜(we (will) do)

4. I will eat a little bread.
ትንሽ ዳቦ እበላለሁ።
튼(트느)시 다보 으배라래후።
tnsh dabo ibelalehu።
작은 빵을 나는 먹을 것입니다.

=> ትንሽ(small or little), ዳቦ(bread),

እበላለሁ(I will eat)=
እ + በላ(he ate) + አለሁ <= እ አለሁ(i (will)do)
=> 튼(트느)시(small or little), 다보(bread),
으배라래후(I will eat)=
으 + 배라(he ate) + 알래후 <= 으 알래후(i (will)do)

5. After we arrive home we will eat.
ወደ ቤት ደርሰን እንበላለን።
애대 배트 대르새느 은(으느)배라랜(래느)።
wede bet dersen inbelalen።
집에 우리는 도착한 후 우리는 먹을 것입니다.
Explanation
=> ወደ(to), ቤት(house), ደርሰን(after we arrive),
እንበላለን(we will eat)=
እን + በላ(he ate) + አለን <= እ አለን(we (will) do)
=> 애대(to), 배트(house), 대르새느(after we arrive),
은(으느)배라랜(래느)(we will eat)=
은 + 배라(he ate) + 알랜 <= 으 알랜(we (will) do)

Exception 1. 111 Group Verbs Changes 166 Group Verbs
(111 => 116 으로 변화)
(Verb + እ አለሁ, ት አለሁ, ት ee አለሽ, ይ አል, ት አለች, እን አለን, ት ው አላችሁ, ይ ው አሉ)
(Verb + 으 알래후, 트 알래흐, 트 ee 알래시, 이 아르, 트 알래치, 은 알랜, 트 우 알라치후, 이 우 알루)
+ i alehu, t aleh, t ee aleshi, yi al, t alechi, in alen, t wu alachihu, yi wu alu)

1111 Group Verbs Changes 1166 Group Verbs
(Verb + እ አለሁ, ት አለሁ, ት ee አለሽ, ይ አል, ት አለች, እን አለን, ት ው አላችሁ, ይ ው አሉ)
(Verb + 으 알래후, 트 알래흐, 트 ee 알래시, 이 아르, 트 알래치, 은 알랜, 트 우 알라치후, 이 우 알루)
+ i alehu, t aleh, t ee aleshi, yi al, t alechi, in alen, t wu alachihu, yi wu alu)

11111 Group Verbs Changes 11166 Group Verbs
(Verb + እ አለሁ, ት አለሁ, ት ee አለሽ, ይ አል, ት አለች, እን አለን, ት ው አላችሁ, ይ ው አሉ)
(Verb + 으 알래후, 트 알래흐, 트 ee 알래시, 이 아르, 트 알래치, 은 알랜, 트 우 알라치후, 이 우 알루)
+ i alehu, t aleh, t ee aleshi, yi al, t alechi, in alen, t wu alachihu, yi wu alu)

	111 Group Verbs Changes 166 Group Verbs ፈለገ 패래개(He wanted)			
I verb or I will verb	እ 으 i	ፈልግ 패르그 166 felg	አለሁ 알래후 alehu	እፈልጋለሁ 으패르가래후 (I want or I will want) ifelgalehu 나는 원한다, 나는 원할 것입니다.
You(m) verb or You(m) will verb	ት 트 t	ፈልግ 패르그 166 felg	አለህ 알래흐 aleh	ትፈልጋለህ 트패르가래흐 (you(m) want or you will want) tfelgaleh 당신은(남성) 원한다, 당신은(남성) 원할 것입니다.
Youn(f) verb or You(f) will verb	ት 트 t	ፈልጊ 패르기 (패르그(166)+ee) felgi	አለሽ 알래시 aleshi	ትፈልጊአለሽ 트패르기알래시 (you(f) want or you will want) tfelgialeshi 당신은(여성) 원한다, 당신은(여성) 원할 것입니다.
He verb or He will verb	ይ 이 yi	ፈልግ 패르그 166 felg	አል 알 al	ይፈልጋል 이패르갈(가르) (he want or he will want) yifelgal 그는 원한다, 그는 원할 것입니다.
She verb or She will verb	ት 트 t	ፈልግ 패르그 166 felg	አለች 알래치 alechi	ትፈልጋለች 트패르가래치 (she want or she will want) tfelgalechi 그는 원한다, 그녀는 원할 것입니다.
We verb or We will verb	እን 은 in	ፈልግ 패르그 166 felg	አለን 알랜 alen	እንፈልጋለን 은(으느)패르가랜(래느) (we want or we will want) infelgalen 우리는 원한다, 우리는

				원할 것입니다.
You(pl) verb or You(pl) will verb	ት 트 t	ፈልጉ 패르구 (패르그(166)+ 우) felgu	አላችሁ 알라치후 alachihu	ትፈልጋላችሁ 트패르가라치후 (you(pl) want or you will want) tfelgalachihu 당신들은 원한다, 당신들은 원할 것입니다.
They verb or They will verb you, he, she(Pol) verb or you, he, she(Pol) will verb	ይ 이 yi	ፈልጉ 패르구 (패르그(166)+ 우) felgu	አሉ 알루 alu	ይፈልጋሉ 이패르가루 (they want or they will want) (You, he, she(pol) want or will want) yifelgalu 그들은 원한다, 그들은 원할 것입니다.

	111 Group Verbs Changes 166 Group Verbs ወሰደ 애새대 he took wesede 그는 취했다	1111 Group Verbs Changes 1166 Group Verbs አደረገ 아대래개 he did aderege 그는 했다	11111 Group Verbs Changes 11166 Group Verbs አስቀመጠ 아스깨매때 he put asqemethe 그는 놓았다
I verb or I will verb	እወስዳለሁ (እ+ወስድ(166)+አ ለሁ) 으애스다래후 (으 + 애 스 드 (166)+알래후) I take I will take iwesdalehu 나는 취한다, 나는 취할 것입니다.	አደርጋለሁ (እ+አደርግ(1166)+አለ ሁ) 아대르가래후 (으 + 아 대르그 (1166)+알래후) I do I will do adergalehu 나는 한다, 나는 할 것입니다.	አስቀምጣለሁ (እ + አ ስ ቀ ም ጥ (11166)+አለሁ) 아스깨므따래후 (으 + 아 스 깨 므 뜨 (11166)+알래후) I put I will put asqemthalehu 나는 놓는다, 나는 놓을 것입니다.
You(m) verb or You(m) will verb	ትወስዳለህ (ት+ወስድ+አለህ) 트애스다래흐 (트 + 애스드 + 알 래흐) You(m) take You(m) will	ታደርጋለህ (ት+አደርግ+አለህ) 타대르가래흐 (트 + 아대르그 + 알래 흐) You(m) do You(m) will do	ታስቀምጣለህ (ት+አስቀምጥ+አለህ) 타스깨므따래흐 (트 + 아스깨므뜨 + 알 래흐) You(m) put You(m) will put

	take twesdaleh 당신은(남성) 취한다, 당신은(남성) 취할 것입니다.	tadergaleh 당신은(남성) 한다, 당신은(남성) 할 것입니다.	tasqemthaleh 당신은(남성) 놓는다, 당신은(남성) 놓을 것입니다.
You(f) verb or You(f) will verb	ትወስጃለሽ (ት+ወስድ+ee+አለሽ) 트애스지알래시 (트+애스드+ee+알래시) You(f) take You(f) will take twesjialeshi 당신은(여성) 취한다, 당신은(여성) 취할 것입니다.	ታደርጊአለሽ (ት+አደርግ+ee+አለሽ) 타대르기알래시 (트+아대르그+ee+알래시) You(f) do You(f) will do tadergialeshi 당신은(여성) 한다, 당신은(여성) 할 것입니다.	ታስቀምጪአለሽ (ት+አስቀምጥ+ee+አለሽ) 타스깨므찌알래시 (트+아스깨므뜨+ee+알래시) You(f) put You(f) will put tasqemchialeshi 당신은(여성) 놓는다, 당신은(여성) 놓을 것입니다.
He verb or He will verb	ይወስዳል (ይ+ወስድ+አል) 이애스달(다르) (이+애스드+알) He take He will take yiwesdal 그는 취한다, 그는 취할 것입니다.	ያደርጋል (ይ+አደርግ+አል) 야대르갈(가르) (이+아대르그+알) He do He will do yadergal 그는 한다, 그는 할 것입니다.	ያስቀምጣል (ይ+አስቀምጥ+አል) 야스깨므따르 (이+아스깨므뜨+알) He put He will put yasqemthal 그는 놓는다, 그는 놓을 것입니다.
She verb or She will verb	ትወስዳለች (ት+ወስድ+አለች) 트애스다래치 (트+애스드+알래치) She take She will take twesdalechi 그녀는 취한다, 그녀는 취할 것입니다.	ታደርጋለች (ት+አደርግ+አለች) 타대르가래치 (트+아대르그+알래치) She do She will do tadergalechi 그녀는 한다, 그녀는 할 것입니다.	ታስቀምጣለች (ት+አስቀምጥ+አለች) 타스깨므따래치 (트+아스깨므뜨+알래치) She put She will put tasqemthalechi 그녀는 한다, 그녀는 할 것입니다.
We verb or We will verb	እንወስዳለን (እን+ወስድ+አለን) 은(으느)애스다랜(래느) (은+애스드+알	እናደርጋለን (እን+አደርግ+አለን) 으나대르가랜(래느) (은+아대르그+알랜)	እናስቀምጣለን (እን+አስቀምጥ+አለን) 으나스깨므따랜(래느) (은+아스깨므뜨+알

	랜) We take We will take inwesdalen 우리는 취한다, 우리는 취할 것 입니다.	We do We will do inadergalen 우리는 한다, 우리 는 할 것입니다.	랜) We put We will put inasqemthalen 우리는 놓는다, 우 리는 놓을 것입니 다.
You(pl) verb or You(pl) will verb	ትወስዳችሁ (ት+ወስድ+ው+አላ ችሁ) 트애스다라치후 (트+애스드+우+ 알라치후) You(pl) take You(pl) will take twesdalachihu 당신들은 취한 다, 당신들은 취 할 것입니다.	ታደርጋላችሁ (ት+አደርግ+ው+አላች ሁ) 타대르가라치후 (트+아대르그+우+ 알라치후) You(pl) do You(pl) will do tadergalachihu 당신들은 한다, 당 신들은 할 것입니 다.	ታስቀምጣላችሁ (ት+አስቀምጥ+ው+አላ ችሁ) 타스깨므따라치후 (트+아스깨므뜨+우 +알라치후) You(pl) put You(pl) will put tasqemthalachihu 당신들은 놓는다, 당신들은 놓을 것 입니다.
They verb or They will verb you, he, she(Pol) verb or you, he, she(Pol) will verb	ይወስዳሉ (ይ+ወስድ+ው+አሉ) 이애스다루 (이+애스드+우+ 알루) They take They will take yiwesdalu 그들은 취한다, 그들은 취할 것 입니다.	ያደርጋሉ (ይ+አደርግ+ው+አሉ) 야대르가루 (이+아대르그+우+ 알루) They do They will do yadergalu 그들은 한다, 그들 은 할 것입니다.	ያስቀምጣሉ (ይ+አስቀምጥ+ው+አሉ) 야스깨므따루 (이+아스깨므뜨+우 +알루) They put They will put yasqemthalu 그들은 놓는다, 그 들은 놓을 것입니 다.

1. I am very sorry.

በጣም አዝናለሁ።

배땀(따므) 아즈나래후።

betham aznalehu።

매우 나는 미안합니다.

Explanation

=> በጣም(very), አዝናለሁ(I will sorry)=

እ(out) + አዘነ(he was sorry) 111 group verb changes 166 አዝር + አለሁ

<= እ አለሁ(i (will)do)

=> 배땀(따므)(very), 아즈나래후(I will sorry)=

으(out) + 아재내(he was sorry) 111 group verb changes 166 아즈르 +

알래후 <= 으 알래후(i (will)do)

2. Do you(m) want potatoes and meat? no, I want bread and

cabbage.

ድንችና ሥጋ ትፈልጋለህ? አይ ዳቦና ጎመን እፈልጋለሁ።

든(드느)치나 스가 트패르가래흐? 아이 다보나 고맨(매느) 으패르가래후::

dnchina sga tfelgaleh? ayi dabona gomen ifelgalehu::

감자와 고기를 당신은(남성) 원합니까? 아니요, 빵과 양배추를 나는 원합니다.

Explanation

=> ድንችና(potatoes and)= ድንች(potatoes) + ና(and), ሥጋ(meat),

ትፈልጋለህ?(Do you(m) want?)=

ት + ፈለገ(he wanted) 111 group verb changes 166 ፈልግ + አለህ <= ት አለ
ሁ(you(m) will) do)

አይ(no), ዳቦና(coffee and), ጎመን(cabbage),

እፈልጋለሁ(I want or I will want)=

እ + ፈለገ(he wanted) 111 group verb changes 166 ፈልግ + አለሁ <= እ አለ
ሁ(i will)do)

=> 든(드느)치나(potatoes and)= 든(드느)치(potatoes) + 나(and), 스가
(meat),

트패르가래흐?(Do you(m) want?)=

트 + 패래개(he wanted) 111 group verb changes 166 패르그 + 알래흐
<= 트 알래흐(you(m) will) do)

아이(no), 다보나(coffee and), 고맨(매느)(cabbage),

으패르가래후(I want or I will want)=

으 + 패래개(he wanted) 111 group verb changes 166 패르그 + 알래후
<= 으 알래후(i will)do)

3. She will not want all those books. She wants only a few.

እነዚያን መጽሐፍች ሁሉ አትፈልግም። ጥቂት ብቻ ትፈልጋለች።

으내지얀(야느) 매쯔하포치 후루 아트패르금(그므):: 뜨끼트 브차 트패르가래치::

inezyan metshafochi hulu atfelgm:: thqit bcha tfelgalechi::

저 책들 모두 그녀는 원하지 않습니다. 조금만 단지 그녀는 원합니다.

Explanation

=> እነዚያን(those), መጽሐፍች(books), ሁሉ(all),

አትፈልግም(She will not want)=አት… ም(not) + ፈለገ(he wanted)),

ጥቂት(some, little, a few), ብቻ(only),

ትፈልጋለች(She wants or She will want)

ት + ፈለገ(he wanted) 111 group verb changes 166 ፈልግ + አለች <= ት አ
ለች(she will) do)

=> 으내지얀(야느)(those), 매쯔하포치(books), 후루(all),

아트패르금(그므)(She will not want)=아트… 므(not) + 패래개(he
wanted)),

뜨끼트(some, little, a few), 브차(only),

트패르가래치(She wants or She will want)

트 + 패래개(he wanted) 111 group verb changes 166 패르그 + 알래치
<= 트 알래치(she (will) do)

인터넷 강의

4. Two beggars are begging outside the gate.
ሁለት ለማኞች ከበሩ ውጭ ይለምናሉ።
후래트 래마뇨치 캐배루 우쯔 이램(래므)나루::
hulet lemanyochi keberu wuch yilemnalu::
두 거지들은 밖에서 구걸하고 있는 중입니다.

Explanation

=> ዛሬ(today), ይህን(this), ሥራ(work),
አልጨርስም(I will not finish)=
አል...ም(not)+ ጨረሰ(he finished) 111 group verb changes 166 ጨርስ +ም
ነገ(tomorrow),
እጨርሳለሁ(I'll finish),
እ + ጨረሰ(he finished) 111 group verb changes 166 ጨርስ + አለሁ <= እ
አለሁ(i (will)do)
=> 후래트(two), 래마뇨치(beggars)= 래만(마느)(beggar)+ 오치(plural),
캐배루 우쯔(outside the gate)= 캐... 우쯔(outside)
+ 배루(the gate)=배르(gate) +우(the)+ 느(objective)
이램(래므)나루(they are begging)=
이 + 래매내(he begged) 111 group verb changes 166 램(래므)느 + 우
알루 <= 이 우 알루(they (will) do)

5. I will not finish this work today. I'll finish it tomorrow.
ዛሬ ይህን ሥራ አልጨርስም። ነገ እጨርሳለሁ።
자래 이흔(흐느) 스라 아르째르슴(스므):: 내개 으째르사래후::
zare yihn sra alchersm:: nege ichersalehu::
오늘 이 일을 나는 끝내지 못합니다. 내일 나는 끝낼 것입니다.

Explanation

=> ዛሬ(today), ይህን(this), ሥራ(work),
አልጨርስም(I will not finish)=
አል...ም(not)+ ጨረሰ(he finished) 111 group verb changes 166 ጨርስ +ም
ነገ(tomorrow),
እጨርሳለሁ(I'll finish),
እ + ጨረሰ(he finished) 111 group verb changes 166 ጨርስ + አለሁ <= እ
አለሁ(i (will)do)
=> 자래(today), 이흔(흐느)(this), 스라(work),
아르째르슴(스므)(I will not finish)=
아르...므(not)+ 째래새(he finished) 111 group verb changes 166 째르스
+므
내개(tomorrow),
으째르사래후(I'll finish),
으 + 째래새(he finished) 111 group verb changes 166 째르스 + 알래후
<= 으 알래후(i (will)do)

6. Go now and you(m) will arrive at 2 O'clock.
አሁን ሂድና በሰምንት ሰዓት ትደርሳለህ።

아훈(후느) 히드나 배스믄(므느)트 새아트 트대르사래흐::
ahun hidna besmnt seat tdersaleh::
지금 가라 그리고 2시(8시)에 당신은(남성) 도착할 것입니다.

=> አሁን(now), ሂድና(Go and), በስምንት(at 8 (Ethiopian Time=2 0'clock),
 ሰዓት(hour, time, 0'clock),
ትደርሳለህ(you(m) will arrive)=
ት + ደረሰ(he arrived) 111 group verb changes 166 ደርስ + አለህ <= ት አለ
ህ(you(m) (will) do)
=> 아훈(후느)(now), 히드나(Go and), 배스믄(므느)트(at 8 (Ethiopian
Time=2 0'clock),
 새아트(hour, time, 0'clock),
트대르사래흐(you(m) will arrive)=
트 + 대래새(he arrived) 111 group verb changes 166 대르스 + 알래흐
<= 트 알래흐(you(m) (will) do)

7. He will take the chair which is in that room.
በዚያ ክፍል ውስጥ ያለውን ወንበር ይወስዳል::
배지야 크프르 우스뜨 야래운(우느) 앤(애느)배르 이애스달(다르)::
beziya kfl wusth yalewun wenber yiwesdal::
저 방안에 있는 그 의자를 그는 취할 것입니다.

=> በዚያ(that, there), ክፍል(room), ውስጥ(in, inside),
 ያለውን(which is), ወንበር(chair),
 ይወስዳል(He will take)=
ይ + ወሰደ(he took) 111 group verb changes 166 ወስድ + አል <= ይ አል(he
(will) do)
=> 배지야(that, there), 크프르(room), 우스뜨(in, inside),
 야래운(우느)(which is), 앤(애느)배르(chair),
 이애스달(다르)(He will take)=
이 + 애새대(he took) 111 group verb changes 166 애스드 + 알(아르)
<= 이 아르(he (will) do)

8. They will do as I want.
እንደምፈልግ ያደርጋሉ::
은(으느)댐(대므)패르그 야대르가루::
indemfelg yadergalu::
내가 원한 것처럼 그들은 할 것입니다.

=> እንደምፈልግ(as I want),
ያደርጋሉ(They will do)=
ይ + አደረገ(he did) 1111 group verb changes 1166 አደርግ + ው + አሉ <=
ይ ው አሉ(they (will) do)
=> 은(으느)댐(대므)패르그(as I want),
야대르가루(They will do)=

이 + 아대래개(he did) 1111 group verb changes 1166 아대르그 + 우 + 아루 <= 이 우 알루(they (will) do)

9. I will put the new clothes into the new box.
አዲሱን ልብሱ ሳጥን ውስጥ አስቀምጣለሁ።
아디순(수느) 르브수 사뜬(뜨느) 우스뜨 아스깨므따래후::
adisun lbsu sathn wusth asqemthalehu።
그 새 옷을 박스 안에 나는 놓을 것입니다.
  Explanation
=> አዲሱን(the new)= ልብሱ(the clothes)= ልብስ(clothes) + ው(the) + ን (objective), ሳጥን(box), ውስጥ(in, into),
አስቀምጣለሁ(I will put)=
አ(out) + አስቀመጠ 11111 group verb changes 11166 አስቀምጥ + አለሁ <= አ አለሁ(i (will)do)
=> 아디순(수느)(the new)= 르브수(the clothes)= 르브스(clothes) + 우 (the) + 느(objective), 사뜬(뜨느)(box), 우스뜨(in, into),
아스깨므따래후(I will put)=
으(out) + 아새깨매때 11111 group verb changes 11166 아새깨므뜨 + 알래후 <= 으 알래후(i (will)do)

Exception 2. 41 Group Verbs Changes 66 Group Verbs(41 => 66 변화)
(Verb + አ አለሁ, ት አለህ, ት ee አለሽ, ይ አለ, ት አለች, አን አለን, ት ው አላችሁ, ይ ው አሉ)
(Verb + 으 알래후, 트 알래흐, 트 ee 알래시, 이 아르, 트 알래치, 은 알랜, 트 우 알라치후, 이 우 알루)

	41 Group Verbs Changes 66 Group Verbs ጻፈ 짜패 (He wrote)			
I verb or I will verb	አ 으 i	ጻፍ 쯔프 66 tsf	አለሁ 알래후 alehu	አጽፋለሁ 으쯔파래후 (I write or I will write) itsfalehu 나는 쓴다, 나는 쓸 것입니다.
You(m) verb or You(m) will verb	ት 트 t	ጻፍ 쯔프 66 tsf	አለህ 알래흐 aleh	ትጽፋለህ 트쯔파래흐 (you(m) write or you will write) ttsfaleh 당신은(남성) 쓴다, 당신은(남성) 쓸 것입니다.
Youn(f) verb or	ት 트	ጻፊ 쯔피	አለሽ 알래시	ትጽፊአለሽ 트쯔피알래시

You(f) will verb	t	(쯔프(66)+ ee) tsfi	aleshi	(you(f) write or you will write) ttsfialeshi 당신은(여성) 쓴다, 당신은(여성) 쓸 것입니다.
He verb or He will verb	ይ 이 yi	ጽፍ 쯔프 66 tsf	አል 알 al	ይጽፋል 이쯔팔(파르) (he write or he will write) yitsfal 그는 쓴다, 그는 쓸 것입니다.
She verb or She will verb	ት 트 t	ጽፍ 쯔프 66 tsf	አለች 알래치 alechi	ትጽፋለች 트쯔파래치 (she write or she will write) ttsfalechi 그녀는 쓴다, 그녀는 쓸 것입니다.
We verb or We will verb	እን 은 in	ጽፍ 쯔프 66 tsf	አለን 알랜 alen	እንጽፋለን 은(으느)쯔파랜(래느) (we write or we will write) intsfalen 우리는 쓴다, 우리는 쓸 것입니다.
You(pl) verb or You(pl) will verb	ት 트 t	ጽፉ 쯔푸 (쯔프(66)+우) tsfu	አላችሁ 알라치후 alachihu	ትጽፋላችሁ 트쯔파라치후 (you(pl) write or you will write) ttsfalachihu 당신들은 쓴다, 당신들은 쓸 것입니다.
They verb or They will verb you, he, she(Pol) verb or you, he, she(Pol) will verb	ይ 이 yi	ጽፉ 쯔푸 (쯔프(66)+우) tsfu	አሉ 알루 alu	አሉ 이쯔파루 (they write or they will write) (You, he, she(pol) write or will write) yitsfalu 그들은 쓴다, 그들은 쓸 것입니다.
1. I did not write yesterday but I will write tomorrow. ትናንትና አልጻፍሁም፡፡ ነገ ግን እጽፋለሁ፡፡ 트난(나느)트나 아르짜프홈(후므)፡፡ 내개 근(그느) 으쯔파래후፡፡ tnantna altsafhum፡፡ nege gn itsfalehu፡፡ 어제 나는 쓰지 않았습니다. 내일 그러나 나는 쓸 것입니다.				

=> ትናንትና(yesterday),

አልጸፉሁም(I did not write)= አል....ም(not) + ጻፉሁ(I wrote)

ነገ(tomorrow), ግን(but),

እጽፋለሁ(I will write)=

እ + ጻፈ(he wrote) 41 group verb changes 66 ጽፍ + አለሁ <= እ አለሁ(i (will)do)

=> 트난(나느)트나(yesterday),

아르짜프홈(후므)(I did not write)= 아르....므(not) + 짜프후(I wrote)

내개(tomorrow), 근(그느)(but),

으쯔파래후(I will write)=

으 + 짜패(he wrote) 41 group verb changes 66 쯔프 + 알래후 <= 으 알래후(i (will)do)

2. The   boy will write a long letter to his mother.

ልጁ ለእናቱ አንድ ረጅም ደብዳቤ ይጽፋል።

르주   래으나투 안(아느)드 래즈므 대브다배 이쯔팔(파르)።

lju   leinatu and rejm debdabe yitsfal።

그 소년은 그의 어머니에게 한 긴 편지를 (그는) 쓸 것입니다.
=> ልጁ(the boy), ለእናቱ(to his mother)= ለ(to) + እናት(mother) + ው(his or The)

 አንድ(one, a), ረጅም(long), ደብዳቤ(letter),

ይጽፋል(he will write)=

ይ + ጻረ(he wrote) 41 group verb changes 66 ጽፍ + አል <= ይ አል(he (will) do)

=> 르주(the boy), 래으나투(to his mother)= 래(to) + 으나트(mother) + 우(his or The)

안(아느)드(one, a), 래즈므(long), 대브다배(letter),

이쯔팔(파르)(he will write)=

이 + 짜패(he wrote) 41 group verb changes 66 쯔프 + 알(아르) <= 이 아르(he (will) do)

Lesson 10 - Present & Future Tense Summary(현재, 미래 시제 요약)

(Verb + እ አለሁ, ት አለሀ, ት ee አለሽ, ይ አል, ት አለች, እን አለን, ት ው አላችሁ, ይ ው አሉ)

(Verb + 으 알래후, 트 알래흐, 트 ee 알래시, 이 아르, 트 알래치, 은 알랜, 트 우 알라치후, 이 우 알루)

1. General

-	rule	14	Group	11	Group	51	Group	71	Group

		Verbs Changes 14 Group Verbs	Verbs Changes 16 Group Verbs	Verbs Changes 56 Group Verbs	Verbs Changes 76 Group Verbs
		ሰማ 새마 he heard sema 그는 들었다	ሰጠ 새때 he gave sethe 그는 주었다	ሄደ 해대 he went hede 그는 갔다	ቆመ 꼬매 he stood qome 그는 섰다
I verb or I will verb	እ አለሁ 으 알래 후 i alehu	እሰማለሁ (እ+ሰማ(14)+እ ለሁ) 으새마래후 (으 + 새 마 (14)+알래후) I hear I will hear isemalehu 나는 듣는다, 나는　들을 것입니다.	እሰጣለሁ (እ+ሰጥ(16)+እ ለሁ) 으새따래후 (으 + 새 뜨 (16)+알래후) I give I will give isethalehu 나는 준다, 나는 줄 것 입니다.	እሄዳለሁ (እ+ሄድ(56)+እ ለሁ) 으해다래후 (으 + 해 드 (56)+알래후) I go I will go ihedalehu 나는 간다, 나는 갈 것 입니다.	እቆማለሁ (እ+ቆም(76)+ እለሁ) 으꼬마래후 (으 + 꼬 므 (76)+알래후) I stand I will stand iqomalehu 나는 선다, 나는 설 것 입니다.

Exception 1 (예외 1)
111 Group Verbs Changes 166 Group Verbs (111=> 166 변화)
=> መሰደ(111) verb group changes መሰድ(166)group verb
=> 애새대(111) verb group changes 애스드(166)group verb

1111 Group Verbs Changes 1166 Group Verbs (1111 => 1166 변화)
=> አደረገ (1111) verb group changes አደርግ(1166)group verb
=> 아대래개 (1111) verb group changes 아대르그(1166)group verb

11111 Group Verbs Changes 11166 Group Verbs (11111 => 11166 변화)
=> አስቀመጠ (11111) verb group changes አስቀምጥ(11166)group verb
=> 아스깨매때 (11111) verb group changes 아스깨므뜨(11166)group verb

Exception 2 (예외 2)
41 Group Verbs Changes 66 Group Verbs (41 => 66 변화)
=> ጻፈ(41) verb group changes ጽፉ(66) group verb
=> 짜패(41) verb group changes 쯔프(66) group verb

Lesson 10 - Present & Future Tense(현재, 미래 시제)

Exercise(Sentence) 30
1. Do you(pl) know the place he lives at?
የሚኖርበትን ቦታ ታውቃላችሁ?
애미노르배튼(트느) 보타 타우까라치후?

yeminorbetn bota tawuqalachihu?
그가 살고 있는 곳을 당신들은 아십니까?

2. The teacher will ask the students many question.
አስተማሪው ተማሪዎቹን ብዙ ጥያቄ ይጠይቃል።
아스태마리우 태마리오춘(추느) 브주 뜨야깨 이때이깔(까르)॥
astemariwu temariwochun bzu thyaqe yitheyiqal።
그 선생님은 그 학생들에게 많은 질문들 요청할 것입니다.

3. Two beggars are begging outside the gate
ሁለት ለማኞች ከበሩ ውጭ ይለምናሉ።
후래트 래마뇨치 캐배루 우쯔 이램(래므)나루॥
hulet lemanyochi keberu wuch yilemnalu።
두 거지들은 밖에서 구걸하고 있는 중입니다.

4. Do you(m) want potatoes and meat? no, I want bread and cabbage.
ድንችና ሥጋ ትፈልጋለህ? አይ ዳቦና ጎመን አፈልጋለሁ።
든(드느)치나 스가 트패르가래흐? 아이 다보나 고맨(매느) 으패르가래후॥
dnchina sga tfelgaleh? ayi dabona gomen ifelgalehu።
감자와 고기를 당신은(남성) 원합니까? 아니요, 빵과 양배추를 나는 원합니다.

5. The boy will write a long letter to his mother.
ልጁ ለእናቱ ረጅም ደብዳቤ ይጽፋል።
르주 래으나투 래즈므 대브다배 이쯔팔(파르)॥
lju leinatu rejm debdabe yitsfal።
그 소년은 그의 어머니에게 긴 편지를 (그는) 쓸 것입니다.

6. We will go together to school.
አብረን ወደ ትምህርት ቤት እንሄዳለን።
아브랜(래느) 애대 틈(트므)흐르트 배트 은(으느)해다랜(래느)॥
abren wede tmhrt bet inhedalen።
함께 학교에 우리는 갈 것입니다.

7. I know that man very well. He will give you(m) some food.
ያንን ሰው በጣም አውቀዋለሁ። ምግብ ይሰጥሃል።
얀(야느)느 새우 배땀(따므) 아우깨와래후॥ 므그브 이새뜨할(하르)॥
yann sewu betham awuqewalehu። mgb yisethhal።
저 사람을 잘 안다. 음식을 그는 당신에게(남성) 줄 것입니다.

8. I will go.
እኔ እሄዳለሁ።
으내 으해다래후॥
ine ihedalehu።
나는 갈 것입니다.

9. I am very sorry.
በጣም አዝናለሁ።
배땀(따므) 아즈나래후॥
betham aznalehu።

매우 나는 미안합니다.

10. After 3 months you(pl) will sow wheat.
ከሦስት ወር በኋላ ስንዴ ትዘራላችሁ።
캐소스트 애르 배후알라 슨(스느)대 트재라라치후።
kesost wer behuwala snde tzeralachihu።

11. The girl is holding her brother's book in her hand.
ልጃቱ የወንድምዋን መጽሐፍ በእጅዋ ትይዛለች።
르지투 애앤(애느)듬(드므)완(와느) 매쯔하프 배으즈와 트이자래치።
ljitu yewendmwan metshaf beijwa tyizalechi።
그 소녀는 그녀의 형제의 책을 그녀의 손에 붙잡고 있는 중입니다.

12. What will you(pol) do today? I will sweep my room.
ዛሬ ምን ያደርጋሉ? ክፍሌን እጠርጋለሁ።
자래 믄(므느) 야대르가루? 크프랜(래느) 으때르가래후።
zare mn yadergalu? kflen ithergalehu።
오늘 무엇을 당신은(공손한 표현) 할 것입니까? 나의 방을 (나는) 청소 할 것입니다.

13. I will give five Birrs to my brother. He will buy a book.
አምስት ብር ለወንድሜ እሰጣለሁ። መጽሐፍ ይገዛል።
암(아므)스트 브르 래앤(애느)드매 으새따래후። 매쯔하프 이개잘(자르)።
amst br lewendme isethalehu። metshaf yigezal።
5비르를 나의 형제에게 나는 줄 것입니다. 책을 그는 살 것입니다.

14. Tomorrow we will tell a short story in Amharic.
ነገ በአማርኛ አጭር ታሪክ እንናገራለን።
내개 배아마래냐 아쯔르 타리크 은(으느)나개라랜(래느)።
nege beamarenya achr tarik innageralen።
내일 암하릭으로 짧은 이야기를 우리는 말할 것입니다.

15. Are you(pl) going to Jimma? No, We will go to debre zeit.
ወደ ጅማ ትሄዳላችሁ? አይ ወደ ደብረ ዘይት እንሄዳለን።
애대 즈마 트해다라치후? 아이 애대 대브래 재이트 은(으느)해다랜(래느)።
wede jma thedalachihu? ayi wede debre zeyit inhedalen።
짐마에 당신들은 갈 것입니까? 아니요, 데브레 제이트에 우리는 갈 것입니다.

16. I will not finish this work today; I'll finish it tomorrow.
ዛሬ ይህን ሥራ አልጨርስም። ነገ እጨርሳለሁ።
자래 이흔(흐느) 스라 아르째르슴(스므)። 내개 으째르사래후።
zare yihn sra alchersm። nege ichersalehu።
오늘 이 일을 나는 끝내지 못할 것입니다. 내일 나는 끝낼 것입니다.

17. Go now and you(m) will arrive at 2 0'clock.
አሁን ሂድና በስምንት ሰዓት ትደርሳለህ።
아훈(후느) 히드나 배스믄(므느)트 새아트 트대르사래흐።
ahun hidna besmnt seat tdersaleh።

지금 가라 그리고 2시(에티오피아 시간)(직역: 8시)에 당신은(남성) 도착할 것입니다.

18. I did not write yesterday but I will write tomorrow
ትናንትና አልጻፍኩም፡ ነገ ግን እጽፋለሁ።
트난(나느)트나 아르짜프훔(후므)፡ 내개 근(그느) 으쯔파래후።
tnantna altzafhum፡ nege gn itsfalehu።
어제 나는 쓰지 않았습니다. 그러나 나는 쓸 것입니다.

19. Why are you(pl) laughing? we will not tell you(m).
ለምን ትሣቃላችሁ? እንነግርህም።
램(래므)느 트사까라치후? 안(아느)내그르홈(흐므)።
lemn tsaqalachihu? annegrhm።
왜 당신들은 웃습니까? 우리는 당신에게(남성) 말하지 않을 것입니다.

20. When will he receive his salary?
ደመወዙን መቼ ይቀበላል?
대매애준(주느) 매채 이깨배랄(라르)?
demewezun meche yiqebelal?
그의 월급을 언제 그는 받을까요?

21. I will follow Christ daily.
ክርስቶሱን በየቀኑ እከተላለሁ።
크르스토슨(스느) 배애깨누 으캐태라래후።
krstosn beyeqenu iketelalehu።
그리스도를 매일 나는 따를 것입니다.

22. We will buy 3 pencils on Thursday.
ሐሙስ ሶስት እርሳስ እንገዛለን።
하무스 소스트 으르사스 은(으느)개자랜(래느)።
hamus sost irsas ingezalen።
목요일에 3개 연필을 우리는 살 것입니다.

23. I will wait until half past three.
እስከ ዘጠኝ ሰዓት ተኩል እቆያለሁ።
으스캐 재땐(때느) 새아트 태쿠르 으꼬야래후።
iske zetheny seat tekul iqoyalehu።
3시(직역: 9시) 반까지 나는 기다릴 것입니다.

24. We will work until we finish.
እስክንጨርስ ድረስ እንሠራለን።
으스크느째르스 드래스 은(으느)새라랜(래느)።
isknchers dres inseralen።
우리가 끝낼 때까지 우리는 일할 것입니다.

25. I know that they will go.
እንደሚሄዱ አውቃለሁ።
은(으느)대미해두 아우까래후።
indemihedu awuqalehu።

그들이 갈 것을 나는 압니다.

26. I will do as you(pol) want.
እንደሚፈልጉ አደርጋለሁ።
은(으)대미패르구 아대르가래후።
indemifelgu adergalehu።
당신이(공손한 표현) 원하는 만큼 나는 할 것입니다.

27. I will wait till you(pl) have finished.
እስክትጨርሱ ድረስ እቆያለሁ።
으스크트째르수 드래스 으꼬야래후።
isktchersu dres iqoyalehu።
당신들이 끝낼 때까지 나는 기다릴 것입니다.

28. I will study this page until I know it.
ይህን ገጽ እስካውቀው ድረስ አጠናለሁ።
이흔(흐느) 개쯔 으스카우깨우 드래스 아때나래후።
yihn gets iskawuqewu dres athenalehu።
이 페이지를 내가 알 때가지 나는 공부할 것입니다.

29. After we arrive home we will eat.
ወደ ቤት ደርሰን እንበላለን።
애대 배트 대르새느 은(으)배라랜(래느)።
wede bet dersen inbelalen።
집에 우리가 도착할 후 우리는 먹을 것입니다.

30. You(m) will receive a gift.
ስጦታ ትቀበላለህ።
스또타 트깨배라래흐።
sthota tqebelaleh።
선물 당신은(남성) 받을 것입니다.

Lesson 11 - Simple Prepositions(단순 전치사들)

1. Simple prepositions(단순 전치사들)

	Meaning
ለ le 래	to, for 에게, 위하여
በ be 배	at, in, on, with, by 에, 안에, 위에, 와 함께, 으로
ከ ke 캐	from, of, than 로부터, 중에, 보다

ወደ wede 애대	to, towards 쪽으로, 향하여
ሰለ sle 스래	because, about, for the sake of 때문에, 대하여, 위하여
እንደ inde 은대	as, like, according to 할 때, 만큼, 처럼, 하기 위하여
የ ye 에	of, ...'s 의, 의
ያለ yale 야래	without 없이

1) ለ 래 => to, for 에게, 위하여
1. The day before yesterday I wrote a long letter to <u>my mother</u>
ትናንትና ወዲያ ለእናቴ ረጅም ደብዳቤ ጻፍሁ።
트난(나느)트나 애디야 래으나태 래즈므 대브다배 짜프후።
tnantna wediya leinate rejm debdabe tsafhu።
그저께 나의 어머니에게 긴 편지를 나는 썼습니다.
　Explanation
=> ትናንትና ወዲያ(The day before yesterday),
　ለእናቴ(to my mother)= ለ(to) + እናት(mother) + ዬ(my),
　ረጅም(long), ደብዳቤ(letter),
ጻፍሁ(I wrote) = ጻፈ(he wrote) 41 group verb changes 46 ጻፍ + ሁ(I did)
=> 트난(나느)트나 애디야(The day before yesterday),
　래으나태(to my mother)= 래(to) + 으나트(mother) + 예(my),
　래즈므(long), 대브다배(letter),
　짜프후(I wrote)= 짜패(he wrote) 41 group verb changes 46 짜프 + 후(I did)
‒

‒
2. They ran home and gave all the money <u>to their father</u>.
ወደ ቤት ሮጡና ገንዘቡን ሁሉ ለአባታቸው ሰጡ።
애대 배트 로뚜나 갠(개느)재분(부느) 후루 래아바타쵸우 새뚜።
wede bet rothuna genzebun hulu leabatachewu sethu።
집에 그들은 달렸습니다. 그리고 그 돈 모두를 그들의 아버지에게 주었습니다.
　Explanation
=> ወደ(to), ቤት(house), ሮጡና(they ran and)= ሮጠ(he ran) + ው(they did),
　ገንዘቡን(the money)= ገንዘብ(money) + ው(the) + ን(objective), ሁሉ(all),
　ለአባታቸው(to their father)= ለ(to) + አባት(father) + አቸው(their),
ሰጡ(they gave)= ሰጠ(he gave) + ው(they did)
=> 애대(to), 배트(house), 로뚜나(they ran and)= 로때(he ran) + 우(they did),
　갠(개느)재분(부느)(the money)= 갠(개느)재브(money) + 우(the) + 느(objective),
후루(all),
　래아바타쵸우(to their father)= 래(to) + 아바트(father) + 아쵸우(their),
　새뚜(they gave)= 새때(he gave) + 우(they did)

3. The girl wrote a letter <u>to her mother.</u>
ልጃቱ ደብዳቤ ለእናትዋ ጻፈች፨
르지투 대브다배 래으나트와 짜패치፨
ljitu debdabe leinatwa tsafechi፨
그 소녀는 편지를 그녀의 어머니에게 썼습니다.

Explanation

=> ልጃቱ(the girl), ደብዳቤ(letter), ለእናትዋ(to her mother)= ለ(to)+እናት(mother)+ዋ
(her)
ጻፈች(she wrote)= ጻፈ(he wrote)+ች(she did)
=> 르지투(the girl), 대브다배(letter), 래으나트와(to her mother)= 래(to)+으나트
(mother)+와(her)
짜패치(she wrote)= 짜패(he wrote)+치(she did)

4. Who is the letter <u>for?</u> It is <u>for my father.</u>
ደብዳቤው ለማን ነው? ለአባቴ ነው፨
대브다배우 래만(마느) 내우? 래아바태 내우፨
debdabewu lemannewu?leabate newu፨
그 편지는 누구를 위한 것입니까? 나의 아버지를 위한 것입니다.

Explanation

=> ደብዳቤው(the letter), ለማን(for who)= ለ(for, to) + ማን(who), ነው(he is, it is),
ለአባቴ(to my father)= ለ(to)+ አባት(father) + ዬ(my), ነው(he is)
=> 대브다배우(the letter), 래만(마느)(for who)= 래(for, to) + 만(마느)(who), 내
우(he is, it is),
래아바태(to my father)= 래(to)+ 아바트(father) + 예(my), 내우(he is)

5. What <u>did you(m)</u> buy in the market?
I bought a new injera pan <u>for my mother.</u>
ከገበያ ምን ገዛህ? አዲስ ምጣድ ለእናቴ ገዛሁ፨
캐개배야 믄(므느) 개자흐? 아디스 므따드 래으나태 개자후፨
kegebeya mn gezah? adis mthad leinate gezahu፨
시장으로부터 무엇을 당신은(남성) 샀습니까?
새로운 인제라 팬을 나는 샀습니다.

Explanation

=> ከገበያ(from the market), ምን(what),
ገዛህ?(did you(m) buy)= ገዛ(he bought) + ህ(you(m) did),
አዲስ(new), ምጣድ(injera pan), ለእናቴ(to my mother)= ለ(to)+እናት(mother)+ ዬ(my),
ገዛሁ(I bought)= ገዛ(he bought) + ሁ(I did)
=> 캐개배야(from the market), 믄(므느)(what),
개자흐?(did you(m) buy)= 개자(he bought) + 흐(you(m) did),
아디스(new), 므따드(injera pan), 래으나태(to my mother)= 래(to)+으나트
(mother)+ 예(my),
개자후(I bought)= 개자(he bought) + 후(I did)

<u>2) በ 배</u> => at, in, on, with, by 에, 안에, 위에, 와 함께, 으로
1. <u>At debre birhan</u> we visited my uncle.
He gave us tea and bread.
በደብረ ብርሃን አጎቴን ጠየቅን፥ ሻይና ዳቦ ሰጠን፨
<u>배대브래 브르하느</u> 아고탠(태느) 때애끄느፥ 샤이나 다보 새땐(때느)፨
<u>bedebre brhan</u> agoten theyeqn: shayina dabo sethen፨

데브라 브르한에 나의 삼촌을 우리는 방문했습니다. 티와 빵을 그는 우리에게 주었습니다.

Explanation

=> በደብረ ብርሃን(at debre birhan=city name), አጎቴን(my uncle)= አጎት(uncle)+ዬ(my)+ ን(objective)

ጠየቅን(we visited), ሻይና(tea and), ዳቦ(bread), ሰጠን(he gave us)= ሰጠ(he gave)+ን(us)

=> 배대브래 브르하느(at debre birhan=city name), 아고탠(태느)(my uncle)= 아고트(uncle)+예(my)+ 느(objective)

때애끄느(we visited), 샤이나(tea and), 다보(bread), 새땐(때느)(he gave us)= 새때(he gave)+느(us)

2. My uncle and his son came today.
We all ate lunch at my grandmother's house.

አጎቴና ወንድ ልጁ ዛሬ መጡ፡፡ ሁላችንም በሴት አያቴ ቤት ምሳ በላን፡፡
아고태나 앤(애느)드 르주 자래 매뚜፡፡ 후라치늠(느므) 배새트 아야태 배트 므사 배란(라느)፡፡
agotena wend lju zare methu። hulachinm beset ayate bet msa belan።
나의 삼촌과 그의 아들은 오늘 왔습니다. 그리고 우리 모두는 할머니 집에서 점심을 우리는 먹었습니다.

Explanation

=> አጎቴና (my uncle and)= አጎት(uncle)+ዬ(my)+ ና(and),

ወንድ ልጁ(his son), ዛሬ(today), መጡ(they came)= መጣ(he came)+ ው(they did),

ሁላችንም(our all)= ሁሉ(all)+ አችን(our)+ ም(and, also),

በሴት አያቴ ቤት(at my grandmother's house)=

በ(at)+ ሴት አያቴ(my grandmother)= ሴት አያት(grandmother) + ዬ(my) + ቤት(house)

ምሳ(lunch), በላን(we ate)= በላ(he ate)+ን(we did)

=> 아고태나 (my uncle and)= 아고트(uncle)+예(my)+ 나(and),

앤(애느)드 르주(his son), 자래(today), 매뚜(they came)= 매따(he came)+ 우(they did),

후라치늠(느므)(our all)= 후루(all)+ 아친(치느)(our)+ 므(and, also),

배새트 아야태 배트(at my grandmother's house)=

배(at)+ 새트 아야태(my grandmother)= 새트 아야트(grandmother) + 예(my) + 배트(house)

므사(lunch), 배란(라느)(we ate)= 배라(he ate)+느(we did)

3. Go now and you will arrive at 2 0'clock (m).

አሁን ሂድና በስምንት ሰዓት ትደርሳለህ፡፡
아훈(후느) 히드나 배스믄(므느)트 새아트 트대르사래흐፡፡
ahun hidna besmnt seat tdersaleh።
지금 가라 그리고 2시(직역: 8시)에 도착할 것입니다.

Explanation

=> አሁን(now), ሂድና(go and) በስምንት ሰዓት(at 8(Ethiopian time 2) 0'clock),

ትደርሳለህ(you(m) will arrive)= ት+ ደረሰ(he arrived) 111 group verb changes 166 ደርስ + አለህ <= ት አለህ(you(m) (will) do)

=> 아훈(후느)(now), 히드나(go and) 배스믄(므느)트 새아트(at 8(Ethiopian time 2) 0'clock),

트대르사래흐(you(m) will arrive)= 트+ 대래새(he arrived) 111 group verb changes 166 대르스 + 알래흐 <= 트 알래흐(you(m) (will) do)

4. Where is your(f) brother?
He is at home.
ወንድምሽ የት ነው? ቤቴት ነው።
앤(애느)듬(드므)시 애트 내우? 배배트 내우።
wendmsh yet newu? bebet newu።
당신의(여성) 형제는 어디에 있습니까? 집에 있습니다.
=> ወንድምሽ(your(f) brother)= ወንድም(brother)+ ሽ(your(f)), የት(where) ነው(he is),
ቤት(at house), ነው(he is)
=> 앤(애느)듬(드므)시(your(f) brother)= 앤(애느)듬(드므)(brother)+ 시(your(f)), 애
트(where) 내우(he is),
배배트(at house), 내우(he is)

5. Will you spend the day in the market(m)?
no, I will stay all day at home.
በገበያ ትውላለህ? አይ ቀኑን በሙሉ ቤት እውላለሁ።
배개배야 투우라래흐? 아이 깨눈(누느) 배무루 배트 으우라래후።
begebeya twulaleh? ayi qenun bemulu bet iwulalehu።
시장에서 하루 종일 보낼 것입니까? 아니요, 그 날 종일 집에 나는 머물
것입니다.
=> በገበያ(in the market),
ትውላለህ?(Will you spend?)= ት + ውል(he spent)+ አለህ <= ት አለህ(you(m) (will)
do)
አይ(no), ቀኑን(the day), በሙሉ(at all), ቤት(house),
እውላለሁ(I will spend, I will stay)= እ + ውል(he spent)+ አለሁ <= እ አለሁ(i (will
)do)
=> 배개배야(in the market),
트우라래흐?(Will you spend?)= 트 + 우르(he spent)+ 알래흐 <= 트
알래흐(you(m) (will) do)
아이(no), 깨눈(누느)(the day), 배무루(at all), 배트(house),
으우라래후(I will spend, I will stay)= 으 + 우르(he spent)+ 알래후 <= 으
알래후(i (will)do)

6. They arrived at school in time.
በጊዜ ትምህርት ቤት ደረሱ።
배기재 틈(트므)흐르트 배트 대래수።
begize tmhrt bet deresu።
정각에 학교에 그들은 도착했습니다.
=> በጊዜ(in time), ትምህርት ቤት(school),
ደረሱ(they arrived)= ደረሰ(he arrived) + ው(they did)
=> 배기재(in time), 틈(트므)흐르트 배트(school),
대래수(they arrived)= 대래새(he arrived) + 우(they did)

7. Is the girl at home? She is in the kitchen.
ልጃቱ በቤት አለች? በወጥ ቤት አለች።

르지투 배배트 알래치? 배애뜨 배트 알래치::
ljitu bebet alechi? beweth bet alechi::
그 소녀는 집에 있습니까? 부엌에 그녀는 있습니다.

Explanation

=> ልጃቱ(the girl) በቤት(at home), አለች?(is she?),
በወጥ ቤት(in the kitchen), አለች(she is)= አለ(he is present, he said) + ች(she did)

=> 르지투(the girl) 배배트(at home), 알래치?(is she?),
배애뜨 배트(in the kitchen), 알래치(she is)= 아래(he is present, he said) + 치(she did)

8. If I do not go now I will not arrive on time.
አሁን ባልሄድ በጊዜ አልደርስም::
아훈(후느) 바르해드 배기재 아르대르슴(스므)::
ahun balhed begize aldersm::
지금 내가 가지 않는다면 정각에 나는 도착하지 않을 것입니다.

Explanation

=> አሁን(now), ባልሄድ(if I do not go), በጊዜ(on time),
አልደርስም(I will not arrive)= አል...ም(not)+ ደርሰ(he arrived) 111 group verb changes 166 ደርስ + ም

=> 아훈(후느)(now), 바르해드(if I do not go), 배기재(on time),
아르대르슴(스므)(I will not arrive)= 아르...므(not)+ 대래새(he arrived) 111 group verb changes 166 대르스 + 므

9. The thief got in by the window.
ሌባው በመስኮት ገባ::
래바우 배매스코트 개바::
lebawu bemeskot geba::
그 도둑은 창문으로 들어갔습니다.

Explanation

=> ሌባው(the thief), በመስኮት(by window), ገባ(he entered)
=> 래바우(the thief), 배매스코트(by window), 개바(he entered)

10. What did you(f) come by? I came by car.
በምን መጣሽ? በመኪና መጣሁ::
배믄(므느) 매따시? 배매키나 매따후::
bemn methash? bemekina methahu::
무엇으로 당신은(여성) 왔습니까? 차로 나는 왔습니다.

Explanation

=> በምን(by what), መጣሽ?(did you(f) come?)= መጣ(he came) + ሽ(you(f) did)
በመኪና(by car) መጣሁ(I came)= መጣ(he came) + ሁ(I did)

=> 배믄(므느)(by what), 매따시?(did you(f) come?)= 매따(he came) + 시(you(f) did)
배매키나(by car) 매따후(I came)= 매따(he came) + 후(I did)

3) ከ 캐 => from, of, than 로 부터, 중에, 보다
1. What did you buy from the market(m)?
I bought potatoes and meat.
ከገበያ ምን ገዛህ? ድንችና ሥጋ ገዛሁ::

<u>캐개배야</u> 믄(므느) 개자흐? 든(드느)치나 스가 개자후∷
kegebeya mn gezah? dnchina sga gezahu∷
시장으로부터 무엇을 당신은(남성) 샀습니까? 감자와 고기를 나는 샀습니다.

Explanation

=> ከገበያ(from the market), ምን(what),
 ገዛህ?(did you(m) buy?), ድንችና(potatoes and) ሥጋ(meat),
 ገዛሁ(I bought)= ገዛ (he bought) + ሁ(I did)
=> 캐개배야(from the market), 믄(므느)(what),
 개자흐?(did you(m) buy?), 든(드느)치나(potatoes and) 스가(meat),
 개자후(I bought)= 개자 (he bought) + 후(I did)

2. The boy stole 50 cent <u>from his mother's box</u>.
ልጁ ከእናቱ ሳጥን ሃምሳ ሣንቲም ሰረቀ∷
르주 캐으나투 사뜬(뜨느) 하므사 사느티므 새래깨∷
lju keinatu sathn hamsa santim sereqe∷
그 소년은 그의 어머니의 박스로부터 50 센팀을 훔쳤습니다.

Explanation

=> ልጁ(the boy), ከእናቱ ሳጥን(from his mother's box)= ከ(from)+እናቱ(his mother)=
እናት(mother)+ ው(his or The) + ሳጥን(box),
 ሃምሳ(50), ሣንቲም(cent), ሰረቀ(he stole)
=> 르주(the boy), 캐으나투 사뜬(뜨느)(from his mother's box)=
캐(from)+으나투(his mother)= 으나트(mother)+ 우(his or The) +
사뜬(뜨느)(box),
 하므사(50), 사느티므(cent), 새래깨(he stole)

3. He is the youngest <u>of the children</u>.
ከልጆቹ ታናሹ እርሱ ነው∷
캐르조추 타나슈 으르수 내우∷
keljochu tanashu irsu newu∷
그 아이들 중에 가장 작은 사람은 그 입니다.

Explanation

=> ከልጆቹ(from the children)= ከ(from)+ልጅ(child) +ዎች(plural), ታናሹ(the
youngest),
 እርሱ(he), ነው(he is)
=> 캐르조추(from the children)= 캐(from)+르즈(child) +오치(plural), 타나슈(the
youngest),
 으르수(he), 내우(he is)

4. He is the shortest <u>of the students</u>.
ከተማሪዎቹ አጭሩ እርሱ ነው∷
캐태마리오추 아쯔루 으르수 내우∷
ketemariwochu achru irsu newu∷
학생들 중에 가장 작은 사람은 그 입니다.

Explanation

=> ከተማሪዎቹ(of the students)= ከ(from)+ ተማሪ(student) +ዎች(plural)+ ው(the),
 አጭሩ(the shortest)= አጭር(short) + ው(the), እርሱ(he), ነው(he is)
=> 캐태마리오추(of the students)= 캐(from)+ 태마리(student) +오치(plural)+ 우
(the),
 아쯔루(the shortest)= 아쯔르(short) + 우(the), 으르수(he), 내우(he is)

5. My sister is a lot smaller than I am.
እህቴ ከእኔ በጣም ታንሳለች።
으흐태 캐으내 배땀(따므) 타느사래치።
ihte keine betham tansalechi።
나의 여동생은 나보다 매우 작습니다.

Explanation

=> እናቴ(my mother)= እናት(mother)+ዬ(my), ከእኔ(from I), በጣም(much, a lot), ታንሳለች(she (will) small, little)
=> 으나태(my mother)= 으나트(mother)+예(my), 캐으내(from I), 배땀(따므)(much, a lot), 타느사래치(she (will) small, little)

6. Work is better than playing.
ሥራ ከጨዋታ ይሻላል።
스라 캐째와타 이샤랄(라르)።
sra kechewata yishalal።
일은 노는 것보다 더 좋습니다.

Explanation

=> ሥራ(work), ከጨዋታ(than playing), ይሻላል(it is better)
=> 스라(work), 캐째와타(than playing), 이샤랄(라르)(it is better)

4) ወደ 애대 => to, towards
1. Where did the farmer go?
He went to the field with tesfy.
ገበሬው የት ሄደ? ከተስፋዬ ጋር ወደ እርሻ ሄደ።
개배래우 애트 해대? 캐태스파예 갈(가르) 애대 으르샤 해대።
그 농부는 어디에 갔습니까? 테스파예와 함께 밭에 갔습니다.
geberewu yet hede? ketesfaye gar wede irsha hede።

Explanation

=> ገበሬው(the farmer), የት(where), ሄደ?(did he go?)
ከተስፋዬ ጋር(with tesfy)= ከ... ጋር(with) + ተስፋዬ(name), ወደ(to), እርሻ(field), ሄደ(he went)
=> 개배래우(the farmer), 애트(where), 해대?(did he go?)
캐태스파예 갈(가르)(with tesfy)= 캐... 갈(가르)(with) + 태스파예(name), 애대(to), 으르샤(field), 해대(he went)

2. Will you come in (pl)?
No we will not come in now. we are going to market.
ትገባላችሁ? አይ አንገባም። ወደ ገበያ መሄዳችን ነው።
트개바라치후? 아이 안(아느)개밤(바므)። 애대 개배야 매해다친(치느) 내우።
tgebalachihu? ayi angebam። wede gebeya mehedachin newu።
당신들은 들어갔습니까? 아니요, 우리는 들어가지 않았습니다.
시장에 우리는 갈 것입니다.

Explanation

=> ትገባላችሁ?(Will you come in (pl)?), አይ(no),
አንገባም(we will not come(enter)), ወደ(to), ገበያ(market), መሄዳችን(we are going), ነው(it is)
=> 트개바라치후?(Will you come in (pl)?), 아이(no),

안(아느)개밤(바므)(we will not come(enter)), 애대(to), 개배야(market), 매해다친(치느)(we are going), 내우(it is)

3. The children saw their father and ran <u>toward him.</u>
ልጆቹ አባታቸውን አዩና ወደ እርሱ ሮጡ።
르조추 아바타쵸운(우느) 아유나 <u>애대 으르수</u> 로뚜║
ljochu abatachewun ayuna <u>wede irsu</u> rothu။
그 아이들은 그들의 아버지를 보았습니다. 그리고 그 쪽으로 달려갔습니다.

Explanation

=> ልጆቹ(the children),
አባታቸውን(their father)= አባት(father) +አቸው(their)+ ን(objective),
አዩና(they saw and)= አየ(he saw) + ው(they did), ወደ(to), እርሱ(he), ሮጡ(they ran)
=> 르조추(the children),
아바타쵸운(우느)(their father)= 아바트(father) +아쵸우(their)+ 느(objective),
아유나(they saw and)= 아애(he saw) + 우(they did), 애대(to), 으르수(he), 로뚜
(they ran)

4. When their mother came the children ran <u>towards the gate.</u>
እናታቸው በመጣች ጊዜ ልጆቹ ወደ በሩ ሮጡ።
으나타쵸우 배매따치 기재 르조추 애대 배루 로뚜║
inatachewu bemethachi gize ljochu <u>wede beru</u> rothu။
그들의 어머니가 왔을 때 그 아이들은 그 문쪽으로 달려갔습니다.

Explanation

=> እናታቸው(their mother)= እናት(mother)+አቸው(their), በመጣች ጊዜ(when she came)=በ...ጊዜ(when)+ መጣች(she came), ልጆቹ(the children)=ልጅ(child)+ ዎች (plural)+ው(the), ወደ(to),
በሩ(the gate)= በር(gate)+ ው(the), ሮጡ(they ran)= ሮጠ(he ran)+ ው(they did)
=> 으나타쵸우(their mother)= 으나트(mother)+아쵸우(their), 배매따치 기재(when she came)=배...기재(when)+ 매따치(she came), 르조추(the children)=르즈 (child)+ 오치(plural)+우(the), 애대(to),
배루(the gate)= 배르(gate)+ 우(the), 로뚜(they ran)= 로때(he ran)+ 우(they did)

5) ስለ 스래 => because, about, for the sake of, concerning
1. Because Jesus Christ loved us he came to this world.
ኢየሱስ ክርስቶስ ስለወደደን ወደዚህ ዓለም መጣ።
이애수스 크르스토스 스래애대댄(대느) 애대지흐 아램(래므) 매따║
iyesus krstos slewededen wedezih alem metha።
예수 그리스도는 우리를 사랑하셨기 때문에 이 세상에 오셨습니다.

Explanation

=> ኢየሱስ(Jesus), ክርስቶስ(Christ), ስለወደደን(because he us)= ስለ(because)+ ወደደ(he liked)+ ን(us),
 ወደዚህ(this), ዓለም(world), መጣ(he came)
=> 이애수스(Jesus), 크르스토스(Christ), 스래애대댄(대느)(because he us)= 스래(because)+ 애대대(he liked)+ 느(us),
 애대지흐(this), 아램(래므)(world), 매따(he came)

2. <u>Because they have no</u> money they can not buy food.

ገንዘብ ስለሌላቸው ምግብ መግዛት አይችሉም።
갠(개느)재브 스래래라쵸우 므그브 매그자트 아이치룸(루므)።
genzeb slelelachewu mgb megzat ayichilum።
돈을 그들이 없었기 때문에 음식을 살 수가 (그들은) 없었습니다.

Explanation

=> ገንዘብ(money), ስለሌላቸው(Because they have no)= ስለ(because)+ሌላቸው(they
have no)= የለም(no)+ አቸው(their), ምግብ(food), መግዛት(to buy)= መ(to)+ ገዛ(he
bought)+ ት,
አይችሉም(they can not)
=> 갠(개느)재브(money), 스래래라쵸우(Because they have no)=
스래(because)+래라쵸우(they have no)= 애램(래므)(no)+ 아쵸우(their),
므그브(food), 매그자트(to buy)= 매(to)+ 개자(he bought)+ 트,
아이치룸(루므)(they can not)

3. Have you asked Mr tesfy whether he has heard news <u>about his son</u>?
ስለልጁ ወሬ ሰምተው እንደሆነ አቶ ተስፋን ጠይቀኸዋል?
스래르주 애래 새므태우 은(으느)대호내 아토 태스파느 때이깨해왈(와르)?
slelju were semtewu indehone ato tesfan theyiqehewal?
그 아들에 관한 소문을 그는 듣고 어떻게 된 것인지 미스터 테스파에게 (당신은)
물어 보았습니까?

Explanation

=> ስለልጁ(about his son)= ስለ(about or because)+ልጁ(the boy)=ልጅ(boy)+ው(his
or the),
ወሬ(news, rumor), ሰምተው(after he heard), እንደሆነ(as(that) he was), አቶ ተስፋን(Mr
tesfy = name), ጠይቀኸዋል?(Have you asked)
=> 스래르주(about his son)= 스래(about or because)+르주(the
boy)=르즈(boy)+우(his or the),
애래(news, rumor), 새므태우(after he heard), 은(으느)대호내(as(that) he was),
아토 태스파느(Mr tesfy = name), 때이깨해왈(와르)?(Have you asked)

4. We will counsel <u>about the problem</u>.
ስለ ችግሩ እንመካከርታለን።
스래 치그루 은(으느)매카캐르배타랜(래느)።
sle chigru inmekakerbetalen።
그 문제에 대하여 우리는 상담할 것입니다.

Explanation

=> ስለ ችግሩ(about the problem)= ስለ(because)+ ችግሩ(the problem)=
ችግር(problem)+ ው(the),
እንመካከርታለን(we will counsel)= እን + ተመካከርንት(he counseled) + አለን<= እን
አለን(we (will) do)
=> 스래 치그루(about the problem)= 스래(because)+ 치그루(the problem)=
치그르(problem)+ 우(the),
은(으느)매카캐르배타랜(래느)(we will counsel)= 은 + 태매카캐르배트(he
counseled) + 알랜<= 은 알랜(we (will) do)

6) እንደ 은(으느)대 => as, like, according to
1. Just <u>as you(m)</u> opened the door the cat went out.
በሩን እንደከፈትህ ድመትዋ ወጣች።
배룬(루느) 은(으느)대캐패트흐 드매트와 애따치።

berun indekefeth dmetwa wethachi።
그 문을 당신이(남성) 열었을 때 그 고양이는 나갔다.

Explanation

=> በሩን አንደከፈትህ ድመትዋ ወጣች።
በሩን(the gate)= በሩ(the gate)= በር(gate)+ ው(the)+ ን(objective),
አንደከፈትህ(as you(m) opened)=
አንደ(as)+ ከፈትህ(you(m) opened)= ከፈተ(he opened) 111 group verb changes
116 ከፈት +ህ(you(m))
=> 배룬(루느) 은(으느)대캐패트흐 드매트와 애따치።
배룬(루느)(the gate)= 배루(the gate)= 배르(gate)+ 우(the)+ 느(objective),
은(으느)대캐패트흐(as you(m) opened)=
은(으느)대(as)+ 캐패트흐(you(m) opened)= 캐패태(he opened) 111 group verb
changes 116 캐패트 +흐(you(m))

2. As I opened the door the woman came.
በሩን አንደከፈትሁ ሴቲቱ መጣች።
배룬(루느) 은(으느)대캐패트후 새티투 매따치።
berun indekefethu setitu methachi።
그 문을 내가 열었을 때 그 여성은 왔습니다.

Explanation

=> በሩን(the gate)= በሩ(the gate)= በር(gate)+ ው(the)+ ን(objective),
አንደከፈትሁ(as I opened)=
አንደ(as)+ ከፈትሁ(I opened)=ከፈተ(he opened) 111 group verb changes 116 ከፈት
+ሁ(I did)
=> 배룬(루느)(the gate)= 배루(the gate)= 배르(gate)+ 우(the)+ 느(objective),
은(으느)대캐패트후(as I opened)=
은(으느)대(as)+ 캐패트후(I opened)=캐패태(he opened) 111 group verb
changes 116 캐패트 +후(I did)

3. You(m) also do like they did.
እነርሱ እንዳደረጉ አንተም አድርግህ።
으내르수 은(으느)다대래구 안(아느)태므 아드르그흐።
inersu indaderegu antem adrgh።
그들이 했던 것처럼 또한 당신도 한다.

Explanation

=> እነርሱ(they), እንዳደረጉ(like they did)= እንደ(as)+ አደረገ(he did)+ ው(they did)
አንተም(you(m) also), አድርግህ(you(m) do)
=> 으내르수(they), 은(으느)다대래구(like they did)= 은(으느)대(as)+ 아대래개
(he did)+ 우(they did)
안(아느)태므(you(m) also), 아드르그흐(you(m) do)

‾
4. As (according to what) our mother said yesterday
 we will sell soon our house.
እናታችን ትናንትና እንዳለች ቤታችንን በቅርብ ጊዜ እንሸጣለን።
으나타친(치느) 트난(나느)트나 은(으느)다래치 배타친(치느)느 배끄르브 기재 은
(으느)셰따랜(래느)።
inatachin tnantna indalechi betachinn beqrb gize inshethalen።
우리의 어머니가 어제 말했던 것처럼 우리의 집을 가까운 시기에 우리는 팔 것
입니다.

Explanation

=> እናታችን (our mother)= እናት(mother)+ አችን(our),

ትናንትና(yesterday), እንዳለች(as she said)= እንደ(as)+ አለች(she said)= አለ(he said) + ች(she did), ቤታችንን(our house)= ቤት(house)+ አችን(our)+ ን(objective), በቅርብ ጊዜ(soon),

እንሸጣለን(we will sell)= እን+ ሸጠ(he sold) + አለን <= እን አለን(we will do)

=> 으나타친(치느) (our mother)= 으나트(mother)+ 아친(치느)(our),

트난(나느)트나(yesterday), 은(으느)다래치(as she said)= 은(으느)대(as)+ 알래치(she said)= 아래(he said) + 치(she did), 배타친(치느)느(our house)= 배트(house)+ 아친(치느)(our)+ 느(objective), 배끄르브 기재(soon),

은(으느)세따랜(래느)(we will sell)= 은(으느)+ 세때(he sold) + 알랜 <= 은 알랜 (we will do)

---

7) የ 애 => of, ...'s

1. Is the door of the house open?

የቤቱ መዝጊያ ክፍት ነው?
애배투 매즈기야 크프트 내우?
yebetu ·mezgiya kft newu?
그 집의 문은 열려 있습니까?

Explanation

=> የቤቱ(of the house)= የ(of, 's)+ ቤቱ(the house)= ቤት(house)+ ው(the), መዝጊያ(door), ክፍት ነው?(is it open?)

=> 애배투(of the house)= 애(of, 's)+ 배투(the house)= 배트(house)+ 우(the), 매즈기야(door), 크프트 내우?(is it open?)

2. Her father's house is close to the school.

የአባትዋ ቤት በትምህርት ቤት አጠገብ ነው።
애아바트와 배트 배틈(트므)흐르트 배트 아때개브 내우።
yeabatwa bet betmhrt bet athegeb newu።
그녀의 아버지의 집은 학교 옆입니다.

Explanation

=> የአባትዋ ቤት(her father's house)= የ(of, 's)+ አባት(father)+ ዋ(her)+ ቤት(house), በትምህርት ቤት(to the school), አጠገብ(close), ነው(it is, he is)

=> 애아바트와 배트(her father's house)= 애(of, 's)+ 아바트(father)+ 와(her)+ 배트(house), 배틈(트므)흐르트 배트(to the school), 아때개브(close), 내우(it is, he is)

3. Who is the baby's Mother?

የሕፃኑ እናት ማን ናት?
애흐짜누 으나트 만(마느) 나트?
yehtzanu inat man nat?
그 아이의 어머니는 누구입니까?

Explanation

=> የሕፃኑ እናት(the baby's mother)= የ(of, 's)+ ሕፃን(baby)+ ው(the)+ እናት (mother), ማን(who), ናት?(is she?)

=> 애흐짜누 으나트(the baby's mother)= 애(of, 's)+ 흐짜느(baby)+ 우(the)+ 으나트(mother), 만(마느)(who), 나트?(is she?)

8) ያለ 야래 => without

1. It is forbidden to enter <u>without permission.</u>

ያለ ፈቃድ መግባት ክልክል ነው።

야래 패까드 매그바트 크르크르 내우::

yale feqad megbat klkl newu::

허락없이 들어 가는 것은 금지입니다.

Explanation

=> ያለ ፈቃድ(without permission), መግባት(to enter)= መ(to)+ ገባ(he entered) + ት, ክልክል ነው(It is forbidden)

=> 야래 패까드(without permission), 매그바트(to enter)= 매(to)+ 개바(he entered) + 트, 크르크르 내우(It is forbidden)

2. If you(m) work <u>without care</u> it will be spoiled.

ያለ ጥንቃቄ ብትሠራ ይበላሻል።

야래 뜬(뜨느)까께 브트새라 이배라샬(샤르)::

yale thnqaqe btsera yibelashal::

조심성 없이 당신이(남성) 일한다면 그것은 망칠 것입니다.

Explanation

=> ያለ ጥንቃቄ(without care), ብትሠራ(If you(f) work)= ብ(If)+ ት(you(m)) + ሠራ (work),

ይበላሻል(it will be spoiled)= ይ+ ተገላሸ(it became spoiled) + አል <= ይ አለ(he (will) do)

=> 야래 뜬(뜨느)까께(without care), 브트새라(If you(f) work)= 브(If)+ 트 (you(m)) + 새라(work),

이배라샬(샤르)(it will be spoiled)= 이+ 태바라세(it became spoiled) + 알(아르) <= 이 아르(he (will) do)

Lesson 11 - Simple Prepositions Summary(단순 전치사들 요약)

	Meaning
ለ le 래	to, for 에게, 위하여
በ be 배	at, in, on, with, by 에, 안에, 위에, 와 함께, 으로
ከ ke 캐	from, of, than 으로부터, 중에, 보다
ወደ wede 애대	to, towards 으로, 쪽으로
ስለ sle 스래	because, about, for the sake of 때문에, 대하여, 위하여
እንደ	as, like, according to 할 때, 처럼, 따라서

inde 은대	
የ ye 에	of, …'s 의, 의
ያለ yale 야래	without 없이

Lesson 11 - Simple Prepositions(단순 전치사들)

Exercise(Sentence) 50

1. How much is the price of sheep?
The price of sheep is one thousand.
የበግ ዋጋ ስንት ነው?
የበግ ዋጋ አንድ ሺህ ነው፡፡
애배그 와가 슨(스느)트 내우?
애배그 와가 안(아느)드 시흐 내우፡፡
yebeg waga snt newu? yebeg waga and shh newu፡፡
양의 가격은 얼마입니까?
양의 가격은 1000비르입니다.

2. The girl is learning handwork.
ልጃቱ የእጅ ሥራ ትማራለች፡፡
르지투 애으즈 스라 트마라래치፡፡
ljitu yeij sra tmaralechi፡፡
그 소녀는 수공예(직역: 손의 일)를 배우고 있는 중입니다.

3. Whose is the cloth? It is my father's.
ልብሱ የማን ነው? የአባቴ ነው፡፡
르브수 애만(마느) 내우? 애아바태 내우፡፡
lbsu yeman newu? yeabate newu፡፡
그 옷은 누구의 것입니까? 나의 아버지의 것입니다.

4. Who is the child's mother?
የልጁ እናት ማን ናት?
애르주 으나트 만(마느) 나트?
yelju inat man nat?
그 아이의 어머니는 누구입니까?

5. Do not come to our house tomorrow (you - m).
ነገ ወደ ቤታችን አትምጣ፡፡
내개 애대 배타친(치느) 아트(트므)따፡፡
nege wede betachin atmtha፡፡
내일 우리의 집에 오지 말라.

6. The farmer went to the field.
ገበሬው ወደ እርሻው ሄደ፡፡

개배래우 애대 으르샤우 해대::
그 농부는 그 밭에 갔습니다.

7. Are you(f) going home just now.
አሁን ወደ ቤት መሄድሽ ነው?
아훈(후느) 애대 배트 매해드시 내우?
ahun wede bet mehedsh newu?
지금 집에 당신은(여성) 가는 중입니까?

8. He is going back to Addis Ababa tomorrow.
ነገ ወደ አዲስ አበባ መመለሱ ነው::
내개 애대 아디스 아배바 매매래수 내우::
nege wede adis abeba memelesu newu::
내일 아디스 아바바에 그는 되돌아 올 것입니다.

9. I bought this dictionary for eighty birr.
ይህን መዝገበ ቃላት በሰማንያ ብር ገዛሁ::
이흔(흐느) 매즈개배 까라트 배새만(마느)야 브르 개자후::
yihn mezgebe qalat besemanya br gezahu::
이 사전을 80비르에 나는 샀습니다.

10. When my mother comes we will go to market.
እናቴ ስትመጣ ወደ ገበያ እንሄዳለን::
으나태 스트매따 애대 개배야 은(으느)해다랜(래느)::
inate stmetha wede gebeya inhedalen::
나의 어머니가 올 때 시장에 우리는 갈 것입니다.

11. The picture is above the little table.
ሥዕሉ ከትንሹ ጠረጴዛ በላይ ነው::
스으루 캐튼(트느)슈 때래패자 배라이 내우::
silu ketnshu therepheza belayi newu::
그 사진은 그 작은 책상위에 있습니다.

12. The son who was lost returned to his father.
የጠፋው ልጅ ወደ አባቱ ተመለሰ::
애때파우 르즈 애대 아바투 태매래새::
yethefawu lj wede abatu temelese::
잃었던 그 아들은 그의 아버지 집에 돌아왔습니다.

13. He finished his work and went home.
ሥራውን ጨርሶ ወደ ቤት ሄደ::
스라운(우느) 째르소 애대 배트 해대::
srawun cherso wede bet hede::
그의 일을 (그는) 끝냈습니다. 그리고 집에 그는 갔습니다.

14. We will go together to school.
አብረን ወደ ትምህርት ቤት እንሄዳለን::
아브랜(래느) 애대 톰(트므)흐르트 배트 은(으느)해다랜(래느)::
abren wede tmhrt bet inhedalen::
함께 학교에 우리는 갈 것입니다.

15. I will write a letter to my mother.
ደብዳቤን ለእናቴ እጽፋለሁ፡፡
대브다밴(배느) 래으나태 으쯔파래후፡፡
debdaben leinate itsfalehu፡፡
편지를 나의 어머니에게 나는 쓸 것입니다.

16. She gave her book to the student.
መጽሐፍዋን ለተማሪው ሰጠች፡፡
매쯔하프완(와느) 래태마리우 새때치፡፡
metshafwan letemariwu sethechi፡፡
그녀의 책을 그 학생에게 그녀는 주었습니다.

17. Who is the letter for? It is for my father.
ደብዳቤው ለማን ነው? ለአባቴ ነው፡፡
대브다배우 래만(마느) 내우? 래아바태 내우፡፡
debdabewu leman newu? leabate newu፡፡
그 편지는 누구를 위한 것입니까? 나의 아버지를 위한 것입니다.

18. The little girl ran home.
ትንሽዋ ልጅ ወደ ቤት ሮጠች፡፡
튼(트느)시와 르즈 애대 배트 로때치፡፡
tnshwa lj wede bet rothechi፡፡
그 작은 소녀는 집으로 달려갔습니다.

19. As I opened the door a bird entered.
መዝጊያዉን እንደከፈትሁ ወፍ ገባ፡፡
매즈기야운(우느) 은(으느)대캐패트후 애프 개바፡፡
bezgiyawun indekefethu wef geba፡፡
그 문을 내가 열었을 때 새는 들어왔다.

20. How often do you(f) go to the market?
በየስንት ቀን ወደ ገበያ ትሄጃለሽ?
배애슨(스느)트 깬(깨느) 애대 개배야 트해자래시?
beyesnt qen wede gebeya thejaleshi?
얼마나 자주(직역: 매주 날) 시장에 당신은(여성) 가십니까?

21. Give(m) the money to your(m) father.
ገንዘቡን ለአባትህ ስጠው፡፡
갠(개느)재분(부느) 래아바트흐 스때우፡፡
genzebun leabath sthewu፡፡
그 돈을 당신의(남성) 아버지에게 주라.

22. Give(pol) the picture to Mamusi.
ሥዕሉን ለማሙሲ. ስጡት፡፡
스으룬(루느) 래마무시 스뚜트፡፡
silun lemamusi sthut፡፡
그 사진을 마무시에게 주세요(공손한 표현)

23. The boy will write a long letter to his mother.
ልጁ ለእናቱ ረጅም ደብዳቤ ይጽፋል።
르주 래으나투 래즈므 대브다배 이쯔팔(파르)።
lju leinatu rejm debdabe yitsfal።
그 소년은 그의 어머니에게 긴 편지를 쓸 것입니다.

24. Because Christ loved us he came to this world.
ክርስቶስ ስለወደደን ወደዚህ ዓለም መጣ።
크르스토스 스래애대댄(대느) 애대지호 아램(래므) 매따።
krstos slewededen wedezih alem metha።
그리스도는 우리를 사랑하셨기 때문에 이 세상에 오셨습니다.

25. Because I have broken a cup, I want to buy a new one.
አንድ ጽዋ ስለ ሰበርሁ አዲስ ለመግዛት እፈልጋለሁ።
안(아느)드 쯔와 스래 새배르후 아디스 래매그자트 으패르가래후።
and tswa sle seberhu adis lemegzat ifelgalehu።
한 컵을 내가 깨뜨렸기 때문에 새로운 것을 사기를 나는 원합니다.

26. Because it is small I will sell it.
ትንሽ ስለሆነ እሸጠዋለሁ።
튼(트느)시 스래호내 으세때와래후።
tnsh slehone ishethewalehu።
작기 때문에(직역: 되었기 때문에) 나는 그것을 팔 것입니다.

27. They are not coming because they have no food.
ምግብ ስለሌላቸው አይመጡም።
므그브 스래래라쵸우 아이매뚬(뚜므)።
mgb slelelachewu ayimethum።
음식을 그들은 가지지 않았기 때문에 그들을 오지 않을 것입니다.

28. Give(m) 10 Birr to the boy who lost his book.
መጽሀፉ ለጠፋበት ልጅ 10 ብር ስጠው።
매쯔하푸 래때파배트 르즈 10 브르 스때우።
metshafu lethefabet lj 10 br sthewu።
그의 책을 잃었던 그 소년에게 10브르를 주라.

29. She knows that she does not have enough money.
በቂ ብር እንደሌላት ታውቃለች።
배끼 브르 은(으느)대래라트 타우까래치።
beqi br indelelat tawuqalechi።
충분한 브르(돈)을 그녀는 가지지 않은 것을 그녀는 압니다.

30. Have you(f) heard when they will come?
መቼ እንደሚመጡ ሰምተሻል?
매채 은(으느)대미매뚜 새므태샬(샤르)?
meche indemimethu semteshal?
언제 그들이 올 것인지 당신은(여성) 들었습니까?

31. Today I spent the day at my relative's house.
ዛሬ በዘመዴ ቤት ዋልሁ።

자래 배재매대 배트 왈(와르)후::
zare bezemede bet walhu::
오늘 나의 친척 집에서 나는 하루 종일 보낼 것입니다.

32. As I went out to outside, a stranger came.
ወደ ውጪ እንደ ወጣሁ እንግዳ መጣ::
애대 우찌 은(으느)대 애따후 은(으느)그다 매따::
wede wuchi inde wethahu ingda metha::
밖으로 나는 나갔을 때 손님이 왔습니다.

33. We do not know when they will arrive.
መቼ እንደሚደርሱ አናውቅም::
매채 은(으느)대미대르수 아나우꿈(끄므)::
meche indemidersu anawuqm::
언제 그들이 도착할 것인지 우리는 모릅니다.

34. I cannot sew it as she sewed it.
እስርዋ እንደሰፋቸው እኔ መስፋት አልችልም::
으스르와 은(으느)대새파치우 으내 매스파트 아르치름(르므)::
iswa indesefachiwu ine mesfat alchilm::
그녀는 그것을 수선한 것처럼 내는 수선할 수가 없습니다.

35. Mr(pol) Mamusi bought a book for five Birrs.
አቶ ማሙሲ መጽሐፍ በአምስት ብር ገዙ::
아토 마무시 매쯔하프 배암(아므)스트 브르 개주::
ato mamusi metshaf beamst br gezu::
미스터 마무시 책을 5 브르에 샀습니다.(공손한 표현)

36. Did not you(m) know that he has bought a car?
መኪና እንደገዛ አላወቅህም?
매키나 은(으느)대개자 아라애꼬홈(흐므)?
mekina indegeza alaweqhm?
차를 그가 샀던 것을 당신은(남성) 알지 못합니까?

37. Rejoice(you pl) in the lord always!
ሁልጊዜ በጌታ ደስ ይበላችሁ::
후르기재 배개타 대스 이배라치후::
hulgize begeta des yibelachihu::
항상 주님 안에서 당신들은 기뻐하라.

38. Do you(pl) know that visitors have come?
እንግዶች እንደመጡ ታውቃላችሁ?
은(으느)그도치 은(으느)대매뚜 타우까라치후?
ingdochi indemethu tawuqalachihu?
손님들이 왔던 것을 당신들은 아십니까?

39. As I opened the door the woman came.
በሩን እንደከፈትሁ ሴቲቱ መጣች::
배룬(루느) 은(으느)대캐패트후 새티투 매따치::
berun indekefethu setitu methachi::

그 문을 내가 열었을 때 그 소녀는 왔습니다.

40. Did you(pl) not hear that we have bought a house?
ቤት እንደ ገዛን አልሰማችሁም?
배트 은(으)대 개자느 아르새마치훔(후므)느?
bet inde gezan alsemachihumn?
집을 우리가 샀던 것을 당신들을 듣지 못했습니까?

41. He heard that she came yesterday.
ትናንትና እንደመጣች ሰማ።
트난(나느)트나 은(으)대매따치 새마።
tnantna indemethachi sema።
어제 그녀가 왔던 것을 그는 들었습니다.

42. I know that they will not come today.
ዛሬ እንደማይመጡ አውቃለሁ።
자래 은(으)대마이매뚜 아우까래후።
zare indemayimethu awuqalehu።
오늘 그들이 올 수 없는 것을 나는 압니다.

43. I always do as she wishes.
ሁልጊዜ እንደምፈልገው አደርጋለሁ።
후르기재 은(으)댐(대므)트패르개우 아대르가래후።
hulgize indemtfelgewu adergalehu።
항상 그녀가 원하는 것을 나는 합니다.

44. You(pl) also do as they have done.
እነርሱ እንዳደረጉ አንተም አድርግ።
으내르수 은(으)다대래구 안(아느)태므 아드르그።
inersu indaderegu antem adrg።
그들이 했던 것처럼 또한 당신도 한다.

45. I told him that we had not seen his book
መጽሐፉን እንዳላየን ነገርሁት።
매쯔하푸느 은(으)다라앤(애느) 내개르후트።
metshafun indalayen negerhut።
그의 책을 우리가 보지 못했던 것을 나는 그에게 말했습니다.

46. The children do as I do.
እኔ እንደማደርግ ልጆቹ ያደርጋሉ።
으내 은(으)대마대르그 르조추 야대르가루።
ine indemaderg ljochu yadergalu።
내가 한 것처럼 그 아이들도 한다.

47. The girl who came yesterday is my sister.
ትናንትና የመጣችው ልጅ እህቴ ናት።
트난(나느)트나 애매따치우 르즈 으흐태 나트።
tnantna yemethachiwu lj iht nat።
어제 왔던 그 소녀는 나의 여동생입니다.

48. The man to whom I wrote a letter is my brother.
ደብዳቤ የጻፍሁለት ሰው ወንድሜ ነው።
대브다배 애짜프후래트 새우 앤(애느)드매 내우::
debdabe yetsafhulet sewu wendme newu::
편지를 내가 썼던 그 사람은 나의 형제입니다.

49. Did you(pol) go to market yesterday?
ትናንትና ወደ ገበያ ሄዱ?
트난(나느)트나 애대 개배야 해두?
tnantna wede gebeya hedu::
어제 시장에 당신은(공손한 표현) 갔습니까?

50. The girl works inside the kitchen.
ልጃገረድዉ በወጥ ቤት ውስጥ ትሠራለች።
르자개래드우 배애뜨 배트 우스뜨 트새라래치::
ljageredwu beweth bet wusth tseralechi::
그 소녀는 부엌 안에서 일합니다.

Lesson 12 - Compound Prepositions(복합 전치사들)

1. Compound prepositions(복합 전치사들)

1) በ....ውስጥ => inside	9) ከ....በፊት => before, ago
배...우스뜨	캐... 배피트
be....wusth => 안에	ke....befit => 앞에, 전에
2) ከ....ውጭ => Outside	10) ከ.....በኋላ => after
캐... 우쯔	캐...배후왈라
ke....wuch => 밖에	ke.....behuwala => 뒤에
3) በ....ላይ => on, upon, against	11) ከ...ፊት or ከ.....በስተፊት => in front of
배...라이	캐..피트 또는 캐....배스태피트
be....layi => 위에, 위에, 반대로	ke...fit or ke.....bestefit => 앞에
4) ከ....በላይ => above	12) ከ....ኋላ or ከ....በስተኋላ => behind
캐...배라이	캐..홀라 또는 캐...배스태후왈라
ke....belayi => 위에	ke....huwala or ke....bestehuwala => 뒤에
5) ከ.....በታች => under, below	13) በ(ከ) ፊት ለፊት => opposite
캐...배타치	배(캐) 피트 래피트
ke.....betachi => 아래에	be(ke) fit lefit => 반대편에
6) በ.....ሥር => at the bottom of, under	14) ከ....ጋር => with, together
	캐...갈(가르)
배...스르	ke....gar => 와 함께

be.....sr => 바닥에	
7) በ.....አጠገብ => beside, near 배...아때개브 be.....athegeb => 옆에	15) በ...በኩል => Through, in the direction of 배...배쿨 be...bekul => 통하여, 방향으로
8) በ.... ዙሪያ => around 배...주리야 be.... zuriya => 주위에	16) ከ....የተነሣ => because of 캐...에태내사 ke....yetenesa => 때문에

1) በ....ውስጥ 배....우스뜨 => in, inside 안에
1. They are looking for him <u>in the town</u>.
በከተማ ውስጥ ይፈልጉታል፡፡
배캐태마 우스뜨 이패르구탈(타르)፡፡
beketema wusth yifelgutal፡፡
도시 안에서 그들은 그를 보고 있는 중입니다.
    Explanation
=> በከተማ ውስጥ(in town),
ይፈልጉታል(They are looking for him)= ይ+ ፈለገ(he wanted) 111 group verb
changes 166 ፈልግ +ው(they) + ት(him)+ አል <= ይ አል(he will do)
=> 배캐태마 우스뜨(in town),
이패르구탈(타르)(They are looking for him)= 이+ 패래개(he wanted) 111 group
verb changes 166 패르그 +우(they) + 트(him)+ 알(아르) <= 이 아르(he will)
do)

2. How many children are there <u>in the house</u>?
በቤት ውስጥ ስንት ልጆች አሉ?
배배트 우스뜨 슨(스느)트 르조치 아루?
bebet wusth snt ljochi alu?
집 안에는 몇 명의 아이들이 있습니까?
    Explanation
=> በቤት ውስጥ(in house), ስንት(How many), ልጆች(children)= ልጅ(boy)+ ዎች
(plural),
አሉ(there are, they said)
=> 배배트 우스뜨(in house), 슨(스느)트(How many), 르조치(children)= 르즈
(boy)+ 오치(plural),
아루(there are, they said)

2) ከ....ውጭ 캐....우쯔 => Outside 밖에
1. Two beggars are begging <u>outside the gate</u>.
ሁለት ለማኞች ከበሩ ውጭ ይለምናሉ፡፡
후래트 래마뇨치 캐배루 우쯔 이램(래므)나루፡፡
hulet lemanyochi <u>keberu wuch</u> yilemnalu፡፡
두 거지들이 그 문 밖에서 구걸하는 중입니다.
    Explanation
=> ሁለት(two), ለማኞች(beggars)= ለማኝ(beggar)+ ዎች(plural),
 ከበሩ ውጭ(outside the gate),
ይለምናሉ(they are begging)= ይ+ ለመነ(he begged)+ ው አሉ<= ይ ው አሉ(they (will)
do)

=> 후래트(two), 래마뇨치(beggars)= 래만(마느)(beggar)+ 오치(plural),
캐배루 우쯔(outside the gate),
이램(래므)나루(they are begging)= 이+ 래매내(he begged)+ 우 알루<= 이 우
알루(they (will) do)

2. Give(m) this bread to the beggar who sits <u>outside the door</u>.
ከበር ውጭ ለተቀመጠው ለማኝ ይህንን ዳቦ ስጥ።
캐배르 우쯔 래태깨매때우 래만(마느) 이흔(흐느)느 다보 스뜨።
keber wuch leteqemethewu lemany yihnn dabo sth።
문 밖에 앉아 있는 그 거지에게 이 빵을 주라.

Explanation

=> ከበር ውጭ(outside the door),
ለተቀመጠው ለማኝ(to the beggar who sits)= ለ(to)+ ተቀመጠ(who sits) + ው(the) ለማኝ
(beggar),
ይህንን(this), ዳቦ(bread), ስጥ(Give(m))
=> 캐배르 우쯔(outside the door),
래태깨매때우 래만(마느)(to the beggar who sits)= 래(to)+ 태깨매때(who sits) +
우(the) 래만(마느)(beggar),
이흔(흐느)느(this), 다보(bread), 스뜨(Give(m))

3) በ....ላይ 배....라이 => on, upon, against 위에, 반대하여
1. What did you(m) see <u>on the road</u> yesterday?
ትናንትና በመንገድ ላይ ምን አየህ?
트난(나느)트나 배맨(매느)개드 라이 믄(므느) 아애흐?
tnantna <u>bemenged layi</u> mn ayeh?
어제 길 위에서 무엇을 보았습니까?

Explanation

=> ትናንትና(yesterday), በመንገድ ላይ(on the road)= በ... ላይ(on)+ መንገድ(road),
ምን(what), አየህ?(did you(masculine) see)= አየ(he saw)+ ህ (you(m) did))
=> 트난(나느)트나(yesterday), 배맨(매느)개드 라이(on the road)= 배... 라이
(on)+ 맨(매느)개드(road),
믄(므느)(what), 아애흐?(did you(masculine) see)= 아애(he saw)+ 흐 (you(m)
did))

2. I found 3 pencils and put them <u>on the table</u>.
ሦስት እርሳስ አገኘሁና በጠረጴዛው ላይ አስቀመጥሁ።
소스트 으르사스 아개네후나 배때래패자우 라이 아스깨매뜨후።
sost irsas agenyehuna <u>betherephezawu layi</u> asqemethhu።
3개 연필을 나는 찾았다 그리고 책상 위에 나는 놓았습니다.

Explanation

=> ሦስት(3), እርሳስ(pencil), አገኘሁና(I found and)= አገኘ(he found) 111 group verb
changes 116 አገኝ + ሁ(I did) + ና(and), በጠረጴዛው ላይ(on the table),
አስቀመጥሁ(I put)= አስቀመጠ(he put) 11111 group verb changes 11116 አስቀመጥ +
ሁ(I did)
=> 소스트(3), 으르사스(pencil), 아개네후나(I found and)= 아개내(he found) 111
group verb changes 116 아개네 + 후(I did) + 나(and), 배때래패자우 라이(on
the table),
아스깨매뜨후(I put)= 아새깨매때(he put) 11111 group verb changes 11116
아스깨매뜨 + 후(I did)

4) ከ....በላይ 캐....배라이 => above 위에
1. The picture is above the little table.
ሥዕሉ ከትንሹ ጠረጴዛ በላይ ነው።
스으루 캐튼(트느)슈 때래패자 배라이 내우።
silu ketnshu therepheza belayi newu።
그 사진 그 작은 책상 위에 있습니다.
   Explanation
=> ሥዕሉ(the picture)= ሥዕል(picture)+ ው(the), ከትንሹ ጠረጴዛ በላይ(above the little table),
ነው(it is, he is)
=> 스으루(the picture)= 스으르(picture)+ 우(the), 캐튼(트느)슈 때래패자 배라이(above the little table),
내우(it is, he is)

5) ከ.....በታች 캐.....배타치 => under, below 아래에
1. The book is under the table.
መጽሐፉ ከጠረጴዛው በታች ነው።
매쯔하푸 캐때래패자우 배타치 내우።
metshafu ketherephezawu betachi newu።
그 책은 그 책상 아래에 있습니다.
   Explanation
=> መጽሐፉ(the book)= መጽሐፍ(book)+ ው(the), ከጠረጴዛው በታች(under the table),
ነው(it is, he is)
=> 매쯔하푸(the book)= 매쯔하프(book)+ 우(the), 캐때래패자우 배타치(under the table),
내우(it is, he is)

6) በ.....ሥር 배.....스르 => at the bottom of, under 바닥에, 아래에
1. The child is under the tree.
ልጁ በዛፉ ሥር ነው።
르주 배자푸 스르 내우።
lju bezafu sr newu።
그 아이는 그 나무 아래에 있습니다.
   Explanation
=> ልጁ(the child)= ልጅ(child) +ው(the), በዛፉ ሥር(under the tree)
ነው(it is, he is)
=> 르주(the child)= 르즈(child) +우(the), 배자푸 스르(under the tree)
내우(it is, he is)

7) በ.....አጠገብ 배.....아때개브 => beside, near 옆에
1. He stopped the car near the house.
መኪናውን በቤቱ አጠገብ አቆመው።
매키나운(우느) 배배투 아때개브 아꼬매우።
mekinawun bebetu athegeb aqomewu።
그 차를 그 집 옆에 그는 섰습니다.
   Explanation
=> መኪናውን(the car), በቤቱ አጠገብ(near the house),
አቆመው(He stopped it)

=> 매키나운(우느)(the car), 배배투 아때개브(near the house),
아꼬매우(He stopped it)

2. I waited for the man. I stood <u>near the house.</u>
ሰውዬውን ቆየሁ በቤት አጠገብ ቆምሁ።
새우예운(우느) 꼬애후 배배트 아때개브 꼬므후።
sewuyewun qoyehu <u>bebet athegeb</u> qomhu።
그 사람을 나는 기다렸습니다. 집 옆에 나는 섰습니다.
=> ሰውዬውን(the man), ቆየሁ(I waited), በቤት አጠገብ(near a house),
ቆምሁ(I stood)= ቆመ(he stood) 71 group verb changes 76 ቆዎ + ሁ(I did)
=> 새우예운(우느)(the man), 꼬애후(I waited), 배배트 아때개브(near a house),
꼬므후(I stood)= 꼬매(he stood) 71 group verb changes 76 꼬므 + 후(I did)

3. The chair is <u>near the door.</u>
ወንበሩ በመዝጊያው አጠገብ ነው።
앤(애느)배루 배매즈기야우 아때개브 내우።
wenberu bemezgiyawu <u>athegeb</u> newu።
그 의자는 그 문 옆에 있습니다.
=> ወንበሩ(the chair)= ወንበር(chair)+ ው(the), በመዝጊያው አጠገብ(near the door),
ነው(it is, he is)
=> 앤(애느)배루(the chair)= 앤(애느)배르(chair)+ 우(the), 배매즈기야우 아때개브
(near the door),
내우(it is, he is)

8) በ.... ዙሪያ 배.... 주리야 => around 주위에
1. There is shop <u>around the house.</u>
በቤቱ ዙሪያ ሱቅ አለ።
배배투 주리야 수끄 아래።
bebetu zuriya suq ale።
그 집 주위에 상점이 있습니다.
=> በቤቱ ዙሪያ(around the house), ሱቅ(shop), አለ(there is, he said)
=> 배배투 주리야(around the house), 수끄(shop), 아래(there is, he said)

9) ከ....በፊት 캐....배피트 => before, ago 앞에, 전에
1. We came to Ethiopia <u>one year ago.</u>
ካንድ ዓመት በፊት ወደ ኢትዮጵያ መጣን።
카느드 아매트 배피트 애대 이트요프야 매따느።
kand amet befit wede ityophya methan።
1년 전에 에티오피아에 우리는 왔습니다.
=> ካንድ ዓመት በፊት(one year ago) = ከ....በፊት(before, ago)+ አንድ(one)+
ዓመት(year),
ወደ(to), ኢትዮጵያ(Ethiopia), መጣን(we came)= መጣ(he came)+ ን(we did)
=> 카느드 아매트 배피트(one year ago) = 캐....배피트(before, ago)+
안(아느)드(one)+ 아매트(year),

애대(to), 이트요프야(Ethiopia), 매따느(we came)= 매따(he came)+ 느(we did)

2. When did you(pol) come? I came three months ago.
መቼ መጡ? ከሦስት ወር በፊት መጣሁ።
매채 매뚜? 캐소스트 애르 배피트 매따후።
meche methu? kesost wer befit methahu።
언제 당신은(공손한 표현) 왔습니까? 3개월 전에 나는 왔습니다.

Explanation

=> መቼ(when) መጡ?(did you(pol) come?), ከሦስት ወር በፊት(three months ago)
  መጣሁ(I came)= መጣ(he came)+ ሁ(I did)
=> 매채(when) 매뚜?(did you(pol) come?), 캐소스트 애르 배피트(three months ago)
  매따후(I came)= 매따(he came)+ 후(I did)

10) ከ.....በ후알라 캐.....배후알라 => after 뒤에
1. After 3 months you(pl) will sow wheat.
ከሦስት ወር በኋላ ስንዴ ትዘራላችሁ።
캐소스트 애르 배후알라 슨(스느)대 트재라라치후።
kesost wer behuwala snde tzeralachihu።
3개월 후 곡식을 당신들은 뿌릴 것입니다.

Explanation

=> ከሦስት ወር በኋላ(After 3 months), ስንዴ(wheat),
ትዘራላችሁ(you(pl) will sow)= ት +ዘራ(he sowed) + ው + አላችሁ <= ት ው
አላችሁ(you(pl) (will) do)
=> 캐소스트 애르 배후알라(After 3 months), 슨(스느)대(wheat),
트재라라치후(you(pl) will sow)= 트 +재라(he sowed) + 우 + 알라치후 <= 트
우 알라치후(you(pl) (will) do)

2. After we had eaten we all went to my uncle's home.
ከበላን በኋላ ሁላችንም ወደ አጎቴ ቤት ሄድን።
캐배란(라느) 배후알라 후라치늠(느므) 애대 아고태 배트 해든(드느)።
kebelan behuwala hulachinm wede agote bet hedn።
우리는 먹은 후 우리 모두 나의 삼촌 집에 (우리는) 갔습니다.

Explanation

=> ከበላን በኋላ(After we had eaten), ሁላችንም(we all and),
ወደ(to), አጎቴ ቤት(my uncle's home)= አጎት(uncle)+ ዬ(my)+ ቤት(house), ሄድን(we went)
=> 캐배란(라느) 배후알라(After we had eaten), 후라치늠(느므)(we all and),
애대(to), 아고태 배트(my uncle's home)= 아고트(uncle)+ 예(my)+ 배트(house),
해든(드느)(we went)

11) ከ...ፊት or ከ.....በስተፊት 캐...피트 or 캐.....배스태피트
=> in front of 앞에
1. Stand(pl) in front of the black board.
his sister will come with him.
ከጥቁር ሰሌዳው ፊት ቁሙ። እህቱ ከርሱ ጋር ትመጣለች።
캐뚜꾸르 새래다우 피트 꾸무። 으흐투 캐르수 갈(가르) 트매따래치።
kethqur seledawu fit qumu። ihtu kersu gar tmethalechi።
그 칠판 앞에 서라. 그의 여동생은 그와 함께 올 것입니다.

=> ከፕቁር ሰሊዳው ፊት(in front of the black board.), ቁሙ(Stand!),
እህቱ(his sister)= እህት(sister)+ ው(his, the), ከርሱ ጋር(with him)= ከ... ጋር(with)+
እርሱ(he, him), ትመጣለች(she will come)= ት + መጣ(he came) + አለች <= ት
አለች(she (will) do)
=> 캐뜨꾸르 새래다우 피트(in front of the black board.), 꾸무(Stand!),
으흐투(his sister)= 으흐트(sister)+ 우(his, the), 캐르수 갈(가르)(with him)=
캐... 갈(가르)(with)+ 으르수(he, him), 트매따래치(she will come)= 트 + 매따(he
came) + 알래치 <= 트 알래치(she (will) do)

12) ከ....ኋላ or ከ....በስተኋላ 캐....후알라 or 캐....배스태후알라
=> behind 뒤에
1. The students are behind the school.
ተማሪዎቹ ከትምህርት ቤት ኋላ ናቸው።
태마리오추 캐틈(트므)흐르트 배트 후알라 나쵸우።
temariwochu ketmhrt bet huwala nachewu።
그 학생들은 학교 뒤에 있습니다.

=> ተማሪዎቹ(the students)= ተማሪ(student)+ ዎች(plural)+ ው(the),
ከትምህርት ቤት ኋላ(behind the school), ናቸው(they are).
=> 태마리오추(the students)= 태마리(student)+ 오치(plural)+ 우(the),
캐틈(트므)흐르트 배트 후알라(behind the school), 나쵸우(they are).

13) በ(ከ) ፊት ለፊት 배(캐) 피트 래피트 => opposite 반대편에
1. The guard stood opposite the house.
ዘበኛው ከቤቱ ፊት ለፊት ቆመ።
재배냐우 캐배투 피트 래피트 꼬매።
zebenyawu kebetu fit lefit qome።
그 가드는 그 집 반대편에 섰습니다.

=> ዘበኛው(the guard), ከቤቱ ፊት ለፊት(opposite the house), ቆመ(he stood)
=> 재배냐우(the guard), 캐배투 피트 래피트(opposite the house), 꼬매(he
stood)

14) ከ....ጋር 캐....갈(가르) => with, together 와 함께
1. I will go with you(pol) until the market.
እስከ ገበያው ድረስ ከእርስዎ ጋር እሄዳለሁ።
으스캐 개배야우 드래스 캐으르스오 갈(가르) 으해다래후።
iske gebeyawu dres keirswo gar ihedalehu።
그 시장까지 당신(공손한 표현)과 함께 나는 갈 것입니다.

=> እስከ ገበያው ድረስ(until the market)= እስከ.. ድረስ(until)+ ገበያው(the market)
ከእርስዎ ጋር(with you(pol)), እሄዳለሁ(I will go)= እ+ ሄዳ(he went) + አለሁ <= እ
አለሁ(i (will)do)
=> 으스캐 개배야우 드래스(until the market)= 으스캐.. 드래스(until)+
개배야우(the market)
캐으르스오 갈(가르)(with you(pol)), 으해다래후(I will go)= 으+ 해대(he went)
+ 알래후 <= 으 알래후(i (will)do)

2. Where did the farmer go?
He went to the field with tesfy.
ገበሬው የት ሄደ? ከተስፋዬ ጋር ወደ እርሻ ሄደ።
개배래우 애트 해대? 캐태스파예 갈(가르) 애대 으르샤 해대။
geberewu yet hede? ketesfaye gar wede irsha hede።
그 농부는 어디에 갔습니까? 테스파에와 함께 밭에 갔습니다.

15) በ...በኩል 배...배쿠르
=> Through, in the direction of 통하여, 방향으로(방향에)
1. The students is in the direction of the west.
ተማሪዎቹ በምዕራብ በኩል ነው።
태마리오추 배므으라브 배쿠르 내우။
temariwochu bemirab bekul newu።
(east => ምሥራቅ , west => ምዕራብ , south => ደቡብ, north => ሰሜን)
(east => 므스라끄 , west => 므으라브 , south => 대부브, north => 새맨(매느))
그 학생들은 서쪽 방향에 있습니다.

16) ከ....የተነሣ 캐....애태내사 => because of 때문에
1. I felt cold because of the rain.
ከዝናብ የተነሣ በርዶኝ ነበር።
캐즈나브 애태내사 배르도느 내배르።
keznab yetenesa berdony neber።
비 때문에 나는 춥습니다.

Lesson 12 - Compound Prepositions summary(복합 전치사들 요약)

1) በ....ውስጥ => inside 배...우스뜨 be....wusth => 안에	9) ከ....በፊት => before, ago 캐... 배피트 ke....befit => 앞에, 전에
2) ከ....ውጭ => Outside 캐... 우쯔 ke....wuch => 밖에	10) ከ.....በኋላ => after 캐...배후왈라 ke.....behuwala => 뒤에
3) በ....ላይ => on, upon, against 배...라이 be....layi => 위에, 위에, 반대로	11) ከ....ፊት or ከ.....በስተፊት => in front of 캐...피트 또는 캐...배스태피트 ke....fit or ke.....bestefit => 앞에
4) ከ....በላይ => above 캐...배라이 ke....belayi => 위에	12) ከ....ኋላ or ከ....በስተኋላ => behind 캐..홀라 또는 캐...배스태후왈라 ke....huwala or ke....bestehuwala => 뒤에
5) ከ.....በታች => under, below 캐...배타치 ke.....betachi => 아래에	13) በ(ከ) ፊት ለፊት => opposite 배(캐) 피트 래피트 be(ke) fit lefit => 반대편에
6) በ.....ሥር => at the bottom of, under	14) ከ.....ጋር => with, together 캐...갈(가르)

배...스르 be.....sr => 바닥에	ke....gar => 와 함께
7) በ.....አጠገብ => beside, near 배...아때개브 be.....athegeb => 옆에	15) በ...በኩል => Through, in the direction of 배...배쿨 be...bekul => 통하여, 방향으로
8) በ.... ዙሪያ => around 배...주리야 be.... zuriya => 주위에	16) ከ....የተነሳ => because of 캐...에태내사 ke....yetenesa => 때문에

Lesson 12 - Compound Prepositions(복합 전치사들)

Exercise(Sentence) 30

1. The picture is above the little table.
ሥዕሉ ከትንሹ ጠረጴዛ በላይ ነው።
스으루 캐튼(트느)슈 때래패자 배라이 내우::
silu ketnshu therepheza belayi newu::
그 사진은 그 작은 책상 위에 있습니다.

2. I will do it before I go.
ከመሄዴ በፊት አሰራዋለሁ።
캐매해대 배피트 으새라와래후::
kemehede befit iserawalehu::
내가 가진 전에 나는 그것을 할 것입니다.

3. They walked along the road singing.
በመንገድ ላይ እየዘመሩ ሄዱ።
배맨(매느)개드 라이 으애재매루 해두::
bemenged layi iyezemeru hedu::
길 위에서 노래하면서 그들을 갔습니다.

4. He stopped the car near the house.
መኪናውን በቤቱ አጠገብ አቆመው።
매키나운(우느) 배배투 아때개브 아꼬매우::
mekinawun bebetu athegeb aqomewu::
그 차를 그 집 옆에 그는 세웠습니다.

5. He went to house eating the bread.
ዳቦውን እየበላ ወደ ቤት ሄደ።
다보운(우느) 으애배라 애대 배트 해대::
dabowun iyebela wede bet hede::
그 빵을 먹으면서 집에 그는 갔습니다.

6. We came to Ethiopia one year ago.
ካንድ ዓመት በፊት ወደ ኢትዮጵያ መጣን።
카느드 아매트 배피트 애대 이트요프야 매따느::
kand amet befit wede ityophya methan::

1년 전에 에티오피아에 우리는 왔습니다.

7. Our father's house is beside the school.
የአባታችን ቤት በትምህርት ቤት አጠገብ ነው።
애아바타친(치느) 배트 배틈(트므)흐르트 배트 아때개브 내우።
yeabatachin bet betmhrt bet athegeb newu።
우리의 집은 학교 옆에 있습니다.

8. Park(stop)(pol) the car beside the house.
መኪናውን በቤት አጠገብ ያቁሙ።
매키나운(우느) 배배트 아때개브 야꾸무።
mekinawun bebet athegeb yaqumu።
그 차를 집 옆에 세워라(공손한 표현)

9. When the cup fell on the floor it smashed.
ሲኒው በወለሉ ላይ ሲወድቅ ተባበረ።
시니우 배애래루 라이 시애드끄 태바배래።
siniwu bewelelu layi siwedq tebabere።
그 컵을 그 마루 위에 떨어뜨렸을 때 깨졌습니다.

10. They are looking for him in the town.
በከተማ ውስጥ ይፈልጉታል።
배캐태마 우스뜨 이패르구탈(타르)።
beketema wusth yifelgutal።
그 도시 안에서 그들은 그들을 보았습니다.

11. After the visitors left, we ate supper.
እንግዶቹ ከሄዱ በኋላ እራት በላን።
은(으느)그도추 캐해두 배후알라 으라트 배란(라느)።
ingdochu kehedu behuwala irat belan።
그 손님들이 떠난 후 저녁 식사를 우리를 먹었습니다.

12. After we eat, the girl will wash our dishes.
ከበላን በኋላ ልጂቱ ሰሐኖቻችንን ታጥባለች።
캐배란(라느) 배후알라 르지투 새하노차친(치느)느 타뜨바래치።
kebelan behuwala ljitu sehanochachinn tathbalechi።
우리는 먹은 후 그 소녀는 우리의 접시들을 씻을 것입니다.

13. After we eat, we all went to my uncle's home
ከበላን በኋላ ሁላችንም ወደ አጎቴ ቤት ሄድን።
캐배란(라느) 배후알라 후라치늠(느므) 애대 아고태 배트 해든(드느)።
kebelan behuwala hulachinm wede agote bet hedn።
우리는 먹은 후 그리고 우리 모두는 나의 삼촌 집에 갔습니다.

14. We will eat supper before they arrive.
ከመድረሳቸው በፊት እራት እንበላለን።
캐매드래사쵸우 배피트 으라트 은(으느)배라랜(래느)።
kemedresachewu befit irat inbelalen።
그들이 도착하기 전에 저녁 식사를 우리는 먹을 것입니다.

15. Put(pol) it in the box in which there is paper.
ወረቀት ባለበት ሣጥን ውስጥ አስቀምጡት።
애래깨트 바라배트 사뜬(뜨느) 우스뜨 아스깸므뚜트።
wereqet balebet sathn wusth asqemthut።
종이가 있는 박스 안에 그것을 놓아라(공손한 표현).

16. He wrote it on this paper.
በዚህ ወረቀት ላይ ፃፈው።
배지흐 애래깨트 라이 짜패우።
bezih wereqet layi tzafewu።
이 종이위에 그는 그것을 썼습니다.

17. Because there are many people in the house I will not go in.
ቤቱ ውሰጥ ብዙ ሰው ስላለ አልገባም።
배투 우스뜨 브주 새우 스라래 아르개밤(바르)።
betu wusth bzu sewu slale algebam።
그 집 안에 많은 사람이 있기 때문에 나는 들어 갈 수 없습니다.

18. Look(f) inside the box in which there are clothes.
ልብስ ባለበት ሣጥን ውስጥ ተመልከቺ።
르브스 바래배트 사뜬(뜨느) 우스뜨 태매르캐치።
lbs balebet sathn wusth temelkechi።
옷이 있는 박스 안을 보라.

19. The big ones are sitting after younger the little ones.
ትልልቆቹ ከትንንሾቹ በኋላ ተቀምጠዋል።
트르르꼬추 캐튼(트느)느쇼추 배후알라 태깸므때왈(와르)።
tllqochu ketnnshochu behuwala teqemthewal።
그 어른들은 그 젊은 사람들 뒤에 앉아 있습니다.

20. After 3 months you(pl) will sow wheat.
ከሦስት ወር በኋላ ስንዴ ትዘራላችሁ።
캐소스트 애르 배후알라 슨(스느)대 트재라라치후።
kesost wer behuwala snde tzeralachihu።
3개월 뒤에 곡식을 당신들을 뿌릴 것입니다.

21. After their father died they sold the house.
አባታቸው ከሞተ በኋላ ቤቱን ሸጡ።
아바타쵸우 캐모태 배후알라 배툰(투느) 셰뚜።
abatachewu kemote behuwala betun shethu።
그들의 아버지가 죽은 후에 그 집을 그들은 팔았습니다.

22. After the farmer has ploughed the field he will sow the wheat.
ገበሬው እርሻውን ካረሰ በኋላ ስንዴ ይዘራል።
개배래우 으르샤운(우느) 카래새 배후알라 슨(스느)대 이재랄(라르)።
geberewu irshawun karese behuwala snde yizeral።
그 농부는 그 밭을 경작한 후 곡식을 뿌릴 것입니다.

23. After I came to Addis Abeba, I bought a house.
ወደ አዲስ አበባ ከመጣሁ በኋላ ቤት ገዛሁ።
애대 아디스 아배바 캐매따후 배후알라 배트 개자후።
wede adis abeba kemethahu behuwala bet gezahu።
아디스 아바바에 나는 온 후 집을 나는 샀습니다.

24. These children came with their mother.
እነዚህ ልጆች ከእናታቸው ጋር መጡ።
으내지흐 르조치 캐으나타쵸우 갈(가르) 매뚜።
inezih ljochi keinatachewu gar methu።
이 아이들은 그들의 어머니와 함께 왔습니다.

25. What did you(m) see on the road yesterday?
ትናንትና በመንገድ ላይ ምን አየህ?
트난(나느)트나 배맨(매느)개드 라이 믄(므느) 아애흐?
tnantna bemenged layi mn ayeh?
어제 길 위에서 무엇을 당신은(남성) 보았습니까?

26. When you(m) came, I was working.
በመጣህ ጊዜ በስራ ላይ ነበርሁ።
배매따흐 기재 배스라 라이 내배르후።
bemethah gize besra layi neberhu።
당신이(남성) 왔을 때 일을(직역: 일 위에) 나는 하였습니다.

27. I am praying.
እየፀለይሁ ነው።
으애째래이후 내우።
iyetzeleyihu newu።
나는 기도하는 중입니다.

28. Stand(pol) in front of the black board.
ከጥቁር ሰሌዳው ፊት ቁሙ።
캐뜨꾸르 새래다우 피트 꾸무።
kethqur seledawu fit qumu።
그 칠판 앞에 서라(공손한 표현).

29. When you(pl) went on the road, did you(pl) talk to each other?
በመንገድ ላይ ስትሄዱ ተነጋገራችሁ?
배맨(매느)개드 라이 스트해두 태내가개라치후?
bemenged layi sthedu tenegagerachihu?
길 위에 당신들이 갔을 때 당신들은 이야기를 하였습니까?

30. I have finished all my money because I have bought a house.
ቤት ስለ ገዛሁ ገንዘቤን ሁሉ ጨረስሁ።
배트 스래 개자후 갠(개느)재밴(배느) 후루 째래스후።
bet sle gezahu genzeben hulu chereshu።
집을 나는 샀기 때문에 나의 돈 모두를 썼습니다.(직역: 끝냈습니다.)

Lesson 13 - Past tense Conjunctions(과거 시제 접속사들)

1. Past tense Conjunctions(과거 시제 접속사들)

Past tense Conjunction	
በ...ጊዜ 배...기재　　be...gize	when 할 때
ከ...በኋላ 캐...배후알라 　ke...behuwala	after 뒤에
ስለ 스래　　　　sle	because 때문에
ከ.... 캐....　　ke....	since 이래로 죽
እየ... 으애...　　iye...	while, —ing 동안, 하면서
እንደ... 은(으느)대...　　inde...	as , that 처럼, 할 때, 것을

● Conjugation

	Past verb +	ከ ... በኋላ 캐 ... 배후알라 After kewesed hu behuwal a 뒤에	እየ 으애 While, -ing iye 동안, 하면서	እንደ 은(으느) 대 As, That inde 처럼, 할 때, 것을	በ ... ጊዜ 배 ... 기재 When be ... 할 때	ስለ 스래 Because sle 때문에
I	ሁ I did hu 후	ከወሰድሁ በኋላ 캐애새드 후 배후알라 after I took kewesed hu behuwal a 내가 취한 후에	እየጻፍሁ 으애짜프 후 I writing iyetsafhu 내가 쓰면서	እንዳልሁ 은(으느) 달(다르) 후 as I said indalhu 내가 말했던 것처럼	በሰማሁ 배새마 후 기재 when I heard besema hu gize 내가 들었을 때	ስለ ሰጠሁ 스래 새때후 because I gave sle sethehu 내가 주었기 때문에
You(m)	ህ you(m) did h 흐	ከወሰድህ 캐애새드 흐 배후알라 after you(m)	እየጻፍህ 으애짜프 흐 you(m) writing iyetsafh	እንዳለህ 은(으느) 달(다르) 흐 as you(m)	በሰማህ 배새마 흐 기재 when you(m) heard	ስለ ሰጠህ 스래 새때흐 because you(m) gave

		took kewesedh behuwala 당신이(남성) 취한 후에	당신이(남성) 쓰면서	said indalh 당신이(남성) 말했던 것처럼	besemah gize 당신이(남성) 들었을 때	sle setheh 당신이(남성) 주었기 때문에
You(f)	ሽ you(f) did shi 시	ከወሰድሽ 캐애새드시 배후알라 after you(f) took kewesedsh behuwala 당신이(여성) 취한 후에	እየጻፍሽ 으애짜프시 you(f) writing iyetsafsh 당신이(여성) 쓰면서	እንዳልሽ 은(으는) 달(다르)시 as you(f) said indalsh 당신이(여성) 말했던 것처럼	በሰማሽ 기제 배새마시 when you(f) heard besemash gize 당신이(여성) 들었을 때	ስለ ሰጠሽ 스래 새때셰 because you(f) gave sle setheshe 당신이(여성) 주었기 때문에
He	- he did	ከወሰደ 캐애새대 배후알라 after he took kewesede behuwala 그가 취한 후에	እየጻፈ 으애짜패 he writing iyetsafe 그가 쓰면서	እንዳለ 은(으는) 다래 as he said indale 그가 말했던 것처럼	በሰማ ጊዜ 배새마 기재 when he heard besema gize 그가 들었을 때	ስለ ሰጠ 스래 새때 because he gave sle sethe 그가 주었기 때문에
She	ች she did chi 취	ከወሰደች በኋላ 캐애새대치 배후알라 after she took kewesedechi behuwala 그녀가 취한 후에	እየጻፈች 으애짜패치 she writing iyetsafechi 그녀가 쓰면서	እንዳለች 은(으는) 다래치 as she said indalechi 그녀가 말했던 것처럼	በሰማች 기제 배새마치 when she heard besema chi gize 그녀가 들었을 때	ስለ ሰጠች 스래 새때치 because she gave sle sethechi 그녀가 주었기 때문에
We	ን	ከወሰድን	እየጻፍን	እንዳልን	በሰማን	ስለ ሰጠን

	we did n 느	캐애새든 (드느) 배후알라 after we took kewesed n behuwala 우리가 취한 후에	으애짜프 느 we writing iyetsafn 우리가 쓰면서	은(으느) 다랜(래 느) as we said indalen 우리가 말했던 것처럼	배새만(마느) 기재 when we heard beseman gize 우리가 들었을 때	스래 새땐(때 느) because we gave sle sethen 우리가 주었기 때문에
You(pl)	አችሁ you(pl) did achihu 아치후	ከወሰዳችሁ በኋላ 캐애새다 치후 배후알라 after you(pl) took kewesed achihu behuwala 당신들이 취한 후에	እየጻፋችሁ 으애짜파 치후 you(pl) writing iyetsafac hihu 당신들이 쓰면서	እንዳላችሁ 은(으느) 다라치후 as you(pl) said indalachi hu 당신들이 말했던 것처럼	በሰማችሁ ጊዜ 배새마 치후 기재 when you(pl) heard besema chihu gize 당신들 이 들었을 때	ስለ ሰጣችሁ 스래 새따치 후 because you(pl) gave sle sethachi hu 당신들 이 주었기 때문에
They, polite	ው they did wu 우	ከወሰዱ በኋላ 캐애새두 배후알라 after they took kewesed u behuwala 그들이 취한 후에	እየጻፉ 으애짜푸 they writing iyetsafu 그들이 쓰면서	እንዳሉ 은(으느) 다루 as they said indalu 그들이 말했던 것처럼	በሰሙ ጊዜ 배새무 기재 when they heard besemu gize 그들이 들었을 때	ስለ ሰጡ 스래 새뚜 because they gave sle sethu 그들이 주었기 때문에

1) በ...ጊዜ 배...기재   be...gize => when 할 때, 때
1. She drinks coffee at <u>breakfast time</u> and tea at <u>suppert ime</u>.
በቁርስ ጊዜ ቡናና በራት ጊዜ ሻይ ትጠጣለች።
<u>배꾸르스 기재</u> 부나나 <u>배으라트 기재</u> 샤이 뜨때따래치።
<u>bequrs gize</u> bunana <u>beirat gize</u> shayi tthethalechi።
아침 식사 때 커피와 저녁 식사 때 티를 그녀는 마십니다.
Explanation
=> በቁርስ ጊዜ(breakfast time)= በ...ጊዜ(when, time)+ ቁርስ (breakfast), ቡናና(coffee and),
በራት ጊዜ(supper time) በ...ጊዜ(when, time)+ ራት(supper), ሻይ(tea),

ትጠጣለች(She drinks)= ት + ጠጣ(he drank) + አለች <= ት አለች(she (will) do)
=> 배꾸르스 기재(breakfast time)= 배...기재(when, time)+ 꾸르스 (breakfast),
부나나(coffee and),
배으라트 기재(supper time) 배...기재(when, time)+ 으라트(supper), 샤이(tea),
트때따라치(She drinks)= 트 + 때따(he drank) + 알래치 <= 트 알래치(she (will)
do)

2. I opened the door <u>when he came.</u>
በመጣ ጊዜ በሩን ከፈትሁ።
배매따 기재 배룬(루느) 캐패트후።
bemetha gize berun kefethu።
그가 왔을 때 그 문을 나는 열었습니다.
   Explanation
=> በመጣ ጊዜ(when he came)=በ...ጊዜ(when)+ መጣ(he came),
በሩን(the door)= በር(door)+ ው(the) + ን(objective),
ከፈትሁ(I opened)= ከፈተ(he opened) 111 group verb changes 116 ከፈት + ሁ(I
did).
=> 배매따 기재(when he came)=배...기재(when)+ 매따(he came),
배룬(루느)(the door)= 배르(door)+ 우(the) + 느(objective),
캐패트후(I opened)= 캐패태(he opened) 111 group verb changes 116 캐패트
+ 후(I did).

3. When I <u>reached</u> home, the guard opened the gate.
ወደ ቤት በደረስሁ ጊዜ ዘበኛው በሩን ከፈተ።
애대 배트 배대래스후 기재 재배냐우 배룬(루느) 캐패태።
wede bet <u>bedereshu gize</u> zebenyawu berun kefete።
집에 내가 도착했을 때 그 가드는 그 문을 열었습니다.
   Explanation
=> ወደ(to), ቤት(house), በደረስሁ ጊዜ(When I reached)=
ዘበኛው(the guard), በሩን(the gate)= በሩ(the gate)= በር(gate)+ ው(the)+ ን
(objective),
ከፈተ(he opened)
=> 애대(to), 배트(house), 배대래스후 기재(When I reached)=
재배냐우(the guard), 배룬(루느)(the gate)= 배루(the gate)= 배르(gate)+ 우
(the)+ 느(objective),
캐패태(he opened)

2) ከ...በኋላ   캐...배후알라   ke...behuwala => after 후에
1. After 3 months you(pl) will sow wheat.
ከሦስት ወር በኋላ ስንዴ ትዘራላችሁ።
캐소스트 애르 배후알라 슨(스느)대 트재라라치후።
kesost wer behuwala snde tzeralachihu።
3개월 후에 곡식을 당신들을 뿌릴 것입니다.

2. <u>After I have sewn</u> my dress, I'll begin another one.
ቀሚሴን ከሰፋሁ በኋላ ሌላ እጀምራለሁ።
깨미새느 <u>캐새파후 배후알라</u> 래라 으재므라래후።
qemisen <u>kesefahu behuwala</u> lela ijemralehu።

나의 옷을 내가 수선한 후 다른 것을 나는 시작할 것입니다.

3. After she has washed her clothes she will boil tea.
ልብስዋን ካጠበች በኋላ ሻይ ታፈላለች።
르브스완(와느) 카때배치 배후알라 샤이 타패라래치::
lbswan kathebechi behuwala shayi tafelalechi::
그녀의 옷을 세탁한 후 티를 그녀는 끓일 것입니다.

3) ስለ 스래   sle => because 때문에
1. Because it rained this morning there is much mud now.
ዛሬ ጠዋት ስለዘነበ አሁን ብዙ ጭቃ አለ።
자래 때와트 스래재내배 아훈(후느) 브주 쯔까 아래::
zare thewat slezenebe ahun bzu chqa ale::
오늘 아침 비 때문에 지금 많은 진흙이 있습니다.

2. Because they have no money they can not buy food.
ገንዘብ ስለሌላቸው ምግብ መግዛት አይችሉም።
갠(개느)재브 스래래라쵸우 므그브 매그자트 아이치룸(루므)::
genzeb slelelachewu mgb megzat ayichilum::
돈을 그들은 없기 때문에 음식을 살 수가 없습니다.

3. I cannot buy that house because I have not much money.
ብዙ ገንዘብ ስለሌለኝ ያንን ቤት ለመግዛት አልችልም።
브주 갠(개느)재브 스래래랜(래느) 얀(야느)느 배트 래매그자트 아르치름(르므)::
bzu genzeb sleleleny yann bet lemegzat alchilm::
많은 돈이 나는 없기 때문에 저 집을 살 수가 없습니다.

4. They became afraid and fled because a lion came against them.
አንበሳ ስለመጣባቸው ፈርተው ሸሹ።
안(아느)배사 스래매따바쵸우 패르태우 셰슈::
anbesa slemethabachewu fertewu sheshu::
사자가 그들에게 왔기 때문에 무서워서 그들은 도망갔습니다.

5. The man was very poor because he had lost all his money.
ገንዘቡ ሁሉ ስለ ጠፋበት ሰውየው በጣም ደኸየ።
갠(개느)재부 후루 스래 때파배트 새우예우 배땀(따므) 대해애::
genzebu hulu sle thefabet sewuyewu betham deheye::
그의 돈 모두를 잃었기 때문에 그 사람은 매우 가난하게 되었습니다.

4) ከ....캐....   ke.... => since 이래로 죽
1. Since he started school he knows reading.
ትምህርት ከጀመረ ንባብ ያውቃል።
톰(트므)흐르트 캐재매래 느바브 야우깔(까르)::
tmhrt kejemere nbab yawuqal::
학교를 그는 시작한 이래로 죽 읽는 것을 그는 압니다.

2. Since she is a small child she does not eat much.
ትንሽ ልጅ ከሆነች ብዙ አትበላም።
튼(트느)시 르즈 캐호내치 브주 아트배라므::

tnsh lj kehonechi bzu atbelam፡፡
작은 아이 된 (그녀는) 이래로 죽 많이 먹지 않습니다.

5) እየ... 으애... iye...=> while, —ing 동안, 하면서
1. They walked along the road singing.
በመንገድ ላይ እየዘመሩ ሄዱ፡፡
배맨(매느)개드 라이 으애재매루 해두፡፡
bemenged layi iyezemeru hedu፡፡
길 위에서 노래하면서 그들을 갔습니다.

2. Many children were going along the road shouting.
ብዙ ልጆች በመንገድ ላይ እየጮኹ ይሄዱ ነበር፡፡
브주 르조치 배맨(매느)개드 라이 으애쬬후 이해두 내배르፡፡
bzu ljochi bemenged layi iyechohu yihedu neber፡፡
많은 아이들이 길 위에서 소리 지르면서 그들은 가고 있는 중이었습니다.

3. I went home eating bread.
ዳቦ እየበላሁ ወደ ቤት ሄድሁ፡፡
다보 으애배라후 애대 배트 해드후፡፡
dabo iyebelahu wede bet hedhu፡፡
빵을 나는 먹으면서 집에 갔습니다.

4. She went home singing songs.
መዝሙር እየዘመረች ወደ ቤት ሄደች፡፡
매즈무르 으애재매래치 애대 배트 해대치፡፡
mezmur iyezemerechi wede bet hedechi፡፡
노래를 그녀는 부르면서 집에 갔습니다.

6) እንደ... 은(으느)대... => as , that 할 때, 처럼, 것을
1. I cannot sew it as she did (sewed it).
እርሷ እንደሰፋችው እኔ መስፋት አልችልም፡፡
으르스와 은(으느)대새파치우 으내 매스파트 아르치름(르므)፡፡
iswa indesefachiwu ine mesfat alchilm፡፡
그녀가 수선했던 것처럼 나는 수선할 수가 없습니다.

2. As you(m) opened the door her cat went out.
በሩን እንደ ከፈትህ ድመትዋ ወጣች፡፡
배룬(루느) 은(으느)대 캐패트흐 드매트와 애따치፡፡
berun inde kefeth dmetwa wethachi፡፡
그 문을 당신이(여성) 열었을 때 그녀의 고양이는 나갔습니다.

3. As the dog came, the cat ran.
ውሻው እንደ መጣ ድመት ሮጠች፡፡
우샤우 은(으느)대 매따 드매트 로때치፡፡
wushawu inde metha dmet rothechi፡፡
그 개가 왔을 때 고양이는 달려갔습니다.

4. I heard yesterday that thieves stole all his money.
ሌቦች ገንዘቡን ሁሉ እንደ ሰረቁ ትናንትና ሰማሁ፡፡

래보치 갠(개느)재분(부느) 후루 <u>은(으느)대 새래꾸</u> 트난(나느)트나 새마후∷
lebochi <u>genzebun</u> hulu <u>inde serequ</u> tnantna semahu∷
도둑들이 그의 돈 모두를 훔쳤다는 것을 어제 나는 들었습니다.

Lesson 13 - Past tense Conjunction(과거 시제 접속사)

Exercise(sentence) 30
1. I told him that we had not seen his book.
መጽሐፉን እንዳለየን ነገርሁት∷
매쯔하푸느 은(으느)다라앤(애느) 내개르후트∷
metshafun indalayen negerhut∷
그의 책을 우리가 보지 못했다는 것을 나는 그에게 말했습니다.

2. As I said there is no school today.
እንዳልሁ ዛሬ ትምህርት የለም∷
은(으느)달(다르)후 자래 톰(트므)흐르트 애램(래므)∷
indalhu zare tmhrt yelem∷
내가 말했던 것처럼 오늘 학교가 없습니다.

3. Because they have no money they can not buy food.
ገንዘብ ስለሌላቸው ምግብ መግዛት አይችሉም∷
갠(개느)재브 스래래라쵸우 므그브 매그자트 아이치룸(루므)∷
genzeb slelelachewu mgb megzat ayichilum∷
돈이 그들은 없었기 때문에 음식을 살 수가 없습니다.

4. Because there are many people in the house, I will not go in.
ቤቱ ውስጥ ብዙ ሰው ስላላ አልገባም∷
배투 우스뜨 브주 새우 스라래 아르개밤(바므)∷
betu wusth bzu sewu slale algebam∷
그 집안에 많은 사람이 없었기 때문에 나는 들어 갈 수가 없습니다.

5. Because it rained this morning there is much mud now.
ዛሬ ጠዋት ስለዘነበ አሁን ብዙ ጭቃ አለ∷
자래 때와트 스래재내배 아훈(후느) 브주 쯔까 아래∷
zare thewat slezenebe ahun bzu chqa ale∷
오늘 아침 비 때문에 지금 많은 진흙이 있습니다.

6. She cannot read because she is not a student.
ተማሪ ስላልሆነች ማንበብ አትችልም∷
태마리 스랄(라르)호내치 만(마느)배브 아트치룸(르므)∷
temari slalhonechi manbeb atchilm∷
학생이 그녀는 아니었기 때문에 읽을 수가 없습니다.

7. Because my father is not at home, I can not ask him.
አባቴ ቤት ስለሌላ ልጠይቀው አልችልም∷
아바태 배배트 스래래래 르때이깨우 아르치룸(르므)∷
abate bebet slelele ltheyiqewu alchilm∷

나의 아버지는 집에 없었기 때문에 물어 볼 수가 없습니다.

8. I cannot go to school because I do not have a book.
መጽሐፍ ስለሌለኝ ወደ ትምህርት ቤት መሄድ አልችልም።
매쯔하프 스래래랜(래느) 애대 틈(트므)흐르트 배트 매해드 아르치름(르므)።
metshaf sleleleny wede tmhrt bet mehed alchilm።
책을 나는 없었기 때문에 학교에 갈 수가 없습니다.

9. After their father died they sold the house.
አባታቸው ከሞተ በኋላ ቤቱን ሸጡ።
아바타쵸우 캐모태 배후알라 배툰(투느) 셰뚜።
abatachewu kemote behuwala betun shethu።
그들의 아버지가 죽은 후 그 집을 그들은 팔았습니다.

10. Since you(f) have not finished your work you can not go.
ሥራሽን ካልጨረስሽ መሄድ አትችይም።
스라신(시느) 칼(카르)째래스시 매해드 아트치임(이므)።
srashn kalcheressh mehed atchiyim።
당신의(여성) 일을 끝내지 못했기 때문에 갈 수가 없습니다.

11. As I told you(pl), Amharic is not easy.
እንደነገርኳችሁ አማርኛ ቀላል አይደለም።
은(으느)대내개르콰치후 아마래냐 깨랄(라르) 아이대름(르므)።
indenegerkwachihu amarenya qelal ayidelm።
내가 당신들에게 말했던 것처럼 암하릭은 쉽지 않습니다.

12. Because I do not have any money, I can not help you(m).
ምንም ገንዘብ ስለሌለኝ ልረዳህ አልችልም።
므늠(느므) 갠(개느)재브 스래래랜(래느) 르래다흐 아르치름(르므)።
mnm genzeb sleleleny lredah alchilm።
어떤 돈도 나는 없었기 때문에 당신을(남성) 도울 수가 없습니다.

13. Because Christ loved us he came to this world.
ክርስቶስ ስለወደደን ወደዚህ ዓለም መጣ።
크르스토스 스래애대댄(대느) 애대지흐 아램(래므) 매따።
krstos slewededen wedezih alem metha።
그리스도는 우리를 사랑하셨기 때문에 이 세상에 오셨습니다.

14. I can not sew it as she did(sewed it).
እርስዋ እንደሰፋችው እኔ መስፋት አልችልም።
으르스와 은(으느)대새파치우 으내 매스파트 아르치름(르므)።
irswa indesefachiwu ine mesfat alchilm።
그녀가 수선했던 것처럼 나는 수선할 수가 없습니다.

15. After we eat we all went to my uncle's home.
ከበላን በኋላ ሁላችንም ወደ አጎቴ ቤት ሄድን።
캐배란(라느) 배후알라 후라치늠(느므) 애대 아고태 배트 해든(드느)።
kebelan behuwala hulachinm wede agote bet hedn።
우리가 먹은 후 우리 모두 나의 삼촌 집에 갔습니다.

16. Just as you(m) opened the door her cat went out.

በሩን እንደከፈትህ ድመትዋ ወጣች።።

배룬(루느) 은(으느)대캐패트흐 드매트와 애따치።።

berun indekefeth dmetwa wethachi።።

그 문을 당신이(남성) 열었을 때 그녀의 고양이는 나갔다.

17. Many children were going along the road shouting.

ብዙ ልጆች በመንገድ ላይ እየጮኹ ይሄዱ ነበር።።

브주 르조치 배맨(매느)개드 라이 으애쪼후 이해두 내배르።።

bzu ljochi bemenged layi iyechohu yihedu neber።።

많은 아이들은 길 위에서 소리 지르면서 가는 중이었습니다.

18. They walked along the road singing.

በመንገድ ላይ እየዘመሩ ሄዱ።።

배맨(매느)개드 라이 으애재매루 해두።።

bemenged layi iyezemeru hedu።።

길 위에서 노래하면서 그들은 갔습니다.

19. After the farmer has ploughed the field he will sow the wheat.

ገበሬው እርሻውን ካረሰ በኋላ ስንደ ይዘራል።።

개배래우 으르샤운(우느) 카래새 배후알라 슨(스느)대 이재랄(라르)።።

geberewu irshawun karese behuwala snde yizeral።።

그 농부는 그 밭을 경작한 후 곡식을 뿌릴 것입니다.

20. You(pl) also do as they have done.

እነርሱ እንዳደረጉ አንተም አድርግ።።

으내르수 은(으느)다대래구 안(아느)태므 아드르그።።

inersu indaderegu antem adrg።።

그들이 했던 것처럼 또한 당신도 합니다.

21. He heard that she came yesterday.

ትናንትና እንደመጣች ሰማ።።

트난(나느)트나 은(으느)대매따치 새마።።

tnantna indemethachi sema።።

어제 그녀가 왔던 것을 그는 들었습니다.

22. You(f) know very well that I have not any money.

ምንም ገንዘብ እንደሌለኝ በደንብ ታውቂያለሽ።።

므늠(느므) 갠(개느)재브 은(으느)대래랜(래느) 배댄(대느)브 타우끼야래시።።

mnm genzeb indeleleny bedenb tawuqiyaleshi።።

어떤 돈을 내가 없었다는 것을 매우 당신은(여성) 압니다.

23. Do you(pl) know that visitors have come?

እንግዶች እንደመጡ ታውቃላችሁ?

은(으느)그도치 은(으느)대매뚜 타우까라치후?

ingdochi indemethu tawuqalachihu?

손님들이 왔던 것을 당신들은 압니까?

24. Because I am poor no one came to my house.
ድሃ ስለሆንኩ ወደ ቤቴ ማንም አልመጣም።
드하 스래혼(호느)후 애대 배태 마늠(느므) 아르매땀(따므)።
dha slehonhu wede bete manm almetham።
나는 가난하기 때문에 나의 집에 누구든지 오지 않습니다.

25. He went away laughing. He came back crying.
እየሳቀ ሄደ፡ እያለቀሰ ተመለሰ።
으애사깨 해대፡ 으야래깨새 태매래새።
iyesaqe hede፡ iyaleqese temelese።
웃으면서 그는 갔습니다. 울면서 그는 돌아왔습니다.

26. I opened the door when he came.
በመጣ ጊዜ በሩን ከፈትሁ።
배매따 기재 배룬(루느) 캐패트후።
bemetha gize berun kefethu።
그가 왔을 때 그 문을 나는 열었습니다.

27. We did not learn because we have no books.
መጻሕፍት ስለሌለን አልተማርንም።
매짜흐프트 스래래랜(래느) 아르태마르늠(느므)።
metsahft slelelen altemamm።
책들이 우리는 없었기 때문에 우리는 배우지 못했습니다.

28. The girl did as her father told her.
ልጃቱ አባትዋ እንደነገራት አደረገች።
르지투 아바트와 은(으느)대내개라트 아대래개치።
ljitu abatwa indenege 라 t aderegechi።
그 소녀는 그녀의 아버지가 (그녀에게) 말했던 것처럼 했습니다.

29. As I opened the door the woman came.
በሩን እንደከፈትሁ ሴቲቱ መጣች።
배룬(루느) 은(으느)대캐패트후 새티투 매따치።
berun indekefethu setitu methachi።
그 문을 내가 열었을 때 그 여성은 왔습니다.

30. Let us eat as we go!
እየበላን እንሂድ።
으애배란(라느) 은(으느)히드።
iyebelan inhid።
먹으면서 우리는 가자.

Lesson 14 - present & future tense Conjunctions(현재, 미래 시제 접속사들)
1. present & future tense Conjunctions(현재, 미래 시제 접속사들)

Conjunction(present & future tense)	
ስ... s... 스	when, while, -ing 할 때,

		동안, 하면서
·በ... b... 브		if, when 만약 -한다면, 할때
ለ...l... 르		to 위하여, 하기를
እንድ...ind... 은드		to, in order that, so that 위하여, 하기를
ዘንድ... zend... 잰드		to 위하여, 하기를
እስከ .... ድረስ iske .... dres 으스캐.... 데레스		until 할 때 까지

● Conjugation

	rule	ስ 스　when	·በ 브 if, when
I	-	ስስማ 스새마 when I hear ssema 내가 들을 때	ብክፍት 브캐프트 if I open bkft 만약 내가 열 때
you(m)	ት t 트	ስትስማ 스트새마 when you(m) hear stsema 당신이(남성) 들을 때	ብትክፍት 브트캐프트 if you(m) open btkeft 당신이(남성) 열 때
you(f)	ት ee t ee 트 이	ስትስሚ 스트새미 when you(f) hear stsemi 당신이(여성) 들을 때	ብትክፍቺ 브트캐프치 if you(f) open btkefchi 당신이(여성) 열 때
He	ይ yi 이	ሲስማ 시새마 when he hear sisema 그가 들을 때	ቢክፍት 비캐프트 if he open bikeft 그가 열 때
She	ት t 트	ስትስማ 스트새마 when she hear stsema 그녀가 들을 때	ብትክፍት 브트캐프트 if she open btkeft 그녀가 열 때
We	ን n 느	ስንስማ 슨(스느)새마 when we hear snsema 우리가 들을 때	ብንክፍት 븐(브느)캐프트 if we open bnkeft 우리가 열 때
You(pl)	ት ው t wu 트 우	ስትስሙ 스트새무 when you(pl) hear stsemu 당신들이 들을 때	ብትክፍቱ 브트캐프투 if you(pl) open btkeftu 당신들이 열 때
They, polite	ይ ው yi wu	ሲስሙ 시새무	ቢክፍቱ 비캐프투

	이 우		when they hear sisemu 그들이 들을 때		if they open bikeftu 그들이 열 때

		rule	ል 르 l to 위하여, 하기를	እንድ 은(으느)드 ind to 위하여, 하기를	እስክ ... ድረስ 으스크 ... 드래스 until isk ... dres 할 때 까지
I	-		ልሰጥ 르새뜨 to give (i) lseth 주기 위하여(내 가)	እንድጽፍ 은(으느)드 쯔프 to write (i) indtsf 쓰기 위하여(내가)	እስክቆም ድረስ 으스크꼬므 드래스 until I stand iskqom dres 내가 설 때 까지
You(m)	ት t 트		ልትሰጥ 르트새뜨 to give (you - m) ltseth 주기 위하여(당 신이(남성))	እንድትጽፍ 은(으느)드 트쯔프 to write (you - m) indttsf 쓰기 위하여(당신 이(남성))	እስክትቆም ድረስ 으스크트꼬므 드래스 until you(m) stand isktqom dres 당신이(남성) 설 때 까지
You(f)	ት ee t ee 트 이		ልትሰጪ 르트새찌 to give (you - f) ltsechi 주기 위하여(당 신이(여성))	እንድትጽፊ 은(으느)드 트쯔피 to write (you - f) indttsfi 쓰기 위하여(당신 이(여성))	እስክትቆሚ ድረስ 아스크트꼬미 드래스 until you(f) stand asktqomi dres 당신이(여성) 설 때 까지
He	ይ yi 이		ሊሰጥ 리새뜨 to give (he) liseth 주기 위하여(그 가)	እንዲጽፍ 은(으느)디 쯔프 to write (he) inditsf 쓰기 위하여(그가)	እስኪቆም ድረስ 으스키꼬므 드래스 until he stand iskiqom dres 그가 설 때 까지
She	ት t 트		ልትሰጥ 르트새뜨 to give (she) ltseth 주기	እንድትጽፍ 은(으느)드 트쯔프 to write (she) indttsf	እስክትቆም ድረስ 으스크트꼬므 드래스 until she stand isktqom dres 그녀가 설 때 까지

		위하여(그 녀가)	쓰기 위하여(그녀 가)	
We	ን n 느	ልንሰጥ 른(르느)새 뜨 to give (we) lnseth 주기 위하여(우 리가)	እንድንጽፍ 은(으느)든(드느)쯔프 to write (we) indntsf 쓰기 위하여(우리 가)	እስክንቆም ድረስ 으스크느꼬므 드래스 until we stand isknqom dres 우리가 설 때 까지
You(pl)	ት ዉ t wu 트 우	ልትሰጡ 르트새뚜 to give (you - pl) ltsethu 주기 위하여(당 신들이)	እንድትጽፉ 은(으느)드 트쯔푸 to write (you - pl) indttsfu 쓰기 위하여(당신 들이)	እስክትቆሙ ድረስ 으스크트꼬무 드래스 until you(pl) stand isktqomu dres 당신들이 설 때 까지
They, polite	ይ ዉ yi wu 이 우	ሊሰጡ 리새뚜 to give (they) lisethu 주기 위하여(그 들이)	እንዲጽፉ 은(으느)디 쯔푸 to write (they) inditsfu 쓰기 위하여(그들 이)	እስኪቆሙ ድረስ 으스키꼬무 드래스 until they stand iskiqomu dres 그들이 설 때 까지

1) ስ... 스... => when, while, ing 할 때, 동안, 하면서
1. When my uncle returned from America we had lunch at the hilton hotel.
አጎቴ ከአሜሪካ ሲመለስ በሂልቶን ሆቴል ምሳ በላን።
아고태 캐아매리카 시매래스 배히르톤(토느) 호태르 므사 배란(라느)።
agote keamerika simeles behilton hotel msa belan።
나의 삼촌은 미국으로부터 돌아 왔을 때 힐튼 호텔에 점심을 우리는 먹었습니다.

2. When he heard that she did not come the child cried.
ትናንትና እንዳለመጣች ሲሰማ ልጁ አለቀሰ።
트난(나느)트나 은(으느)달(다르)매따치 시새마 르주 아래깨새።
tnantna indalmethachi sisema lju aleqese።
어제 그녀가 오지 않았던 것을 (그는) 들었을 때 그 소년은 울었습니다.

3. While they were going to the shop they saw their uncle.
ወደ ሱቅ ሲሄዱ አጎታቸውን አዩ።
애대 수끄 시해두 아고타쵸운(우느) 아유።
wede suq sihedu agotachewun ayu።
상점에 그들이 올 때 그들의 삼촌을 (그들은) 보았습니다.

4. When the rain is finish, the sun will come out.

지나브 시쩨르스 째하이 트애따래치።
znab sitserese tzehayi twethalechi።
비가 끝날 때 태양이 나올 것입니다.

5. He passed the night praying to God.
ወደ እግዚኦብሔር ሲጸልይ አደረ።
애대 으그지아브해르 시쩨르이 아대래።
wede igziabher sitselyi adere።
하나님에게 기도하면서 밤을 보냈습니다.

6. While we were drinking coffee we spoke about many things.
ቡና ስንጠጣ ስለ ብዙ ነገር ተነጋገርን።
부나 슨(스느)때따 스래 브주 내개르 태내가개른(르느)።
buna snthetha sle bzu neger tenegagern።
커피를 우리가 마실 때 많은 것들에 대하여 우리는 말했습니다.

7. When we asked the girls to sing for us, they agreed.
ልጃገረዶች እንዲዘምሩልን ስንጠይቃቸው እሺ አሉ።
르자개래도치 은(으느)디재므루른(르느) 슨(스느)때이까쵸우 으쉬 아루።
ljageredochi indizemruln sntheyiqachewu ishi alu።
소녀들이 우리를 위하여 노래하기를 (우리가 그들에게) 요청할 때 그들은
동의했습니다.

2) ብ... 브... => if, when 만약 - 한다면, 할 때
1. If you(pl) come and work you(pl) will receive wages.
መጥታችሁ ብትሰሩ ደሞዝ ትቀበላላችሁ።
매뜨타치후 브트새루 대모즈 트깨배라라치후።
methtachihu btseru demoz tqebelalachihu።
당신들이 와서 그리고 만약 일한다면 월급 당신들은 받을 것입니다.

2. If you(pl) work well you will finish your work today.
በደንብ ብትሰሩ ሥራችሁን ዛሬ ትጨርሳላችሁ።
배댄(대느)브 브트새루 스라치훈(후느) 자래 트째르사라치후።
bedenb btseru srachihun zare tchersalachihu።
잘 당신들이 만약 일한다면 당신들의 일을 오늘 끝낼 것입니다.

3. If you(m) do this bad thing you(m) are not a good boy.
ይህንን መጥፎ ሥራ ብትሰራ ጥሩ ልጅ አይደለህም።
이흔(흐느)느 매뜨포 스라 브트새라 뜨루 르즈 아이대래흠(흐므)።
yihnn methfo sra btsera thru lj ayidelehm።
이 나쁜 일을 만약 당신이(남성) 일한다면 좋은 아이가 아닙니다.

3) ለ……. 르…….to 위하여, 하기를
1. Because they ought to go, it will be impossible for them to visit us now.
መሄድ ስለሚገባቸው አሁን ሊጠይቁን አይቻላቸውም።
매해드 스래미개바쵸우 아훈(후느) 리때이꾸느 아이차라쵸움(우므)።
mehed slemigebachewu ahun litheyiqun ayichalachewum።
가기를 그들이 원하기 때문에 지금 우리에게 요청하는 것은 불가능합니다.

2. If the children are not silent they cannot hear the story.
ልጆቹ ዝም ካላሉ ታሪኩን ሊሰሙ አይችሉም።
르조추 즈므 카랄루 타리쿠느 리새무 아이치룸(루므)።
ljochu zm kalalu tarikun lisemu ayichilum።
그 아이들이 만약 조용히 하지 않는다면 그 이야기를 그들은 들을 수 없습니다.

3. <u>When he was</u> writing the letter his sister called him.
ደብዳቤውን ሲጽፍ ስል እህቱ ጠራችው።
대브다배운(우느) 리쯔프 스르 으흐투 때라치우።
debdabewun litsf sl ihtu therachiwu።
그 편지를 그가 썼을 때 그 여동생은 그를 불렀습니다.

4. Jesus came to save all people.
ኢየሱስ ሰውን ሁሉ ሊያድን መጣ።
이애수스 새운(우느) 후루 리야든(드느) 매따።
iyesus sewun hulu liyadn metha።
예수님은 사람 모두를 구하기 위하여 오셨습니다.

5. He will go to the shop to buy his shirt.
ሸሚዝውን ሊገዛ ወደ ሱቅ ይሄዳል።
셰미즈우 리개자 애대 수끄 이해달(다르)።
shemizwu ligeza wede suq yihedal።
그의 셔츠를 사기 위하여 상점에 그는 갈 것입니다.

<u>4) እንድ...... 은(으느)드...... => to, in order that, so that 하기 위하여</u>
1. She wants us to help the student.
ተማሪውን እንድንረዳው ትፈልጋለች።
태마리운(우느) 은(으느)든(드느)래다우 트패르가래치።
temariwun indnredawu tfelgalechi።
그 학생을 우리에게 도우라고 그녀는 원합니다.

2. Tell her to buy that book (m). Tell her not to buy the blue one.
ያንን መጽሐፍ እንድትገዛው ንገራት።
ሰማያዊውን እንዳትገዛው ንገራት።
얀(야느)느 매쯔하프 은(으느)드트개자우 느개라트።
새마야이운(우느) 은(으느)다트개자우 느개라트።
yann metshaf indtgezawu ngerat።
semayawiwun indatgezawu ngerat።
저 책을 그녀에게 사라고 말해라.
파란 것(책)을 그녀에게 사지 말라고 말해라.

3. She wants you(m) to help me.
እንድትረዳኝ ትፈልጋለች።
은(으느)드트래다느 트패르가래치።
indtredany tfelgalechi።
당신에게(남성) 나를 도우라고 그녀는 원합니다.

4. Her father permitted her to enter school.

ትምህርት ቤት እንድትገባ አባትዋ ፈቀደላት።
톰(트므)흐르트 배트 은(으느)드트개바 아바트와 패깨대라트።
tmhrt bet indtgeba abatwa feqedelat።
학교에 그녀가 들어 가기를 그녀의 아버지는 허락했습니다.

5. I asked her to wash the dishes(plates).
ሰሐኖቹን እንድታጥብ ጠየቅኋት።
새하노춘(추느) 은(으느)드타뜨브 때애꾜후알트።
sehanochun indtathb theyeqhuwat።
그 접시들을 그녀에게 씻기를 나는 요청했습니다.

6. Did you(pl) tell us to go out of the house?
ከቤት እንድንወጣ ነገራችሁን?
캐배트 은(으느)든(드느)애따 내개라치훈(후느)?
kebet indnwetha negerachihun?
집으로부터 우리가 나가기를 당신들은 말했습니까?

7. Will you(pol) help me to learn Amharic?
አማርኛ እንድማር ይረዱኛል?
아마르냐 은(으느)드마르 이래두냘?
amarnya indmar yiredunyal?
암하릭을 배우기 위하여 당신은(공손한 표현) 나를 도울 것입니까?

5) ዘንድ... 재느드... => to 하기 위하여, 하기를
1. Then Jesus was led up by the Spirit into the wilderness to be tempted by the devil.
ከዚህ በኋላ ኢየሱስ በዲያብሎስ ይፈተን ዘንድ መንፈስ ወደ ምድረ በዳ ወሰደው።
캐지흐 배후알라 이애수스 배디야브로스 이패탠(태느) 재느드 맨(매느)패스 애대 므드래 배다 애새대우።

kezih behuara yiesu bediyabros ifeten jend menfes wede mdre beda wesedewu.
그 때에 예수님께서 마귀에게 시험을 받으러 성령님이 광야로 그를 데려가셨습니다.

6) እስከ .... ድረስ 으스캐 .... 드래스 => until 까지
1. we will wait (watch) for you(pl) until 2 o'clock.
እስከ 8 ሰዓት ድረስ እንጠብቃችኋለን?
으스캐 8 새아트 드래스 은(으느)때브까치후알랜(래느)።
iske 8 seat dres inthebqachihuwalen።
2시까지(직역: 8시까지) 우리는 당신들을 기다릴 것입니다.

2. I will wait until half past three.
እስከ ዘጠኝ ሰዓት ተኩል እቆያለሁ።
으스캐 재땐(때느) 새아트 태쿠르 으꾜야래후።
iske zetheny seat tekul iqoyalehu።
3 시(직역: 9 시) 반까지 나는 기다릴 것입니다.

Lesson 14 - present & future tense Conjunctions summary
(현재, 미래 시제 접속사들 요약)

* 현재, 미래 시제
(Verb + አ አለሁ, ት አለህ, ት ee አለሽ, ይ አል, ት አለች,
እን አለን, ት ው አላችሁ, ይ ው አሉ)
(Verb + 으 알래후, 트 알래흐, 트 이 알래시, 이 알, 트 알래치,
은 알랜, 트 우 알라치후, 으 우 알루)
+ i alehu, t aleh, t ee aleshi, yi al, t alechi, in alen, t wu alachihu, yi wu
alu)

1. General(일반적)

	rule	14 Group Verbs Changes 14 Group Verbs	11 Group Verbs Changes 16 Group Verbs	51 Group Verbs Changes 56 Group Verbs	71 Group Verbs Changes 76 Group Verbs
		ሰማ 새마 he heard sema 그는 들었다	ሰጠ 새때 he gave sethe 그는 주었다	ሄደ 해대 he went hede 그는 갔다	ቆመ 꼬매 he stood qome 그는 섰다
I verb or I will verb	አ አለሁ 으 알래 후 i alehu	እሰማለሁ (እ+ሰማ(14)+አ ለሁ) 으새마래후 (으 + 새 마 (14)+알래후) I hear I will hear isemalehu (i+sema(14) +alehu) 나는 듣는다, 나는 들을 것입니다.	እሰጣለሁ (እ+ሰጥ(16)+አ ለሁ) 으새따래후 (으 + 새 뜨 (16)+알래후) I give I will give isethalehu (i+seth(16)+ alehu) 나는 준다, 나는 줄 것 입니다.	እሄዳለሁ (እ+ሄድ(56)+አ ለሁ) 으해다래후 (으 + 해 드 (56)+알래후) I go I will go ihedalehu (i+hed(56)+ alehu) 나는 간다, 나는 갈 것 입니다.	እቆማለሁ (እ+ቆም(76)+ አለሁ) 으꼬마래후 (으 + 꼬 므 (76)+알래후) I stand I will stand iqomalehu (i+qom(76)+ alehu) 나는 선다, 나는 설 것 입니다.

Exception 1. (예외 1)
111 Group Verbs Changes 166 Group Verbs
=> ወሰደ(111) verb group changes ወሰድ(166)group verb
=> 애새대(111) verb group changes 애스드(166)group verb

1111 Group Verbs Changes 1166 Group Verbs
=> እደረገ (1111) verb group changes እደርግ(1166)group verb
=> 아대래개 (1111) verb group changes 아대르그(1166)group verb

11111 Group Verbs Changes 11166 Group Verbs
=> አስቀመጠ (11111) verb group changes አስቀምጡ(11166)group verb
=> 아스깨매때 (11111) verb group changes 아스깨므뜨(11166)group verb

Exception 2. (예외 2)
41 Group Verbs Changes 66 Group Verbs
=> ጻፈ(41) verb group changes ጻፉ(66) group verb
=> 짜패(41) verb group changes 쯔프(66) group verb

● Conjugation(어형 변화)

	rule	Because I (you, etc) write	as (that) I (you, etc.) say (irregular)	as I (you, etc.) wash
I	-	ስለምጽፍ 스램(래므)쯔프 because I write slemtsf 내가 썼기 때문에	እንደምል 은(으느)댐(대므) 르 as I say indeml 내가 말한 것처럼	እንደማጥብ 은(으느)대마뜨브 as I wash indemathb 내가 씻기 때문에
You(m)	ት 트	ስለምትጽፍ 스램(래므)트쯔프 because you(m) write slemttsf 당신이(남성) 썼기 때문에	እንደምትል 은(으느)댐(대므) 트르 as you(m) say indemtl 당신이(남성) 말한 것처럼	እንደታጥብ 은(으느)댐(대므) 타뜨브 as you(m) wash indemtathb 당신이(남성) 씻기 때문에
You(f)	ት ee 트 이	ስለምትጽፊ 스램(래므)트쯔피 because you(f) write slemttsfi 당신이(여성) 썼기 때문에	እንደምትዪ 은(으느)댐(대므) 트이 as you(f) say indemtyi 당신이(여성) 말한 것처럼	እንደታጥቢ 은(으느)댐(대므) 타뜨비 as you(f) wash indemtathbi 당신이(여성) 씻기 때문에
He	ይ 이	ስለሚጽፍ 스래미쯔프 because he write slemitsf 그가 썼기 때문에	እንደሚል 은(으느)대미르 as he say indemil 그가 말한 것처럼	እንደሚያጥብ 은(으느)대미야뜨 브 as he wash indemiyathb 그가 씻기 때문에
She	ት 트	ስለምትጽፍ 스램(래므)트쯔프 because she write slemttsf 그녀가 썼기 때문에	እንደምትል 은(으느)댐(대므) 트르 as she say indemtl 그녀가 말한 것처럼	እንደምታጥብ 은(으느)댐(대므) 타뜨브 as she wash indemtathb 그녀가 씻기 때문에
We	ን	ስለምንጽፍ	እንደምንል	እንደምናጥብ

	느	스램(래므)느쯔프 because we write slemntsf 우리가 썼기 때문에	은(으느)댐(대므)느르 as we say indemnl 우리가 말한 것처럼	은(으느)댐(대므)나뜨브 as we wash indemnathb 우리가 씻기 때문에
You(pl)	ት ው 트 우	ስለምትጽፉ 스램(래므)트쯔푸 because you(pl) write slemttsfu 당신들이 썼기 때문에	እንደምትሉ 은(으느)댐(대므)트루 as you(pl) say indemtlu 당신들이 말한 것처럼	እንደታጥቡ 은(으느)댐(대므)타뜨부 as you(pl) wash indemtathbu 당신들이 씻기 때문에
They, polite	ይ ው 이 우	ስለሚጽፉ 스래미쯔프 because they write slemitsf 그들이 썼기 때문에	እንደሚሉ 은(으느)대미루 as they say indemilu 그들이 말한 것처럼	እንደሚያጥቡ 은(으느)대미야뜨부 as they wash indemiyathbu 그들이 씻기 때문에

7) ሰለም…..스램(래므)….. => because 때문에
1. She can not visit us because she is going to asmara tomorrow.
ነገ ወደ አስመራ ስለምትሄድ ልትጠይቀን አትችልም።
내개 애대 아스매라 스램(래므)트해드 르트때이끄느 아트치름(르므)።
nege wede asmera slemthed lttheyiqen atchilm።
내일 아스마라에 그녀는 가기 때문에 우리에게 방문할 수가 없습니다.

2. I will sell my house because I am going to Sidamo.
ወደ ሲዳሞ ስለምሄድ ቤቴን እሸጣለሁ።
애대 시다모 스램(래므)해드 배탠(태느) 으세따래후።
wede sidamo slemhed beten ishethalehu።
시다모에 내는 가기 때문에 나의 집을 팔 것입니다.

3. Because I will finish my work today, I will not come tomorrow.
ዛሬ ሥራዬን ስለምጨርስ ነገ አልመጣም።
자래 스라예느 스램(래므)째르스 내개 아르매땀(따므)።
zare srayen slemchers nege almetham።
오늘 나의 일을 끝낼 것이기 때문에 내일 올 수 없습니다.

4. I can take your(m) letters because I am going to the Post Office.
ወደ ፖስታ ቤት ስለምሄድ ደብዳቤዎችህን ልወስድ እችላለሁ።
애대 포스타 배트 스램(래므)해드 대브다배오치흔(흐느) 르애스드 으치라래후።
wede posta bet slemhed debdabewochihn lwesd ichilalehu።
경찰서에 나는 가기 때문에 당신의(남성) 편지들을 취할 수 있습니다.

8) እንደም… 은(으느)댐(대므)…=> as 처럼, 할 때, 것을
1. They will do as I want.
እንደምፈልግ ያደርጋሉ።

은(으느)댐(대므)패르그 야대르가루::
indemfelg yadergalu::
내가 한 것처럼 그들은 할 것입니다.

2. I always do <u>as she wishes it</u>.
ሁልጊዜ እንደምትፈልገው አደርጋለሁ::
후르기재 은(으느)댐(대므)트패르개우 아대르가래후::
hulgize indemtfelgewu adergalehu::
항상 그녀가 그것을 원한 것처럼 나는 할 것입니다.

3. He has not heard <u>that I will buy</u> a horse.
ፈረስ እንደምገዝ አልሰማም::
패래스 은(으느)댐(대므)개자 아르새마므::
feres indemgeza alsemam::
말을 내가 산 것을 그는 듣지 못했습니다.

4. He will do <u>as you(f) wish it</u>.
አንቺ እንደምትፈልጊው ያደርጋል::
안(아느)치 은(으느)댐(대므)트패르기우 야대르갈(가르)::
anchi indemtfelgiwu yadergal::
당신이(여성) 그것을 원한 것처럼 그는 할 것입니다.

Lesson 14 - present & future tense Conjunctions(현재, 미래 시제 접속사들)

Exercise(sentence) 40
1. If you(m) do not drink this, you(m) will not get well.
ይህንን ባትጠጣ አትድንም::
이흔(흐느)느 바트때따 아트드늠(느므)::
yihnn batthetha atdnm::
이것을 당신이(남성) 마시지 않는다면 당신은 좋지 않을 것입니다.

2. She wants us to help the student.
ተማሪውን እንድንረዳው ትፈልጋለች::
태마리운(우느) 은(으느)든(드느)래다우 트패르가래치::
temariwun indnredawu tfelgalechi::
그 학생을 우리에게 돕기를 그녀는 원합니다.

3. If I do not go now, I will not arrive on time.
አሁን ባልሄድ በጊዜ አልደርስም::
아훈(후느) 바르해드 배기재 아르대르슴(스므)::
ahun balhed begize aldersm::
지금 내가 가지 않는다면 정각에 도착하지 않을 것입니다.

4. They were afraid until they cried.
አስኪጮሁ ድረስ ፈሩ::
으스키쪼후 드래스 패루::
iskichohu dres feru::

그들이 소리칠 때 까지 그들은 두려웠습니다.

5. His sister called him while he was writing the letter.
ደብዳቤ እየጻፈ እህቱ ጠራችው።
대브다배 으애짜패 으흐투 때라치우።
debdabe iyetsafe ihtu therachiwu።
편지를 그가 쓰고 있을 때 그의 여동생은 그를 불렀습니다.

6. I want to go also.
እኔም ልሄድ እፈልጋለሁ።
으내므 르해드 으패르가래후።
inem lhed ifelgalehu።
또한 나는 가기를 원합니다.

7. I know that they will not come today.
ዛሬ እንደማይመጡ አውቃለሁ።
자래 은(으)대마이매뚜 아우까래후።
zare indemayimethu awuqalehu።
오늘 그들이 오지 못할 것을 나는 압니다.

8. Jesus came to save sinners
ኢየሱስ ኃጢአተኞችን ሊያድን መጣ።
이애수스 하띠아태뇨친(치느) 리야든(드느) 매따።
iyesus hathiatenyochin liyadn metha።
예수님은 죄들을 용서하시기 위해 오셨습니다.

9. I will study this page until I know it.
ኢየሱስ ኃጢአተኞችን ሊያድን መጣ።
이흔(흐느) 개쯔 으스카우깨우 드래스 아때나래후።
yihn gets iskawuqewu dres athenalehu።
이 페이지를 내가 알 때 까지 나는 공부할 것입니다.

10. She wants you(m) to help the student.
ተማሪውን ልትረዳው ትፈልጋለች።
태마리운(우느) 르트래다우 트패르가래치።
temariwun ltredawu tfelgalechi።
그 학생을 당신이(남성) 돕기를 그녀는 원합니다.

11. If you(f) open the door, her cat(f) will go out.
በሩን ከከፈትሽ ድመትዋ ትወጣለች።
배룬(루느) 캐캐패트시 드매트와 트애따래치።
berun kekefetsh dmetwa twethalechi።
그 문을 당신이(여성) 연다면 그녀의 고양이는 나갈 것입니다.

12. Her father permitted her to enter school.
ትምህርት ቤት እንድትገባ አባትዋ ፈቀደላት።
틈(트므)흐르트 배트 은(으느)드트개바 아바트와 패깨대라트።
tmhrt bet indgeba abatwa feqedelat።
학교에 그녀가 들어 가기를 그녀의 아버지는 허락했습니다.

ትምህርት ቤት እንድትገባ አባትዋ ፈቀደሳት።
13. When we go to the market we buy many things.
애대 개배야 슨(스느)해드 브주 내개르 은(으느)개자랜(래느)።
wede gebeya snhed bzu neger ingezalen።
시장에 우리가 갔을 때 많은 것을 (우리는) 살 것입니다.

14. We will work until we finish (our work).
እስክንጨርስ ድረስ እንሠራለን።
으스크느째르스 드래스 은(으느)새라랜(래느)።
isknchers dres inseralen።
우리가 끝날 때까지 우리는 일할 것입니다.

15. When we hear of his arrival we will call you(m).
መድረሱን ስንሰማ እንጠራሃለን።
매드래순(수느) 슨(스느)새마 은(으느)때라하랜(래느)።
medresun snsema intherahalen።
그의 도착을 우리가 들을 때 (우리는) 당신을(남성) 부를 것입니다.

16. She wants you(m) to help him.
ልትረዳው ትፈልጋለች።
르트래다우 트패르가래치።
ltredawu tfelgalechi።
당신에게(남성) 그를 돕기를 그녀는 원합니다.

17. If you(pl) work well, you will finish your work today.
በደንብ ብትሰሩ ሥራችሁን ዛሬ ትጨርሳላችሁ።
배댄(대느)브 브트새루 스라치훈(후느) 자래 트째르사라치후።
bedenb btseru srachihun zare tchersalachihu።
잘 당신들이 일한다면 당신들의 일을 오늘 끝낼 것입니다.

18. When my mother comes, we will go to market.
እናቴ ስትመጣ ወደ ገበያ እንሄዳለን።
으나태 스트매따 애대 개배야 은(으느)해다랜(래느)።
inate stmetha wede gebeya inhedalen።
나의 어머니가 올 때 시장에 우리는 갈 것입니다.

19. I will open the door when he came.
ሲመጣ በሩን እከፍታለሁ።
시매따 배룬(루느) 으캐프타래후።
simetha berun ikeftalehu።
그가 왔을 때 그 문을 나는 열 것입니다.

20. She will go to town to buy that book.
ያንን መጽሐፍ ልትገዛ ወደ ከተማ ትሄዳለች።
얀(야느)느 매쯔하프 르트개자 애대 캐태마 트해다래치።
yann metshaf ltgeza wede ketema thedalechi።
저 책을 사기 위하여 시장에 그녀는 갈 것입니다.

21. If he goes to the shop, he will buy a new clothes.

ወደ ሱቅ ከሄደ አዲስ ልብስ ይገዛል።
애대 수끄 캐해대 아디스 르브스 이개잘(자르)።
wede suq kehede adis lbs yigezal።
시장에 만약 그가 간다면 새로운 옷을 그는 살 것입니다.

22. Come(pl) tomorrow!
ነገ እንድትመጡ።
내개 은(으느)드트매뚜።
nege indtmethu።
내일 오라!(당신들)

23. The children cried very much when their father died.
አባታቸው ሲሞት ልጆች አለቀሱ።
아바타쵸우 시모트 르조추 아래깨수።
abatachewu simot ljochu aleqesu።
그들의 아버지가 죽었을 때 그 아이들은 울었습니다.

24. The children will come because they want to play ball.
ኳስ ለመጫወት ስለሚፈልጉ ልጆች ይመጣሉ።
콰스 래매짜애트 스래미패르구 르조추 이매따루።
kwas lemechawet slemifelgu ljochu yimethalu።
축구(볼)을 놀기를 (그들이) 원하기 때문에 그 아이들은 올 것입니다.

25. I will do as you(pol) wish(want).
እንደሚፈልጉ አደርጋለሁ።
은(으느)대미패르구 아대르가래후።
indemifelgu adergalehu።
당신이(공손한 표현) 원한 것처럼 나는 할 것입니다.

26. She went to bed without eating her supper.
እራትዋን ሳትበላ ተኛች።
으라트완(와느) 사트배라 태냐치።
iratwan satbela tenyachi።
그녀의 저녁을 먹지 않고 그녀는 잤습니다.

27. Because guests are coming, we will buy a lot of bread.
እንግዶች ስለሚመጡ ብዙ ዳቦ እንገዛለን።
은(으느)그도추 스래미매뚜 브주 다보 은(으느)개자랜(래느)።
ingdochu slemimethu bzu dabo ingezalen።
그 손님들이 오기 때문에 많은 빵을 우리는 살 것입니다.

28. According to what I hear, the child is not coming.
እንደምሰማው ልጅ አይመጣም።
은(으느)댐(대므)새마우 르주 아이매땀(따므)።
indemsemawu lju ayimetham።
내가 들은 것처럼 그 아이는 오지 않습니다.

29. I can not work as he does.
እርሱ እንደሚሰራ እኔ ልሰራ አልችልም።

으르수 온(으)대미새라 으내 르새라 아르치름(르므)።
irsu indemisera ine lsera alchilm።
그가 일한 것처럼 나는 일할 수 없습니다.

30. If we do not push it, the car will not go.
ካልገፋነው መኪናው አይሄድም።
칼(카르)개파내우 매키나우 아이해듬(드므)።
kalgefanewu mekinawu ayihedm።
만약 우리가 그것을 밀수 없다면 그 차는 갈 수 없습니다.

31. Do you(m) want to come?
ልትመጣ ትፈልጋለህ?
르트매따 트패르가래흐?
ltmetha tfelgaleh?
오기를 당신은(남성) 원하십니까?

32. I always do as she wishes it.
ሁልጊዜ እንደምትፈልገው አደርጋለሁ።
후르기재 은(으)댐(대므)트패르개우 아대르가래후።
hulgize indemtfelgewu adergalehu።
항상 그녀가 그것을 원하는 것처럼 나는 할 것입니다.

33. I know that they will go.
እንደሚሄዱ አውቃለሁ።
은(으)대미해두 아우까래후።
indemihedu awuqalehu።
그들이 간 것을 나는 압니다.

34. We will ask her when she comes from asmara.
ከአስመራ ስትመጣ እንጠይቃታለን።
캐아스매라 스트매따 은(으)때이까타랜(래느)።
keasmera stmetha antheyiqatalen።
아스마라로부터 그녀가 올 것을 우리는 요청하였습니다.

35. I will wait till you(pl) have finished.
እስክትጨርሱ ድረስ አቆያለሁ።
으스크트째르수 드래스 으꼬야래후።
isktchersu dres iqoyalehu።
당신들이 끝낼 때 까지 나는 기다릴 것입니다.

36. Swallow(f) this medicine before you(f) eat your(f) breakfast.
ቁርስሽን ሳትበይ ይህን መድሃኒት ዋጪ።
꾸르스신(시느) 사트배이 이흔(흐느) 매드하니트 와찌።
qursshn satbeyi yihn medhanit wachi።
당신의(여성) 아침 식삭를 당신이 먹기 전에 이 약을 먹으라.

37. I gave the beggar 10 Birr to buy his dinner.
እራቱን እንዲገዛበት ለለማኙ 10 ብር ሰጠሁት።
으라툰(투느) 은(으)디개자배트 래래마뉴 10 브르 새때후트።

iratun indigezabet lelemanyu 10 br sethehut::
그의 저녁을 사기 위하여 그 거지에게 10브르를 나는 주었습니다.

38. I heard that his mother is not coming.
እናቱ እንደማትመጣ ሰማሁ::
으나투 은(으)대마트매따 새마후::
inatu inmatmetha semahu::
그의 어머니가 오지 않은 것을 나는 들었습니다.

39. Until you(pol) have dressed, breakfast will be ready.
እስኪለብሱ ድረስ ቁርስ ይደርሳል::
으스키래브수 드래스 꾸르스 이대르살(사르)::
iskilebsu dres qurs yidersal::
당신이 옷을 입을때 까지 아침 식사는 도착할 것입니다.

40. They shut the gate so that the dogs will not come in.
ውሾች እንዳይገቡ በሩን ዝጉት::
우쇼치 은(으)다이개부 배룬(루느) 즈구트::
wushochi indayigebu berun zgut::
그 개들이 들어오지 않도록 그 문을 그들은 잠궜다.

Lesson 15 - The infinitive (부정사)
(to Verb)(መ+ Verb) or (ለመ+ Verb)
(to Verb)(매+ Verb) or (래매+ Verb)
         (me+ Verb) or (reme+ Verb)

1. to verb(መ+ Verb)(매+ Verb)

	Root Verbs	rule	The infinitive(መ+ Verb)(매+ Verb) 하기 위하여, 하기를
1 1 1 G r o u p Verbs 1	ወደደ 애대대 wedede (he loved, he liked) 그는 좋아했다	መ +616 매 +616	መውደድ 매우대드 mewuded (to like) 좋아하기 위하여, 좋아하기를
	ደረሰ 대래새 derese (he arrived, he reached) 그는 도착했다		መድረስ 매드래스 medres (to arrived, to reach) 도착하기 위하여
	አወቀ 아애깨 aweqe (he knew) 그는 알았다		ማወቅ 마애끄 maweq (to know) 알기 위하여

	ደከመ 대캐매 dekeme (he weaked) 그는 약했다		መድከም 매드캠(캐므) medkem (to weak) 약하기 위하여
	አመነ 아매내 amene (he believed) 그는 믿었다		ማመን 마맨(매느) mamen (to believe) 믿기 위하여
	መረጠ 매래때 merethe (he selected) 그는 선택했다		መምረጥ 매므래뜨 memreth (to select) 선택하기 위하여
	ከፈተ 캐패태 kefete (he opened) 그는 열었다		መክፈት 매크패트 mekfet (to open) 열기 위하여
	ሰበረ 새배래 sebere (he broke) 그는 깨뜨렸다		መስበር 매스배르 mesber (to break) 깨뜨리기 위하여
	ጠረገ 때래개 therege (he swept) 그는 쓸었다		መጥረግ 매뜨래그 methreg (to sweep), 그는 쓸기 위하여
	ገደለ 개대래 gedele (he killed) 그는 죽었다		መግደል 매그대르 megdel (to kill), 죽기 위하여
	ከፈለ 캐패래 kefele (he paid) 그는 지불했다		መክፈል 매크패르 mekfel (to pay) 지불하기 위하여
	ለበሰ 래배새 lebese (he wore) 그는 입었다		መልበስ 매르배스 melbes (to wear) 입기 위하여
1 1 1 Group Verbs 2	ጨመረ 째매래 chemere he added 그는 더했다	መ +116 매	መጨመር 매째매르 mechemer (to add), 더하기 위하여
	መለሰ 매래새 melese he answered, he returned	+116	መመለስ 매매래스 memeles (to answer, to return), 대답하기 위하여,

	그는 대답했다, 그는 돌아왔다.		돌아오기 위하여
	ቀቀለ 깨깨래 qeqele he cooked 그는 요리했다		መቀቀል 매깨깨르 meqeqel (to cook), 요리하기 위하여
	አሰበ 아새배 asebe he thought 그는 생각했다		ማሰብ 마새브 maseb (to think), 생각하기 위하여
	ጸለየ 째래애 tseleye he prayed 그는 기도했다		መጸለይ 매째래이 metseleyi (to pray), 기도하기 위하여
	አደሰ 아대새 adese he renewed he mended 그는 새롭게 했다, 그는 고쳤다		ማደስ 마대스 mades (to renew, to mend), 새롭게 하기 위하여, 고치기 위하여
	ዘመረ 재매래 zemere he sang 그는 노래했다		መዘመር 매재매르 mezemer (to sing), 노래하기 위하여
	ወሰደ 애새대 wesede he took 그는 취했다		መውሰድ 매우새드 mewused 616 (to take), 취하기 위하여
	ጀመረ 재매래 jemere he started 그는 시작했다		መጀመር 매재매르 mejemer (to start), 시작하기 위하여
	ጠበቀ 때배깨 thebeqe he kept 그는 지켰다		መጠበቅ 매때배끄 methebeq (to keep), 지키기 위하여
	አጠበ 아때배 athebe he washed 그는 씻었다		ማጠብ 마때브 matheb (to wash) 씻기 위하여
4 1 G r o u p Verbs	ሣቀ 사깨 saqe he laughed	መ+46 매+46	መሣቅ 매사끄 mesaq (to laugh)

		그는 웃었다		웃기 위하여
		ለከ 라케 lake he sent 그는 보냈다		መለክ 매라크 melak (to send) 보내기 위하여
		ቻለ 차래 chale he was able 그는 가능했다		መቻል 매차르 mechal (to be able) 가능하기 위하여
		ነዳ 내다 neda he saved 그는 구했다		መዳን 매다느 medan (to save) 구하기 위하여
		ዋለ 와래 wale he spent the night 그는 밤을 보냈다		መዋል 매왈(와르) mewal (to spend the night) 밤을 보내기 위하여
		ዋጠ 와때 wathe he swallowed 그는 게걸스럽게 먹 었다		መዋጥ 매와뜨 mewath (to swallow) 게걸스럽게 먹기 위하여
		ያዘ 야재 yaze he held 그는 붙잡았다		መያዝ 매야즈 meyaz (to hold) 붙잡기 위하여
		ጣለ 따래 thale he threw 그는 던졌다		መጣል 매따르 methal (to throw) 던지기 위하여
		ሳበ 사배 sabe he pulled 그는 당겼다		መሳብ 매사브 mesab (to pull) 당기기 위하여
7 1 G r o u p Verbs	መ+76 매+76	ሆነ 호내 hone he became 그는 되었다		መሆን 매혼(호느) mehon (to be) 되기 위하여
		ሞተ 모태 mote he died 그는 죽었다		መሞት 매모트 memot (to die) 죽기 위하여
		ሮጠ		መሮጥ

	로때 rothe he ran 그는 달렸다			매로뜨 meroth (to run) 달리기 위하여
	ቆመ 꼬매 qome he stood 그는 섰다			መቆም 매꼬므 meqom (to stand) 서기 위하여
	ኖረ 노래 nore he lived 그는 살았다			መኖር 매노르 menor (to live) 살기 위하여
	ጾመ 쪼매 tsome he fasted 그는 금식했다			መጾም 매쪼므 metsom (to fast) 금식하기 위하여
1 4 G r o u p Verbs 1	መታ 매타 meta he hit 그는 때렸다	መ +64+ት 매 + 6 4 + 트		መምታት 매므타트 memtat (to hit) 때리기 위하여
	መጣ 매따 metha he came 그는 왔다			መምጣት 매므따트 memthat (to come) 오기 위하여
	ሠራ 새라 sera he worked 그는 일했다			መሥራት 매스라트 mesrat (to work) 일하기 위하여
	ረዳ 래다 reda he helped 그는 도왔다			መርዳት 매르다트 merdat (to help) 도우기 위하여
	በላ 배라 bela he ate 그는 먹었다			መብላት 매브라트 meblat (to eat) 먹기 위하여
	ሰማ 새마 sema he heard 그는 들었다			መስማት 매스마트 mesmat (to hear) 듣기 위하여
	ገባ 개바 geba he entered 그는 들어갔다			መግባት 매그바트 megbat (to enter) 들어가기 위하여
	ዘጋ			መዝጋት

	재가 zega he closed 그는 닫았다		매즈가트 mezgat (to close) 닫기 위하여
	ገዘ 개자 geza he bought 그는 샀다		መግዛት 매그자트 megzat (to buy) 사기 위하여
	ገፋ 개파 gefa he pushed 그는 밀었다		መግፋት 매그파트 megfat (to push) 밀기 위하여
	ጠራ 때라 thera he called 그는 불렀다		መጥራት 매뜨라트 methrat (to call) 부르기 위하여
	ፈታ 패타 feta he untied 그는 풀었다		መፍታት 매프타트 meftat (to untie) 풀기 위하여
	ፈራ 패라 fera he feared 그는 무서웠다		መፍራት 매프라트 mefrat (to fear) 무서웠기 위하여
	ወጣ 애따 wetha he came out 그는 나갔다		መውጣት 매우따트 mewuthat (to come out) 나가기 위하여
1 4 Group Verbs 2	ቀባ 깨바 qeba he painted, he anointed 그는 페인트칠 했다, 그는 기름을 발랐다	መ +14+ት 매 +14+트	መቀባት 매깨바트 meqebat (to paint, to anoint) 페인트칠하기 위하여, 기름을 바르기 위하여
	ተኛ 태냐 tenya he slept 그는 잤다		መተኛት 매태냐트 metenyat (to sleep) 자기 위하여
	ጠጣ 때따 thetha he drank 그는 마셨다		መጠጣት 매때따트 methethat (to drink) 마시기 위하여
	ሰከ		መሰከት

	래카 leka he measured 그는 측정했다		매래카트 melekat (to measure) 측정하기 위하여
1 1 G r o u p Verbs 1	ሰጠ 새때 sethe he gave 그는 주었다	መ +61+ት 매 +61+ 트	መስጠት 매스때트 mesthet (to give) 주기 위하여
	ቀረ 깨래 qere he remained 그는 남았다		መቅረት 매끄래트 meqret (to remain) 남기 위하여
	አየ 아애 aye he saw 그는 보았다		ማየት 마애트 mayet (to see) 보기 위하여
	ፈጨ 패째 feche he grinded 그는 갈았다		መፍጨት 매프째트 mefchet (to grind) 갈기 위하여
1 1 G r o u p Verbs 2	ለየ 래애 leye he separated 그는 나누었다	መ +11+ት 매 +11+ 트	መለየት 매래애트 meleyet (to separate) 나누기 위하여
Exceptio n	ሄደ 해대 hede he went 그는 갔다		መሄድ 매해드(to go) mehed 가기 위하여
	ሸጠ 셰때 shethe he sold 그는 팔았다		መሸጥ 매셰뜨(to sell) mesheth 팔기 위하여

Lesson 15 - The infinitive (부정사) (to Verb)(매+ Verb)

Exercise(Sentence) 40
1. I cannot go to school because I do not have a book.
መጽሐፍ ስለሌለኝ ወደ ትምህርት ቤት መሄድ አልቻልም፡፡
매쯔하프 스래래랜(래느) 애대 틈(트므)흐르트 배트 매해드 아르치름(르므)፡፡
metshaf sleleleny wede tmhrt bet mehed alchilm፡፡
책을 나는 없었기 때문에 학교에 갈 수 없습니다.

2. He is going back to Addis Ababa tomorrow.
ነገ ወደ አዲስ አበባ መመለስ ነው፡፡

내개 애대 아디스 아배바 매매래스 내우∷
nege wede adis abeba memeles newu∷
내일 아디스 아바바에 그는 돌아 올 것입니다.

3. They did not want to pay the money.
ገንዘቡን ለመክፈል አልፈለጉም∷
갠(개느)재분(부느) 래매크퍼르 알패래굼(구므)∷
genzebun lemekfel alfelegum∷
그 돈을 지불하기를 그들은 원하지 않습니다.

4. The person who has no money cannot buy clothes.
ገንዘብ የሌለው ሰው ልብስ መግዛት አይችልም∷
갠(개느)재브 애래래우 새우 르브스 매그자트 아이치름(르므)∷
genzeb yelelewu sewu lbs megzat ayichilm∷
돈이 없는 그 사람은 옷을 살 수 없습니다.

5. Do you(pl) want to help a poor man?
ድሃ ለመርዳት ትፈልጋላችሁ?
드하 래매르다트 트패르가라치후?
dha lemerdat tfelgalachihu?
가난한 사람을 돕기를 당신들은 원합니까?

6. Ruth wants to go, but I do not want.
ሩት መሄድ ትፈልጋለች∷ እኔ ግን አልፈለግም∷
루트 매해드 트패르가래치∷ 으내 근(그느) 알패르금(그므)∷
rut mehed tfelgalechi∷ ine gn alfelgm∷
룻은 가기를 원합니다. 나는 그러나 원하지 않습니다.

7. I cannot buy that house because I have not much money.
ብዙ ገንዘብ ስለሌለኝ ያንን ቤት ለመግዛት አልችልም∷
브주 갠(개느)재브 스래래랜(래느) 얀(야느)느 배트 래매그자트 아르치름(르므)∷
bzu genzeb sleleleny yann bet lemegzat alchilm∷
많은 돈을 나는 없었기 때문에 저 집을 살 수 없습니다.

8. I came to take my brother.
ወንድሜን ለመውሰድ መጣሁ∷
앤(애느)드맨(매느) 래매우새드 매따후∷
wendmen lemewused methahu∷
나의 형제를 데리려 나는 왔습니다.

9. it is difficult for me to learn Amharic, but it is possible for me.
አማርኛ መማር ያስቸግረኛል∷ ነገር ግን ይቻለኛል∷
아마르냐 매마르 야스쵸그래냘∷ 내개르 근(그느) 이차래냘∷
amarnya memar yaschegrenyal∷ neger gn yichalenyal∷
암하릭어를 배우는 것은 나에게 어렵습니다. 그러나 그것은 나에게 가능합니다.

10. Tomorrow we are going to Debre Birhan to visit our friends.
ነገ ጓደኞቻችን ለመጠየቅ ወደ ደብረ ብርሃን እንሄዳለን∷
내개 과대뇨차친(치느) 래매때애끄 애대 대브래 브르하느 은(으느)해다랜(래느)∷

nege gwadenyochachin lemetheyeq wede debre brhan inhedale፡፡
내일 나의 친구들을 만나기 위하여 데브레 브르한에 우리는 갈 것입니다.

11. We ought to love one another.
እርስ በእርሳችን መውደድ ይገባናል፡፡
으르스 배으르사친(치느) 매우대드 이개바날(나르)፡፡
irs beirsachin mewaded yigebanal፡፡
우리는 서로 사랑해야 한다.

12. I went out to call the children.
ልጆቹን ለመጥራት መጣሁ፡፡
르조춘(추느) 래매뜨라트 매따후፡፡
ljochun lemethrat methahu፡፡
그 아이들을 부르기 위하여 나는 왔습니다.

13. I can not buy a new dress because I do not have any money.
ምንም ገንዘብ ስለሌለኝ አዲስ ቀሚስ መግዛት አልቻልም፡፡
므늠(느므) 갠(개느)재브 스래래랜(래느) 아디스 깨미스 매그자트 아르치름(르므)፡፡
mnm genzeb sleleleny adis qemis megzat alchilm፡፡
어떠한 돈을 나는 없었기 때문에 새로운 의복을 살 수 없습니다.

14. Since you(f) have not finished your(f) work you(f) can not go.
ሥራሽን ካልጨረስሽ መሄድ አትችይም፡፡
스라신(시느) 칼(카르)째래스시 매해드 아트치임(이므)፡፡
srashn kalcheressh mehed atchiyim፡፡
당신의(여성) 일을 만약 끝내지 못한다면 갈 수 없습니다.

15. The children want to play.
ልጆቹ መጫወት ይፈልጋሉ፡፡
르조추 매짜애트 이패르가루፡፡
ljochu mechawet yifelgalu፡፡
그 아이들은 놀기를 원합니다.

16. I came to visit you(pol).
እርስዎን ለመጠየቅ መጣሁ፡፡
으르스온(오느) 래매때애끄 매따후፡፡
irswon lemetheyeq methahu፡፡
당신을(직역: 그를, 공손한 표현) 방문하기 위하여 나는 왔습니다.

17. Because they have no money they can not buy food.
ገንዘብ ስለሌላቸው ምግብ መግዛት አይችሉም፡፡
갠(개느)재브 스래래라쵸우 므그브 매그자트 아이치룸(루므)፡፡
genzeb slelelachewu mgb megzat ayichilum፡፡
돈이 그들은 없었기 때문에 음식을 살 수 없습니다.

18. it is good to get up early in the morning.
በጣም ጠዋት መነሳት ጥሩ ነው፡፡
배땀(따므) 때와트 매내사트 뜨루 내우፡፡
betham thewat menesat thru newu፡፡

이른(직역: 매우) 아침에 일어나는 것은 좋습니다.

19. he began to plough my field.
እርሻዬን ማረስ ጀመረ።
으르샤예느 마래스 재매래።
irswaen mares jemere።
나의 밭을 갈기를 그는 시작했습니다.

20. have you(f) gone out to visit her aunt?
አክስትዋን ለመጠየቅ መጥተሻል?
아크스트완(와느) 래매때애끄 매뜨태샬(샤르)?
akstwan lemetheyeq methteshal?
그녀의 아주머니를 방문하기 위하여 당신은(여성) 왔습니까?

21. When I finish my school I want to be a nurse.
ትምህርቴን ስጨርስ ነርስ ለመሆን እፈልጋለሁ።
틈(트므)흐르탠(태느) 스째르스 내르스 래매혼(호느) 으패르가래후።
tmhrten schers ners lemehon ifelgalehu።
나의 학교를 (나는) 끝날 때 간호사가 되기를 나는 원합니다.

22. You(m) must work at least 2 hours.
ቢያንስ ሁለት ሰዓት መስራት አለብህ።
비얀(야느)스 후래트 새아트 매스라트 아래브흐።
biyans hulet seat mesrat alebh።
적어도 2 시간 일을 당신은(남성) 해야 합니다.

23. The girl does not want to come.
ልጇቱ ለመምጣት አትፈልግም።
르지투 래매므따트 아트패르금(그므)።
ljitu lememthat atfelgm።
그 소녀는 오기를 원하지 않습니다.

24. Did you(f) come to take your(f) sister?
እኅትሽን ለመውሰድ መጣሽ?
으흐트신(시느) 래매우새드 매따시?
ihtshn lemewused methash?
당신의(여성) 여동생을 데리러 왔습니까?

25. We were supposed to go to Addis Ababa a week ago.
ከአንድ ሳምንት በፊት ወደ አዲስ አበባ መሄድ ነበረብን።
캐안(아느)드 사믄(므느)트 배피트 애대 아디스 아배바 매해드 내배래븐(브느)።
keand samnt befit wede adis abeba mehed neberebn።
한 주 전에 아디스 아바바에 가기를 우리는 생각했습니다.

26. The children want to sing.
ልጆቹ ለመዘመር ይፈልጋሉ።
르조추 래매재매르 이패르가루።
ljochu lemezemer yifelgalu።
그 아이들은 노래하기를 원합니다.

27. I like to eat injera bread.
አንጀራ ለመብላት እወዳለሁ።
은(으느)재라 래매브라트 으애다래후።
injera lemeblat iwedalehu።
인제라를 먹기를 나는 좋아합니다.

28. He went out to call the children.
ልጆቹን ለመጥራት መጣ።
르조춘(추느) 래매뜨라트 매따።
ljochun lemethrat metha።
그 아이들을 부르기 위하여 그는 왔습니다.

29. I can not do this amount of work.
ይህንን ያህል ሥራ መሥራት አልችልም።
이흔(흐느)느 야흐르 스라 매스라트 아르치름(르므)።
yihnn yahl sra mesrat alchilm።
이 양의 일을 일할 수 나는 없습니다.

30. I went to the river in order to wash my clothes.
ልብሴን ለማጠብ ወደ ወንዝ ሄድሁ።
르브새느 래마때브 애대 앤(애느)즈 해드후።
lbsen lematheb wede wenz hedhu።
나의 옷을 씻기 위하여 강에 나는 갔습니다.

31. The carrier is able to carry 100 kg on his head.
መዘደሩ 100 ኪሎ በራሱ መሸከም ይችላል።
애자대루 100 키로 배라수 매셰캠(캐므) 이치랄(라르)።
wezaderu 100 kilo berasu meshekem yichilal።
그 짐꾼은 100kg을 그의 머리위로 나를 수 있습니다.

32. Since I saw the lion I am afraid to go the forest.
አንበሳውን ካየሁ ወዲህ ወደ ጫካ መሄድ እፈራለሁ።
안(아느)배사운(우느) 카애후 애디흐 애대 짜카 매해드 으패라라래후።
anbesawun kayehu wedih wede chaka mehed iferalalehu።
그 사자를 내가 본 후 숲에 가기를 나는 무섭습니다.

33. She cannot read because she is not a student.
ተማሪ ስላልሆነች ማንበብ አትችልም።
태마리 스랄(라르)호내치 만(마느)배브 아트치름(르므)።
temari slalhonechi manbeb atchilm።
학생이 그녀는 아니기 때문에 읽을 수 없습니다.

34. I cannot sew it as she did (sewed it).
እርስዋ እንደሰፋቺው እኔ መስፋት አልችልም።
으르스와 은(으느)대새파치우 으내 매스파트 아르치름(르므)።
irswa indesefachiwu ine mesfat alchilm።
그녀가 수선한 것처럼 나는 수선할 수 없습니다.

35. What do you(pl) want to become?
ምን ለመሆን ትፈልጋለችሁ?

믄(므느) 래매흔(호느) 트패르가래치후?
mn lemehon tfelgalechihu?
무엇이 되기를 당신들은 원합니까?

36. Have you(f) come to visit your(f) brothers?
ወንድሞችሽን ለመጠየቅ መጥተሻል?
앤(애느)드모치신(시느) 래매때애끄 매뜨태샬(샤르)?
wendmochishn lemetheyeq methteshal?
당신의(여성) 형제들을 만나기 위하여 당신은(여성) 왔습니까?

37. He wants to help his father.
አባቱን ለመርዳት ይፈልጋል::
아바툰(투느) 래매르다트 이패르갈(가르)::
abatun lemerdat yifelgal::
그의 아버지를 돕기를 그는 원합니다.

38. They had tried to finish their work.
ሥራቸውን ለመጨረስ ሞክረው ነበር::
스라쵸운(우느) 래매째래스 모크래우 내배르::
srachewun lemecheres mokrewu neber::
그들의 일을 끝내기 이하여 그들을 노력했었습니다.

39. He will go to buy some butter.
ቅቤ ለመግዛት ይሄዳል::
끄배 래매그자트 이해달(다르)::
qbe lemegzat yihedal::
버터를 사기위하여 그는 갈 것입니다.

40. because I finished my work I can go.
ሥራዬን ስለ ጨረስኩ ለመሄድ እችላለሁ::
스라예느 스래 째래스후 래매해드 으치라래후::
srayen sle chereshu lemehed ichilalehu::
나의 일을 나는 끝냈기 때문에 갈 수 있습니다.

Lesson 16 - The imperative 1 (명령법 1)
1. 111 Group Verbs 1

111 Group Verbs 1	6 1 6 Changes Masc. sing 남성	6 1 3 Changes Fem. sing 여성	6 1 2 Changes Plural 복수	이+612 Changes (polite) 공손한 표현
ሰበረ 새배래 He broke sebere	ስበር 스배르 break(m) sber	ስበሪ 스배리 break(f) sberi	ስበሩ 스배루 break(pl) sberu	ይስበሩ 이스배루 break(pol) yisberu

그는 깨뜨렸다	깨뜨려라 (남성)	깨뜨려라 (여성)	깨뜨려라 (복수)	깨뜨려라 (공손한 표현)
እጠበ 아때배 He washed athebe 그는 씻었다	እጠብ 으때브 wash(m) itheb 씻어라(남성)	እጠቢ 으때비 wash(f) ithebi 씻어라(여성)	እጠቡ 으때부 wash(pl) ithebu 씻어라(복수)	ይጠቡ 이때부 wash(pol) yithebu 씻어라 (공손한 표현)
ከፈተ 캐패태 He opened kefete 그는 열었다	ክፈት 크패트 open(m) kfet 열어라 (남성)	ክፈቺ(not) ክፈቺ(0) 크패티(not) 크패치(0) open(f) kfet kfechi 열어라 (여성)	ክፈቱ 크패투 open(pl) kfetu 열어라 (복수)	ይክፈቱ 이크패투 open(pol) yikfetu 열어라 (공손한 표현)
ደረሰ 대래새 He arrived derese 그는 도착했다	ድረስ 드래스 arrive(m) dres 도착하라 (남성)	ድረሺ 드래쉬 arrive(f) dreshi 도착하라 (여성)	ድረሱ 드래수 arrive(pl) dresu 도착하라 (복수)	ይድረሱ 이드래수 arrive(pol) yidresu 도착하라 (공손한 표현)
ጠረገ 때래개 He swept therege 그는 쓸었다	ጥረግ 뜨래그 sweep(m) thereg 쓸어라 (남성)	ጥረጊ 뜨래기 sweep(f) theregi 쓸어라 (여성)	ጥረጉ 뜨래구 sweep(pl) theregu 쓸어라 (복수)	ይጠረጉ 이뜨래구 sweep(pol) yitheregu 쓸어라 (공손한 표현)
ጠበሰ 때배새 He fried thebese 그는 튀겼다	ጥበስ 뜨배스 fry(m) thebes 튀겨라 (남성)	ጥበሺ(not) ጥበሺ(0) 뜨배시(not) 뜨배시(0) fry(f) thebeshi 튀겨라 (여성)	ጥበሱ 뜨배수 fry(pl) thebesu 튀겨라 (복수)	ይጥበሱ 이뜨배수 fry(pol) yithebesu 튀겨라 (공손한 표현)

Exception => ሲ becomes ሺ , ጢ becomes ጪ , ዲ becomes ጇ , ቲ becomes ቺ , ኒ becomes ኚ , ሊ becomes ዪ , ኒ becomes ኚ

Exception => 시 becomes 쉬 , ㄸ becomes 찌 , ㄷ becomes 지 , ㅌ becomes 치 ,
지 becomes 지 , 리 becomes 이 , 니 becomes 니

2. 111 Group Verbs 2

111 Group Verbs 2	1 6 6 Changes Masc. sing 남성	1 6 3 Changes Fem. sing 여성	1 6 2 Changes Plural 복수	이+162 Changes (polite) 공손한 표현
ቀቀለ 깨깨래 He cooked qeqele 그는 요리했다	ቀቅል 깨끄르 cook(m) qeql 요리하라 (남성)	ቀቅዪ 깨끄이 cook(f) qeqyi 요리하라 (여성)	ቀቅሉ 깨끄루 cook(pl) qeqlu 요리하라 (복수)	ይቀቅሉ 이깨끄루 cook(pol) yiqeqlu 요리하라 (공손한 표현)
ጀመረ 재매래 He began jemere 그는 시작했다	ጀምር 재므르 begin(m) jemr 시작하라 (남성)	ጀመሪ 재매리 begin(f) jemeri 시작하라 (여성)	ጀምሩ 재므루 begin(pl) jemru 시작하라 (복수)	ይጀምሩ 이재므루 begin(pol) yijemru 시작하라 (공손한 표현)
ጠበቀ 때배깨 He watched thebeqe 그는 지켜 보았다	ጠብቅ 때브끄 watch(m) thebq 지켜보라 (남성)	ጠብቂ 때브끼 watch(f) thebqi 지켜보라 (여성)	ጠብቁ 때브꾸 watch(pl) thebqu 지켜보라 (복수)	ይጠብቁ 이때브꾸 watch(pol) yithebqu 지켜보라 (공손한 표현)
ጨረሰ 째래새 He finished cherese 그는 끝냈다	ጨርስ 째르스 finish(m) chers 끝내라 (남성)	ጨርሺ 째르쉬 finish(f) chershi 끝내라 (여성)	ጨርሱ 째르수 finish(pl) chersu 끝내라 (복수)	ይጨርሱ 이째르수 finish(pol) yichersu 끝내라 (공손한 표현)
ጨመረ 째매래 He added chemere 그는 더했다	ጨምር 째므르 add(m) chemr 더하라 (남성)	ጨምሪ 째므리 add(f) chemri 더하라 (여성)	ጨምሩ 째므루 add(pl) chemru 더하라 (복수)	ይጨምሩ 이째므루 add(pol) yichemru 더하라 (공손한 표현)
ሸፈነ 셰패내 He covered shefene 그는 덮었다	ሸፍን 셰프느 cover(m) shefn 덮어라 (남성)	ሸፍኒ(not) 셰프니(not) ሸፍኒ(0) 셰프니(0) cover(f) shefyni 덮어라	ሸፍኑ 셰프누 cover(pl) shefnu 덮어라 (복수)	ይሸፍኑ 이셰프누 cover(pol) yishefnu 덮어라 (공손한 표현)

		(여성)		

3. 41 Group Verbs

41 Group Verbs	46 Changes Masc. sing 남성	43 Changes Fem. sing 여성	42 Changes Plural 복수	이+42 Changes (polite) 공손한 표현
አለ 아래 He said (irr) ale 그는 말했다	በለ (irr-불규칙) 배르(irr) say(m) bel 말하라 (남성)	በዪ 배이 say(f) beyi 말하라 (여성)	በሉ 배루 say(pl) belu 말하라 (복수)	ይበሉ 이배루 say(pol) yibelu 말하라 (공손한 표현)
ዋለ 와래 He spent the day wale 그는 낮을 보냈다	ዋል 왈(와르) spend the day(m) wal 낮을 보내라 (남성)	ዋዪ 와이 day(f) wayi 낮을 보내라 (여성)	ዋሉ 와루 day(pl) walu 낮을 보내라 (복수)	ይዋሉ 이와루 day(pol) yiwalu 낮을 보내라 (공손한 표현)
ያዘ 야재 He seized yaze 그는 잡았다	ያዝ 야즈 seize(m) yaz 잡아라 (남성)	ያዢ 야지 seize(f) yazhi 잡아라 (여성)	ያዙ 야주 seize(pl) yazu 잡아라 (복수)	ይያዙ 이야주 seize(pol) yiyazu 잡아라 (공손한 표현)
ጻፈ 짜패 he wrote tsafe 그는 썼다	ጻፍ 짜프 write(m) tsaf 쓰라 (남성)	ጻፊ 짜피 write(f) tsafi 쓰라 (여성)	ጻፉ 짜푸 write(pl) tsafu (복수)	ይጻፉ 이짜푸 write(pol) yitsafu 쓰라 (공손한 표현)
ጫነ 짜내 he loaded tsane 그는 짐을 실었다	ጫን 짜느 load(m) tsan 짐을 실어라 (남성)	ጫኒ(not) ጫ ኒ(0) 짜니(not) 짜니(0) load(f) tsayni 짐을 실어라 (여성)	ጫኑ 짜누 load(pl) tsanu 짐을 실어라 (복수)	ይጫኑ 이짜누 load(pol) yitsanu 짐을 실어라 (공손한 표현)

4. 71 Group Verbs

71 Group Verbs	26 Changes Masc. sing 남성	23 Changes Fem. sing 여성	22 Changes Plural 복수	이+22 Changes (polite) 공손한 표현

ሆነ	ሁን	ሁኒ	ሁኑ	ይሁኑ
호내	훈(후느)	후니	후누	이후누
	become(m)	become(f)	become(pl)	become(pol)
He became	hun	hunyi	hunu	yihunu
hone	되어라	되어라	되어라	되어라
	(남성)	(여성)	(복수)	(공손한 표현)
그는 되었다				
ሞተ	ሙት	ሙቺ	ሙቱ	ይሙቱ
모태	무트	무치	무투	이무투
	die(m)	die(f)	die(pl)	die(pol)
He died	mut	muchi	mutu	yimutu
mote	죽어라	죽어라	죽어라	죽어라
	(남성)	(여성)	(복수)	(공손한 표현)
그는 죽었다				
ሮጠ	ሩጥ	ሩጪ	ሩጡ	ይሩጡ
로때	루뜨	루찌	루뚜	이루뚜
	run(m)	run(f)	run(pl)	run(pol)
He ran	ruth	ruchi	ruthu	yiruthu
rothe	달려라	달려라	달려라	달려라
	(남성)	(여성)	(복수)	(공손한 표현)
그는 달렸다				
ቆመ	ቁም	ቁሚ	ቁሙ	ይቁሙ
꼬매	꿈(꾸므)	꾸미	꾸무	이꾸무
	stand(m)	stand(f)	stand(pl)	stand(pol)
he stood	qum	qumi	qumu	yiqumu
qome	서라	서라	서라	서라
	(남성)	(여성)	(복수)	(공손한 표현)
그는 섰다				
ኖረ	ኑር	ኑሪ	ኑሩ	ይኑሩ
노래	누르	누리	누루	이누루
	live(m)	live(f)	live(pl)	live(pol)
He lived	nur	nuri	nuru	yinuru
nore	살아라	살아라	살아라	살아라
	(남성)	(여성)	(복수)	(공손한 표현)
그는 살았다				
ጸመ	ጹም	ጹሚ	ጹሙ	ይጹሙ
쪼매	쭈므	쭈미	쭈무	이쭈무
	fast(m)	fast(f)	fast(pl)	fast(pol)
He fasted	qum	qumi	qumu	yiqumu
qume	금식하라	금식하라	금식하라	금식하라
그는 금식했	(남성)	(여성)	(복수)	(공손한 표현)
다				

5. 14 Group Verbs 1

14 Group Verbs 1	64 Changes Masc. sing 남성	63 Changes Fem. sing 여성	62 Changes Plural 복수	이+62 Changes (polite) 공손한 표현
መጣ	ና(irr-불규칙)	ነዪ	ኑ	ይምጡ
매따	나(irr)	내이	누	임(이므)뚜
	come(m)	come(f)	come(ol)	come(pol)

He came metha 그는 왔다	na 오라 (남성)	neyi 오라 (여성)	nu 오라 (복수)	yimthu 오라 (공손한 표현)
ሰማ 새마 He heard sema 그는 들었다	ሰማ 스마 hear(m) sma 들어라 (남성)	ሰሚ 스미 hear(f) smi 들어라 (여성)	ሰሙ 스무 hear(pl) smu 들어라 (복수)	ይስሙ 이스무 hear(pol) yismu 들어라 (공손한 표현)
በላ 배라 He ate bela 그는 먹었다	ብላ 브라 eat(m) bla 먹어라 (남성)	ብዪ 브이 eat(f) byi 먹어라 (여성)	ብሉ 브루 eat(pl) blu 먹어라 (복수)	ይብሉ 이브루 eat(pol) yiblu 먹어라 (공손한 표현)
ዘጋ 재가 He shut zega 그는 닫았다	ዝጋ 즈가 shut(m) zga 닫아라 (남성)	ዝጊ 즈기 shut(f) zgi 닫아라 (여성)	ዝጉ 즈구 shut(pl) zgu 닫아라 (복수)	ይዝጉ 이즈구 shut(pol) yizgu 닫아라 (공손한 표현)
ገባ 개바 He entered geba 그는 들어갔 다	ግባ 그바 enter(m) gba 들어가라 (남성)	ግቢ 그비 enter(f) gbi 들어가라 (여성)	ግቡ 그부 enter(pl) gbu 들어가라 (복수)	ይግቡ 이그부 enter(pol) yigbu 들어가라 (공손한 표현)
ጠራ 때라 He called thera 그는 불렀다	ጥራ 뜨라 call(m) thra 불러라 (남성)	ጥሪ 뜨리 call(f) thri 불러라 (여성)	ጥሩ 뜨루 call(pl) thru 불러라 (복수)	ይጥሩ 이뜨루 call(pol) yithru 불러라 (공손한 표현)

6. 14 Group Verbs 2

14 Group Verbs 2	14 Changes Masc. sing 남성	13 Changes Fem. sing 여성	12 Changes Plural 복수	이+12 Changes (polite) 공손한 표현
ቀባ 깨바 He painted qeba 그는 페인트	ቀባ 깨바 paint(m) qeba 페인트칠 하	ቀቢ 깨비 paint(f) qebi 페인트칠 하	ቀቡ 깨부 paint(pl) qebu 페인트칠 하	ይቀቡ 이깨부 paint(pol) yiqebu 페인트칠 하

칠했다	라 (남성)	라 (여성)	라 (복수)	라(공손한 표현)
ተኛ 태냐 He slept tenya 그는 잤다	ተኛ 태냐 sleep(m) tenya 자라 (남성)	ተኚ 태니 paint(f) tenyi 자라 (여성)	ተኙ 태뉴 paint(pl) tenyu 자라 (복수)	ይተኙ 이태뉴 paint(pol) yitenyu 자라 (공손한 표현)
ጠጣ 때따 He drank thetha 그는 마셨다	ጠጣ 때따 drink(m) thetha 마셔라 (남성)	ጠጪ 때찌 drink(f) thechi 마셔라 (여성)	ጠጡ 때뚜 drink(pl) thethu 마셔라 (복수)	ይጠጡ 이때뚜 drink(pol) yithethu 마셔라 (공손한 표현)

7.11 Group Verbs 1

11 Group Verbs 1	66 Changes Masc. sing 남성	63 Changes Fem. sing 여성	62 Changes Plural 복수	이+62 Changes (polite) 공손한 표현
ሰጠ 새때 He gave sethe 그는 주었다	ስጠ 스뜨 give(m) sth 주라 (남성)	ስጪ(not) ስጪ(0) 스띠(not) 스찌(0) give(f) schi 주라 (여성)	ስጡ 스뚜 give(pl) sthu 주라 (복수)	ይስጡ 이스뚜 give(pol) yisthu 주라 (공손한 표현)
ቀረ 깨래 He remained qere 그는 남았다	ቅር 끄르 remain(m) qr 남아라 (남성)	ቅሪ 끄리 remain(f) qri 남아라 (여성)	ቅሩ 끄루 remain(pl) qru 남아라 (복수)	ይውሩ 이우루 remain(pol) yiwuru 남아라 (공손한 표현)
አየ 아애 He saw aye 그는 보았다	እይ 으이 see(m) iyi 보라 (남성)	እዪ 으이 see(f) iyi 보라 (여성)	እዩ 으유 see(pl) iyu 보라 (복수)	ይዩ 이유 see(pol) yiyu 보라 (공손한 표현)

8. 11 Group Verbs 2

11 Group Verbs 2	16 Changes Masc. sing 남성	13 Changes Fem. sing 여성	12 Changes Plural 복수	이+12 Changes (polite)

ለየ 래애 He separated leye 그는 나누웠다	ለይ 래이 separate(m) leyi 나누어라 (남성)	ለዪ 래이 separate(f) leyi 나누어라 (여성)	ለዩ 래유 separate(pl) leyu 나누어라 (복수)	ይለዩ 이래유 separate(pol) yileyu 나누어라 (공손한 표현)
ቀየ 꼬애 He waited qoye 그는 기다렸다	ቀይ 꼬이 wait(m) qoyi 기다려라 (남성)	ቀዪ 꼬이 wait(f) qoyi 기다려라 (여성)	ቀዩ 꼬유 wait(pl) qoyu 기다려라 (복수)	ይቀዩ 이꼬유 wait(pol) yiqoyu 기다려라 (공손한 표현)

Lesson 16 - The imperative 1 (명령법 1)

Exercise(Sentence) 40

1. Do(pl) this. bring(pl) 3 chairs. study this lesson
ይህን አድርጉ። ሦስት ወንበር አምጡ። ይህን ትምህርት አጥኑ።
이흔(흐느) 아드르구። 소스트 앤(애느)배르 암(아므)뚜። 이흔(흐느) 톰(트므)흐르트 아뜨누።
yihn adrgu። sost wenber amthu። yihn tmhrt athnu።
이것을 하라. 3개 의자들을 가져오라.(복수) 이 수업을 공부하라.

2. Bring(pol) those boxes.
እነዚያን ሳጥኖች ያምጡ።
으내지얀(야느) 사뜨노치 야므뚜።
ineziyan sathnochi yamthu።
저 박스들을 가져오라(공손한 표현)

3. Bring(m) the red chair.
ቀዩን ወንበር አምጣ።
깨유느 앤(애느)배르 암(아므)따።
qeyun wenber amtha።
그 빨간 의자를 가져오라(남성).

4. What did you say(m)? Say(m) it again.
ምን አልህ? እንደገና በል።
믄(므느) 아르흐? 은(으느)대개나 배르።
mn alh? indegena bel።
무엇을 말했습니까? 다시 말해 주세요(합시다).(남성)

5. Boil(f) coffee and cook(f) meat.
ቡና አፍዪና ሥጋ ቀቅዪ።
부나 아프딘나 스가 깨끄이።

buna afyina sga qeqyi፨
커피 끓어라(여성) 그리고 고기를 요리하라.

6. Go(m) home, sweep(m) the floor and wash(m) table.
ወደ ቤት ሂድ፡ ወለሉን ጥረግና ጠረጲዛውን አጠብ፨
애대 배트 히드: 애래룬(루느) 뜨래그나 때래패자운(우느) 으때브፨
wede bet hid: welelun thregna therephezawun itheb:
집에 가라(남성). 그 바닥을 쓸라 그리고 그 책상을 청소하라.

7. Wash(pl) the cup and clean(pl) the house.
ስኒውን አጠቡና ቤቱን አጽዱ፨
스니운(우느) 으때부나 배툰(투느) 아쯔두፨
sniwun ithebuna betun atsdu:
그 컵을 씻으라(복수) 그리고 그 집을 깨끗이 하라.

8. Give(m) the money to your father.
ገንዘቡን ለአባትህ ስጠው፨
갠(개느)재분(부느) 래아바트흐 스때우፨
genzebun leabath sthewu:
그 돈을 당신의(남성) 아버지에게 주라.

9. Watch(m) the small children.
ትንንሽቹን ልጆች ጠብቅ፨
튼(트느)느쇼춘(추느) 르조치 때브끄፨
tnnshochun ljochi thebq:
그 작은 아이이들을 돌보라(남성).

10. Finish(pl) your work.
ሥራችሁን ጨርሱ፨
스라치훈(후느) 째르수፨
srachihun chersu:
당신들의 일을 끝내라(복수)

11. Go(m) to market and buy(m) a bible.
ወደ ገበያ ሂድና መጽሐፍ ቅዱስ ግዛ፨
애대 개배야 히드나 매쯔하프 끄두스 그자፨
wede gebeya hidna metshaf qdus gza:
시장에 가라(남성) 그리고 성경책을 사라.

12. Take(m) a paper and write(m) a letter.
ወረቀት ውሰድና ደብዳቤ ጻፍ፨
애래깨트 우새드나 대브다배 짜프፨
wereqet wusedna debdabe tsaf:
종이를 취하라(남성) 그리고 편지를 써라.

13. Take(pl) the children out house. Look for(pl) the baby's shoes.
ልጆቹን ከቤት አውጡ፡ የሕጻኑን ጫማ ፈልጉ፨
르조춘(추느) 캐배트 아우뚜: 애흐짜눈(누느) 짜마 패르구፨
ljochun kebet awuthu: yehtzanun chama felgu:

그 아이들을 집으로부터 데려와라(복수). 그 아이의 신발을 보라.

14. Put(f) the big chair here.
ትልቁን ወንበር እዚህ አስቀምጪ።
트르꾸느 앤(애느)배르 으지흐 아스깨므찌።
tlqun wenber izih asqemchi።
큰 의자를 여기에 놓아라.(여성)

15. Say(f) (it) again. Write(pol) it again.
እንደገና በዪ። እንደገና ይጻፉት።
은(으느)대개나 배이። 은(으느)대개나 이짜푸트።
indegena beyi። indegena yitsafut።
다시 말하라(여성). 다시 그것을 말해 주세요(합시다).(공손한 표현)

16. Take(m) this good book. read(m).
ይህንን ጥሩ መጽሐፍ ውሰድ። አንብብ።
이흔(흐느)느 뜨루 매쯔하프 우새드። 안(아느)브브።
yihnn thru metshaf wused። anbb።
이 좋은 책을 취하라(남성). 읽어라.

17. Boil(f) coffee. Fry(f) meat.
ቡና አፍዪ። ስጋ ጥበሺ።
부나 아프이። 스가 뜨배쉬።
buna afyi። sga thbeshi።
커피를 끓어라(여성). 고기를 튀겨라.

18. Please come(pol) tomorrow.
እባክዎትን ነገ ይምጡ።
으바크오튼(트느) 내개 임(이므)뚜።
ibakwotn nege yimthu።
제발 내일 오세요(공손한 표현)

19. Park(pol) (stop) the car beside the house.
መኪናዎን በቤት አጠገብ ያቁሙ።
매키나운(우느) 배배트 아때개브 야꾸무።
mekinawun bebet athegeb yaqumu።
그 차를 집옆에 세워주세요.(공손한 표현)

20. Give(f) me that ball.
ያንን ኳስ ስጪኝ።
얀(야느)느 꽈스 스찌느።
yann kwas schiny።
저 공을 나에게 주라(여성)

21. Show(f) me your new dress.
አዲሱን ቀሚስሽን አሳዪኝ።
아디순(수느) 깨미스신(시느) 아사인(이느)።
adisun qemisshn asayiny።
새로운 당신의(여성) 의복을 나에게 보여주라.

22. Spend(m) the day well. spend(m) the night well.
ደህና ዋል፥ ደህና እደር።
대흐나 왈(와르)፥ 대흐나 으대르።
dehna wal፥ dehna ider።
잘 지내라(낮), 잘 지내라(밤)

23. Sweep(m) the floor with this broom.
በዚህ መጥረጊያ ወለሉን ጥረግ።
배지흐 매뜨래기야 애래룬(루느) 뜨래그።
bezih methregiya welelun threg።
이 빗자루를 가지고 그 바닥을 쓸어라(남성)

24. Shut(f) the door and open(f) the window.
በሩን ዝጊና ምስኮቱን ክፈቺ።
배룬(루느) 즈기나 므스코툰(투느) 크패치።
berun zgina mskotun kfechi።
그 문을 닫아라(여성) 그리고 그 창문을 열어라.

25. Go(m) to the market and buy(m) meat.
ወደ ገበያ ሂድና ሥጋ ግዛ።
애대 개배야 히드나 스가 그자።
wede gebeya hidna sga gza።
시장에 가라(남성) 그리고 고기를 사라.

26. Pray(pl) there times every day.
በየቀኑ ሶስት ጊዜ ጸልዩ።
배애깨누 소스트 기재 째르유።
beyeqenu sost gize tselyu።
매일 3번 기도하라(복수)

27. Seek(m) first the kingdom of God.
እስቀድመህ የእግዚአብሔርን መንግስት ፈልግ።
으스깨드매흐 애으그지아브해른(르느) 맨(매느)그스트 패르그።
isqedmeh yeigziabhern mengst felg።
먼저 하나님의 나라를 찾으라(남성)

28. Go(m) home and watch(m) your little brother.
ወደ ቤት ሂጅና ትንሹን ወንድምሽን ጠብቅ።
애대 배트 히즈나 튼(트느)슈느 앤(애느)듬(드므)신(시느) 때브끄።
wede bet hijna tnshun wendmshn thebq።
집에 가라(남성) 그리고 작은 당신의 형제를 돌보라.

29. Run(m) to the shop and call(m) your mother.
ወደ ሱቅ ሩጥና እናትህን ጥራ።
애대 수끄 루뜨나 으나트흔(흐느) 뜨라።
wede suq ruthna inathn thra።
상점에 달려가라(남성) 그리고 당신의 어머니를 부르라.

30. Read(m) this letter.
ይህን ደብዳቤ አንብብ::
이혼(흐느) 대브다배 안(아느)브브::
yihn debdabe anbb::
이 편지를 읽어라(남성)

31. Bring(f) the box in which there are clothes.
ልብስ ያለበትን ሣጥን አምጪ::
르브스 야래배튼(트느) 사뜬(뜨느) 암(아므)찌::
lbs yalebetn sathn amchi::
옷이 있는 그 박스를 가져와라(여성)

32. Look(f) inside the box in which there are clothes.
ልብስ ባለበት ሣጥን ውስጥ ተመልከቺ::
르브스 바래배트 사뜬(뜨느) 우스뜨 태매르캐치::
lbs balebet sathn wusth temelkechi::
옷이 있는 박스 안을 보아라(여성)

33. Call(m) that girl.
ያቺን ልጅ ጥራ::
야친(치느) 르즈 뜨라::
yachin lj thra::
저 소녀를 부르라(남성)

34. Give(m) me that which is in your pocket.
በኪስህ ያለውን ስጠኝ::
배키스흐 야래운(우느) 스땐(때느)::
bekish yalewun stheny::
당신의 주머니 안에 있는 것을 나에게 주라(남성)

35. Eat(pl) injera and drink(pl) tea.
እንጀራ ብሉና ሻይ ጠጡ::
은(으느)재라 브루나 샤이 때뚜::
injera bluna shayi thethu::
인제라 먹으라(복수) 그리고 차를 마셔라.

36. Put(pl) it in the box in which there is paper.
ወረቀት ባለበት ሣጥን ውስጥ አስቀምጡት::
애래깨트 바래배트 사뜬(뜨느) 우스뜨 아스깨므뚜트::
wereqet balebet sathn wusth asqemthut::
종이가 있는 그 박스 안에 그것을 놓아라(복수)

37. Go(f) to the market and see(f) all the people.
ወደ ገበያ ሂጂና ሰዎችን ሁሉ እዪ::
애대 개배야 히지나 새오춘(추느) 후루 으이::
wede gebeya hijina sewochun hulu iyi::
시장에 가라(여성) 그리고 그 사람들 모두에게 보여라(여성)

38. Give(m) me the book which is in the box.

በሳጥን ውስጥ ያለውን መጽሐፍ ስጠኝ።

배사뜬(뜨느) 우스뜨 야래운(우느) 매쯔하프 스땐(때느)።

besathn wusth yalewun metshaf stheny።

그 박스 안에 있는 그 책을 나에게 주라.

39. Put(f) it in the box which is in your(f) room.

በክፍልሽ ውስጥ ባለው ሳጥን አስቀምጪው።

배크프르시 우스뜨 바래우 사뜬(뜨느) 아스깨므찌우።

bekflsh wusth balewu sathn asqemchiwu።

당신의(여성) 방안에 있는 박스 안에 그것을 놓아라(여성)

40. Go(f) and watch(f) the children.

ሂጂና ልጆቹን ጠብቂ።

히지나 르조춘(추느) 때브끼።

hijina ljochun thebqi።

가라(여성) 그리고 그 아이들을 돌보라.

Lesson 17 - Relative clauses (관계사 절)

1. Past Relative clauses(애+ past verb) (e+ past verb) (Verb 했던 나(당신....))
   (person(thing) + who(what, which, that) + Verb + ed)
or what + person + verb + ed
or (person(thing) + who(what, which, that) have + p.p)
or (person(thing) + who(what, which, that) had + p.p)

	I who came, I who have come, I who had come	I who washed, I who have washed, I who had washed	I who said, what I said, I who have said, I who had said (irregular)	Negative (አል 알(아르) + past verb + ም 므) But አል 알(아르) + past verb + ም 므 (out)
I	የመጣሁ 애매따후 I who came, I who have come, I who had come yemethahu 왔던 나	ያጠብሁ 야때브후 I who washed yathebhu 씻었던 나	ያልሁት 야르후트 I who said yalhut 말했던 나	ያልሮጥሁ 야르로뜨후 I who did not run yalrothhu 달리지 않았던 나
y o u (m)	የመጣህ 애매따흐 you(m) who came yemethah	ያጠብህ 야때브흐 y o u (m) w h o washed	ያለኸው 야르해우 you(m) who said yalhewu 말했던	ያልሮጥህ 야르로뜨흐 you(m) who did not run yalrothh

	왔던 당신(남성)	yathebh 씻었던 당신(남성)	당신(남성)	달리지 않았던 당신(남성)
y o u (f)	የመጣሽ 애매따시 you(f) who came yemethash 왔던 당신(여성)	ያጠብሽ 야때브시 y o u (f) w h o washed yathebsh 씻었던 당신(여성)	ያልሽው 야르시우 you(f) who said yalshwu 말했던 당신(여성)	ያልሮጥሽ 야르로뜨시 you(f) who did not run yalrothsh 달리지 않았던 당신(여성)
he	የመጣ 애매따 he who came yemetha 왔던 그	ያጠበ 야때배 he who washed yathebe 씻었던 그	ያለው 야래우 he who said yalewu 말했던 그	ያልሮጠ 야르로때 he who did not run yalrothe 달리지 않았던 그
she	የመጣች 애매따치 she who came yemethachi 왔던 그녀	ያጠበች 야때배치 she who washed yathebechi 씻었던 그녀	ያለችው 야래치우 she who said yalechiwu 말했던 그녀	ያልሮጠች 야르로때치 she who did not run yalrothechi 달리지 않았던 그녀
we	የመጣን 애매따느 we who came yemethan 왔던 우리	ያጠብን 야 때 븐 (브 느) we who washed yathebn 씻었던 우리	ያልነው 애르내우 we who said yelnewu 말했던 우리	ያልሮጥን 야르로뜬(뜨느) we who did not run yalrothn 달리지 않았던 우리
y o u (pl)	የመጣችሁ 애매따치후 you(pl) who came yemethachihu 왔던 당신들	ያጠባችሁ 야 때 바 치 후 y o u (p l) w h o washed yathebachihu 씻었던 당신들	የላችሁት 애라치후트 you(pl) who said yelachihut 말했던 당신들	ያልሮጣችሁ 야르로따치후 you(pl) who did not run yalrothachihu 달리지 않았던 당신들
they, polite	የመጡ 애매뚜 they who came yemethu 왔던 그들	ያጠቡ 야때부 they who washed yathebu 씻었던 그들	ያሉት 야루트 they who said yalut 말했던 그들	ያልሮጡ 야르로뚜 they who did not run yalrothu 달리지 않았던 그들

1. I saw <u>the man who came</u> yesterday.

ትናንትና የመጣውን ሰው አየሁ።
트난(나느)트나 애매따운(우느) 새우 아애후።
tnantna yemethawun sewu ayehu።
어제 왔던 그 사람을 나는 보았습니다.

2. I saw the woman who came yesterday.
ትናንትና የመጣችውን ሴት አየሁ።
트난(나느)트나 애매따치운(우느) 새트 아애후።
tnantna yemethachiwun set ayehu።
어제 왔던 그녀를 나는 보았습니다.

3. I saw the people who came yesterday.
ትናንትና የመጡትን ሰዎች አየሁ።
트난(나느)트나 애매뚜튼(트느) 새오치 아애후።
tnantna yemethutn sewochi ayehu።
어제 왔던 그 사람들을 나는 보았습니다.

- preposition + Past Relative clauses(የ+ past verb) (애+ past verb) (e+ past verb)
- => preposition + የ 애(out) + ·past verb
4. Give(m) the ball to the child who is wearing a red shirt.
  ኳሱን ቀይ ሸሚዝ ለለበሰው ልጅ ስጥ።
  콰순(수느) 깨이 셰미즈 래래배새우 르즈 스뜨።
kwasun qeyi shemiz lelebesewu lj sth።
그 볼을 빨간 옷을 입고 있는 그 아이에게 주라.

2. present & future Relative clauses(애므 + contingent)
(현재, 미래 관계사절)
(em+ past verb) 내가(당신.....) Verb 한
  (person(thing) + who(what, which, that) + verb)
 or what + person(thing) + verb
 or (person(thing) + who(what, which, that) + verb + ing)
 or (person(thing) + who(what, which, that) + will + verb)

	Contingent	I who take, I who taking, I who will take	I who say, I who am saying, I who will say	I who do not give, I who will not give
I	+ V	የምወስድ 애므애스드 I who take, I who taking, I who will take	የም ል 애므르 I who say, I who am saying, I who will say yeml	የማልሰጥ 애마르새뜨 I who do not give, I who will not give yemalseth

인터넷 강의

		yemwesd 내가 취한	내가 말한	내가 주지 않은
you(m)	ት + V 트	የምትወስድ 애므트애스드 you(m) who take yemtwesd 당신이(남성) 취한	የምትል 애므트르 you(m) who say yemtl 당신이(남성) 말한	የማትሰጥ 애마트새뜨 you(m) who do not give yematseth 당신이(남성) 주지 않은
you(f)	ት + V + ee 트 이	የምትወስጂ 애므트애스지 you(f) who take yemtwesji 당신이(여성) 취한	የምትዪ 애므트이 you(f) who say yemtyi 당신이(여성) 말한	የማትሰጪ 애마트새찌 you(f) who do not give yematsechi 당신이(여성) 주지 않은
he	ይ + V 이	የሚወስድ 애미애스드 he who take yemiwesd 그가 취한	የሚል 애미르 he who say yemil 그가 말한	የማይሰጥ 애마이새뜨 he who do not give yemayiseth 그가 주지 않은
she	ት + V 트	የምትወስድ 애므트애스드 she who take yemtwesd 그녀가 취한	የምትል 애므트르 she who say yemtl 그녀가 말한	የማትሰጥ 애마트새뜨 she who do not give yematseth 그녀가 주지 않은
we	ን + V 느	የምንወስድ 애믄(므느)애스드 we who take yemnwesd 우리가 취한	የምንል 애믄(므느)르 we who say yemnl 우리가 말한	የማንሰጥ 애만(마느)새뜨 we who do not give yemanseth 우리가 주지 않은
you(pl)	ት + V + ው 트 우	የምትወስዱ 애므트애스두 you(pl) who take yemtwesdu 당신들이 취한	የምትሉ 애므트루 you(pl) who say yemtlu 당신들이 말한	የማትሰጡ 애마트새뚜 you(pl) who do not give yematsethu 당신들이 주지 않은
they, polite	ይ + V + ው 이 우	የሚወስዱ 애미애스두 they who take yemiwesdu	የሚሉ 애미루 they who say yemilu	የማይሰጡ 애마이새뚜 they who do not give yemayisethu

		그들이 취한	그들이 말한	그들이 주지 않은

		I who seek, I who will seek	I who do not take, I who will not take
I	የምፈልገው 애므패르개우 I who seek, I who will seek yemfelgewu 내가 원한 그	የማልወስደው 애마르애스대우 I who do not take, I who will not take yemalwesdewu 내가 취하지 않은 그	
you(m)	የምትፈልገው 애므트패르개우 you(m) who seek yemtfelgewu 당신이(남성) 원한 그	የማትወስደው 애마트애스대우 you(m) who do not take yematwesdewu 당신이(남성) 취하지 않은 그	
you(f)	የምትፈልጊው 애므트패르기우 you(f) who seek yemtfelgiwu 당신이(여성) 원한 그	የማትወስጂው 애마트애스지우 you(f) who do not take yematwesjiwu 당신이(여성) 취하지 않은 그	
he	የሚፈልገው 애미패르개우 he who seek yemifelgewu 그가 원한 그	የማይወስደው 애마이애스대우 he who do not take yemayiwesdewu 그가 원하지 않은 그	
she	የምትፈልገው 애므트패르개우 she who seek yemtfelgewu 그녀가 원한 그	የማትወስደው 애마트애스대우 she who do not take yematwesdewu 그녀가 원하지 않은 그	
we	የምንፈልገው 애믄(므느)패르개우 we who seek yemnfelgewu 우리가 원한 그	የማንወስደው 애만(마느)애스대우 we who do not take yemanwesdewu 그녀가 원하지 않는 그	
you(pl)	የምትፈልጉት 애므트패르구트 you(pl) who seek yemtfelgut 당신들이 원한 그	የማትወስዱት 애마트애스두트 you(pl) who do not take yematwesdut 당신들이 원하지 않는 그	
they	የሚፈልጉት 애미패르구트 they who seek yemifelgut 그들이 원한 그	የማይወስዱት 애마이애스두트 they who do not take yemayiwesdut 그들이 원하지 않는 그	

1. The book she wants is very expensive.

የምትፈልገው መጽሐፍ በጣም ውድ ነው።
애므트패르개우 매쯔하프 배땀(따므) 우드 내우።

yemtfelgewu metshaf betham wud newu::
그녀가 원한 그 책은 배우 비쌉니다.

2. Tell me what you(pl) want.
የምትፈልጉትን ይንገሩኝ::
애므트패르구튼(트느) 인(이느)개룬(루느)::
yemtfelgutn yingeruny::

당신들이 원한 것을 나에게 말하라.

Lesson 17 - Relative clauses(관계사 절)

Exercise(Sentence) 50

1. Put(pl) it in the box in which there is paper.
ወረቀት ባለበት ሣጥን ውስጥ አስቀምጡት::
애래깨트 바래배트 사뜬(뜨느) 우스뜨 아스깨므뚜트::
wereqet balebet sathn wusth asqemthut::
종이가 있는 그 박스 안에 그것을 놓아라(복수).

2. We do not know the hour when David will come.
ዳዊት የሚመጣበትን ሰዓት አናውቅም::
다이트 애미매따배튼(트느) 새아트 아나우꿈(끄므)::
dawit yemimethabetn seat anawuqm::
다윗이 온 시간 그 시간을 우리는 모릅니다.

3. I did not hear what you(pol) said.
ያሉትን አልሰማሁም::
야루튼(트느) 아르새마훔(후므)::
yalutn alsemahum::
당신이(공손한 표현) 말했던 것을 나는 듣지 못했습니다.

4. The village to which we are going is far away.
የምንሄድበት መንደር ሩቅ ነው::
애믄(므느)해드배트 맨(매느)대르 루끄 내우::
yemnhedbet mender ruq newu::
우리가 간 그 길은 멉니다.

5. All who believe in Christ will be saved.
በክርስቶስ የሚያምኑ ሁሉ ይድናሉ::
배크르스토스 애미야므누 후루 이드나루::
bekrstos yemiyamnu hulu yidnalu::
그리스도를 믿는 사람 모두 구원받게 될 것입니다.

6. Stand up, all of you(pl) who do not have food.
ምግብ የሌላችሁ ሁሉ ተነሱ::
므그브 애래라치후 후루 태내수::
mgb yelelachihu hulu tenesu::

음식이 없는 당신들 모두 일어서라.

7. Give(m) me that which is in your pocket.
በኪስህ ያለውን ስጠኝ፡፡
배키스흐 야래운(우느) 스땐(때느)፡፡
bekish yalewun stheny፡፡
당신의 주머니 안에 있는 것을 나에게 주라.(남성)

8. To those who believe in him, he will give them eternal life.
በእርሱ ለሚያምኑት የዘላለምን ሕይወት ይሰጣቸዋል፡፡
배으르수 래미야므누트 애재라램(래므)느 흐이애트 이새따쵸왈(와르)፡፡
beirsu lemiyamnut yezelalemn hyiwet yisethachewal፡፡
그를 믿는 사람들에게 영원한 생명을 그는 (그들에게) 줄 것입니다.

9. This is very useful thing (which is useful).
ይህ በጣም የሚጠቅም ነገር ነው፡፡
이흐 배땀(따므) 애미때끔(끄므) 내개르 내우፡፡
yih betham yemitheqm neger newu፡፡
이것은 매우 유용한 것입니다.

10. Jesus is seeking the sheep which have been lost.
ኢየሱስ የጠፋውን በግ ይፈልጋል፡፡
이애수스 애때파운(우느) 배그 이패르갈(가르)፡፡
iyesus yethefawun beg yifelgal፡፡
예수님은 잃었던 그 양을 찾습니다(직역: 원합니다)

11. Do you(pl) drink unboiled water(water which was not boil)?
ያልፈላ ውሃ ትጠጣላችሁ?
야르패라 우하 트때따라치후?
yalfela wuha tthethalachihu?
끓이지 않은 물을 당신들을 마십니까?

12. I saw the man who brought it.
ያመጣውን ሰው አየሁት፡፡
야매따운(우느) 새우 아애후트፡፡
yamethawun sewu ayehut፡፡
그것을 가져왔던 그 사람을 나는 보았습니다.

13. Show me what you(m) have in your pocket.
በኪስህ ያለውን አሳየኝ፡፡
 (that which is in your(m) pocket).
배키스흐 야래운(우느) 아사앤(애느)፡፡
bekish yalewun sayeny፡፡
당신의 주머니 안에 있는 것을 나에게 보여주라.

14. Is this the road which goes to Nazareth?
ወደ ናዝሬት የሚሄደው መንገድ ይህ ነው?
애대 나즈래트 애미해대우 맨(매느)개드 이흐 내우?
wede nazret yemihedewu menged yih newu?

나자렛에 가는 길은 이길(직역: 이것) 입니까?

15. Bring(f) the box in which there are clothes.
ልብስ ያለበትን ሣጥን አምጪ።
르브스 야래배튼(트느) 사뜬(뜨느) 암(아므)찌።
lbs yalebetn sathn amchi።
옷이 있는 그 박스를 가져와라(여성)

16. He will receive all who come to him.
ወደ እርሱ የሚመጡትን ሁሉ ይቀበላል።
애대 으르수 애미매뚜튼(트느) 후루 이깨배랄(라르)።
wede irsu yemimethutn hulu yiqebelal።
그에게 온 사람 모두를 그는 받을 것입니다.

17. It is a hopeless thing (that which has no hope).
ተስፋ የሌለው ነገር ነው።
태스파 애래래우 내개르 내우።
tesfa yelelewu neger newu።
희망이 없는 것입니다.

18. Let us go now to the house in which that old man lives.
ያ ሽማግሌ ወደሚኖርት ቤት አሁን እንሂድ።
야 시마그래 애대미노르트 배트 아훈(후느) 은(으느)히드።
ya shmagle wedeminort bet ahun inhid።
저 노인은 살고 있는 집에 지금 우리는 갑시다.

19. Will you(m) show me the book which you(m) bought?
የገዛኸውን መጽሐፍ ታሳየኛለህ?
애개자해운(우느) 매쯔하프 타사애냐래흐?
yegezahewun metshaf tasayenyaleh?
당신이(남성) 샀던 그 책을 나에게 보여줄 것입니까?

20. Listen(pl) to what I'm telling you.
የምነግራችሁን ስሙ።
애므내그라치훈(후느) 스무።
yemnegrachihun smu።
내가 당신들에게 말한 것을 들으라.(복수)

21. A man who steals another man's money is a thief.
የሌላ ሰው ገንዘብ የሚሰርቅ ሰው ሌባ ነው።
애래라 새우 갠(개느)재브 애미새르끄 새우 래바 내우።
yelela sewu genzeb yemiserq sewu leba newu።
다른 사람의 돈을 훔친 사람은 도둑입니다.

22. The road on which we go is rough.
የምንሄድበት መንገድ መጥፎ ነው።
애믄(므느)해드배트 맨(매느)개드 매뜨포 내우።
yemnhedbet menged methfo newu።
우리가 간 그 길은 험합니다.

23. I saw that the man brought.
ሰውየው ያመጣውን አየሁ።
새우예우 야매따운(우느) 아애후።
sewuyewu yamethawun ayehu።
그 사람이 가져왔던 것을 나는 보았습니다.

24. The son who was lost returned to his father.
የጠፋው ልጅ ወደ አባቱ ተመለሰ።
애때파우 르즈 애대 아바투 태매래새።
yethefawu lj wede abatu temelese።
잃었던 그 아들은 그의 집에 돌아왔습니다.

25. Look(f) inside the box in which there is clothes.
ልብስ ባለበት ሣጥን ውስጥ ተመልከቺ።
르브스 바래배트 사뜬(뜨느) 우스뜨 태매르캐치።
lbs balebet sathn wusth temelkechi።
옷이 있는 박스 안을 보아라.(여성)

26. This is man who does not fear a lion.
ይህ አንበሳ የማይፈራ ሰው ነው።
이흐 안(아느)배사 애마이패라 새우 내우።
yih anbesa yemayifera sewu newu።
이 사람은(직역: 이것) 사자를 무서워하지 않는 사람입니다.

27. All that she has is in this house.
እርስዋ ያላት ሁሉ በዚህ ቤት አለ።
으르스와 야라트 후루 배지흐 배트 아래።
irswa yalat hulu bezih bet ale።
그녀가 가지고 있는 모두는 이 집입니다.

28. Where is my coat? It is in the box (which is) with clothes in it.
ኮቴ የት ነው? ልብስ ባለበት ሳጥን ውስጥ ነው።
코태 애트 내우? 르브스 바래배트 사뜬(뜨느) 우스뜨 내우።
kote yet newu? lbs balebet sathn wusth newu።
나의 코트는 어디에 있습니까? 옷이 있는 박스 안에 있습니다.

29. Put(f) it in the box which is in your(f) room.
በክፍልሽ ውስጥ ባለው ሳጥን አስቀምጪው።
배크프르시 우스뜨 바래우 사뜬(뜨느) 아스깨므찌우።
bekflsh wusth balewu sathn asqemchiwu።
당신의(여성) 방 안에 있는 그 박스에 그것을 놓아라.

30. The country from which he came is very far.
የመጣበት አገር በጣም ሩቅ ነው።
애매따배트 아개르 배땀(따므) 루끄 내우።
yemethabet ager betham ruq newu።
그가 왔던 그 나라는 매우 멉니다.

31. The baby who drank that milk is crying.

ያንን ወተት የጠጣው ሕጻን ያለቅሳል።
얀(야느)느 애태트 애때따우 흐짜느 야래끄살(사르)።
yann wetet yethethawu htsan yaleqsal።
저 우유를 마셨던 어린아이는 우는 중입니다.

32. Bring(f) the book which is in my room.
በክፍሌ ያለውን መጽሐፍ አምጪ።
배크프래 야래운(우느) 매쯔하프 암(아므)찌።
bekfle yalewun metshaf amchi።
나의 방안에 있는 그 책을 가져와라.(여성)

33. He is an unlearned man(man who was not learned).
ያልተማረ ሰው ነው።
야르태마래 새우 내우።
yaltemare sewu newu።
(그는) 배우지 못한 사람입니다.

34. The lady who is coming is my aunt.
የምትመጣው ሴት አክስቴ ናት።
애므트매따우 새트 아크스태 나트።
yemtmethawu set akste nat።
온 그 여자는 나의 아주머니입니다.

35. I gave money to the man who helped my sister.
እህቴን ለረዳት ሰው ገንዘብ ሰጠሁ።
으흐탠(태느) 래래다트 새우 갠(개느)재브 새때후።
ihten leredat sewu genzeb sethehu።
나의 여동생을 도왔던 사람에게 돈을 나는 주었습니다.

36. The house he is building will be very big.
የሚሠራው ቤት በጣም ትልቅ ይሆናል።
애미새라우 배트 배땀(따므) 트르끄 이호날(나르)።
yemiserawu bet betham tlq yihonal።
그가 지은 그 집은 매우 크게 될 것입니다.

37. The man to whom I wrote a letter is my brother
ደብዳቤ የጻፍሁለት ሰው ወንድሜ ነው።
대브다배 애짜프후래트 새우 앤(애느)드매 내우።
debdabe yetsafhulet sewu wendme newu።
편지를 내가 썼던 그 사람은 나의 형제입니다.

38. I will give my brother the book I bought yesterday.
ትናንትና የገዛሁትን መጽሐፍ ለወንድሜ እሰጣለሁ።
트난(나느)트나 애개자후튼(트느) 매쯔하프 래앤(애느)드매 으새따래후።
tnantna yegezahutn metshaf lewendme isethalehu።
어제 내가 샀던 그 책을 나의 형제에게 나는 줄 것입니다.

39. Give(m) me the book which is in the box.
በሳጥን ውስጥ ያለውን መጽሐፍ ስጠኝ።
배사뜬(뜨느) 우스뜨 야래운(우느) 매쯔하프 스땐(때느)።

besathn wusth yalewun metshaf stheny::
박스 안에 있는 그 책을 나에게 주라.(남성)

40. The person who has no money cannot buy clothes.
ገንዘብ የሌለው ሰው ልብስ መግዛት አይችልም::
갠(개느)재브 애래래우 새우 르브스 매그자트 아이치름(르므)::
genzeb yelelewu sewu lbs megzat ayichilm::
돈이 없는 사람은 옷을 살 수가 없습니다.

41. The girl who came yesterday is my sister.
ትናንትና የመጣችው ልጅ እህቴ ናት::
트난(나느)트나 애매따치우 르즈 으흐태 나트::
tnantna yemethachiwu lj ihte nat::
어제 왔던 그 소녀는 나의 여동생입니다.

42. I will come to the house in which you(f) live.
ወደምትኖሪበት ቤት እመጣለሁ::
애댐(대므)트노리배트 배트 으매따래후::
wedemtnoribet bet imethalehu::
당신이(여성) 살던 그 집에 나는 올 것입니다.

43. This is the dress which my mother sewed.
ይህ እናቴ የሰፋችው ሰሚስ ነው::
이흐 으나태 애새파치우 새미스 내우::
yih inate yesefachiwu semis newu::
이것은 나의 어머니가 수선했던 의복입니다.

44. Give(f) the ball to the girl who is wearing the red dress.
ቀይ ቀሚስ ለለበሰችው ልጅ ኳሱን ስጪት::
깨이 깨미스 래래배새치우 르즈 콰순(수느) 스찌트::
qeyi qemis lelebesechiwu lj kwasun schit::
빨간 의복을 입고 있는 그 소녀에게 그 볼을 주라.(여성)

45. The servant whom I will send will bring the stuff.
የምልከው ሠራተኛ እቃውን ያመጣል::
애므르캐우 새라태냐 으까운(우느) 야매따르::
yemlkewu seratenya iqawun yamethal::
내가 보낸 그 하인은 그 것(직역: 원료)을 가져 올 것입니다.

46. Jesus entered the room in which the girl was laying.
ኢየሱስ ልጇቱ ወደተኛችበት ክፍል ገባ::
이애수스 르지투 애대태냐치배트 크프르 개바::
iyesus ljitu wedetenyachibet kfl geba::
예수님은 그 소녀가 누어있는 방에 들어갔습니다.

47. will read you(f) the letter which I received today?
ዛሬ የተቀበልሁትን ደብዳቤ ታንብብልሽ?
자래 애태깨배르후튼(트느) 대브다배 타느브브르시?
zare yeteqebelhutn debdabe tanbblsh?

오늘 내가 받았던 그 편지를 당신은(여성) 읽을 것입니다.

48. Whose is the book which is on the table?
በጠረጴዛው ላይ ያለው መጽሐፍ የማን ነው?
배때래패자우 라이 야래우 매쯔하프 애만(마느) 내우?
bethephezawu layi yalewu metshaf yeman newu?
그 책상위에 있는 책은 누구의 것입니까?

49. People who did not believe crucified him.
ያላመኑ ሰዎች ሰቀሉት።
야라매누 새오치 새깨루트።
yalamenu sewochi seqelut።
믿지 않는 사람들을 그를 희생시켰습니다.

50. She wants the glass that has (in which there is) no milk.
ወተት የሌለበትን ብርጭቆ ትፈልጋለች።
애태트 애래래배튼(트느) 브르쯔꼬 트패르가래치።
wetet yelelebetn brchqo tfelgalechi።
우유가 없는 그 잔을 그녀를 원합니다.

Lesson 18 - The Gerund (Verb + ing) (동명사)
=> 동명사, 현재 완료 시제, 과거 완료 동사들 변화의 규칙이 같다
After + subject + Verb 주어가 동사 한 후
subject + having + Verb
verb + and 동사 하다 그리고

1. General Rule 1 => 51 Group verbs

I	Verb +	ዬ(e) ye 에	ሄጄ 해재 I having go, I going heje 내가 간 후, (내가) 간다 그리고
You(m)		ህ h 흐	ሄደህ 해대흐 You(m) having go, You(m) going hedeh 당신이(남성) 간 후, 당신이(남성) 간다 그리고
You(f)		ሽ shi 시	ሄደሽ 해대시 You(f) having go, You(f) going hedeshi 당신이(여성) 간 후, 당신이(남성) 간다 그리고
He		ኦ(o) o 오	ሄዶ 해도 He having go, he going hedo 그가 간 후, 그가 간다 그리고
She		ኣ(a)	ሄዳ 해다 She having go,

		a 아	she going heda 그녀가 간 후, 그녀가 간다 그리고
We		ን n 느	ፈደን 해댄(대느) We having go, we going heden 우리가 간 후, 우리가 간다 그리고
You(pl)		አችሁ achihu 아치후	ፈዳችሁ 해다치후 You(pl) having go, You(pl) going hedachihu 당신들이 간 후, 당신들이 간다 그리고
They & Polite		ው wu 우	ፈደው 해대우 They having go, they going hedewu 그들이 간 후, 그들이 간다 그리고

General Rule 2 => 71 Group verbs

I		ዬ(e) ye 에	ቆሜ 꼬매 I having stand, i standing qome 내가 선 후, 내가 선다 그리고
You(m)	Verb +	ህ h 흐	ቆመህ 꼬매흐 You(m) having stand, You(m) standing qomeh 당신이(남성) 선 후, 당신이(남성) 선다 그리고
You(f)		ሽ shi 시	ቆመሽ 꼬매시 You(f) having stand, You(f) standing qomeshi 당신이(여성) 선 후, 당신이(여성) 선다 그리고
He		ኦ(o) o 오	ቆሞ 꼬모 He having stand, he standing qomo 그가 선 후, 그가 선다 그리고
She		ኣ(a) a 아	ቆማ 꼬마 She having stand, she standing qoma 그녀가 선 후, 그녀가 선다 그리고
We		ን n 느	ቆመን 꼬맨(매느) We having stand, we standing qomen 우리가 선 후, 우리가 선다 그리고

You(pl)		አችሁ achihu 아치후	ቆማችሁ 꼬마치후 You(pl) having stand, You(pl) standing qomachihu 당신들이 선 후, 당신들이 선다 그리고
They & Polite		ው wu 우	ቆመው 꼬매우 They having stand, they standing qomewu 그들이 선 후, 그들이 선다 그리고

Exception(예외)

ቆይቼ, ቆይተህ, ቆይተሽ, ቆይቶ, ቆይታ, ቆይተን, ቆይታችሁ, ቆይተው
꼬이채, 꼬이태흐, 꼬이태시, 꼬이토, 꼬이타, 꼬이탠(태느), 꼬이타치후, 꼬이태우

2. Exception 1 => 111 Group verbs changes 161

I		ዬ(e) ye 에	ፈልጌ 패르개 I having want, I wanting felge 내가 원한 후, 내가 원한다 그리고
You(m)	Verb +	ህ h 흐	ፈልጌህ 패르개흐 You(m) having want, You(m) wanting felgeh 당신이(남성) 원한 후, 당신이(남성) 원한다 그리고
You(f)		ሽ shi 시	ፈልጌሽ 패르개시 You(f) having want, You(f) wanting felgeshi 당신이(여성) 원한 후, 당신이(여성) 원한다 그리고
He		ኦ(o) o 오	ፈልጎ 패르고 He having want, he wanting felgo 그가 원한 후, 그가 원한다 그리고
She		ኣ(a) a 아	ፈልጋ 패르가 She having want, she wanting felga 그녀가 원한 후, 그녀가 원한다 그리고
We		ን n 느	ፈልገን 패르갠(개느) We having want, we wanting felgen 우리가 원한 후, 우리가 원한다 그리고
You(pl)		አችሁ achihu	ፈልጋችሁ 패르가치후 You(pl) having want,

		아치후	You(pl) wanting felgachihu 당신들이 원한 후, 당신들이 원한다 그리고
They & Polite		ው wu 우	ፈልገው 패르개우 They having want, they wanting felgewu 그들이 원한 후, 그들이 원한다 그리고

Exception 2 => 41 Group verbs changes 61

I	Verb +	ዬ(e) ye 에	ጽፌ 쯔패 I having write, I writing tsfe 내가 쓴 후, 내가 쓴다 그리고
You(m)		ህ h 흐	ጽፌህ 쯔패흐 You(m) having write, You(m) writing tsfeh 당신이(남성) 쓴 후, 당신이(남성) 쓴다 그리고
You(f)		ሽ shi 시	ጽፌሽ 쯔패시 You(f) having write, You(f) writing tsfeshi 당신이(여성) 쓴 후, 당신이(여성) 쓴다 그리고
He		ኦ(o) o 오	ጽፎ 쯔포 He having write, he writing tsfo 그가 쓴 후, 그가 쓴다 그리고
She		ኣ(a) a 아	ጽፋ 쯔파 She having write, she writing tsfa 그녀가 쓴 후, 그녀가 쓴다 그리고
We		ን n 느	ጽፌን 쯔팬(패느) We having write, we writing tsfen 우리가 쓴 후, 우리가 쓴다 그리고
You(pl)		ኣችሁ achihu 아치후	ጽፋችሁ 쯔파치후 You(pl) having write, You(pl) writing tsfachihu 당신들이 쓴 후, 당신들이 쓴다 그리고
They & Polite		ው wu 우	ጽፌው 쯔패우 They having write, they writing tsfewu 그들이 쓴 후, 그들이 쓴다 그리고

Exception 3 => 11111 Group verbs changes 11161

I	Verb +	ይ(e) ye 에	አስቀምዬ 아스깨므쩨 I having put, I putting asqemche 내가 놓은 후, 내가 놓는다 그리고
You(m)		ህ h 흐	አስቀምጠህ 아스깨므때흐 You(m) having put, You(m) putting asqemtheh 당신이(남성) 놓은 후, 당신이(남성) 놓는다 그리고
You(f)		ሽ shi 시	አስቀምጠሽ 아스깨므때시 You(f) having put, You(f) putting asqemtheshi 당신이(여성) 놓은 후, 당신이(여성) 놓는다 그리고
He		አ(o) o 오	አስቀምጠ 아스깨므또 He having put, he putting asqemtho 그가 놓은 후, 그가 놓는다 그리고
She		አ(a) a 아	አስቀምጣ 아스깨므따 She having put, she putting asqemtha 그녀가 놓은 후, 그녀가 놓는다 그리고
We		ን n 느	አስቀምጠን 아스깨므땐(때느) We having put, we putting asqemthen 우리가 놓은 후, 우리가 놓는다 그리고
You(pl)		አችሁ achihu 아치후	አስቀምጣችሁ 아스깨므따치후 You(pl) having put, You(pl) putting asqemthachihu 당신들이 놓은 후, 당신들이 놓는다 그리고
They & Polite		ው wu 우	አስቀምጠው 아스깨므때우 They having put, they putting asqemthewu 그들이 놓은 후, 그들이 놓는다 그리고

Exception 4 => አ 아+111 Group verbs changes አ 아 661

I		ይ(e) ye 에	አድርጌ 아드르개 I having do, I doing

		Verb +	adrge 내가 한 후, 내가 하다 그리고
You(m)		ひ h 흐	አድርገህ 아드르개흐 You(m) having do, You(m) doing adrgeh 당신이(남성) 한 후, 당신이(남성) 하다 그리고
You(f)		ሽ shi 시	አድርገሽ 아드르개시 You(f) having do, You(f) doing adrgeshi 당신이(여성) 한 후, 당신이(여성) 하다 그리고
He		አ(o) o 오	አድርጎ 아드르고 He having do, he doing adrgo 그가 한 후, 그가 하다 그리고
She		አ(a) a 아	አድርጋ 아드르가 She having do, she dong adrga 그녀가 한 후, 그녀가 하다 그리고
We		ን n 느	አድርገን 아드르갠(개느) We having do, we doing adrgen 우리가 한 후, 우리가 하다 그리고
You(pl)		አችሁ achihu 아치후	አድርጋችሁ 아드르가치후 You(pl) having do, You(pl) doing adrgachihu 당신들이 한 후, 당신들이 하다 그리고
They & Polite		ው wu 우	አድርጉ 아드르구 They having do, they doing adrgu 그들이 한 후, 그들이 하다 그리고

3. Exception 5 => አ 아+11 Group verbs changes አ 아 66 + ቼ 채

I		ቼ che 채	አምጥቼ 암(아므)뜨채 I having bring, I bringing amthche

	Verb +		내가 가져온 후, 내가 가져오다 그리고
You(m)		ተህ theh 태흐	አምጥተህ 암(아므)뜨태흐 You(m) having bring, You(m) bringing amthteh 당신이(남성) 가져온 후, 당신이(남성) 가져오다 그리고
You(f)		ተሽ teshi 태시	አምጥተሽ 암(아므)뜨태시 You(f) having bring, You(f) bringing amthteshi 당신이(여성) 가져온 후, 당신이(여성) 가져오다 그리고
He		ቶ to 토	አምጥቶ 암(아므)뜨토 He having bring, he bringing amthto 그가 가져온 후, 그가 가져오다 그리고
She		ታ ta 타	አምጥታ 암(아므)뜨타 She having bring, she bringing amthta 그녀가 가져온 후, 그녀가 가져오다 그리고
We		ተን ten 탠	አምጥተን 암(아므)뜨탠(태느) We having bring, we bringing amthten 우리가 가져온 후, 우리가 가져오다 그리고
You(pl)		ታችሁ tachihu 타치후	አምጥታችሁ 암(아므)뜨타치후 You(pl) having bring, You(pl) bringing amthtachihu 당신들이 가져온 후, 당신들이 가져오다 그리고
They & Polite		ተው tewu 태우	አምጥተው 암(아므)뜨태우 They having bring, they bringing amthtewu 그들이 가져온 후, 그들이 가져오다 그리고

Exception 6 => 11 Group verbs changes 16 + ቼ 채

I		ቼ che 채	ሰጥቼ 새뜨채 I having give, I giving sethche

	Verb +		내가 준 후, 내가 주다 그리고
You(m)		ተህ theh 태흐	ሰጥተህ 새뜨태흐 You(m) having give, You(m) giving sethteh 당신이(남성) 준 후, 당신이(남성) 주다 그리고
You(f)		ተሽ teshi 태시	ሰጥተሽ 새뜨태시 You(f) having give, You(f) giving sethteshi 당신이(여성) 준 후, 당신이(여성) 주다 그리고
He		ቶ to 토	ሰጥቶ 새뜨토 He having give, he giving sethto 그가 준 후, 그가 주다 그리고
She		ታ ta 타	ሰጥታ 새뜨타 She having give, she giving sethta 그녀가 준 후, 그녀가 주다 그리고
We		ተን ten 탠	ሰጥተን 새뜨탠(태느) We having give, we giving sethten 우리가 준 후, 우리가 주다 그리고
You(pl)		ታችሁ tachihu 타치후	ሰጥታችሁ 새뜨타치후 You(pl) having give, You(pl) giving sethtachi 당신들이 준 후, 당신들이 주다 그리고
They & Polite		ተው tewu 태우	ሰጥተው 새뜨태우 They having give, they giving sethtewu 그들이 준 후, 그들이 주다 그리고

Exception(예외)

ሽጨይ, ሽጠሁ, ሽጠሽ, ሽጠ, ሽጠን, ሽጣችሁ, ሽጠው

시째, 시때흐, 시때시, 시또, 시땐(때느), 시따치후, 시때우

Exception 7 => 14 Group verbs changes 16 + ጨ 채

I	Verb +	ቼ che 채	ሰምቼ 새므채 I having hear, I hearing semche 내가 들은 후, 내가 듣다 그리고
You(m)		ተህ theh 태흐	ሰምተህ 새므태흐 You(m) having hear, You(m) hearing semteh 당신이(남성) 들은 후, 당신이(남성) 듣다 그리고
You(f)		ተሽ teshi 태시	ሰምተሽ 새므태시 You(f) having hear, You(f) hearing semteshi 당신이(여성) 들은 후, 당신이(여성) 듣다 그리고
He		ቶ to 토	ሰምቶ 새므토 He having hear, he hearing semto 그가 들은 후, 그가 듣다 그리고
She		ታ ta 타	ሰምታ 새므타 She having hear, she hearing semta 그녀가 들은 후, 그녀가 듣다 그리고
We		ተን ten 탠	ሰምተን 새므탠(태느) We having hear, we hearing semten 우리가 들은 후, 우리가 듣다 그리고
You(pl)		ታችሁ tachihu 타치후	ሰምታችሁ 새므타치후 You(pl) having hear, You(pl) hearing semtachihu 당신들이 들은 후, 당신들이 듣다 그리고
They & Polite		ተው tewu 태우	ሰምተው 새므태우 They having hear, they hearing semtewu 그들이 들은 후, 그들이 듣다 그리고

Exception

ደ de becomes ጀ je	ረ re becomes ዬ ye
ነ ne becomes ኘ yne	ሰ se becomes ሸ she
ተ te becomes ቸ che	ዘ ze becomes ዤ zye

ጠ tse becomes ጨ che		
대 de becomes 재 je 내 ne becomes 녜 yne 태 te becomes 채 che 때 tse becomes 째 che	래 re becomes 예 ye 새 se becomes 셰 she 재 ze becomes 제 zye	

4. Irregular verbs (불규칙 동사들)

አለ 아래(he said) ale 그가 말했다	በላ 배래 (he ate) bele 그가 먹었다	ተወ 태애 (he left) tewe 그가 떠났다
ብዬ 브예 I saying bye 내가 말한 후, 내가 말한다 그리고	በልቼ 배르채 I eating belche 내가 먹은 후, 내가 먹는다 그리고	ትቼ 트채 I leaving tche 내가 떠난 후, 내가 떠난다 그리고
ብለህ 브래흐 you(m) saying bleh 당신이(남성) 말한 후, 당신이(남성)　　　말한다 그리고	በልተህ 배르태흐 you(m) eating belteh 당신이(남성) 먹은 후, 당신이(남성)　　　먹는다 그리고	ትተህ 트태흐 you(m) leaving tteh 당신이(남성) 떠난 후, 당신이(남성)　　　떠난다 그리고
ብለሽ 브래시 you(f) saying bleshi 당신이(여성) 말한 후, 당신이(여성)　　　말한다 그리고	በልተሽ 배르태시 you(f) eating belteshi 당신이(여성) 먹은 후, 당신이(여성)　　　먹는다 그리고	ትተሽ 트태시 you(f) leaving tteshi 당신이(여성) 떠난 후, 당신이(여성)　　　떠난다 그리고
ብሎ 브로 he saying blo 그가 말한 후, 그가 말한다 그리고	በልቶ 배르토 he eating belto 그가 먹은 후, 그가 먹는다 그리고	ተቶ 태토 he leaving teto 그가 떠난 후, 그가 떠난다 그리고
ብላ 브라 she saying bla 그녀가 말한 후, 그녀가 말한다 그리고	በልታ 배르타 she eating belta 그녀가 먹은 후, 그녀가 먹는다 그리고	ትታ 트타 she leaving tta 그녀가 떠난 후, 그녀가 떠난다 그리고
ብለን 브랜(래느) we saying blen 우리가 말한 후, 우리가 말한다 그리고	በልተን 배르탠(태느) we eating belten 우리가 먹은 후, 우리가 먹는다 그리고	ትተን 트탠(태느) we leaving tten 우리가 떠난 후, 우리가 떠난다 그리고
ብላችሁ 브라치후 you(pl) saying blachihu 당신들이 말한 후, 당신들이 말한다 그리고	በልታችሁ 배르타치후 you(pl) beltachihu 당신들이 먹은 후, 당신들이 먹는다 그리고	ትታችሁ 트타치후　　　you(pl) leaving ttachihu 당신들이 떠난 후, 당신들이　　　떠난다 그리고

ብለው	በልተው	ትተው
브래우 they saying	배르태우 they eating	트태우 they leaving
blewu	beltewu	ttewu
그들이 말한 후,	그들이 먹은 후,	그들이 떠난 후,
그들이 말한다 그리고	그들이 먹는다 그리고	그들이 떠난다 그리고

Lesson 18 - The Gerund (Verb + ing) (동명사)

Exercise(sentence) 40

1. Will they ever come and visit us?
እነርሱ መጥተው ይጠይቁናል?
으내르수 매뜨태우 이때이꾸날(나르)?
inersu methtewu yitheyiqunal?
그들이 온 후 우리를 방문할 것입니까?

2. He went to the shop and bought there pencils.
ወደ ሱቅ ሄዶ ሶስት እርሳስ ገዛ፡፡
애대 수끄 해도 소스트 으르사스 개자፡፡
wede suq hedo sost irsas geza፡፡
상점에 그가 온 후 3개의 연필을 그는 샀습니다.

3. Go(m) to the shop and buy cabbage.
ወደ ሱቅ ሄደህ ጎመን ግዛ፡፡
애대 수끄 해대흐 고맨(매느) 그자፡፡
wede suq hedeh gomen gza፡፡
상점에 당신이(남성) 가라 그리고 양배추를 사라.

4. After We ate and were satisfied.
በልተን ጠገብን፡፡
배르탠(태느) 때개븐(브느)፡፡
belten thegebn፡፡
우리가 먹은 후 만족하였습니다.

5. They have gone and come back from the market.
ወደ ገበያ ሄደው ተመለሱ፡፡
애대 개배야 해대우 태매래수፡፡
wede gebeya hedewu temelesu፡፡
시장에 그들이 간 후 돌아왔습니다.

6. The farmer went to his field and sowed maize.
ገበሬው ወደ እርሻው ሄዶ በቆሎ ዘራ?
개배래우 애대 으르샤우 해도 배꼬로 재라?
geberewu wede irshawu hedo beqolo zera?
그 농부는 그의 밭에 간 후 옥수수를 뿌렸습니까?

7. After having eaten supper, I go to bed.
እራት በልቼ እተኛለሁ፡፡
으라트 배르채 으태냐래후፡፡

irat belche itenyalehu።
저녁을 내가 먹은 후 나는 잘 것입니다.

8. Do you(m) know whether my brother has arrived?
ወንድሜ ደርሶ እንደሆነ ታውቃለህ?
앤(애느)드매 대르소 은(으느)대호내 타우까래흐?
wendme derso indehone tawuqaleh?
나의 형제가 도착하게 된 것을 당신은(남성) 아십니까?

9. If you come and work you(pl) will receive wages.
መጥታችሁ ብትሰሩ ደሞዝ ትቀበላላችሁ።
매뜨타치후 브트새루 대모즈 트깨배라라치후።
methtachihu btseru demoz tqebelalachihu።
당신들이 온 후 만약 일한다면 임금을 받을 것입니다.

10. I told him to come and work.
መጥቶ እንዲሰራ ነገርሁት።
매뜨토 은(으느)디새라 내개르후트።
methto indisera negerhut።
그가 온 후 일한 것을 나는 그에게 말했습니다.

11. Have you(f) heard that story?
ያንን ታሪክ ሰምተሻል?
얀(야느)느 타리크 새므태샬(샤르)?
yann tarik semteshal?
저 이야기를 당신은(여성) 들었습니까?

12. The water had boiled.
ውሃው ፈልቷል።
우하우 패르트왈(와르)።
wuhawu feltwal።
그 물을 끓었습니다.

13. I got up, washed my face, and drank some tea.
ተነስቼ ፊቴን ታጥቤ ሻይ ጠጣሁ።
태내스채 피탠(태느) 타뜨배 샤이 때따후።
teneshe fiten tathbe shayi thethahu።
내가 일어난 후 나의 얼굴을 씻었습니다. 그리고 차를 나는 마셨습니다.

14. The car went of the road and turned over.
መኪናው ከመንገድ ወጥቶ ተገለባበጠ።
매키나우 캐맨(매느)개드 애뜨토 태개래바배때።
mekinawu kemenged wethto tegelebabethe።
그 차는 길로부터 나온 후 되돌아 왔습니다.

15. After you(pl) have eaten your lunch, finish your(pl) work.
ምሳችሁን በልታችሁ ሥራችሁን ጨርሱ።
므사치훈(후느) 배르타치후 스라치훈(후느) 째르수።
msachihun beltachihu srachihun chersu።

당신들의 점심을 먹은 후 일을 끝내라.

16. I spent the day in bed yesterday because my stomach hurt.
ትናንትና ሆዴን ስላመመኝ ተኝቼ ዋልሁ።
트난(나느)트나 호댄(대느) 스라매맨(매느) 탠(태느)채 왈(와르)후::
tnantna hoden slamemeny tenyche walhu::
어제 나의 배가 아팠기 때문에 누워서 나는 보냈습니다.(낮)

17. He finished his work and went home.
ሥራውን ጨርሶ ወደ ቤት ሄደ።
스라운(우느) 째르소 애대 배트 해대::
srawun cherso wede bet hede::
그의 일을 끝난 후 집에 갔습니다.

18. She chose the green dress and bought it.
አረንጓዴውን ቀሚስ መርጣ ገዛች።
알랜과대운(우느) 깨미스 매르따 개자치::
arengwadewun qemis mertha gezachi::
그 초록색 의복을 그녀가 선택 후 샀습니다.

19. When it is convenient for you(pol), I'll come and visit you.
ሲመቸዎት መጥቼ እጠይቀዎታለሁ።
시매쵸오트 매뜨채 으때이깨오타래후::
simechewot methche itheyiqewotalehu::
그것이 당신을(공손한 표현) 위해 편리하다면 나는 올것입니다. 그리고 당신을
방문할 것입니다.

20. Will she come and not work today?
ዛሬ መጥታ አትሰራም?
자래 매뜨타 아트새라므?
zare methta atseram?
오늘 그녀가 온 후 일하지 않을 것입니까?

21. Has Mamusi gone to market? No, but bekelech has gone.
ማሙሲ ወደ ገበያ ሄዷል? አይ አልሄደም በቀለች ግን ሄዳለች።
마무시 애대 개배야 해데와르? 아이 아르해댐(대므) 배깨래치 근(그느)
해다래치::
mamusi wede gebeya hedwal? ayi alhedem beqelechi gn hedalechi::
마무시는 시장에 갔습니까? 아니요 가지 않았습니다. 베케레치는 그러나 갔습니
다.

22. I have never eaten kitfo.
ክትፎ በልቼ አላውቅም።
크트포 배르채 아라우끔(끄므)::
ktfo belche alawuqm::
크트포(음식 이름) 나는 먹지 않습니다.(직역: 나는 먹은 것을 알지 못합니다.)

23. Have you(m) ever eaten injera and wat?
እንጀራና ወጥ በልተህ?

은(으)재라나 애뜨 배르태흐?
injerana weth belteh?
인제라와 와트(음식 이름) 당신은(남성) 먹었습니까?

24. I have eaten injera and wat many times, my sister has never eaten it.
ብዙ ጊዜ እንጀራ በወጥ በልቻለሁ፡፡ እህቴ በልታ አታውቅም፡፡
브주 기재 은(으)재라 배애뜨 배르차래후፡፡ 으흐태 배르타 아타우끔(끄므)፡፡
bzu gize injera beweth belchalehu፡፡ ihte belta atawuqm፡፡
오랜 시간 인제라와 와트를 나는 먹었습니다.
나의 여동생은 먹지 않습니다.(직역: 먹은 것을 알지 못합니다.)

25. I have never seen such a beautiful coat.
እንዲህ ዓይነት ቆንጆ ኮት አይቼ አላውቅም፡፡
은(으)디흐 아이내트 꼬느조 코트 아이채 아라우끔(끄므)፡፡
indih ayinet qonjo kot ayiche alawuqm፡፡
이런 종류 아름다운 코트를 나는 보지 못했습니다.
(직역: 보는 것을 알지 못합니다.)

26. Come(pl) with your friends.
ጓደኞቻችሁን ይዛችሁ ኑ፡፡
과대뇨차치훈(후느) 이자치후 누፡፡
gwadenyochachihun yizachihu nu፡፡
당신들의 친구들을 데리고 와라.

27. They used to go together to school.
ወደ ትምህርት ቤት አብረው ይሄዱ ነበር፡፡
애대 톰(트므)흐르트 배트 아브래우 이해두 내배르፡፡
wede tmhrt bet abrewu yihedu neber፡፡
학교에 함께 그들은 갔습니다.

28. Have you asked Mr tesfy whether he has heard news about his son?
ሰለልጁ ወሬ ሰምተው እንደሆነ አቶ ተስፋን ጠይቀህዋል?
스래르주 애래 새므태우 은(으)대호내 아토 태스파느 때이깨해왈(와르)?
slelju were semtewu indehone ato tesfan theyiqehewal?
그의 아들에 대한 소문을 듣게 된 것을 미스터 테스파에게 물었습니까?

29. The thief entered a house and stole all the money.
ሌባው ወደ ቤት ገብቶ ገንዘቡን ሁሉ ሰረቀ፡፡
래바우 애대 배트 개브토 갠(개느)재분(부느) 후루 새래깨፡፡
lebawu wede bet gebto genzebun hulu sereqe፡፡
그 도둑은 집에 들어간 후 그 돈 모두를 훔쳤습니다.

30. I have never heard that word.
ያንን ቃል ሰምቼ አላውቅም፡፡
얀(야느)느 깔(까르) 새므채 아라우끔(끄므)፡፡
yann qal semche alawuqm፡፡
저 말을 나는 듣지 못했습니다.(직역: 나는 들은 것을 알지 못합니다.)

31. I will come and talk.
መጥቼ እጫወታለሁ፡፡

매뜨채 으짜애타래후::
methche ichawetalehu::
내가 온 후 이야기할 것입니다.

32. I eat supper and I go to bed.
እራት በልቼ እተኛለሁ::
으라트 배르채 으태냐래후::
irat belche itenyalehu::
저녁을 내가 먹은 후 잘 것입니다.

33. Have you(m) ever heard this story?
ይህንን ታሪክ ሰምተህ?
이흔(흐느)느 타리크 새므태흐?
yihnn tarik semteh?
이 이야기를 당신은(남성) 들었습니까?

34. People who were sick came to him and were healed.
የታመሙት ሰዎች ወደ እርሱ መጥተው ዳኑ::
애타매무트 새오치 애대 으르수 매뜨태우 다누::
yetamemut sewochi wede irsu methtewu danu::
아팠던 사람들이 그에게 온 후 나았습니다.

35. She has written a letter.
ደብዳቤ ጽፋለች::
대브다배 쯔파래치::
debdabe tsfalechi::
편지를 그녀는 썼습니다.

36. After reading this book I will play.
ይህን መጽሀፍ አንብቤ እጫወታለሁ::
이흔(흐느) 매쯔하프 안(아느)브배 으짜애타래후::
yihn metshaf anbbe ichawetalehu::
이 책을 읽은 후 나는 놀것입니다.

37. Have you(m) eaten your breakfast? Yes, I have.
ቁርስህን በልተሃል? አዎን በልቻለሁ::
꾸르스흔(흐느) 배르태할(하르)? 아온(오느) 배르차래후::
qurshn beltehal? awon belchalehu::
당신의 아침을 당신은(남성) 먹었습니까? 예, 나는 먹었습니다.

38. Having put on their clothes, they went out.
ልብሳቸውን ለብሰው ወደ ውጭ ወጡ::
르브사챠운(우느) 래브새우 애대 우쯔 애뚜::
lbsachewun lebsewu wede wuch wethu::
그들의 옷을 입은 후 밖으로 나갔습니다.

39. I ate and satisfied.
በልቼ ጠገብሁ::
배르채 때개브후::

belche thegebhu::

내가 먹은 후 만족했습니다.

40. You(pl) come and If visit me, I'll teach you(pl) Amharic.

መጥታችሁ ብትጠይቁኝ አማረኛ አስተምራችኋለሁ::

매뜨타치후 브트때이꾸느 아마래냐 아스태므라치후알래후::

methtachihu bttheyiquny amarenya astemrachihuwalehu::

당신들이 온 후 만약 나를 방문한다면 암하릭를 (나는) 당신들에게 갈(가르)칠
것입니다.

Lesson 19 - The Present Perfect Tense(현재 완료 시제)
=> 동명사, 현재 완료 시제, 과거 완료 동사들 변화의 규칙이 같다
(Have + P.P.) -했습니다.(과거 시제와 같이 해석)
1. Rule 1(규칙 1)

I	Verb +	ዬ ye (e) + አለሁ alehu 에 아렐후	መስጀ + አለሁ =መስጀአለሁ (or መስጃለሁ) 애스재 + 알래후 =애스재알래후 (or 애스자래후) I have taken wesje + alehu =wesjealehu (or wesjalehu) 나는 취했습니다.
You(m)		ሃል hal 할	መስደህ + ሃል = መስደሃል 애스대흐 + 할(하르) = 애스대할(하르) You(m) have taken wesdeh + aleh = wesdehal 당신은(남성) 취했습니다.
You(f)		ሻል shal 샬	መስደሽ + ሻል = መስደሻል 애스대시 + 샬(샤르) = 애스대샬(샤르) You(f) have taken wesdesh + alsh = wesdeshal 당신은(여성) 취했습니다.
He		ኦ(o) + አል al 오 알	መስደ + አል = መስደአል(or መስደዋል) 애스도 + 알(아르) = 애스도아르(or 애스데와르) He have taken wesdo + ale = wesdoal(or wesdewal) 그는 취했습니다.
She		አለች alechi 알래치	መስዳ + አለች = መስዳለች 애스다 + 알래치 = 애스다래치 She have taken wesda + alechi = wesdalechi 그녀는 취했습니다.
We		ናል nal	መስደን + ናል = መስደናል 애스댄(대느) + 날(날(나르)) =

		날	애스대날(나르)
			We have taken
			wesden + alen = wesdenal
			우리는 취했습니다.
You(pl)		አችሁአል Or አችሁኋል achihuhuwal achihual 아치후알 아치활	ወሰደ + አችሁአል(or አችሁኋል) = ወሰዳችሁአል (or ወሰዳችኋል) 애스대 + 아치후아르(or 아치후후알) = 애스다치후알(아르) (or 애스다치후알) You(pl) have taken wesdachihu + alachihu = wesdachihual (or wesdachihuwal) 당신들은 취했습니다.
They & Polite		ዋል wal 왈	ወሰደ + ዋል = ወሰደዋል 애스대 + 왈 = 애스대왈(와르) They have taken wesdewu + alu = wesdewal 그들은 취했습니다.

2. Exception(예외)

	51 Group	71 Group
I	ሄጀአለሁ 해재알래후 I have gone hejealehu 나는 갔습니다.	ቆሜአለሁ 꼬매알래후 I have stood qomealehu 나는 섰습니다.
You(m)	ሄደሃል 해대할(하르) You(m) have gone hedehal 당신은(남성) 갔습니다.	ቆሜሃል 꼬매할(하르) You(m) have stood qomehal 당신은(남성) 섰습니다.
You(f)	ሄደሻል 해대샬(샤르) You(f) have gone hedeshal 당신은(여성) 갔습니다.	ቆሜሻል 꼬매샬(샤르) You(f) have stood qomeshal 당신은(여성) 섰습니다.
He	ሄዶአል 해도알 he have gone hedoal 그는 갔습니다.	ቆሞአል 꼬모알 he have stood qomoal 그는 섰습니다.
She	ሄዳለች 해다래치 she have gone hedalechi 그녀는 갔습니다.	ቆማለች 꼬마래치 have stood qomalechi 그녀는 섰습니다.
We	ሄደናል	ቆሜናል

	해대날 have gone hedenal 우리는 갔습니다.	꼬매날 she have stood qomenal 우리는 섰습니다.
You(pl)	ሄዳችኋል 해다치후알 You(pl) have gone hedachihuwal 당신들은 갔습니다.	ቆማችኋል 꼬마치후알 You(pl) have stood qomachihuwal 당신들은 섰습니다.
They & Polite	ሄደዋል 해대왈 they have gone hedewal 그들은 갔습니다.	ቆመዋል 꼬매왈 they have stood qomewal 그들은 섰습니다.

	111 Group Changes 161 Group	41 Group Changes 61 Group
I	ፈልጌአለሁ 패르개알래후 I have wanted felgealehu 나는 원했습니다.	ጸፈአለሁ 쯔패알래후 I have written tsfealehu 나는 섰습니다.
You(m)	ፈልገሃል 패르개할(하르) You(m) have wanted felgehal 당신은(남성) 원했습니다.	ጸፈሃል 쯔패할(하르) You(m) have written tsfehal 당신은(남성) 섰습니다.
You(f)	ፈልገሻል 패르개샬(샤르) You(f) have wanted felgeshal 당신은(여성) 원했습니다.	ጸፈሻል 쯔패샬(샤르) You(f) have written tsfeshal 당신은(여성) 섰습니다.
He	ፈልጎአል 패르고알 he have wanted felgoal 그는 원했습니다.	ጸፎአል 쯔포알 he have written tsfoal 그는 섰습니다.
She	ፈልጋለች 패르가래치 she have wanted felgalechi 그녀는 원했습니다.	ጸፋለች 쯔파래치 she have written tsfalechi 그녀는 섰습니다.
We	ፈልገናል 패르개날 we have wanted felgenal 우리는 원했습니다.	ጸፈናል 쯔패날 we have written tsfenal 우리는 섰습니다.
You(pl)	ፈልጋችኋል	ጸፋችኋል

		패르가치후왈 You(pl) have wanted felgachihuwal 당신들은 원했습니다.	쯔파치후알 You(pl) have written tsfachihuwal 당신들은 썼습니다.
They & Polite		ፈልገዋል 패르개왈 they have wanted felgachihuwal 그들은 원했습니다.	ጸፈዋል 쯔패왈 they have written tsfewal 그들은 썼습니다.

2. Rule 2(규칙 2)

I	Verb +	ቼ+ አለሁ che+ alehu 채 알래후	ሰምቼአለሁ 새므채알래후 I have taken semchealehu 나는 들었습니다.
You(m)		ተሃል tehal 태할	ሰምተሃል 새므태할(하르) You(m) have heard semtehal 당신은(남성) 들었습니다.
You(f)		ተሻል teshal 태샬	ሰምተሻል 새므태샬(샤르) You(f) have heard semteshal 당신은(여성) 들었습니다.
He		ቶ+ አል to+ al 토 알	ሰምቶአል 새므토알(아르) He have heard semtoal 그는 들었습니다.
She		ታለች talechi 탈래치	ሰምታለች 새므타래치 She have heard semtalechi 그녀는 들었습니다.
We		ተናል tenal 태날	ሰምተናል 새므태날 We have heard semtenal 우리는 들었습니다.
You(pl)		ታችሁአል Or ታችኋል tachihual tachihal	ሰምታችኋል 새므타치후알 You(pl) have heard semtachihuwal

		타치후알 타치활	당신들은 들었습니다.
They & Polite		ተዋል tewal 태왈	ሰምተዋል 새므태왈 They have heard semtewal 그들은 들었습니다.

2. Exception(예외)

	11 Group Changes 16 Group+ ቸ 채	14 Group Changes 16 Group+ ቸ 채
I	ሰጥቼአለሁ 새뜨채알래후 I have given sethchealehu 나는 주었습니다.	ሰምቼአለሁ 새므채알래후 I have heard semchealehu 나는 들었습니다.
You(m)	ሰጥተሃል 새뜨태할(하르) You(m) have given sethtehal 당신은(남성) 주었습니다.	ሰምተሃል 새므태할(하르) You(m) have heard semtehal 당신은(남성) 들었습니다.
You(f)	ሰጥተሻል 새뜨태샬(샤르) You(f) have given sethteshal 당신은(여성) 주었습니다.	ሰምተሻል 새므태샬(샤르) You(f) have heard semteshal 당신은(여성) 들었습니다.
He	ሰጥቶአል 새뜨토알 he have given sethtoal 그는 주었습니다.	ሰምቶአል 새므토알 he have heard semtoal 그는 들었습니다.
She	ሰጥታለች 새뜨타래치 she have given setalechi 그녀는 주었습니다.	ሰምታለች 새므타래치 she have heard semtalechi 그녀는 들었습니다.
We	ሰጥተናል 새뜨태날 we have given sethtenal 우리는	ሰምተናል 새므태날 we have heard semtenal 우리는 들었습니다.
You(pl)	ሰጥታችሁኋል 새뜨타치후후알 You(pl) have given sethtachihuhuwal 당신들은 주었습니다.	ሰምታችኋል 새므타치후알 You(pl) have heard semtachihuwal 당신들은 들었습니다.
They &	ሰጥተዋል	ሰምተዋል

Polite	새뜨태왈 they have given sethtewal 그들은 주었습니다.	새므태왈 they have heard semtewal 그들은 들었습니다.

Lesson 19 - The Present Perfect Tense(현재 완료 시제)
(Have + P.P.) -했습니다.(과거 시제와 같이 해석)

Exercise(Sentence) 40

1. We have seen him.
አይተነዋል።
아이태내왈(와르)።
ayitenewal።
우리는 그를 보았습니다.

2. Have you(m) ever eaten injera with wat?
እንጀራ በወጥ በልተህ ታውቃለህ?
은(으느)재라 배애뜨 배르태흐 타우까래흐?
injera beweth belteh tawuqaleh?
인제라를 워트와 함께 당신은(남성) 먹어본 경험이 있습니까?
(직역: 먹어 보다 그리고 아십니까?)

3. Have you(pl) haerd it? We have not heard it.
ሰምታችሁታል? አልሰማነውም
새므타치후탈(타르)? 아르새마내움(우므)
semtachihutal? alsemanewum
당신들은 그것을 들었습니까? 우리는 그것을 듣지 못했습니다.

4. Have you(f) come to take your(f) brother?
ወንድሞችሽን ለመጠየቅ መጥተሻል?
앤(애느)드모치신(시느) 래매때애끄 매뜨태샬(샤르)?
wendmochishn lemetheyeq methteshal?
당신의(여성) 형제를 데리려(직역: 요청하기 위하여) 왔습니까?

5. Have you(f) heard that story?
ያንን ታሪክ ሰምተሻል?
얀(야느)느 타리크 새므태샬(샤르)?
yann tarik semteshal?
저 이야기를 당신은(여성) 들었습니까?

6. I have never heard that word.
ያንን ቃል ሰምቼ አላውቅም።
얀(야느)느 깔(까르) 새므채 아라우꼼(끄므)።
yann qal semche alawuqm።
저 이야기를 나는 듣지 못했습니다.(직역: 나는 듣다 그리고 알지 못했습니다.)

7. Have you(pol) ever gone to dessie?
ወደ ደሴ ሄደው ያውቃሉ?
애대 대새 해대우 야우까루?
wede dese hedewu yawuqalu?
데세(지역 이름)에 당신은(공손한 표현) 간 경험이 있습니까?
(직역: 당신은 간다 그리고 아십니까?)

8. We have forgotten you(Pl).
ረስተናችኋል።
래스태나치후알።
우리는 당신들을 잊었습니다.

9. Have you(f) seen my new white dress?
አዲሱን ነጨን ልብሴን አይተሻል?
아디슌(수느) 내쭈느 르브새느 아이태샬(샤르)?
adisun nechun lbsen ayiteshal?
그 새로운 흰 나의 옷을 당신은(여성) 보았습니까?

10. Has your father permitted you(f) to go?
እንድትሄጂ አባትሽ ፈቅደውልሻል?
은(으느)드트해지 아바트시 패끄대우르샬(샤르)?
indtheji abatsh feqdewulshal?
당신이(여성) 가는 것을 당신의 아버지는 허락하셨습니까?

11. Have you(m) asked him whether he's going?
ይሄድ እንደሆነ ጠይቀኸዋል?
이해드 은(으느)대호내 때이깨해왈(와르)?
yihed indehone theyiqehewal?
그가 가게 된 것을 당신은(남성) 그에게 물었습니까?

12. Have you(m) eaten your breakfast? Yes, I have.
ቁርስህን በላተሃል? አዎን በልቻለሁ።
꾸르스흔(흐느) 배르태할(하르)? 아온(오느) 배르차래후።
qurshn beltehal? awon belchalehu።
당신의(남성) 아침을 먹었습니까? 예, 나는 먹었습니다.

13. Have you(m) ever heard this story?
ይህንን ታሪክ ሰምተህ ታውቃለህ?
이흔(흐느)느 타리크 새므태흐 타우까래흐?
yihnn tarik semteh tawuqaleh?
이 이야기를 당신은(남성) 들었습니까?(직역: 당신은 듣다 그리고 아십니까?)

14. Have you(f) ever eaten kitfo?
ክትፎ በልተሽ ታውቂያለሽ?
크트포 배르태셰 타우끼야래시?
ktfo belteshe tawuqiyaleshi?
크트포(음식 이름) 당신은(여성) 먹어본 경험이 있습니까?

(직역: 당신은 먹는다 그리고 아십니까?)

15. Have you(m) heard at what time they will come?
በስንት ሰዓት አንደሚመጡ ሰምተሃል?
배슨(스느)트 새아트 은(으느)대미매뚜 새므태할(하르)?
besnt seat indemimethu semtehal?
몇 시에 그들이 올 것인지 당신은(남성) 들었습니까?

16. Have you(f) heard when they will come?
መቼ አንደሚመጡ ሰምተሻል?
매채 은(으느)대미매뚜 새므태샬(샤르)?
meche indemimethu semteshal?
언제 그들이 올 것인지 당신은(여성) 들었습니까?

17. Have you(m) ever been(gone) to America?
ወደ አሜሪካ ሄደህ ታውቃለህ?
애대 아매리카 해대흐 타우까래흐?
wede amerika hedeh tawuqaleh?
미국에 당신은(남성) 간 경험이 있습니까?
(직역: 당신은 간다 그리고 아십니까?)

18. Have you(m) received him as your savior?
አንደ አዳኝህ ተቀብለኸዋል?
은(으느)대 아다느흐 태깨브래해왈(와르)?
inde adanyh teqeblehewal?
당신의(남성) 구원자로서 당신은 그를 받아 들었습니까?

19. I have never seen such a beautiful coat.
አንዲህ ዓይነት ቆንጆ ኮት አይቼ አላውቅም፡፡
은(으느)디흐 아이내트 꼬느조 코트 아이채 아라우꿈(끄므)፡፡
indih ayinet qonjo kot ayiche alawuqm፡፡
이런 종류의 아름다운 코트를 나는 본적이 없습니다.
(직역: 나는 본다 그리고 알지 못합니다.)

20. They have looked for us.
ፈልገውናል፡፡
패르개우날(나르)፡፡
felgewunal፡፡
그들은 우리를 지켜보았습니다.

21. I have never eaten kitfo.
ክትፎ በልቼ አላውቅም፡፡
크트포 배르채 아라우꿈(끄므)፡፡
ktfo belche alawuqm፡፡
크트포(음식 이름)을 나는 먹지 않았습니다.
(직역: 나는 먹는다 그리고 알지 못합니다.)

22. Do they know that we have bought a new car?
አዲስ መኪና መግዛታችንን ያውቃሉ?

아디스 매키나 매그자타친(치느)느 야우까루?
adis mekina megzatachinn yawuqalu?
새로운 차를 우리가 산 것을 그들은 아십니까?

23. God has chosen you(m).
እግዚአብሔር መርጠሃል፡፡
으그지아브해르 매르또할(하르)፡፡
igziabher merthohal፡፡
하나님은 당신을(남성) 선택하셨습니다.

24.The water has boiled.
ውሃው ፈልትዋል፡፡
우하우 패르트왈(와르)፡፡
wuhawu feltwal፡፡
그 물은 끓였습니다.

25. Have you(f) caught a cold?
ጉንፋን ይዞሻል?
구느파느 이조샬(샤르)?
gunfan yizoshal?
감기는 당신은(여성) 나았습니까?
(직역: 당신은 잡았습니까?)

26. The doctor has examined me.
ሐኪሙ መርምሮኛል፡፡
하키무 매름(르므)로냘፡፡
hakimu mermronyal፡፡
의사는 나를 검사했습니다.

27. I have lost my hammer. Did you(m) find it?
መደሻዬ ጠፍቶብኛል፡፡ አገኘኸው?
매도샤에 때프토브냘፡፡ 아개녜해우?
medoshaye theftobnyal፡፡ agenyehewu?
나의 망치를 잃었습니다. 당신은(남성) 그것을 찾았습니까?

28. Have you(m) asked them?
ጠይቀሃቸዋል?
때이깨하쵸왈(와르)?
theyiqehachewal?
당신은(남성) 그들에게 물어 보았습니까?

29. We will hit you(f).
እንመታሻለን፡፡
은(으느)매타샤랜(래느)፡፡
inmetashalen፡፡
우리는 당신을(여성) 때릴 것입니다.

30. I have never been(gone) to America.
ወደ አሜሪካ ሄጄ አላውቅም፡፡

애대 아매리카 해재 아라우꼼(끄므)፦
wede amerika heje alawuqm፦
미국에 나는 간 경험이 없습니다.
(직역: 나는 간다 그리고 모릅니다.)

31. Have you(f) heard that story?
ያንን ታሪክ ሰምተሻል?
얀(야느)느 타리크 새므태샬(샤르)?
yann tarik semteshal?
저 이야기를 당신은(여성) 들었습니까?

32. Have you(f) seen her? No, I have not seen her.
አይተሻታል? አላየኋትም፦
아이태샤탈(타르)? 아라애후알톰(트르)፦
ayiteshatal? alayehuwatm፦
당신은(여성) 그녀를 본 적이 있습니까? 아니요 나는 그녀를 본적이 없습니다.

33. Has the water boiled? Yes, it has.
ውሃ ፈልትዋል? አዎን፦
우하 패르트왈(와르)? 아온(오느)፦
wuha feltwal? awon፦
물이 끓고 있습니까? 예.

34. Have you(f) ever bought vegetables at this shop?
ከዚህ ሱቅ አትክልት ገዝተሽ ታውቂያለሽ?
캐지흐 수끄 아트크르트 개즈태셰 타우끼야래시?
kezih suq atklt gezteshe tawuqiyaleshi?
이 상점으로부터 채소를 당신은(여성) 산 적이 있습니까?
(직역: 당신은 산다 그리고 아십니까?)

35. Have you(f) gone out to visit her aunt?
አክስትዋን ለመጠየቅ መጥተሻል?
아크스트완(와느) 래매때애끄 매뜨태샬(샤르)?
akstwan lemetheyeq methteshal?
그녀의 아주머니를 방문하려 당신은(여성) 가십니까?

36. Christ has chosen you(f).
ክርስቶስ መርጦሻል፦
크르스토스 매르또샬(샤르)፦
krstos merthoshal፦
그리스도는 당신을(여성) 선택하셨습니다.

37. We have agreed on the matter.
በጉዳዩ ተስማምተናል፦
배구다유 태스마므태날(나르)፦
begudayu tesmamtenal፦
그 문제에 우리는 동의하였습니다.

38. Have you(m) come to take your sister?

አስቶችሁን ለመጠየቅ መጥተሃል?
으흐토치횬(흐느) 래매때애끄 매뜨태할(하르)?
ihtochihn lemetheyeq methtehal?
당신의(남성) 여동생을 데리려(직역: 요청하러) 당신은 왔습니까?

39. Have you(f) finished your work? Yes, I have.
ሥራሽን ጨርሰሻልን? አዎን ጨርሼአለሁ፡፡
스라신(시느)? 째르새샬(샤르)느? 아온(오느) 째르세알래후፡፡
srashn cherseshaln? awon chershealehu፡፡
당신의(여성) 일을 끝냈습니까? 예, 나는 끝냈습니다.

40. I have heard him.
ሰምቼዋለሁ፡፡
새므채와래후፡፡
semchewalehu፡፡
나는 그에게 들었습니다.

Lesson 20 - The Past Perfect Tense(과거 완료 시제)
=> 동명사, 현재 완료 시제, 과거 완료 동사들 변화의 규칙이 같다
(had + P.P.) -했었습니다.

1. Rule 1(규칙 1)

I		ዬ(e) + ነበር ye(e) + neber 에 내배르	ወሰጀ ነበር 애스재 내배르 I had taken wesje neber 나는 취했었습니다.
	Verb +		
You(m)		ህ+ ነበር h+ neber 흐 내배르	ወሰደህ ነበር 애스대흐 내배르 You(m) had taken wesdeh neber 당신은(남성) 취했었습니다.
You(f)		ሽ+ ነበር shi+ neber 시 내배르	ወሰደሽ ነበር 애스대시 내배르 You(f) had taken wesdeshi neber 당신은(여성) 취했었습니다.
He		ኦ(o)+ ነበር o+ neber 오 내배르	ወሰዶ ነበር 애스도 내배르 He had taken wesdo neber 취했었습니다.
She		ኣ(a)+ ነበር a(a)+ neber 아 내배르	ወሰዳ ነበር 애스다 내배르 She had taken

			wesda neber 그녀가 취했었습니다.
We		ን+ ነበር n+ neber 느 내배르	መስደን ነበር 애스댄(대느) 내배르 We had taken wesden neber 우리가 취했었습니다.
You(pl)		እቸሁ+ ነበር achihu+ neber 아치후 내배르	መስዳችሁ ነበር 애스다치후 내배르 You(pl) had taken wesdachihu neber 당신들이 취했었습니다.
They & Polite		ው+ ነበር wu+ neber 우 내배르	መስደው ነበር 애스대우 내배르 They had taken wesdewu neber 그들이 취했었습니다.

	51 Group	71 Group
I	ሄጀ ነበር 해재 내배르 I had gone heje neber 나는 갔었습니다.	ቆሜ ነበር 꼬매 내배르 I had stood qome neber 나는 섰었습니다.
You(m)	ሄድህ ነበር 해대흐 내배르 You(m) had gone hedh neber 당신은(남성) 갔었습니다.	ቆመህ ነበር 꼬매흐 내배르 You(m) had stood qomeh neber 당신은(남성) 섰었습니다.
You(f)	ሄድሽ ነበር 해대시 내배르 You(f) had gone hedshi neber 당신은(여성) 갔었습니다.	ቆመሽ ነበር 꼬매시 내배르 You(f) had stood qomeshi neber 당신은(여성) 섰었습니다.
He	ሄዶ ነበር 해도 내배르 he had gone hedo neber 그가 갔었습니다.	ቆሞ ነበር 꼬모 내배르 he had stood qomo neber 그가 섰었습니다.
She	ሄዳ ነበር 해다 내배르 she had gone heda neber 그녀가 갔었습니다.	ቆማ ነበር 꼬마 내배르 she had stood qoma neber 그녀가 섰었습니다.
We	ሄደን ነበር 해댄(댄(대느)) 내배르	ቆመን ነበር 꼬맨(매느) 내배르

	we had gone hedn neber 우리가 갔습니다.	we had stood qomen neber 우리가 섰습니다.
You(pl)	ሄዳችሁ ነበር 해다치후 내배르 You(pl) had gone hedachihu neber 당신들이 갔었습니다.	ቆማችሁ ነበር 꼬마치후 내배르 You(pl) had stood qomachihu neber 당신들이 섰었습니다.
They & Polite	ሄዱ ነበር 해두 내배르 they had gone hedu neber 그들이 갔었습니다.	ቆሙ ነበር 꼬무 내배르 they had stood qomu neber 그들이 섰었습니다.

2. Exception(예외)

	111 Group Changes 161 Group	41 Group Changes 61 Group
I	ፈልጌ ነበር 패르개 내배르 I had wanted felge neber 나는 원했었습니다.	ጻፌ ነበር 쯔패 내배르 I had written tsfe neber 나는 썼었습니다.
You(m)	ፈልገህ ነበር 패르개흐 내배르 You(m) had wanted felgh neber 당신은(남성) 원했었습니다.	ጻፈህ ነበር 쯔패흐 내배르 You(m) had written tsfeh neber 당신은(남성) 썼었습니다.
You(f)	ፈልገሽ ነበር 패르개시 내배르 You(f) had wanted felgshi neber 당신은(여성) 원했었습니다.	ጻፈሽ ነበር 쯔패시 내배르 You(f) had written tsfeshi neber 당신은(여성) 썼었습니다.
He	ፈልጎ ነበር 패르고 내배르 he had wanted felgo neber 그가 원했었습니다.	ጻፎ ነበር 쯔포 내배르 he had written tsfo neber 그가 썼었습니다.
She	ፈልጋ ነበር 패르가 내배르 she had wanted felga neber 그녀가 원했었습니다.	ጻፋ ነበር 쯔파 내배르 she had written tsfa neber 그녀가 썼었습니다.
We	ፈልገን ነበር 패르갠(갠(개느)) 내배르	ጻፈን ነበር 쯔팬(패느) 내배르

		we had wanted felgn neber 우리가 원했었습니다.	we had written tsfen neber 우리가 썼었습니다.
You(pl)		ፈልጋችሁ ነበር 패르가치후 내배르 You(pl) had wanted felgachihu neber 당신들이 원했었습니다.	ጻፋችሁ ነበር 쯔파치후 내배르 You(pl) had written neber 당신들이 썼었습니다.
They & Polite		ፈልጉ ነበር 패르구 내배르 they had wanted felgu neber 그들이 원했었습니다.	ጻፉ ነበር 쯔푸 내배르 they had written tsfu neber 그들이 썼었습니다.

2. Rule 2(규칙 2)

I	Verb +	ቼ+ ነበር che+ neber 채 내배르	ሰምቼ ነበር 새므채 내배르 I had heard semche neber 나는 들었었습니다.
You(m)		ተህ+ ነበር teh+ neber 태흐 내배르	ሰምተህ ነበር 새므태흐 내배르 You(m) had heard semteh neber 당신은(남성) 들었었습니다.
You(f)		ተሽ+ ነበር thshi+ neber 태시 내배르	ሰምተሽ ነበር 새므태시 내배르 You(f) had heard semteshi neber 당신은(여성) 들었었습니다.
He		ቶ+ ነበር to+ neber 토 내배르	ሰምቶ ነበር 새므토 내배르 He had heard semto neber 그가 들었었습니다.
She		ታ+ ነበር ta+ neber 타 내배르	ሰምታ ነበር 새므타 내배르 She had heard semta neber 그녀가 들었었습니다.
We		ተን+ ነበር ten+ neber 탠 내배르	ሰምተን ነበር 새므탠(태느) 내배르 We had heard semten neber 우리가 들었었습니다.

You(pl)		ታችሁ+ ነበር tachihu+ neber 타치후 내배르	ሰምታችሁ ነበር 새므타치후 내배르 You(pl) had heard semtachihu neber 당신들이 들었었습니다.
They & Polite		ቱ+ ነበር tu+ neber 투 내배르	ሰምቱ ነበር 새므투 내배르 They had heard semtu neber 그들이 들었었습니다.

2. Exception(예외)

	11 Group Changes 16 Group+ ቼ 채	14 Group Changes 16 Group+ ቼ 채
I	ሰጥቼ ነበር 새뜨채 내배르 I had given sethche neber 나는 주었었습니다.	መጥቼ ነበር 매뜨채 내배르 I had come methche neber 나는 왔었습니다.
You(m)	ሰጥተህ ነበር 새뜨태흐 내배르 You(m) had given sethteh neber 당신은(남성) 주었었습니다.	መጥተህ ነበር 매뜨태흐 내배르 You(m) had come methteh neber 당신은(남성) 왔었습니다.
You(f)	ሰጥተሽ ነበር 새뜨태시 내배르 You(f) had given sethteshi neber 당신은(여성) 주었었습니다.	መጥተሽ ነበር 매뜨태시 내배르 You(f) had come methteshi neber 당신은(여성) 왔었습니다.
He	ሰጥቶ ነበር 새뜨토 내배르 he had given sethto neber 그가 주었었습니다.	መጥቶ ነበር 매뜨토 내배르 he had come methtonneber 그가 왔었습니다.
She	ሰጥታ ነበር 새뜨타 내배르 she had given sethta neber 그녀가 주었었습니다.	መጥታ ነበር 매뜨타 내배르 she had come methta neber 그녀가 왔었습니다.
We	ሰጥተን ነበር 새뜨탠(태느) 내배르 we had given sethten neber 우리가 주었었습니다.	መጥተን ነበር 매뜨탠(태느) 내배르 we had come methten neber 우리가 왔었습니다.
You(pl)	ሰጥታችሁ ነበር 새뜨타치후 내배르	መጥታችሁ ነበር 매뜨타치후 내배르

	You(pl) had given sethtachihu neber 당신들이 주었었습니다.	You(pl) had come methtachihu neber 당신들이 왔었습니다.
They & Polite	ሰጥቱ ነበር 새뜨투 내배르 they had given sethtu neber 그들이 주었었습니다.	መጡቱ ነበር 매뜨투 내배르 they had come methtu neber 그들이 왔었습니다.

Lesson 20 - The Past Perfect Tense(현재 완료 시제)
(had + P.P.) - 했었습니다.

Exercise(sentence) 20
1. My sister had not bought a house.
እህቴ ቤት አልገዛችም ነበር።
으흐태 배트 아르개자침(치므) 내배르።
ihte bet algezachim neber።
나의 여동생은 집 살 수가 없었었습니다.

2. They had not drunk all my milk.
ወተቴን በሙሉ አልጠጡም ነበር።
애태탠(태느) 배무루 아르때뜸(뚜므) 내배르።
weteten bemulu althethum neber።
나의 우유 모두를 그들은 마시지 않았었습니다.

3. He had sat alone, quietly.
ዝም ብሎ ብቻውን ተቀምጦ ነበር።
즈므 브로 브차운(우느) 태깨므또 내배르።
zm blo bchawun teqemtho neber።
조용히하라 라고 말하고 혼자 앉았었습니다.

4. They had said, they had not said.
ብለዉ ነበር። አላሉም ነበር።
브래우 내배르። 아라룸(루므) 내배르።
blewu neber። alalum neber።
그들은 말했었습니다. 그들은 말하지 않았었습니다.

5. Yesterday my sister had stayed in bed the whole day.
እህቴ ትናንትና ቀኑን በሙሉ ተኝታ ነበር።
으흐태 트난(나느)트나 깨눈(누느) 배무루 탠(태느)타 내배르።
ihte tnantna qenun bemulu tenyta neber።
나의 여동생은 어제 그날 종일을 누어 있었었습니다.

6. The children had eaten all the bread.
ልጆቹ ዳቦውን በሙሉ በልተው ነበር።
르조추 다보운(우느) 배무루 배르태우 내배르።
ljochu dabowun bemulu beltewu neber።
그 아이들은 빵 모두를 먹었었습니다.

7. I had gone to the hospital.
ወደ ሆስፒታል ሄጄ ነበር።
애대 호스피탈(타르) 해재 내배르።
wede hospital heje neber።
병원에 나는 갔었습니다.

8. We had gone to the market together.
ወደ ገበያ አብረን ሄደን ነበር።
애대 개배야 아브랜(래느) 해댄(대느) 내배르።
wede gebeya abren heden neber።
시장에 함께 우리는 갔었습니다.

9. His father had come early in the morning.
አባቱ በማለዳ መጥቶ ነበር።
아바투 배마래다 매뜨토 내배르።
abatu bemaleda methto neber።
그의 아버지는 아침에 왔었습니다.

10. They had tried to finish their work.
ሥራቸውን ለመጨረስ ሞክረው ነበር።
스라쵸운(우느) 래매째래스 모크래우 내배르።
srachewun lemecheres mokrewu neber።
그들의 일을 끝내기 위하여 노력했었습니다.

11. You(f) had taken our injera(bread).
እንጀራችንን ወስደሽ ነበር።
은(으느)재라친(치느)느 애스대시 내배르።
injerachinn wesdesh neber።
우리의 인제라(음식)를 당신은(여성) 취했었습니다.

12. We had taken our books to school.
መጽሐፋችንን ወደ ትምህርት ቤት ወስደን ነበር።
매쯔하파친(치느)느 애대 틈(트므)흐르트 배트 애스댄(대느) 내배르።
metshafachinn wede tmhrt bet wesden neber።
우리의 책들을 학교에 우리는 취했었습니다.

13. The children had eaten all the bread.
ልጆቹ ዳቦውን በሙሉ በልተው ነበር።
르조추 다보운(우느) 배무루 배르태우 내배르።
ljochu dabowun bemulu beltewu neber።
그 아이들은 그 빵 모두를 먹었었습니다.

14. he had boiled the water.
ውሃው ፈልቶ ነበር።
우하우 패르토 내배르።
wuhawu felto neber።
그 물을 그는 끓었었습니다.

15. If we neglect. Until you(pl) are quiet.

ቻል ብንዐ። ዝም እስክትሉ ድረስ። ፀጥ ብሎ ነበር።
it was becoming calm.
쵸르 븐(브느)르። 즈므 으스크트루 드래스። 째뜨 브로 내배르።
chel bnl። zm isktlu dres። tzeth blo neber።
우리가 만약 무시한다면, 당신들이 조용히 할 때 까지,
조용히 해졌었습니다.

16. Had you(pl) gone shop?
ወደ ሱቅ አብረን ሄዳችሁ ነበር?
애대 수끄 아브랜(래느) 해다치후 내배르?
wede suq abren hedachihu neber?
상점에 함께 당신들은 갔었습니까?

17. Had you(f) heard that story?
ያንን ታሪክ ሰምተሽ ነበር?
얀(야느)느 타리크 새므태시 내배르?
yann tarik semtesh neber?
저 이야기를 당신은(여성) 들었었습니까?

18. We had given to his children.
ለልጆቹ ሰጥተን ነበር።
래르조추 새뜨탠(태느) 내배르።
leljochu sethten neber።
그의 아이들에게 우리는 주었었습니다.

19. I had drank the tea.
እኔ ሻይውን ጠጥቼ ነበር።
으내 샤이운(우느) 때뜨채 내배르።
ine shayiwun thethche neber።
나는 차를 마셨셨습니다.

20. He had heard a good news.
መልካም ወሬን ሰምቶ ነበር።
매르카므 애랜(래느) 새므토 내배르።
melkam weren semto neber።
좋은 소식을 그는 들었었습니다.

Lesson 21 - Past Continuous Tense(과거 진행 시제)
(subject + was + v + ing) -하고 있는 중이었습니다.
(subject + be used to v) -하곤 하였습니다.

1. Present Tense & Future Tense(현재, 미래 시제 복습)
=> 중요 - 과거 진행 시제도 현재, 미래 시제 동사 변화형과 같다.

	rule	14 Group Verbs Changes 14 Group	11 Group Verbs Changes 16 Group	51 Group Verbs Changes 56 Group	71 Group Verbs Changes 76 Group

		Verbs	Verbs	Verbs	Verbs
		ሰማ 새마 he heard sema 그는 들었다	ሰጠ 새때 he gave sethe 그는 주었다	ሄደ 해대 he went hede 그는 갔다	ቆመ 꼬매 he stood qome 그는 섰다
I	እ አለሁ i alehu 으 알래후	እሰማለሁ 으새마래후 I hear or I will hear isemalehu 나는 들을 것입니다.	እሰጣለሁ 으새따래후 I give or I will give isethalehu 나는 줄 것 입니다.	እሄዳለሁ 으해다래후 I go or I will go ihedalehu 나는 갈 것 입니다.	እቆማለሁ 으꼬마래후 I stand or I will stand iqomalehu 나는 설 것 입니다.
You(m)	ት አለህ t aleh 트 알래흐	ትሰማለህ 트새마래흐 you(m) hear or you(m) will hear tsemaleh 당신은(남성) 들 을 것입니다.	ትሰጣለህ 트새따래흐 you(m) give or you(m) will give tsethaleh 당신은(남성) 줄 것입니다.	ትሄዳለህ 트해다래흐 you(m) go or you(m) will go thedaleh 당신은(남성) 갈 것입니다.	ትቆማለህ 트꼬마래흐 you(m) stand or you(m) will stand tqomaleh 당신은(남성) 설 것입니다.
Youn(f)	ት ee አለሺ t ee aleshi 트 이 알래시	ትሰሚአለሺ 트 새 미 알 래 시 you(f) hear or you(f) will hear tsemialeshi 당신은(여성) 들 을 것입니다.	ትሰጪአለሺ 트 새 찌 알 래 시 you(f) give or you(f) will give tsechialeshi 당신은(여성) 줄 것입니다.	ትሄጂአለሺ 트 해 지 알 래 시 you(f) go or you(f) will go thejialeshi 당신은(여성) 갈 것입니다.	ትቆሚአለሺ 트 꼬 미 알 래 시 you(f) stand or you(f) will stand tqomialeshi 당신은(여성) 설 것입니다.
He	ይ አል yi al 이 알	ይሰማል 이새말 he hear or he will hear 그는 들을 것입니다.	ይሰጣል 이새딸 he give or he will give yisethal 그는 줄 것입니다.	ይሄዳል 이해달 he go or he will go yihedal 그는 갈 것입니다.	ይቆማል 이꼬말 he stand or he will stand yiqomal 그는 설 것입니다.
She	ት አለች t alechi 트 알래치	ትሰማለች 트새마래치 she hear or she will	ትሰጣለች 트새따래치 she give or she will	ይሄዳለች 이해다래치 she go or she will go	ትቆማለች 트꼬마래치 she stand or

		hear	give		
		tsemalechi 그녀는 들을 것입니다.	tsethalechi 그녀는 줄 것입니다.	yihedalechi 그녀는 갈 것입니다.	she will stand tqomalechi 그녀는 설 것입니다.
We	እን አለን in alen 은 알랜	እንስማለን 은(으느)새마 랜(래느) we hear or we will hear insemalen 우리는 들을 것입니다.	እንስጣለን 은(으느)새따 랜(래느) we give or we will give insethalen 우리는 줄 것입니다.	እንሄዳለን 은(으느)해다 랜(래느) we go or we will go inhedalen 우리는 갈 것입니다.	እንቀማለን 은(으느)꼬마 랜(래느) we stand or we will stand inqomalen 우리는 설 것입니다.
You(pl)	ት ው አላችሁ t wu alachihu 트 우 알라 치후	ትስማላችሁ 트 새 마 라 치 후 you(pl) hear or you(pl) will hear tsemalachihu 당신들은 들을 것입니다.	ትስጣላችሁ 트 새 따 라 치 후 you(pl) give or you() will give tsethalachihu 당신들은 줄 것입니다.	ትሄዳላችሁ 트 해 다 라 치 후 you(pl) go or you(pl) will go thedalachihu 당신들은 갈 것입니다.	ትቀማላችሁ 트 꼬 마 라 치 후 you(pl) stand or you(pl) will stand tqomalachihu 당신들은 설 것입니다.
They	ይ ው አሉ yi wu alu 이 우 알후	ይስማሉ 이새마루 yisemalu they hear or they will hear 그들은 들을 것입니다.	ይሰጣሉ 이새따루 they give or they will give yisethalu 그들은 줄 것입니다.	ይሄዳሉ 이해다루 they go or they will go yihedalu 그들은 갈 것입니다.	ይቀማሉ 이꼬마루 they stand or they will stand yiqomalu 그들은 설 것입니다.

2. Past Continuous (subject + was + v + ing)(과거 진행)(-하는 중이었습니다.)

	rule	14 Group Verbs Changes 14 Group Verbs	11 Group Verbs Changes 16 Group Verbs	51 Group Verbs Changes 56 Group Verbs	71 Group Verbs Changes 76 Group Verbs
		ሰማ 새마 he heard sema 그는 들었다	ሰጠ 새때 he gave sethe 그는 주었다	ሄደ 해대 he went hede 그는 갔다	ቆመ 꼬매 he stood qome

					그는 섰다
I	እ ነበር i neber 으 내배르	እሰማ ነበር 으새마 내배르 I w a s hearing isema neber 나는 듣는 중이었습니다.	እሰጥ ነበር 으새뜨 내배르 I was giving iseth neber 나는 주는 중이었습니다.	እሄድ ነበር 으해드 내배르 I was going ihed neber 나는 가는 중이었습니다.	እቆም ነበር 으꼬므 내배르 I was standing iqom neber 나는 서는 중이었습니다.
You (m)	ት ነበር t neber 트 내배르	ትሰማ ነበር 트새마 내배르 you(m) was hearing tsema neber 당신은(남성) 듣 는 중이었습니다.	ትሰጥ ነበር 트새뜨 내배르 you(m) was giving tseth neber 당신은(남성) 주 는 중이었습니다.	ትሄድ ነበር 트해드 내배르 you(m) was going thed neber 당신은(남성) 가 는 중이었습니다.	ትቆም ነበር 트꼬므 내배르 you(m) was standing tqom neber 당신은(남성) 서 는 중이었습니다.
Youn (f)	ት ee ነበር t neber 트 이 내배르	ትሰሚ ነበር 트새미 내배르 you(f) was hearing tsemi neber 당신은(여성) 듣 는 중이었습니다.	ትሰጪ ነበር 트새찌 내배르 you(f) was giving tsechi neber 당신은(여성) 주 는 중이었습니다.	ትሄጅ ነበር 트해즈 내배르 you(f) was going thej neber 당신은(여성) 가 는 중이었습니다.	ትቆሚ ነበር 트꼬미 내배르 you(f) was standing tqomi neber 당신은(여성) 서 는 중이었습니다.
He	ይ ነበር yi neber 이 내배르	ይሰማ ነበር 이새마 내배르 he was hearing yisema neber 그는 듣는 중이었습니다.	ይሰጥ ነበር 이새뜨 내배르 he was giving yiseth neber 그는 주는 중이었습니다.	ይሄድ ነበር 이해드 내배르 he was going yihed neber 그는 가는 중이었습니다.	ይቆም ነበር 이꼬므 내배르 he was standing yiqom neber 그는 서는 중이었습니다.
She	ት ነበር t neber 트 내배르	ትሰማ ነበር 트새마 내배르 she was hearing tsema neber 듣는 중이었습니다.	ትሰጥ ነበር 트새뜨 내배르 she was giving tseth neber 주는 중이었습니다.	ትሄድ ነበር 트해드 내배르 she was going thed neber 가는 중이었습니다.	ትቆም ነበር 트꼬므 내배르 she was standing tqom neber 서는 중이었습니다.
We	እን ነበር	እንሰማ ነበር	እንሰጥ ነበር	እንሄድ ነበር	እንቆም ነበር

		hearing	giving	going	standing
	in neber 은 내배르	은(으느)새마 내배르 we was hearing insema neber 우리는 듣는 중이었습니 다.	은(으느)새뜨 내배르 we was giving inseth neber 우리는 주는 중이었습니 다.	은(으느)해드 내배르 we was going inhed neber 우리는 가는 중이었습니 다.	은(으느)꼬므 내배르 we was standing inqom neber 우리는 서는 중이었습니 다.
You(pl)	ት ው ነበር t wu neber 트 우 내배 르	ትሰሙ ነበር 트새무 내배 르 you(pl) was hearing tsemu neber 당신들은 듣 는 중이었습 니다.	ትሰጡ ነበር 트새뚜 내배 르 you(pl) was giving tsethu neber 당신들은 주 는 중이었습 니다.	ትሄዱ ነበር 트해두 내배 르 you(pl) was going thedu neber 당신들은 가 는 중이었습 니다.	ትቆሙ ነበር 트꼬무 내배 르 you(pl) was standing tqomu neber 당신들은 서 는 중이었습 니다.
They & Polite	ይ ው ነበር yi wu neber 이 우 내배 르	ይሰሙ ነበር 이새무 내배 르 they was hearing yisemu neber 그들은 듣는 중이었습니 다.	ይሰጡ ነበር 이새뚜 내배 르 they was giving yisethu neber 그들은 주는 중이었습니 다.	ይሄዱ ነበር 이해두 내배 르 they was going yihedu neber 그들은 가는 중이었습니 다.	ይቆሙ ነበር 이꼬무 내배 르 they was standing yiqomu neber 그들은 서는 중이었습니 다.

3. 111 Group & 1111 Group & 11111 Group
- Present Tense & Future Tense
111 그룹, 1111 그룹, 11111그룹 - 현재, 미래 시제(복습)

	rule	111 Group Verbs Changes 166 Group Verbs ወሰደ 웨새대 he took wesede 그는 취했다	1111 Group Verbs Changes 1166 Group Verbs አደረገ 아대래개 he did aderege 그는 했다	11111 Group Verbs Changes 11166 Group Verbs አስቀመጠ 아스깨매때 he put asqemethe 그는 놓았다
I	እ አለሁ i alehu 은 알래 후	እወስዳለሁ 으애스다래후 I take or I will take iwesdalehu 나는 취할 것입니 다	አደርጋለሁ 아대르가래후 I do or I will do adergalehu 나는 할 것입니다	አስቀምጣለሁ 아스깨므따래후 I put or I will put asqemthalehu 나는 놓을 것입니 다
You(m)	ት አለህ t aleh	ትወስዳለህ 트애스다래흐	ታደርጋለህ 타대르가래흐	ታስቀምጣለህ 타스깨므따래흐

		you(m) take or you(m) will take	you(m) do or you(m) will do	you(m) put or you(m) will put
	트 알래흐	twesdaleh 당신은(남성) 취할 것입니다	tadergaleh 당신은(남성) 할 것입니다	tasqemthaleh 당신은(남성) 놓을 것입니다
Youn(f)	ት አለሽ t ee aleshi 트 이 알래시	ትወስጃአለሽ 트애스지알래시 you(f) take or you(f) will take twesjialeshi 당신은(여성) 취할 것입니다	ታደርጊአለሽ 타대르기알래시 you(f) do or you(f) will do tadergialeshi 당신은(여성) 할 것입니다	ታስቀምጪአለሽ 타스깨므찌알래시 you(f) put or you(f) will put tasqemchialeshi 당신은(여성) 놓을 것입니다
He	ይ አል yi al 이 알	ይወስዳል 이애스달 he take or he will take 그는 취할 것입니다	ያደርጋል 야대르갈 he do or he will do yadergal 그는 할 것입니다	ያስቀምጣል 야스깨므딸 he put or he will put yasqemthal 그는 놓을 것입니다
She	ት አለች t alechi 트 알래치	ትወስዳለች 트애스다래치 she take or she will take twesdalechi 그녀는 취할 것입니다	ታደርጋለች 타대르가래치 she do or she will do tadergalechi 그녀는 할 것입니다	ታስቀምጣለች 타스깨므따래치 she put or she will put tasqemthalechi 그녀는 놓을 것입니다
We	እን አለን in alen 은 알랜	እንወስዳለን 은(으느)애스다랜(래느) we take or we will take inwesdalen 우리는 취할 것입니다	እናደርጋለን 으나대르가랜(래느) we do or we will do inadergalen 우리는 할 것입니다	እናስቀምጣለን 으나스깨므따랜(래느) we put or we will put inasqemthalen 우리는 놓을 것입니다
You(pl)	ት ው አላ ችሁ t wu alachihu 트 우 알 라 치 후	ትወስዳላችሁ 트애스다라치후 you(pl) take or you(pl) will take twesdalachihu 당신들은 취할 것입니다	ታደርጋላችሁ 타대르가라치후 you(pl) do or you(pl) will do tadergalachihu 당신들은 할 것입니다	ታስቀምጣላችሁ 타스깨므따라치후 you(pl) put or you(pl) will put tasqemthalachihu 당신들은 놓을 것입니다
They & Polite	ይ ው አ ሉ yi wu alu 이 우 알후	ይወስዳሉ 이애스다루 they take or they will take yiwesdalu	ያደርጋሉ 야대르가루 they do or they will do yadergalu	ያስቀምጣሉ 야스깨므따루 they put or they will put yasqemthalu

그들은 취할 것입니다	그들은 할 것입니다	그들은 놓을 것입니다

4. 111 Group - Past Continuous(subject + was + v + ing)(과거진행)

		111 Group Verbs Changes 166 Group Verbs (subject + was + v + ing) መሰደ 애새대 he took wesede –하는 중이었습니다.
I	እ ነበር i neber 으 내배르	እመሰድ ነበር 으애스드 내배르 I was taking iwesd neber 나는 취하고 있는 중이었습니다.
You(m)	ት ነበር t neber 트 내배르	ትመሰድ ነበር 트애스드 내배르 you(m) was taking twesd neber 당신은(남성) 취하고 있는 중이었습니다.
Youn(f)	ት ee ነበር t neber 트 이 내배르	ትመሰጂ ነበር 트애스지 내배르 you(f) was taking twesji neber 취하고 있는 중이었습니다.
He	ይ ነበር yi neber 이 내배르	ይመሰድ ነበር 이애스드 내배르 he was taking yiwesd neber 그는 취하고 있는 중이었습니다.
She	ት ነበር t neber 트 내배르	ትመሰድ ነበር 트애스드 내배르 she was taking twesd neber 그녀는 취하고 있는 중이었습니다.
We	እን ነበር in neber 은 내배르	እንመሰድ ነበር 은(으느)애스드 내배르 we was taking inwesd neber 우리는 취하고 있는 중이었습니다.
You(pl)	ት ው ነበር t wu neber 트 우 내배르	ትመሰዱ ነበር 트애스두 내배르 you(pl) was taking twesdu neber 당신들은 취하고 있는 중이었습니다.

| They & Polite | ይ ው ነበር
yi wu neber
이 우 내배르 | ይወስዱ ነበር
이애스두 내배르
they was taking
yiwesdi neber
그들은 취하고 있는 중이었습니다. |

5. 41 Group - Present Tense & Future Tense(현재, 미래 시제)

	41 Group changes 66 ጻፈ 짜패 (He wrote) tsafe			
I	እ i 으	ጽፍ tsf 쯔프	አለሁ alehu 알래후	እጻፋለሁ 으쯔파래후 I write or I will write itsfalehu 나는 쓸 것입니다.
You(m)	ት t 트	ጽፍ tsf 쯔프	አለህ aleh 알래흐	ትጻፈለህ 트쯔파래흐 you(m) write or you will write ttsfaleh 당신은(남성) 쓸 것입니다.
Youn(f)	ት t 트	ጽፊ tsfi 쯔피	አለሽ aleshi 알래시	ትጻፊአለሽ 트쯔피알래시 you(f) write or you will write ttsfialeshi 당신은(여성) 쓸 것입니다.
he	ይ yi 이	ጽፍ tsf 쯔프	አል al 알	ይጻፋል 이쯔팔 he write or he will write yitsfal 그는 쓸 것입니다.
she	ት t 트	ጽፍ tsf 쯔프	አለች alechi 알래치	ትጻፈለ 트쯔파래 she write or she will write ttsfale 그녀는 쓸 것입니다.
we	እን in 은	ጽፍ tsf 쯔프	አለን alen 알랜	እንጻፈለን 은(으느)쯔파랜(래느) we write or we will write intsfalen 우리는 쓸 것입니다.
You(pl)	ት t 트	ጽፉ tsfu 쯔푸	አላችሁ alachihu 알라치후	ትጻፈላችሁ 트쯔파라치후 you(pl) write or you(pl) will write ttsfalachihu

				당신들은 쓸 것입니다.
They, you, he, she(Pol)	ይ yi 이	ጽፉ tsfu 쯔푸	አሉ alu 알루	ይጽፋሉ 이쯔파루 they write or they will write (You, he, she(pol) write or will write) yitsfalu 그들은 쓸 것입니다.

6. 41 Group - Past Continuous tense(과거 진행 시제)

	41 Group changes 66 ጻፈ 짜패 (He wrote) tsafe			(subject + was + v + ing)
I	አ i 으	ጽፍ tsf 쯔프	ነበር neber 내배르	እጽፍ ነበር 으쯔프 내배르 I was writing itsf neber 나는 쓰고 있는 중이었습니다.
You(m)	ት t 트	ጽፍ tsf 쯔프	ነበር neber 내배르	ትጽፍ ነበር 트쯔프 내배르 you(m) was writing ttsf neber 당신은(남성) 쓰고 있는 중이었습니다.
Youn(f)	ት t 트	ጽፊ tsfi 쯔피	ነበር neber 내배르	ትጽፊ ነበር 트쯔피 내배르 you(f) was writing ttsfi neber 당신은(여성) 쓰고 있는 중이었습니다.
he	ይ yi 이	ጽፍ tsf 쯔프	ነበር neber 내배르	ይጽፍ ነበር 이쯔프 내배르 he was writing yitsf neber 그는 쓰고 있는 중이었습니다.
she	ት t 트	ጽፍ tsf 쯔프	ነበር neber 내배르	ትጽፍ ነበር 트쯔프 내배르 she was writing ttsf neber 그녀는 쓰고 있는 중이었습니다.
we	እን in 은	ጽፍ tsf 쯔프	ነበር neber 내배르	እንጽፍ ነበር 은(으느)쯔프 내배르 we was writing intsf neber 우리는 쓰고 있는 중이었습니다.
You(pl)	ት t	ጽፉ tsfu	ነበር neber	ትጽፉ ነበር 트쯔푸 내배르

	트	쯔푸	내배르	you(pl) was writing
				ttsfu neber
				당신들은 쓰고 있는 중이었습니다.
They, Polite	ይ yi 이	ጸፉ tsfu 쯔푸	ነበር neber 내배르	ይጸፉ ነበር 이쯔푸 내배르 they was writing yitsfu neber 그들은 쓰고 있는 중이었습니다.

Lesson 21 - Past Continuous Tense(과거 진행 시제)
(subject + was + v + ing) -하고 있는 중이었습니다.
(subject + used to v) -하곤 하였습니다.

Exercise(sentence) 20
1. Mamusi was eating beans.
ማሙሲ. ባቄላ ይበላ ነበር፡፡
마무시 바깨라 이배라 내배르፡
mamusi baqela yibela neber፡
마무시는 콩을 먹고 있는 중이었습니다.

2. He used to take her.
ይወስዳት ነበር፡፡
이애스다트 내배르፡
yiwesdat neber፡
그는 그녀를 데리러 가곤 하였습니다.

3. The children were running on the road singing a song.
ልጆቹ መዝሙር አየዘመሩ በመንገድ ላይ ይሮጡ ነበር፡፡
르조추 매즈무르 으애재매루 배맨(매느)개드 라이 이로뚜 내배르፡
ljochu mezmur iyezemeru bemenged layi yirothu neber፡
그 아이들은 노래를 부르면서 길 위로 달려가는 중이었습니다.

4. My mother was washing clothes yesterday morning.
ትናንትና ጠዋት እናቴ ልብስ ታጥብ ነበር፡፡
트난(나느)트나 때와트 으나태 르브스 타뜨브 내배르፡
tnantna thewat inate lbs tathb neber፡
어제 아침 나의 어머니는 옷을 세탁하고 있는 중이었습니다.

5. A man named Mamusi used to work here.
ማሙሲ. የተባለ ሰው እዚህ ይሰራ ነበር፡፡
마무시 애태바래 새우 으지흐 이새라 내배르፡
mamusi yetebale sewu izih yisera neber፡
마무시라고 불리우는 사람이 여기서 일하곤 하였습니다.

6. They used to pay 50 Birr for injera and wat.
ለእንጀራና ለወጥ 50 ብር ይከፍሉ ነበር፡፡
래은(으느)재라나 래애뜨 50 브르 이캐프루 내배르፡

leinjerana leweth 50 br yikeflu neber፡፡
인제라와 와트를 위해 50 비르를 그들은 지불하곤 하였습니다.

7. They used to go together to school.
ወደ ትምህርት ቤት አብረው ይሄዱ ነበር፡፡
애대 틈(트므)흐르트 배트 아브래우 이해두 내배르፡፡
wede tmhrt bet abrewu yihedu neber፡፡
학교에 함께 그들은 가곤 하였습니다.

8. Our neighbors were always helping us.
ጎረቤቶቻችን ሁልጊዜ ይረዱን ነበር፡፡
고래배토차친(치느) 후르기재 이래두น 내배르፡፡
gorebetochachin hulgize yiredun neber፡፡
우리의 이웃들은 항상 우리를 돕고 있는 중이었습니다.

9. She used to live in America.
በአሜርካ ትኖር ነበር፡፡
배아매르카 트노르 내배르፡፡
beamerka tnor neber፡፡

10. He was writing a letter.
ደብዳቤ ይጽፍ ነበር፡፡
대브다배 이쯔프 내배르፡፡
debdabe yitsf neber፡፡
편지를 그는 쓰고 있는 중이었습니다.

11. Were you(pl) washing clothes yesterday?
ትናንትና ልብስ ታጥቢ ነበር?
트난(나느)트나 르브스 타뜨비 내배르?
tnantna lbs tathbi neber?
어제 옷을 당신들은 세탁하고 있는 중이었습니까?

12. Many children were going along the road shouting.
ብዙ ልጆች በመንገድ ላይ እየጮኹ ይሄዱ ነበር፡፡
브주 르조치 배맨(매느)개드 라이 으애쪼후 이해두 내배르፡፡
bzu ljochi bemenged layi iyechohu yihedu neber፡፡
많이 아이들은 길 위에 노래하면서 가고 있는 중이었습니다.

13. Were you(pl) working in the house all day.
ቀኑን በሙሉ በቤት ትሰሩ ነበር?
깨눈(누느) 배무루 배배트 트새루 내배르?
qenun bemulu bebet tseru neber?
그날 온 종일 집에 당신들은 일하고 있는 중이었습니까?

14. She was not taking them.
አትወስዳቸውም ነበር፡፡
아트애스다챠옴(우므) 내배르፡፡
atwesdachewum neber፡፡
그녀는 그것들을 취하지 않고 있는 중이었습니다.

15. His sister used to sell injera.
እህቱ እንጀራ ትሸጥ ነበር።
으흐투 은(으)재라 트셰뜨 내배르።
ihtu injera tsheth neber።
그녀의 여동생은 인제라를 팔곤 하였습니다.

16. They used to go together to school.
ወደ ትምህርት ቤት አብረው ይሄዱ ነበር።
애대 틈(트므)흐르트 배트 아브래우 이해두 내배르።
wede tmhrt bet abrewu yihedu neber።
학교에 함께 그들은 가곤 하였습니다.

17. Her brother used to sell vegetables.
ወንድምዋ አትክልት ይሸጥ ነበር።
앤(애느)듬(드므)와 아트크르트 이셰뜨 내배르።
wendmwa atklt yisheth neber።
그녀의 형제는 채소를 팔손 하였습니다.

18. I used to drink beer.
ጠላ እጠጣ ነበር።
때라 으때따 내배르።
thela ithetha neber።
맥주를 나는 마시곤 하였습니다.

19. His brother used to saw clothes.
ወንድሙ ልብስ ይሰፋ ነበር።
앤(애느)드무 르브스 이새파 내배르።
wendmu lbs yisefa neber።
그의 형제는 옷을 수선하곤 하였습니다.

20. Did not you(f) used to sweep the floor every Saturday?
ቅዳሜ ቅዳሜ ወለሉን አትጠርጊም ነበር?
끄다매 끄다매 애래룬(루느) 아트때르김(기므) 내배르?
qdame qdame welelun atthergim neber?
매주 토요일(직역: 토요일 토요일) 그 바닥을 당신은(여성) 쓸지 않곤 하였습니까?

Lesson 22 - The imperative(명령법) 2 (The Jussive)(명령법 2)(간접명령)
(Let me verb)(주어가 동사 하게 해 주세요, 하게 합시다, 하자)
=> The Jussive(명령법 2)(간접명령)는 The imperative(명령법) 동사 변화형 시제가 같다.

1. rule(규칙)

	rule
I	ለ r 르

	let me 내가 동사 하게 해 주세요(합시다)		
You(m)	imperative(명령법)		
You(f)	imperative(명령법)		
He	ይ yi 이 let him 그가 동사 하게 해 주세요(합시다)		
She	ት t 트 let her 그녀가 동사 하게 해 주세요(합시다)		
We	እን in 은 let us 우리가 동사 하게 해 주세요(합시다)		
You(pl)	imperative(명령법)		
They, He,she(pol)	ይ ው yi wu 이 우 let them 그들이 동사 하게 해 주세요(합시다)		

2. Exception(예외)

	rule	111 Group		41 Group	71 Group
		changes 616	changes 166	changes 46	changes 26
		ወሰደ 애새대 he took wesede	ፈለገ 패래개 he wanted felege	ጻፈ 짜패 he wrote tsafe	ቆመ 꼬매 he stood qome
I	ል let me r 르	ልውሰድ 르우새드 Let me take lwused 내가 가져가 게 해 주세요 (합시다)	ልፈለግ 르패르그 Let me want lfelg 내가 원하게 해 주세요(합 시다)	ልጻፍ 르짜프 Let me write ltsaf 내가 쓰게 해 주세요(합시 다)	ልቁም 르꿈(꾸므) Let me stand lqum 내가 서게 해 주세요(합시 다)
You(m)	imperati ve(명령 법)	ውሰድ 우새드 616 Take! wused	ፈለግ 패르그 166 want felg	ጻፍ 짜프 43 write tsaf	ቁም 꿈(꾸므) 26 stand qum

You(f)	imperative(명령법)	ውሰጂ 우새지 613 Take! wuseji	ፈልጊ 패르기 163 want felgi	ጻፊ 짜피 42 write tsafi	ቁሚ 꾸미 23 stand qumi
He	ይ let him yi 이	ይውሰድ 이우새드 Let him take yiwused 그가 가져가게 해 주세요 (합시다)	ይፈልግ 이패르그 Let him want yifelg 그가 원하게 해 주세요(합시다)	ይጻፍ 이짜프 Let him write yitsaf 그가 쓰게 해 주세요(합시다)	ይቁም(꾸므) 이꿈(꾸므) Let him stand yiqum 그가 서게 해 주세요(합시다)
She	ት let her t 트	ትውሰድ 트우새드 Let her take twused 그녀가 가져가게 해 주세요(합시다)	ትፈልግ 트패르그 Let her want tfelg 그녀가 원하게 해 주세요(합시다)	ትጻፍ 트짜프 Let her write ttsaf 그녀가 쓰게 해 주세요(합시다)	ትቁም(꾸므) 트꿈(꾸므) Let her stand tqum 그녀가 서게 해 주세요(합시다)
We	እን let us in 은	እንውሰድ 은(으느)우새드 Let us take inwused 우리가 가져가게 해 주세요(합시다)	Let us want 우리가 원하게 해 주세요(합시다)	እንጻፍ 은(으느)짜프 Let us write intsaf 우리가 쓰게 해 주세요(합시다)	እንቁም 은(으느)꿈(꾸므) Let us inqum 우리가 서게 해 주세요(합시다)
You(pl)	imperative(명령법)	ውሰዱ 우새두 612 Take! inwused	ፈልጉ 패르구 162 want felgu	ጻፉ 짜푸 42 write tsafu	ቁሙ 꾸무 22 stand qumu
They, He,she(	ይ ው let them yi wu	ይውሰዱ 이우새두	ይፈልጉ 이패르구 Let them	ይጻፉ 이짜푸 Let them	ይቁሙ 이꾸무 Let them

pol)	이 우	Let them take yiwusedu 그들이 가져 가게 해 주세요(합시다)	want yifelgu 그들이 원하게 해 주세요(합시다)	write yitsafu 그들이 쓰게 해 주세요(합시다)	stand yiqumu 그들이 서게 해 주세요(합시다)

3. Exception

	rule	14 Group		11 Group	
		changes 64 ሰማ 새마 He heard sema 그는 들었다	changes 14 ጠጣ 때따 He drank thetha 그는 마셨다	changes 66 ሰጠ 새때 He gave sethe 그는 주었다	changes 16 ለየ 래애 He separated leye 그는 나누었다
I	ል let me r 르	ልሰማ 르새마 Let me hear lsema 내가 듣게 해 주세요(합시다)	ልጠማ 르때따 Let me drink lthetha 내가 마시게 해 주세요(합시다)	ልሰጥ 르스뜨 Let me give lsth 내가 주게 해 주세요(합시다)	ልለይ 르래이 Let me separate lleyi 내가 나누게 해 주세요(합시다)
You(m)	imperative(명령법)	ሰማ 스마 64 hear sma	ጠማ 때따 14 drink thetha	ሰጥ 스뜨 66 give sth	ለይ 래이 16 separate leyi
You(f)	imperative(명령법)	ሰሚ 스미 63 hear smi	ጠጪ 때찌 13 drink thechi	ሰጪ 스찌 63 give schi	ለይ 래이 13 separate leyi
He	ይ let him yi 이	ይሰማ 이스마 let him hear yisma	ይጠማ 이때따 let him drink yithetha	ይሰጥ 이스뜨 let him give yisth	ይለይ 이래이 let him separate

		그가 듣게 해 주세요(합시다)	그가 마시게 해 주세요(합시다)	그가 주게 해 주세요(합시다)	yileyi 그가 나누게 해 주세요(합시다)
She	ት let her t 트	ትስማ 트스마 let her hear tsma 그녀가 듣게 해 주세요(합시다)	ትጠጣ 트때따 let her drink tthetha 그녀가 마시게 해 주세요(합시다)	ትስጥ 트스뜨 let her give tsth 그녀가 주게 해 주세요(합시다)	ትለይ 트래이 let her separate tleyi 그녀가 나누게 해 주세요(합시다)
We	እን let us in 은	እንስማ 은(으느)스마 let us hear insma 우리가 듣게 해 주세요(합시다)	እንጠጣ 은(으느)때따 let us drink inthetha 우리가 마시게 해 주세요(합시다)	እንስጥ 은(으느)스뜨 let us give insth 우리가 주게 해 주세요(합시다)	እንለይ 은(으느)래이 let us separate inleyi 우리가 나누게 해 주세요(합시다)
You(pl)	imperative(명령법)	ስሙ 스무 62 hear smu	ጠጡ 때뚜 12 drink thethu	ስጡ 스뚜 62 give sthu	ለዩ 래유 12 separate leyu
They, He,she(pol)	ይ ው let them yi wu 이 우	ይስሙ 이스무 let them hear yismu 그들이 듣게 해 주세요(합시다)	ይጠጡ 이때뚜 let them drink yithethu 그들이 마시게 해 주세요(합시다)	ይስጡ 이스뚜 let them give yisthu 그들이 주게 해 주세요(합시다)	ይለዩ 이래유 let them separate yileyu 그들이 나누게 해 주세요(합시다)

Lesson 22 - The imperative 2 (The Jussive)(명령법 2)(간접명령)
(Let me verb)(주어가 동사 하게 해 주세요, 하게 합시다, 하자)

Exercise(sentence) 20
1. Let us sing both(the two).
ሁለቱንም እንዘምር።
후래투늠(느므) 은(으느)재므르።
huletunm inzemr።

그 둘을 우리가 노래하게 합시다.

2. Let her search(look for).
ትፈልግ፨
트패르그፨
tfelg፨
그녀가 찾게 합시다.

3. will I copy this letter for you?
ይህን ደብዳቤ ልገልብጥልሁ?
이흔(흐느) 대브다배 르개르브뜨르흐?
yihn debdabe lgelbthlh?
이 편지를 나는 당신을 위해 복사할까요?

4. Let us meet for lunch tomorrow.
ነገ ለምሳ እንገናኝ፨
내개 램(래므)사 은(으느)개난(나느)፨
nege lemsa ingenany፨
내일 점심을 위해 우리가 만납시다.

5. Let us go as we eat!
እየበላን እንሂድ፨
으애배란(라느) 은(으느)히드፨
iyebelan inhid፨
우리가 먹으면서 가도록 합시다.

6. Do not come(pol) today. Come(pol) tomorrow. Let john come today.
ዛሬ አይምጡ፨ ነገ ይምጡ፨ ዛሬ ዮሐንስ ይምጣ፨
자래 아임(이므)뚜፨ 내개 임(이므)뚜፨ 자래 요하느스 임(이므)따፨
zare ayimthu፨ nege yimthu፨ zare yohans yimtha፨
오늘 올수 없습니다. 내일 와 주세요. 오늘 요한은 오게 합시다.

7. Let them take it.
ይውሰዱት፨
이우새두트፨
yiwusedut፨
그들은 그것을 취하게 합시다.

8. Let it be closed carefully.
በጥንቃቄ ይዘጋ፨
배뜬(뜨느)까깨 이재가፨
bethnqaqe yizega፨
주의해서 그것을 닫아 주세요.

9. will I exalt them?
ከፍ ላድርጋቸው?
캐프 라드르가쵸우?
kef ladrgachewu?
나는 그것들을 높일 것입니까?

10. Do not you(f) write the letter. Let Mark write.

ደብዳቤውን አትጻፊ። ማርቆስ ይጻፍ።

대브다배운(우느) 아트짜피። 마르꼬스 이짜프።

debdabewun attzafi። marqos yitzaf።

그 편지를 당신은(여성) 쓰지 말라. 마크가 쓰게 합시다.

11. Let us thank God with all our hearts.

በሙሉ ልባችን እግዚአብሔርን እናመስግን።

배무루 르바친(치느) 으그지아브해른(르느) 으나매스근(그느)።

bemulu lbachin igziabhern inamesgn።

우리의 온 마음으로 하나님께 감사합시다.

12. May the girl come here?

ልጂቱ ወደዚህ ትምጣ?

르지투 애대지흐 틈(트므)따?

ljitu wedezih tmtha?

그 소녀는 여기에 올 것입니까?

13. He broke his long pencil. Let him write with his new pen.

ረጅሙን እርሳሱን ሰበረ። በአዲሱ ብሩ ይጻፉ።

래즈무느 으르사순(수느) 새배래። 배아디수 브루 이짜푸።

rejmun irsasun sebere። beadisu biru yitsafu።

그의 긴 연필을 그는 깨뜨렸습니다. 그의 새로운 펜으로 쓰게 합시다.

14. May I take it?

ልውሰደው?

르우새대우?

lwusedewu?

내가 그것을 취해도 될까요?

15. Please let the child go with me. May his sister go?

እባክህ ልጁ ከኔ ጋር ይሂድ። እህቱ ትሂድ?

으바크흐 르주 캐내 갈(가르) 이히드። 으흐투 트히드?

ibakh lju kene gar yihid። ihtu thid?

제발 그 아이는 나와 함께 가게 해 주세요. 그의 여동생이 갈까요?

16. What time will we return there?

በስንት ሰዓት ወደዚህ እንመለስ?

배슨(스느)트 새아트 애대지흐 은(으느)매래스?

besnt seat wedezih inmeles?

몇 시에 거기에 우리는 돌아올까요?

17. will we sweep her room?

ክፍሏን እንጥረግ?

크프르완(아느) 은(으느)뜨래그?

kflawan inthreg?

그녀의 방을 우리가 쓸까요?

18. will I bring her? No do not(f).

ላምጣት? አይ አታምጣት።
라므따트? 아이 아타므따트።
lamthat? ayi atamthat።
내가 그녀를 데려올까요? 아니요 그녀를 데려오지 말라.

19. will I bring coffee or tea?
ቡና ላምጣ ወይስ ሻይ?
부나 라므따 애이스 샤이?
buna lamtha weyis shayi?
커피 또는 차를 내가 가져올까요?

20. What will I say?
ምን ልበል?
믄(므느) 르배르?
mn lbel?
무엇을 내가 말할까요?

Lesson 23 - Negative Verbs(부정 동사들)
1. Personal Pronouns(인칭 대명사)

P e r s o n a l Pronouns 인칭대명사	to be verb 인칭대명사 동사	to be verb - Negative 인칭 대명사 부정
እኔ 으내 I ine 나는	ነኝ 낸(내느) I am neny 나는 입니다.	አይደለሁም 아이대래홈(후므) I am not ayidelehum 나는 아닙니다.
አንተ 안(아느)태 you(m) ante 당신은(남성)	ነህ 내흐 You(m) are neh 당신은(남성)입니다.	አይደለህም 아이대래홈(흐므) You(m) are not ayidelehm 당신은(남성) 아닙니다.
አንቺ 안(아느)치 you(f) anchi 당신은(여성)	ነሽ 내시 you(f) are nesh 당신은(여성) 입니다.	አይደለሽም 아이대래심(시므) You(f) are not ayideleshm 당신은(여성) 아닙니다.
እርሱ 으르수 he irsu 그는	ነው 내우 he is newu 그는 입니다.	አይደለም 아이대램(래므) he is not ayidelum 그는 아닙니다.
እርስዋ 으르스와 she irswa	ናት 나트 she is nat	አይደለችም 아이대래침(치므) she is not ayidelem

그녀는	그녀는 입니다.	그녀는 아닙니다.
እኛ 으냐 we inya 우리는	ነን 낸(내느) we are nen 우리는 입니다.	አይደለንም 아이대래늠 we are not ayidelenm 우리는 아닙니다.
እናንተ 으난태 you(pl) inante 당신들은	አችሁ 아치후 you(pl) are nachihu 당신들은 입니다.	አይደላችሁም 아이대라치훔(후므) You(pl) are not ayidelachihum 당신들은 아닙니다.
እነርሱ 으내르수 They inersu 그들은	ናቸው 나쵸우 they are nachewu 그들은 입니다.	አይደሱም 아이대룸(루므) they are not ayidelachihum 그들은 아닙니다.
እርሳቸው 으르사쵸우 he(pol) or she (polite) irsachewu 그는(그녀는) (공손한 표현)	ናቸው 나쵸우 he(pol) is, she (polite) is nachewu 그는(그녀는)(공손한 표현) 입니다.	አይደሱም 아이대룸(루므) He, she,(polite) is not ayidelum 그는(그녀는)(공손한 표현) 아닙니다.
እረስዎ 으래스오 you(pol) 당신은(공손한 표현)	ነዎት 내오트 you(pol) are 당신은(공손한 표현) 입니다.	አይደሱም 아이대룸(루므) You(pol) are not 당신은(공손한 표현) 아닙니다.

2. past tense & present perfect negative
(과거와 현재 완료 부정- 둘다 과거로 해석),
past perfect negative(과거 완료 부정),
present & future tense negative(현재와 미래 부정),
past continuous negative(과거 진행 부정).

	past tense & present perfect negative (과거와 현재 완료 부정) (did not verb, have not verb+ed)	past perfect negative (had not verb+ed) (과거 완료 부정)
I	አል+ verb+ሁ+ም 알+ verb+후+므 I did not verb, I have not verb+ed	አል+ verb+ሁ+ም ነበር 알+ verb+후+므 내배르 I had not verb+ed al+ hu+m neber 알+후+므 내배르

	al+hu+m 알+후+므	
You(m)	አል+ verb+ህ+ም 알+ verb+흐+므 You(m) did not verb, You(m) have not verb+ed al+h+m 알+흐+므	አል+ verb+ህ+ም ነበር 알+ verb+흐+므 내배르 You(m) had not verb+ed al+ h+m neber 알+흐+므 내배르
You(f)	አል+ verb+ሽ+ም 알+ verb+시+므 You(f) did not verb, You(f) have not verb+ed al+sh+m 알+시+므	አል+ verb+ሽ+ም ነበር 알+ verb+시+므 내배르 You(f) had not verb+ed al+ sh+m neber 알+시+므 내배르
He	አል+ verb+ም 알+ verb+므 he did not verb, he have not verb+ed al+m 알+므	አል+ verb+ም ነበር 알+ verb+므 내배르 he had not verb+ed al+m neber 알+므 내배르
She	አል+ verb+ች+ም 알+ verb+치+므 she did not verb, she have not verb+ed al+chi+m 알+치+므	አል+ verb+ች+ም ነበር 알+ verb+치+므 내배르 she had not verb+ed al+chi+m neber 알+치+므 내배르
We	አል+ verb+ን+ም 알+ verb+느+므 we did not verb, we have not verb+ed al+n+m 알+느+므	አል+ verb+ን+ም ነበር 알+ verb+느+므 내배르 we had not verb+ed al+n+m neber 알+느+므 내배르
You(pl)	አል+ verb+አችሁ+ም 알+ verb+아치후+므 You(pl) did not verb, You(pl) have not verb+ed al+nachihu+m 알+나치후+므	አል+ verb+አችሁ+ም ነበር 알+ verb+아치후+므 내배르 You(pl) had not verb+ed al+nachihu+m neber 알+나치후+므 내배르
They, He,she(p ol)	አል+ verb+ው+ም 알+ verb+우+므 they did not verb,	አል+ verb+ው+ም ነበር 알+ verb+우+므 내배르 they had not verb+ed

	they have not verb+ed al+wu+m 알₊우₊므	al+ wu+m neber 알₊우₊므 내배르

	present & future tense negative (현재와 미래 부정) (do not verb, will not verb)	past continuous negative (was not verb+ ing) (과거 진행 부정)
I	አል+ verb+ም 알₊ verb+므 I do not verb, I will not verb al+m 알₊므	አል+ verb+ም ነበር 알₊ verb+므 내배르 I was not verb+ ing al+ m neber 알₊므 내배르
You(m)	እት+ verb+ም 아트₊ verb+므 You(m) do not verb, You(m) will not verb at+m 아트₊므	እት+ verb+ም ነበር 아트₊ verb+므 내배르 You(m) was not verb+ ing at+m neber 아트₊므 내배르
You(f)	እት+ verb+ee+ም 아트₊ verb+ee+므 You(f) do not verb, You(f) will not verb at+ee+m 아트₊이₊므	እት+ verb+ee+ም ነበር 아트₊ verb+ee+므 내배르 You(f) was not verb+ ing at++ee+m neber 아트₊이₊므 내배르
He	አይ+ verb+ም 아이₊ verb+므 he do not verb, he will not verb ayi+m 아이₊므	አይ+ verb+ም ነበር 아이₊ verb+므 내배르 he was not verb+ ing ayi+m neber 아이₊므 내배르
She	እት+ verb+ም 아트₊ verb+므 she do not verb, she will not verb at+m 아트₊므	እት+ verb+ም ነበር 아트₊ verb+므 내배르 she was not verb+ ing at+m neber 아트₊므 내배르
We	እን+ verb+ም 안(아느)+ verb+므 we do not verb, we will not verb an+m	እን+ verb+ም ነበር 안(아느)+ verb+므 내배르 we was not verb+ ing an+m neber 안₊므 내배르

	안+므 내배르	
You(pl)	ኣት+ verb+ው+ም 아트+ verb+우+므 You(pl) do not verb, You(pl) will not verb at+wu+m 아트+우+므	ኣት+ verb+ው+ም ነበር 아트+ verb+우+므 내배르 You(pl) was not verb+ ing at+wu+m neber 아트+우+므 내배르
They, He,she(p ol)	ኢይ+ verb+ው+ም 아이+ verb+우+므 they do not verb, they will not verb ayi+wu+m 아이+우+므	ኢይ+ verb+ው+ም ነበር 아이+ verb+우+므 내배르 they was not verb+ ing ayi+wu+m neber 아이+우+므 내배르

	past tense & present perfect negative (과거와 현재 완료 부정) (did not verb, have not verb+ed)	past perfect negative (had not verb+ed) (과거 완료 부정)
I	አልወሰድሁም 알애새드훔(후므) I did not take, I have not taken alwesedhum 나는 취하지 못했습니다.	አልወሰድሁም ነበር 알애새드훔(후므) 내배르 I had not taken alwesedhum neber 나는 취하지 못했었습니다.
You(m)	አልወሰድህም 알애새드홈(흐므) you(m) did take, you(m) have not taken alwesedhm 당신은(남성) 취하지 못했습 니다.	አልወሰድህም ነበር 알애새드홈(흐므) 내배르 you(m) had not taken alwesedhm neber 당신은(남성) 취하지 못했었습 니다.
You(f)	አልወሰድሽም 알애새드심(시므) you(f) did not take, you(f) have not taken alwesedshm 당신은(여성) 취하지 못했습 니다.	አልወሰድሽም ነበር 알애새드심(시므) 내배르 you(f) had not taken alwesedshm neber 당신은(여성) 취하지 못했었습 니다.
He	አልወሰደም	አልወሰደም ነበር

	알애새댐(댐(대므)) he did not take, he has not taken alwesedem 그는 취하지 못했습니다.	알애새댐(대므) 내배르 he had not taken alwesedem neber 그는 취하지 못했었습니다.
She	አልወሰደችም 알애새대침(치므) she did not take, she has not taken alwesedechim 그녀는 취하지 못했습니다.	አልወሰደችም ነበር 알애새대침(치므) 내배르 she had not taken alwesedechim neber 그녀는 취하지 못했었습니다.
We	አልወሰድንም 알애새드늠(느므) we did not take, we has not taken alwesednm 우리는 취하지 못했습니다.	አልወሰድንም ነበር 알애새드늠(느므) 내배르 we had not taken alwesednm neber 우리는 취하지 못했었습니다.
You(pl)	አልወሰዳችሁም 알애새다치훔(후므) you(pl) did not take, you(pl) have not taken alwesedachihum 당신들은 취하지 못했습니다.	አልወሰዳችሁም ነበር 알애새다치훔(후므) 내배르 you(pl) had not taken alwesedachihum neber 당신들은 취하지 못했었습니다.
They, He,she(p ol)	አልወሰዱም 알애새둠(두므) they did not take, they have not taken. alwesedum 그들은 취하지 못했습니다.	አልወሰዱም ነበር 알애새둠(두므) 내배르 they had not taken. alwesedum neber 그들은 취하지 못했었습니다.

	present & future tense negative (현재와 미래 부정) (do not verb, will not verb)	past continuous negative (was not verb+ ing) (과거 진행 부정)
I	አልፈልግም 알패르금(그므) I do not want, I will not want	አልፈልግም ነበር 알패르금(그므) 내배르 I was not wanting alfelgm neber

		나는 원하지 않는 중이었습니다.
	alfelgm 나는 원하지 않습니다. 나는 원하지 않을 것입니다.	
You(m)	አትፈልግም 아트패르금(그므) You(m) do not want, You(m) will not want atfelgm 당신은(남성) 원하지 않습니다. 당신은(남성) 원하지 않을 것입니다.	አትፈልግም ነበር 아트패르금(그므) 내배르 You(m) was not wanting atfelgm neber 당신은(남성) 원하지 않는 중이 었습니다.
You(f)	አትፈልጊም 아트패르김(기므) You(f) do not want, You(f) will not want atfelgim 당신은(여성) 원하지 않습니다. 당신은(여성) 원하지 않을 것입니다.	አትፈልጊም ነበር 아트패르김(김(기므)) 내배르 You(f) was not wanting atfelgim neber 당신은(여성) 원하지 않는 중이 었습니다.
He	አይፈልግም 아이패르금(그므) he do not want, he will not want ayifelgm 그는 원하지 않습니다. 그는 원하지 않을 것입니다.	አይፈልግም ነበር 아이패르금(그므) 내배르 he was not wanting ayifelgm neber 그는 원하지 않는 중이었습니다.
She	አትፈልግም 아트패르금(그므) she do not want, she will not want atfelgm 그녀는 원하지 않습니다. 그녀는 원하지 않을 것입니다.	አትፈልግም ነበር 아트패르금(그므) 내배르 she was not wanting atfelgm neber 그녀는 원하지 않는 중이었습니 다.
We	አንፈልግም 안(아느)패르금(그므)	አንፈልግም ነበር 안(아느)패르금(그므) 내배르

		we do not want, we will not want anfelgm 우리는 원하지 않습니다. 우리는 원하지 않을 것입니다.	we was not wanting anfelgm neber 우리는 원하지 않는 중이었습니다.
You(pl)		አትፈልጉም 아트패르굼(구므) You(pl) do not want, You(pl) will not want atfelgum 당신들은 원하지 않습니다. 당신들은 원하지 않을 것입니다.	አትፈልጉም ነበር 아트패르굼(구므) 내배르 You(pl) was not wanting atfelgum neber 당신들은 원하지 않는 중이었습니다.
They, He,she(pol)		አይፈልጉም 아이패르굼(구므) they do not want, they will not want ayifelgum 그들은 원하지 않습니다. 그들은 원하지 않을 것입니다.	አይፈልጉም ነበር 아이패르굼(굼(구므)) 내배르 they was not wanting ayifelgum neber 그들은 원하지 않는 중이었습니다.

3. Negative of the Imperative(명령법 부정)

	Rule 규칙	ወሰደ 애새대 he took wesede 그는 취했다	አጠበ 아때배 he washed athebe 그는 씻었다
You(m)	아트+verb at+ 아트+	አትውሰድ 아트우새드 do not take! You(m) atwused 취하지 말라 -당신은(남성)	አትጠብ 아트때브 do not wash! You(m) attheb 씻지 말라 -당신은(남성)
You(f)	아트+verb+ee at+ee 아트+이	አትውሰጂ 아트우새지 do not take! You(f) atwuseji 취하지 말라 -당신은(여성)	አትጠቢ 아트때비 do not wash! You(f) atthebi 씻지 말라 -당신은(여성)
You(pl)	아트+verb+우 at+wu 아트+우	አትውሰዱ 아트우새두 do not take! You(pl) atwusedu 취하지 말라	አትጠቡ 아트때부 do not wash! You(pl) atthebu 씻지 말라

		-당신들은	-당신들은
You (pol)	아이+ verb+ 우 ayi+wu 아이+우	አይውሰዱ 아이우새두 do not take! You(pol) ayiwusedu 취하지 말라 -당신은(공손한 표현)	አይጠቡ 아이때부 do not wash! You(pol) ayithebu 씻지 말라 -당신은(공손한 표현)

Lesson 23 - Negative Verbs(부정 동사들)

Exercise(sentence) 50
1. This book is mine. it is not yours(pl).
ይህ መጽሐፍ የእኔ ነው! የእናንተ አይደለም::
이흐 매쯔하프 애으내 내우! 애으난태 아이대램(래므)::
yih metshaf yeine newu! yeinante ayidelem::
이 책은 나의 것입니다. 당신들의 것이 아닙니다.

2. We are not teachers.
አስተማሪዎች አይደለንም::
아스태마리오치 아이대래늠::
astemariwochi ayidelenm::
선생님들이 우리는 아닙니다.

3. I thought "she was not a student.:
"ተማሪ አይደለችም" ብዬ አሰብሁ::
"태마리 아이대래침(치므)" 브예 아새브후::
"temari ayidelechim" bye asebhu::
"학생이 그녀는 아닙니다" 라고 나는 생각했습니다.

4. The girl did not come because she did not hear.
ልጃቱ ስላልሰማች አልመጣችም::
르지투 스랄(라르)새마치 아르매따침(치므)::
ljitu slalsemachi almethachim::
그 소녀는 듣지 못했기 때문에 오지 못했습니다.

5. The door will not be closed.
በሩ አይዘጋም::
배루 아이재감(가므)::
beru ayizegam::
그 문은 닫혀 있지 않을 것입니다.

6. We're not saved by giving money.
ገንዘብ በመስጠት አንድንም::
갠(개느)재브 배매스때트 안(아느)드늠(느므)::
genzeb bemesthet andnm::
돈을 주는 것은 우리가 구원되지 않을 것입니다.

7. Have you(pl) heard it? We have not heard it.

ሰምታችሁታል? አልሰማነውም፦
새므타치후탈(타르)? 아르새마내움(우므)፦
semtachihutal? alsemanewum፦
당신들은 그것을 들었습니까? 우리는 그것을 듣지 못했습니다.

8. I did not hear that you(pol) had left.
መሄድዎን አልሰማሁም፦
매해드온(오느) 아르새마훔(후므)፦
mehedwon alsemahum፦
당신이(공손한 표현) 간 것을 나는 듣지 못했습니다.

9. I'm not able to work now. I'm tired.
አሁን ልሰራ አልችልም፦ ደክሞኛል፦
아훈(후느) 르새라 아르치름(르므)፦ 대크모냘፦
ahun lsera alchilm፦ dekmonyal፦
지금 일을 나는 할 수 없습니다. 나는 피곤했습니다.

10. I did not come with (carrying) money.
ገንዘብ ይዤ አልመጣሁም፦
갠(개느)재브 이제 아르매따훔(후므)፦
genzeb yizhe almethahum፦
돈을 가지고 나는 올 수 없습니다.

11. I cannot do this amount of work.
 ይህንን ያህል ሥራ መሥራት አልችልም፦
이흔(흐느)느 야흐르 스라 매스라트 아르치름(르므)፦
yihnn yahl sra mesrat alchilm፦
이 일의 양 만큼 일 할 수 나는 없습니다.

12. I did not bring any money.
ገንዘብ አላያዝሁም፦
갠(개느)재브 아르야즈홈(후므)፦
genzeb alyazhum፦
돈을 나는 가지고 있지 않습니다.

13. We did not come from Gonder.
ከጎንደር አልመጣንም፦
캐고느대르 아르매따늠(느므)፦
kegonder almethanm፦
곤달(다르)로부터 우리는 오지 않았습니다.

14. Did not you(m) open the door?
በሩን አልከፈትህም?
배룬(루느) 아르캐패트홈(흐므)?
berun alkefethm?
그 문을 당신은(남성) 열었습니까?

15. I did not want this one.
ይህን አልፈለግሁም፦

이혼(흐느) 알패래그훔(후므)።
yihn alfeleghum።
이것을 나는 원하지 않았습니다.

16. They are not coming because they have no food.
ምግብ ስለሌላቸው አይመጡም።
므그브 스래래라쵸우 아이매뚬(뚜므)።
mgb slelelachewu ayimethum።
음식 그들은 없었기 때문에 오지 않을 것입니다.

17. They did not want to pay the money
ገንዘቡን ለመክፈል አልፈለጉም።
갠(개느)재분(부느) 래매크패르 알패래굼(구므)።
genzebun lemekfel alfelegum።
그 돈을 지불하기를 그들은 원하지 않았습니다.

18. We did not learn because we have no books.
መጽሐፍ ስለሌለን አልተማርንም።
매쯔하프 스래래랜(래느) 아르태마르늠(느므)።
metshaf slelelen altemarnm።
책이 우리는 없었기 때문에 배우지 못했습니다.

19. I cannot work as he does.
እርሱ እንደሚሰራ እኔ ልሰራ አልችልም።
으르수 은(으느)대미새라 으내 르새라 아르치름(르므)።
irsu indemisera ine lsera alchilm።
그가 한 것처럼 나는 할 수 없습니다.

20. If I do not go now I will not arrive on time.
አሁን ባልሄድ በጊዜ አልደርስም።
아훈(후느) 바르해드 배기재 아르대르슴(스므)።
ahun balhed begize aldersm።
지금 만약 내가 가지 못한다면 정각에 나는 도착하지 못할 것입니다.

21. I did not hear what you(pol) said.
ያሉትን አልሰማሁም።
야루튼(트느) 아르새마훔(후므)።
yalutn alsemahum።
당신이(공손한 표현) 말했던 것을 나는 듣지 못했습니다.

22. They did not tell us to pray.
እንድንጸለይ አልነገሩንም።
은(으느)든(드느)째래이 아르내개루늠(느므)።
indntzeleyi alnegerunm።
기도하라고 그들은 우리에게 말하지 않았습니다.

23. He did not want to go, but they begged him.
መሄድ አልፈለገም፤ ነገር ግን ለመኑት።
매해드 알패래갬(개므)፤ 내개르 근(그느) 래매누트።

mehed alfelegem! neger gn lemenut::
가기를 그는 원하지 않았습니다. 그러나 그들을 그에게 빌었습니다.

24. My sister had not bought a house.
እህቴ ቤት አልገዛችም ነበር::
으흐태 배트 아르개자침(치므) 내배르::
ihte bet algezachim neber::
나의 여동생은 집을 살 수 없었습니다.

25. We had none anything last week.
ባለፈው ሳምንት ምንም አልነበረንም::
바래패우 사믄(므느)트 므늠(느므) 아르내배래늠::
balefewu samnt mnm alneberenm::
지난 주 어떠한 것도 우리는 없었습니다.

26. I do not want the book. You(m) take it!
መጽሐፉን አልፈልግም:: ውሰደው::
매쯔하푸느 알패르금(그므):: 우새대우::
metshafun alfelgm:: wusedewu::
그 책을 나는 원하지 않습니다. 당신은(남성) 그것을 취하라.

27. The coffee has not been planted yet.
ቡናው ገና አልተተከለም::
부나우 개나 아르태태캐램(래므)::
bunawu gena altetekelem::
그 커피는 아직 자라지 않았습니다.

28. I'm very hungry. Is not dinner ready yet?
በጣም ርቦኛል:: ምሳ ገና አልደረሰም?
배땀(따므) 르보냘:: 므사 개나 아르대래새므?
betham rbonyal:: msa gena alderesem?
매우 나는 배고픕니다. 점심은 아직 준비되지 않았습니까?

29. These children are not mine.
እነዚያ ልጆች የኔ አይደሉም::
으내지야 르조치 애내 아이대룸(루므)::
ineziya ljochi yene ayidelum::
저 아이들은 나의 것(아이들)이 아닙니다.

30. will not you(f) come and bring your(f) friend?
ጓደኛሽን ይዘሽ አትመጪም::
과대냐신(시느) 이재시 아트매찜(찌므)::
gwadenyashn yizesh atmechim::
당신의(여성) 친구를 데리고 오지 않을 것입니까?

31. Did you(pol) not call the worker?
ሠራተኛውን አልጠሩም::
새라태냐운(우느) 아르때룸(루므)::
seratenyawun altherum::
그 일꾼을 당신은(공손한 표현) 부르지 않았습니까?

32. I did not know those people.
እነዚያን ሰዎች አላወቅሁም።
으내지얀(아느) 새오치 아라애끄훔(후므)።
ineziyan sewochi alaweqhum።
저 사람들을 나는 몰랐습니다.

33. Do not come(m) to our house tomorrow.
ነገ ወደ ቤታችን አትምጣ።
내개 애대 배타친(치느) 아틈(트므)따።
nege wede betachin atmtha።
내일 우리의 집에 당신은(남성) 오지 말라.

34. Do not you(pol) eat injera with wat?
እንጀራ በወጥ አትበላም?
은(으느)재라 배애뜨 아트배룸(루므)?
injera beweth atbelum?
인제라와 와트를 함께 당신은(공손한 표현) 먹지 않습니까?

35. You(pl) did not finish your(pl) work.
ሥራችሁን አልጨረሳችሁም።
스라치훈(후느) 아르째래사치홈(후므)።
srachihun alcheresachihum።
당신들의 일을 끝내지 못했습니다.

36. If you(m) do not drink this, you(m) will not get well.
ይህንን ባትጠጣ አትድንም።
이흔(흐느)느 바트때따 아트드늠(느므)።
yihnn batthetha atdnm።
이것을 만약 당신이(남성) 마시지 못한다면 좋아지지 않을 것입니다.

37. Will she not come and work today?
ዛሬ መጥታ አትሰራም?
자래 매뜨타 아트새라므?
zare methta atseram?
오늘 그녀가 와서 일하지 않을 것입니까?

38. Why do not you(pl) call her?
ለምን አትጠሯትም?
램(래므)느 아트때라틈(트므)?
lemn atthe라tm?
왜 당신들은 그녀를 부르지 않습니까?

39. Do not go until she tells you(f).
እስክትነግርሽ ድረስ አትሂጂ።
으스크트내그르시 드래스 아트히지።
isktnegrsh dres athiji።
그녀가 당신에게(여성) 말할 때까지 가지 말라.

40. We will ask her when she comes from Jimma.

ከጅማ ስትመጣ አንጠይቃታለን።።
캐즈마 스트매따 안(아느)때이까타랜(래느)።።
kejma stmetha antheyiqatalen።።
짐마로부터 그녀가 올 때 우리는 그녀에게 요청할 것입니다.

41. Do not oppose your(pl) parent's wishes.
የወላጆቻችሁን ፍላጎት ምኞት አትቃወሙ።።
애애라조차치훈(후느) 프라고트 므뇨트 아트까애무።።
yewelajochachihun flagot mnyot atqawemu።።
당신들의 부모님의 필요 것들을 반대하지 말라.

42. Do not take my pen(you pol). Write with my pencil.
ብዕሬን አይውሰዱ።። በእርሳሴ ይጻፉ።።
브으랜(래느) 아이우새두። 배르사새 이짜푸።።
biren ayiwusedu።። beirsase yitsafu።።
나의 펜을 당신은(공손한 표현) 취하지 말라. 나의 연필을 가지고 쓰라.

43. We are not teachers.
አስተማሪዎች አይደለንም።።
아스태마리오치 아이대래늠።።
astemariwochi ayidelenm።።
선생님들이 우리는 아닙니다.

44. Will not they learn Amharic?
አማርኛ አይማሩም?
아마르냐 아이마룸(루므)?
amarnya ayimarum?
암하릭어를 그들은 배우지 않을 것입니까?

45. Are not they going to our house?
ወደ ቤታችን አይሄዱም?
애대 배타친(치느) 아이해둠(두므)?
wede betachin ayihedum?
우리의 집에 그들은 가지 않을 것입니까?

46. According to what I hear, the child is not coming.
እንደምሰማው ልጁ አይመጣም።።
은(으느)댐(대므)새마우 르주 아이매땀(따므)።።
indemsemawu lju ayimetham።።
내가 들은 것처럼 그 아이는 오지 않습니다.

47. If we do not push it, the car will not start.
ካልገፋነው መኪናው አይነሳም።።
칼(카르)개파내우 매키나우 아이내삼(사므)።።
kalgefanewu mekinawu ayinesam።።
만약 우리가 그것을 밀지 않는다면 그 차는 나가지(일어나지) 못할 것입니다.

48. If you(pl) do not work, you(pl) will not pay salary.
ባትሰሩ ደመወዝን አይተቀበላችሁም።።

바트새루 대매애즈느 아이태깨배라치홈(후므)::
batseru demewezn ayiteqebelachihum::
만약 당신들이 일하지 않는다면 월급을 당신들은 받지 못할 것입니다.

49. If he watches them, the animals will not get lost.
ቢጠብቃቸው እንስሶቹ አይጠፋም ነበር::
비때브까쵸우 은(으느)스소추 아이때푸므 내배르::
bithebqachewu inssochu ayithefum neber::
만약 그가 그것들을 돌본다면 그 동물들은 잃지 않을 것입니다.

50. If thief steals it, you(f) will have no money.
ሌባ ከሰረቀው ገንዘብ አይኖርሽም::
래바 캐새래깨우 갠(개느)재브 아이노르심(시므)::
leba kesereqewu genzeb ayinorshm::
도둑이 만약 그것을 훔친다면 돈이 당신은(여성) 없을 것입니다.

Lesson 24 - Conjunction with Negative Verbs(접속사 + 부정 동사들)

1. Past tense Conjunction Negative(과거 시제 접속사 부정)

Past tense Conjunction (과거 시제 접속사)	
በ...ጊዜ 배...기재 be...gize	when 언제
ከ...በኋላ 캐...배후알라 ke...behuwala	after 후에
ስለ 스래 sle	because 때문에
ከ.... 캐.... ke....	since 이래로 죽
እየ... 으애... iye...	while, —ing -하는 동안, 하면서
እንደ... 은(으느)대... inde...	as , that 처럼, 할 때, 것을

Past tense Conjunction (과거 시제 접속사)		Past tense Conjunction Negative (과거 시제 접속사 부정)
ስለ	because	ስላል(ስለ + አል) + Verb

sle 슬래	때문에	because S + V + not slal
ħ.... ke.... 캐	since 이래로 죽	ከል(ħ + ኣል) + Verb If S + V + not kal

	Past tense 과거 시제	ስላል(ስል + ኣል) + Verb 스랄(라르)(스래 + 알) + Verb because S + V + not	ካል(ħ + ኣል) + Verb 칼(카르)(캐 + 알) + Verb If S + V + not kal(ke + al)
I	ሁ (I did) hu 후	ስላልሰማሁ 스랄(라르)새마후 because I did not hear slalsemahu 나는 듣지 않았기 때문에	ካልጨረስሁ 칼(카르)째래스후 If I did't finish kalchereshu 나는 만약 끝내지 않았다면
You(m)	ህ (you(m) did) h 흐	ስላልሰማህ 스랄(라르)새마흐 because you(m) did not hear slalsemah 당신은(남성) 듣지 않았기 때문에	ካልጨረስህ 칼(카르)째래스흐 If you(m) did't finish kalcheresh 당신은(남성) 만약 끝내지 않았다면
You(f)	ሽ (you(f) did) shi 시	ስላልሰማሽ 스랄(라르)새마시 because you(f) did not hear slalsemash 당신은(여성) 듣지 않았기 때문에	ካልጨረስሽ 칼(카르)째래스시 If you(f) did't finish kalcheressh 당신은(여성) 만약 끝내지 않았다면
He		ስላልሰማ 스랄(라르)새마 because he did not hear slalsema 그는 듣지 않았기 때문에	ካልጨረስ 칼(카르)째래새 If he did't finish kalcherese 그는 만약 끝내지 않았다면
She	ች (she did) chi	ስላልሰማች 스랄(라르)새마치 because she did not hear slalsemachi 그녀는 듣지 않았기 때문에	ካልጨረስች 칼(카르)째래새치 If she did't finish kalcheresechi 그녀는 만약 끝내지 않았다면
We	ን (we did)	ስላልሰማን 스랄(라르)새만(마느)	ካልጨረስን 칼(카르)째래슨(스느)

	n	because we did not hear slalseman 우리는 듣지 않았기 때문에	If we did't finish kalcheresn 우리는 만약 끝내지 않았다면
You(pl)	እችሁ (you(pl) did) achihu	ስላልሰማችሁ 스랄(라르)새마치후 because you(pl) did not hear slalsemachihu 당신들은 듣지 않았기 때문에	ካልጨረሳችሁ 칼(카르)째래사치후 If you(pl) did't finish kalcheresachihu 당신들은 만약 끝내지 않았다면
They, He, she(pol)	ው (they did, he(pol) did, she(pol) did.) wu	ስላልሰሙ 스랄(라르)새무 because they did not hear slalsemu 그들은 듣지 않았기 때문에	ካልጨረሱ 칼(카르)째래수 If they did't finish kalcheresu 그들은 만약 끝내지 않았다면

2. Present & future tense Conjunction Negative(현재, 미래 시제 접속사 부정)

Present & future tense Conjunction 현재, 미래 시제 접속사	
ስ... s... 스	when, while, ing 할 때, -동안, -하면서
ብ... b... 브	if, when 만약 - 한다면, 할때
ለ... l... 르	to 하기 위하여, 하기를
እንድ... ind... 은드	to, in order that, so that 하기 위하여, 하기를
ዘንድ... zend... 잰드	to 하기 위하여, 하기를
እስከ .... ድረስ iske .... dres 으스캐...드레스	until -때까지

	Contingent	እንድ + contingent Negative እንዳል(እንድ + አል) + Verb....	ስለም+ contingent Negative ስለማል(ስለም+አል)

		은(으느)드 + contingent Negative 은(으느)달(다르)(은드 + 알) + Verb.... not to V or As (so that, that) S+ V + not(not + V) or S+ V + not(not + V) indal(ind + al)	스램(래므)+ contingent Negative 스래마르(스램(래므)+알) + Verb.... because S + V + not slem+slemal(slem+al)
I	+ V	እንዳልገዛ 은(으느)달(다르)개자 not to buy or As(so that, that) I am not buy or I am not buy indalgeza 나는 사지 않은 것처럼(만큼, 것을)	ስለማልጽፍ 스래마르쯔프 because I do not write slemaltsf 나는 쓰지 않기 때문에
You(m)	ት + V 트+	እንዳትገዛ 은(으느)다트개자 not to buy or As(so that, that) you(m) can not buy or you(m) can not buy 당신은(남성) 사지 않은 것처럼(만큼, 것을)	ስለማትጽፍ 스래마트쯔프 because you(m) do not write slemattsf 당신은(남성) 쓰지 않기 때문에
You(f)	ት + V + ee 트+이	እንዳትገዢ 은(으느)다트개지 not to buy or As(so that, that) you(f) can not buy or you(f) can not buy indatgeza 당신은(여성) 사지 않은 것처럼(만큼, 것을)	ስለማትጽፊ 스래마트쯔피 because you(f) do not write slemattsfi 당신은(여성) 쓰지 않기 때문에
He	ይ + V 이+	እንዳይገዛ 은(으느)다이개자 not to buy or As(so that, that) he can not buy or he can not buy indayigeza 그는 사지 않은 것처럼(만큼, 것을)	ስለማይጽፍ 스래마이쯔프 because he do not write slemayitsf 그는 쓰지 않기 때문에
She	ት + V 트+	እንዳትገዛ 은(으느)다트개자 not to buy or As(so that, that) she can not buy or she can not buy indatgeza	ስለማትጽፍ 스래마트쯔프 because she do not write slemattsf 그녀는 쓰지 않기 때문에

		그녀는 사지 않은 것처럼(만큼, 것을)	
We	አን + V 은+	은(으느)다느개자 not to buy or As(so that, that) we can not buy or we can not buy indangeza 우리는 사지 않은 것처럼(만큼, 것을)	스래만(마느)쯔프 because we do not write slemantsf 우리는 쓰지 않기 때문에
You(pl)	ት + V + ው 트+우	አንዳንገዘ 은(으느)다트개주 not to buy or As(so that, that) you(pl) can not buy or you(pl) can not buy indatgezu 당신들은 사지 않은 것처럼(만큼, 것을)	ስለማትጽፉ 스래마트쯔푸 because you(pl) do not write slemattsfu 당신들은 쓰지 않기 때문에
They, He, she(pol)	ይ + V + ው 이+우	አንዳትገኩ 은(으느)다이개주 not to buy or As(so that, that) they can not buy or they can not buy indayigezu 그들은 사지 않은 것처럼(만큼, 것을)	ስለማትጽፉ 스래마이쯔푸 because they do not write slemayitsfu 그들은 쓰지 않기 때문에

Lesson 24 - Conjunction with Negative Verbs(접속사 부정 동사들)

Exercisez(sentence) 33

1. If you(f) have not finished your work you can not go.
ሥራሽን ካልጨረሰሽ መሄድ አትችይም።
스라신(시느) 칼(카르)째래스시 매해드 아트치임(이므)።
srashn kalcheressh mehed atchiyim።
당신의(여성) 일을 만약 끝내지 않았다면 갈 수 없습니다.

2. If we do not push it, the car will not start.
ካልገፋነው መኪናው አይነሳም።
칼(카르)개파내우 매키나우 아이내삼(사므)።
kalgefanewu mekinawu ayinesam።
만약 우리가 그것을 밀지 않는다면 그 차는 갈 수 없을 것입니다.

3. The girl did not come because she did not hear.
ልጇቱ ስላለሰማች አልመጣችም።
르지투 스랄(라르)새마치 아르매따침(치므)።
ljitu slalsemachi almethachim።
그 소녀는 듣지 않았기 때문에 오지 않았습니다.

4. Because the people did not work yesterday much work is still left.
ሰዎቹ ትናንትና ስላልሰሩ ገና ብዙ ሥራ ቀርተዋል።
새오추 트난(나느)트나 스랄(라르)새루 개나 브주 스라 깨르태왈(와르)።
sewochu tnantna slalseru gena bzu sra qertewal።
그 사람들은 어제 일하지 않았기 때문에 여전히 많은 일을 남아 있습니다.

5. She cannot read because she is not a student.
ተማሪ ስላልሆነች ማንበብ አትችልም።
태마리 스랄(라르)호내치 만(마느)배브 아트치롬(르므)።
temari slalhonechi manbeb atchilm።
학생이 그녀는 아니었기 때문에 읽을 수 없습니다.

6. Tesfy's sister was very angry because he did not her the money.
የተስፋዬ እህት ገንዘብ ስላልሰጣት በጣም ተቆጣች።
애태스파예 으흐트 갠(개느)재브 스랄(라르)새땃트 배땀(따므) 태꼬따치።
yetesfaye iht genzeb slalsethat betham teqothachi።
테스파예의 여동생은 돈을 그가 그녀에게 주지 않았기 때문에 매우 배고팠습니다.

7. I did not take him with me because he was not a good boy yesterday.
ትናንትና ጥሩ ልጅ ስላልነበር ከኔ ጋር አልወሰድሁትም።
트난(나느)트나 뜨루 르즈 스랄(라르)내배르 캐내 갈(가르) 알애새드후틈(트므)።
tnantna thru lj slalneber kene gar alwesedhutm።
어제 좋은 소년이 아니었기 때문에 나와 함께 그를 데리고 가지 않았습니다.

8. Because I am not an American they did not invite me to the embassy.
አሜርካዊ ስላልሆንሁ ወደ ኤምባሲው አልጠሩኝም።
아매르카이 스랄(라르)혼(호느)후 애대 애므바시우 아르때루늠(느므)።
amerkawi slalhonhu wede embasiwu altherunym።
미국인이 나는 아니었기 때문에 대사관에 그들은 나를 부르지 않았습니다.

9. because you(m) said. because you(m) say.
ስላልህ። ስለምትል።
스랄(라르)흐። 스램(래므)트르።
slalh። slemtl።
당신이(남성) 말했기 때문에, 당신이(남성) 말하기 때문에.

10. When I did not have any money he always used to help me.
ምንም ገንዘብ ባልነበረኝ ጊዜ ሁልጊዜ ይረዳኝ ነበር።
므늠(느므) 갠(개느)재브 바르내배래늬(래느) 기재 후르기재 이래다늬 내배르።
mnm genzeb balneberegny gize hulgize yiredany neber።
어떠한 돈이 나는 없었을 때 항상 그는 나를 돕곤 하였습니다.

11. If I do not go now I will not arrive on time.
አሁን ባልሄድ በጊዜ አልደርስም።
아훈(후느) 바르해드 배기재 아르대르슴(스므)።
ahun balhed begize aldersm።
지금 만약 내가 가지 않는다면 정각에 나는 도착하지 못할 것입니다.

12. If you(m) want this book, take it (m). if you(m) do not take it, I will.
ይህን መፅሐፍ ክፈለግኸው ውሰደው። ባትወስደው እኔ እወስደዋለሁ።
이흔(흐느) 매쯔하프 캐패래그해우 우새대우:: 바트애스대우 으내 으애스대와래후
::
yihn metzhaf kefeleghewu wusedewu:: batwesdewu ine iwesdewalehu::
이 책을 만약 당신이(남성) 원한다면 그것을 취하라.
만약 당신이(남성) 그것을 취한다면 나는 그것을 취할 것입니다.

13. If you(m) do not drink this, you(m) will not get well.
ይህንን ባትጠጣ አትድንም።
이흔(흐느)느 바트때따 아트드늠(느므)::
yihnn batthetha atdnm::
이것을 만약 당신이(남성) 마시지 않는다면 당신은 좋지 않을 것입니다.

14. If she does not come today we will wait tomorrow or the day after.
ዛሬ ባትመጣ እስክ ነገ ወይም ከነገ ወዲያ ድረስ እንቆያለን።
자래 바트매따 으스캐 내개 애임(이므) 캐내개 애디야 드래스 은(으느)꼬야랜(래
느)::
zare batmetha iske nege weyim kenege wediya dres inqoyalen::
오늘 만약 그녀가 오지 않는다면 내일 또는 모레 까지 우리는 기다릴 것입니다.

15. Whether she goes or not, I will go.
እርሰዋ ብትሄድም ባትሄድም እኔ እሄዳለሁ።
으르스와 브트해듬(드므) 바트해듬(드므) 으내 으해다래후::
irswa bthedm bathedm ine ihedalehu::
그녀가 가든지 가지 않든지 나는 갈 것입니다.

16. Because he does not write a letter, we do not know anything about him.
ደብዳቤ ስለማይፅፍ ስለእርሱ ምንም አናውቅም።
대브다배 스래마이쯔프 스래으르수 므늠(느므) 아나우꿈(끄므)::
debdabe slemayitzf sleirsu mnm anawuqm::
편지를 그는 쓰지 않기 때문에 그에 대하여 아무것도 우리는 모릅니다.

17. When he heard that she did not come the child cried.
ትናንትና እንዳልመጣች ሲሰማ ልጁ አለቀሰ።
트난(나느)트나 은(으느)달(다르)매따치 시새마 르주 아래깨새::
tnantna indalmethachi sisema lju aleqese::
어제 그녀가 오지 않았던 것을 그가 들었을 때 그 아이는 울었습니다.

18. Do not you(m) do as your little brother did.
ትንሹ ወንድምህ እንዳደረገ አንተ አታድርግ።
튼(트느)슈 앤(애느)듬(드므)흐 은(으느)다대래개 안(아느)태 아타드르그::
tnshu wendmh indaderege ante atadrg::
작은 당신의(남성) 형제가 한 것처럼 당신은(남성) 하지 말라.

19. Do not you(pl) know that farmers are not?
ገበሬዎች እንዳይደሉ አታውቁም?
개배래오치 은(으느)다이대루 아타우꿈(꾸므)?

geberewochi indayidelu atawuqum?
농부들이 아닌 것을 당신들은 아십니까?

20. They were forbidding the children were not to come to him.
ልጆቹ ወደ እርሱ እንዳይመጡ ይከለክሉአቸው ነበር።
르조추 애대 으르수 은(으)다이매뚜 이캐래크루아쵸우 내배르።
ljochu wede irsu indayimethu yikelekluachewu neber።
그 아이들이 그에게 오지 않은 것을 그들은 막는 중이었습니다.

21. You also do as they have done.
እነርሱ እንዳደረጉ አንተም አድርግ።
으내르수 은(으)다대래구 안(아느)태므 아드르그።
inersu indaderegu antem adrg።
그들이 했던 것처럼 당신은 하라.

22. I told him that we had not seen his book.
መጽሐፉን እንዳላየን ነገርሁት።
매쯔하푸느 은(으)다라앤(애느) 내개르후트።
metshafun indalayen negerhut።
그의 책을 우리가 보지 못한 것을 나는 그에게 말했습니다.

23. Tell her to buy that book(m). Tell her not to buy the blue one.
ያንን መጽሐፍ እንድትገዛው ንገሯት። ሰማያዊውን እንዳትገዛው ንገሯት።
얀(야느)느 매쯔하프 은(으)드트개자우 느개라트። 새마야이운(우느) 은(으)다트개자우 느개라트።
yann metzhaf indtgezawu ngerat። semayawiwun indatgezawu ngerat።
저 책을 사라고 그녀에게 말하라. 하늘색 것(책)을 사지 말라고 그녀에게 말하라.

24. They shut the gate so that the dogs will not come in.
ውሾች እንዳይገቡ በሩን ዘጉት።
우쇼치 은(으)다이개부 배룬(루느) 즈구트።
wushochi indayigebu berun zgut።
그 개들이 들어오지 못하도록 그 문을 그들은 잠갔습니다.

25. Put the money into your pocket so that you(f) does not get lost.
እንዳይጠፋብሽ ገንዘቡን በኪስሽ አድርጊው።
은(으)다이때파브시 갠(개느)재분(부느) 배키스시 아드르기우።
indayithefabsh genzebun bekissh adrgiwu።
당신이(여성) 잃지 않도록 그 돈을 당신의 주머니 안에 넣어라.

26. he forbade them not to go.
እንዳይሄዱ ከለከላቸው።
은(으)다이해두 캐래캐라쵸우።
indayihedu kelekelachewu።
가지 못하게 그는 그들을 막았습니다.

27. Your father will be very angry when he hears you(m) have not finished your work.
አባትህ ሥራህን እንዳልጨረስህ ሲሰማ ይናደዳል።

아바트흐 스라흔(흐느) 은(으느)달(다르)째래스흐 시새마 이나대달(다르)::
abath srahn indalcheresh sisema yinadedal::
당신의(남성) 아버지는 당신의 일을 끝내지 못했다는 것을 들을 때 매우 화가 날
것입니다.

28. Do not you(m) know that they're not coming?
እንደማይመጡ አታውቅም?
은(으느)대마이매뚜 아타우꼼(끄므)?
indemayimethu atawuqm?
그들이 오지 않는다는 것을 당신은(남성) 아십니까?

29. I know that they will not come today.
ዛሬ እንደማይመጡ አውቃለሁ::
자래 은(으느)대마이매뚜 아우까래후::
zare indemayimethu awuqalehu::
오늘 그들이 오지 않을 것을나는 압니다.

30. Before you(f) do this, bring water.
ይህንን ሳታደርጊ ውኃ አምጪ::
이흔(흐느)느 사타대르기 우하 암(아므)찌::
yihnn satadergi wuha amchi::
이것을 당신이(여성) 하기 전에 물을 가져오라.

31. She went to bed without eating her supper.
እራትዋን ሳትበላ ተኛች::
으라트완(와느) 사트배라 태냐치::
iratwan satbela tenyachi::
그녀의 저녁을 먹지 않고 자려 갔습니다.

32. Swallow(f) this medicine before you(f) eat your breakfast.
ቁርስሽን ሳትበዪ ይህን መድኃኒት ዋጪ::
꾸르스신(시느) 사트배이 이흔(흐느) 매드하니트 와찌::
qursshn satbeyi yihn medhanit wachi::
당신의(여성) 아침을 먹기 전에 이 약을 먹어라.

33. Finish your work before you(pl) go. Do not go before you(pl) finish.
ሳትሄዱ ሥራችሁን ጨርሱ:: ሳትጨርሱ አትሂዱ::
사트해두 스라치훈(후느) 째르수:: 사트째르수 아트히두::
sathedu srachihun chersu:: satchersu athidu::
당신들이 가기 전에 당신들의 일을 끝내라. 당신들이 끝내기 전에 가지 말라.

Lesson 25 - The object suffixes(목적격 접미사)

1. Personal Pronouns & The object suffixes(인칭 대명사 & 목적격 접미사)

Personal Pronouns (인칭 대명사)	to be verb	The object suffixes - Rule

እኔ 으내 I ine 나는	ነኝ 낸(내느) I am neny 나는 입니다.	ኝ me ny 느
አንተ 안(아느)태 you(m) ante 당신은(남성)	ነህ 내흐 You(m) are neh 당신은(남성)입니다.	ህ (ኸ) you(m) h (he) 흐(해)
አንቺ 안(아느)치 you(f) anchi 당신은(여성)	ነሽ 내시 you(f) are nesh 당신은(여성) 입니다.	ሽ you(f) shi 시
እርሱ 으르수 he irsu 그는	ነው 내우 he is newu 그는 입니다.	ው(ት) him wu(t) 우(트)
እርስዋ 으르스와 she irswa 그녀는	ናት 나트 she is nat 그녀는 입니다.	አት her at 아트
እኛ 으냐 we inya 우리는	ነን 낸(내느) we are nen 우리는 입니다.	ን (ነ) us n (ne) 느(내)
እናንተ 으난태 you(pl) inante 당신들은	አችሁ 아치후 you(pl) are nachihu 당신들은 입니다.	አችሁ you(pl) achihu 이치후
እነርሱ 으내르수 They inersu 그들은	ናቸው 나쵸우 they are nachewu 그들은 입니다.	አቸው them achewu 아쵸우
እርሳቸው 으르사쵸우 he(pol) or she (polite) irsachewu 그는(그녀는) (공손한 표현)	ናቸው 나쵸우 he(pol) is, she (polite) is nachewu 그는(그녀는)(공손한 표현) 입니다.	ዎ or ዎት you(pol) wo or wot 오 또는 오트

	object suffixes (목적격 접미사)	ፈለገ 패래개 he wanted felege
I	ኝ me ny 느	ፈለግሁኝ 패래그후느 I wanted me feleghuny 나는 나를 원했습니다.
You(m)	ህ (ኸ) you(m) h (he) 흐(해)	ፈለግሁህ 패래그후흐 i wanted you(m) feleghuh 나는 당신을(남성) 원했습니다.
You(f)	ሽ you(f) shi 시	ፈለግሁሽ 패래그후시 i wanted you(f) feleghushi 나는 당신을(여성) 원했습니다.
He	ው(ት) him wu(t) 우(트)	ፈለግሁት 패래그후트 i wanted him(it) feleghut 나는 그를(그것을) 원했습니다.
She	አት her at 아트	ፈለግሁአት 패래그후아트 i wanted her feleghuat 나는 그녀를 원했습니다.
We	ን (ነ) us n (ne) 느(내)	ፈለግሁን 패래그훈(후느) i wanted us feleghun 나는 우리를 원했습니다.
You(pl)	አችሁ you(pl) achihu 이치후	ፈለግሁአችሁ 패래그후아치후 i wanted you(pl) feleghuachihu 나는 당신들을 원했습니다.
They	አቸው them achewu 아쵸우	ፈለግሁአቸው 패래그후아쵸우 i wanted them feleghuachewu 나는 그들을 원했습니다.

	Past Tense - object suffixes 1 (과거 시제 - 목적격 접미사 1)	Past Tense - object suffixes 2 (과거 시제 - 목적격 접미사 2)
I	ፈለግሁት 패래그후트 I wanted him(it) feleghut 나는 그를(그것을) 원했습니다.	ፈለግሁአቸው 패래그후아쵸우 i wanted them feleghuachewu 그들을(그것들을) 원했습니다.
You(m)	ፈለግከው 패래그해우 you(m) wanted him(it) feleghewu 당신은(남성) 그를(그것을) 원했습니다.	ፈለግሃቸው 패래그하쵸우 you(m) wanted them feleghachewu 당신은(남성) 그들을(그것들을) 원했습니다.
You(f)	ፈለግሽው 패래그시우 you(f) wanted him(it) felegshwu 당신은(여성) 그를(그것을) 원했습니다.	ፈለግሻቸው 패래그샤쵸우 you(f) wanted them felegshachewu 당신은(여성) 그들을(그것들을) 원했습니다.
He	ፈለገው 패래개우 he wanted him(it) felegewu 그는 그를(그것을) 원했습니다.	ፈለጋቸው 패래가쵸우 he wanted them felegachewu 그는 그들을(그것들을) 원했습니다.
She	ፈለገችው 패래개치우 she wanted him(it) felegechiwu 그녀는 그를(그것을) 원했습니다.	ፈለገቻቸው 패래개차쵸우 she wanted them felegechachewu 그녀는 그들을(그것들을) 원했습니다.
We	ፈለግነው 패래그내우 we wanted him(it) felegnewu 우리는 그를(그것을) 원했습니다.	ፈለግናቸው 패래그나쵸우 we wanted them felegnachewu 우리는 그들을(그것들을) 원했습니다.
You(pl)	ፈለጋችሁት 패래가치후트 you(pl) wanted him(it) felegachihut 당신들은 그를(그것을) 원했	ፈለጋችሁአቸ 패래가치후아쵸우 you(pl) wanted them felegachihuachewu 당신들은 그들을(그것들을) 원했

	습니다.	습니다.
They	ፈለጉት 패래구트 They wanted him(it) felegut 그들은 그를(그것을) 원했습니다.	ፈለጉአቸው 패래구아쵸우 They wanted them feleguachewu 그들은 그들을(그것들을) 원했습니다.

	Present & future Tense - object suffixes 1 (현재, 미래 시제 - 목적격 접미사 1)	Present & future Tense - object suffixes 2 (현재, 미래 시제 - 목적격 접미사 2)
I	እጠይቅኛለሁ 으때이끄냐래후 I will visit me(*) itheyiqnyalehu 나는 나를 방문할 것입니다.	ይሰጠኛል 이새때냘 he will give me yisethenyal 그는 나에게 줄 것입니다.
You(m)	እጠይቅሃለሁ 으때이끄하래후 I will visit you(m) itheyiqhalehu 나는 당신을(남성) 방문할 것입니다.	ይሰጥሃል 이새뜨할(하르) he will give you(m) yisethhal 그는 당신에게(남성) 줄 것입니다.
You(f)	እጠይቅሻለሁ 으때이끄샤래후 I will visit you(f) itheyiqshalehu 나는 당신을(여성) 방문할 것입니다.	ይሰጥሻል 이새뜨샬(샤르) he will give you(f) yisethshal 그는 당신에게(여성) 줄 것입니다.
He	እጠይቀዋለሁ 으때이깨와래후 I will visit him itheyiqewalehu 나는 그를 방문할 것입니다.	ይሰጠዋል 이새때왈 he will give him yisethewal 그는 그에게 줄 것입니다.
She	እጠይቃታለሁ 으때이까타래후 I will visit her	ይሰጣታል 이새따탈 he will give her

	itheyiqatalehu 나는 그녀를 방문할 것입니다.	yisethatal 그는 그녀에게 줄 것입니다.
We	እጠይቅናለሁ 으때이끄나래후 I will visit us(*) itheyiqnalehu 나는 우리를 방문할 것입니다.	ይሰጠናል 이새때날 he will give us yisethenal 그는 우리에게 줄 것입니다.
You(pl)	እጠይቃችሁአለሁ 으때이까치후알래후 I will visit you(pl) itheyiqachihualehu 나는 당신들을 방문할 것입니다.	ይሰጣችኋል 이새따치후알 he will give you(pl) yisethachihuwal 그는 당신들에게 줄 것입니다.
They	እጠይቃቸዋለሁ 으때이까쵸와래후 I will visit them itheyiqachewalehu 나는 그들을 방문할 것입니다.	ይሰጣቸዋል 이새따쵸왈 he will give them yisethachewal 그는 그들에게 줄 것입니다.

	Present perfect object suffixes (현재 완료 목적격 접미사)	Past continuous object suffixes (과거 진행 목적격 접미사)
I		እከፍተው ነበር 으캐프태우 내배르 I was opening it ikeftewu neber 나는 그것을 여는 중이었습니다.
You(m)	ጠርቼሃለሁ 때르채하래후 I have called you(m) therchehalehu 나는 당신을(남성) 불렀습니다.	ትከፍተው ነበር 트캐프태우 내배르 you(m) were opening it tkeftewu neber 당신을(남성) 그것을 여는 중이었습니다.
You(f)	ጠርቼሻለሁ 때르채샤래후 I have called you(f) thercheshalehu	ትከፍቺው ነበር 트캐프치우 내배르 you(f) were opening it tkefchiwu neber

	나는 당신을(여성) 불렀습니다.	당신을(여성) 그것을 여는 중이었습니다.
He	ጠርቼዋል 때르채왈 I have called him therchewal 나는 그를 불렀습니다.	ይከፍተው ነበር 이캐프태우 내배르 he was opening it yikeftewu neber 그는 그것을 여는 중이었습니다.
She	ጠርቼአታለሁ 때르채아타래후 I have called her thercheatalehu 나는 그녀를 불렀습니다.	ትከፍተው ነበር 트캐프태우 내배르 she was opening it tkeftewu neber 그녀는 그것을 여는 중이었습니다.
We		እንከፍተው ነበር 은(으느)캐프태우 내배르 we were opening it inkeftewu neber 우리는 그것을 여는 중이었습니다.
You(pl)	ጠርቼአችኋለሁ 때르채아치후알래후 I have called you(pl) thercheachihuwalehu 나는 당신들을 불렀습니다.	ትከፍቱት ነበር 트캐프투트 내배르 you(pl) were opening it tkeftut neber 당신들은 그것을 여는 중이었습니다.
They,	ጠርቼአችዋለሁ 때르채아쵸와래후 I have called them thercheachewalehu 나는 그들을 불렀습니다.	ይከፍቱት ነበር 이캐프투트 내배르 they were opening it yikeftut neber 그들은 그것을 여는 중이었습니다.

	Past Perfect object suffixes (과거 완료 목적격 접미사)	Past tense Negative object suffixes (과거 시제 부정 목적격 접미사)
I	አይቶኝ ነበር 아이톤(토느) 내배르 he had seen me ayitony neber 그는 나를 보았었습니다.	አልሰጠኝም 아르새때늠(느므) he did not give me alsethenym 그는 나에게 주지 않았습니다.
You(m)	አይቶህ ነበር 아이토흐 내배르 he had seen you(m) ayitoh neber	አልሰጠህም 아르새때흠(흐므) he did not give you(m) alsethehm

	그는 당신을(남성) 보았었습니다.	그는 당신에게(남성) 주지 않았습니다.
You(f)	አይቶሽ ነበር 아이토시 내배르 he had seen you(f) ayitosh neber 그는 당신을(남성) 보았었습니다.	አልሰጠሽም 아르새때셈(셰므) he did not give you(f) alsetheshem 그는 당신에게(여성) 주지 않았습니다.
He	አይቶት ነበር 아이토트 내배르 he had seen him ayitot neber 그는 그를 보았었습니다.	አልሰጠውም 아르새때옴(우므) he did not give him alsethewum 그는 그에게 주지 않았습니다.
She	አይቶአት ነበር 아이토아트 내배르 he had seen her ayitoat neber 그는 그녀를 보았었습니다.	አልሰጣትም 아르새따틈(트므) he did not give her alsethatm 그는 그녀에게 주지 않았습니다.
We	አይቶን ነበር 아이톤(토느) 내배르 he had seen us ayiton neber 그는 우리를 보았었습니다.	አልሰጠንም 아르새때늠(느므) he did not give us alsethenm 그는 우리에게 주지 않았습니다.
You(pl)	አይቶአችሁ ነበር 아이토아치후 내배르 he had seen you(pl) ayitoachihu neber 그는 당신들을 보았었습니다.	አልሰጣችሁም 아르새따치홈(후므) he did not give you(pl) alsethachihum 그는 당신들에게 주지 않았습니다.
They	አይቶአቸው ነበር 아이토아쵸우 내배르 he had seen them ayitoachewu neber 그는 그들을 보았었습니다.	አልሰጣቸውም 아르새따쵸옴(우므) he did not give them alsethachewum 그는 그들에게 주지 않았습니다.

Lesson 25 - The object suffixes(목적격 접미사)

Exercise(sentence) 40
1. He took me.
ወሰደኝ።
애새댄(대느)።
wesedeny።

그는 나를 데려갔습니다.

2. he did not take me.
አልሰወደኝም።
아르새애대늠።
alsewedenym።
그는 나를 데려가지 않았습니다.

3. He used to take her.
ይወስዳት ነበር።
이애스다트 내배르።
yiwesdat neber።
그는 그녀를 데려 가곤 하였습니다.

4. She was not taking them.
አትወሰዳቸውም ነበር።
아트애스다쵸움(우므) 내배르።
atwesdachewum neber
그녀는 그것들을 취하지 않는 중이었습니다.

5. Will you(pl) take it?
ትወሰዱታላችሁ?
트애스두타라치후?
twesdutalachihu?
당신들은 그것을 취할 것입니까?

6. will not they take you(m)?
አይወስዱህም?
아이애스두흠(흐므)?
ayiwesduhm?
그들은 당신을(남성) 데려 가지 않을 것입니까?

7. May I take it?
ልውሰደው?
르우새대우?
lwusedewu?
내가 그것을 취해도 될까요?

8. do not take(f) her.
አትውሰጃት።
아트우새자트።
atwusejat።
그녀에게 취하지 말라.(여성)

9. do not let him take them.
አይውሰዳቸው።
아이우새다쵸우።
ayiwusedachewu።
그가 그것들을 취하지 말게 합시다.

10. Let us not take them.
አንውሰዳቸው።
안(아느)우새다쵸우።
anwusedachewu።
우리가 그것들을 취하지 말게 합시다.

11. If they come they will see it.
ከመጡ ያዩታል።
캐매뚜 야유탈(타르)።
kemethu yayutal።
만약 그들이 온다면 그들은 그것을 볼 것입니다.

12. tell(m) him so that he knows.
እንዲያውቅ ንገረው።
은(으느)디야우끄 느개래우።
indiyawuq ngerewu።
그가 안 것을 그에게 말하라.

13. Bring(pl) it to me!
ወደ እኔ አምጡት።
애대 으내 암(으므)뚜트።
wede ine amthut።
나에게 그것을 가져와라.(당신들은)

14. we have forgotten you(pl).
ረስተናችኋል።
래스태나치후알።
restenachihuwal።
우리가 당신들을 잊었습니다.

15. They did not take her.
አልወሰዷትም።
알애새데와틈(트므)።
alwesedwatm።
그들은 그녀를 데리러 가지 않았습니다.

16. Let them take it.
ይውሰዱት።
이우새두트።
yiwusedut።
그들은 그것을 취하게 합시다.

17. They have looked for us.
ፈልገውናል።
패르개우날(나르)።
felgewunal።
그들은 우리를 원했습니다.

18. We will hit you(f).
እንመታሻለን፨
은(으느)매타샤랜(래느)፨
inmetashalen፨
우리는 당신을(여성) 때릴 것입니다.

19. Why do not you(pl) call her.
ለምን አትጠሯትም?
램(래므)느 아트때라름(트므)?
lemn atthera틈?
왜 당신들은 그녀를 부르지 않습니까?

20. I have heard him.
ሰምቻዋለሁ፨
새므채와래후፨
semchewalehu፨
나는 그에게 들었습니다.

21. Christ has chosen you(f).
ክርስቶስ መርጦሻል፨
크르스토스 매르또샬(샤르)፨
krstos merthoshal፨
그리스도는 당신을(여성) 선택했습니다.

22. The doctor has examined me.
ሐኪሙ መርምሮኛል፨
하키무 매름(르므)로냘፨
hakimu mermronyal፨
그 의사는 나를 검사했습니다.

23. Have you(m) asked them?
ጠይቀሃቸዋል?
때이깨하쵸왈(와르)?
theyiqehachewal?
당신은(남성) 그들에게 물었습니까?

24. when he comes he will tell you(pl).
ሲመጣ ይነግራችኋል፨
시매따 이내그라치후알፨
simetha yinegrachihuwal፨
그가 올 때 그는 당신들에게 말할 것입니다.

25. will I bring her? No do not(f).
ላምጣት? አይ አታምጣት፨
라므따트? 아이 아타므따트፨
lamthat? ayi atamthat፨
내가 그녀를 데려올까요? 아니요, 데려오지 말라.

26. I praise you(m) because you(m) saved me.

ስላዳንኸኝ አመሰግንሃለሁ፨
스라다느해느 아매새근(그느)하래후፨
sladanheny amesegnhalehu፨
당신이(남성) 나를 구했기 때문에 나는 당신에게 감사합니다.

27. He went because he saw them.
ስላያቸው ሄደ፨
스라야쵸우 해대፨
slayachewu hede፨
그가 그들을 보았기 때문에 그는 갔습니다.

28. She has waited a long time for you(f).
ለረጅም ጊዜ ጠብቃሻለች፨
래래즈므 기재 때브까샤래치፨
lerejm gize thebqashalechi፨
오랫동안 그녀는 당신을(여성) 기다렸습니다.

29. Because this is small I will sell it.
ይህ ትንሽ ስለሆነ እሸጠዋለሁ፨
이흐 튼(트느)시 스래호내 으셰때와래후፨
yih tnsh slehone ishethewalehu፨
이것은 작기 때문에 나는 그것을 팔 것입니다.

30. You(pl) waited for us.
ጠበቃችሁን፨
때배까치훈(후느)፨
thebeqachihun፨
당신들은 우리를 기다렸습니다.

31. Tell(m) me!
ንገረኝ፨
느개랜(래느)፨
ngereny፨
나에게 말하라.

32. do not eat(pl) it.
አትብሉት፨
아트브루트፨
atblut፨
그것을 먹지 말라(복수)

33. do not go(f) until she tells you(f).
እስክትነግርሽ ድረስ አትሂጂ፨
으스크트내그르시 드래스 아트히지፨
isktnegrsh dres athiji፨
그녀가 당신에게(여성) 말할 때까지 가지 말라.

34. They did not tell us to pray.
እንድንፀልይ አልነገሩንም፨

은(으느)든(드느)째래이 아르내개루늠(느므)።
indntzeleyi alnegerunm።
우리에게 기도하라고 그들은 말하지 않았습니다.

35. he forbade them not to go.
እንዳይሄዱ ከለከላቸው።
은(으느)다이해두 캐래캐캐라쵸우።
indayihedu kelekelachewu።
가지 말라고 그는 그들에게 금지했습니다.

36. give(f) it to me.
ስጪኝ።
스찌느።
schiny።
나에게 주라.(여성)

37. write(pol) it.
ይጻፉት።
이짜푸트።
yitsafut።
그것을 쓰라.(공손한 표현)

38. Wait for(m) me. I'll bring it.
ቆየኝ አመጣዋለሁ።
꼬앤(애느) 아매따와래후።
qoyeny amethawalehu።
나를 기다려라.(남성) 나는 그것을 가져올 것입니다.

39. He wrote it on this paper.
በዚህ ወረቀት ላይ ጻፈው።
배지흐 애래깨트 라이 짜패우።
bezih wereqet layi tzafewu።
이 종이위에 그는 그것을 썼습니다.

40. They are looking for him in the town.
በከተማ ውስጥ ይፈልጉታል።
배캐태마 우스뜨 이패르구탈(타르)።
beketema wusth yifelgutal።
도시 안에서 그들은 그를 돌보고 있는 중입니다.

Lesson 26 - The prepositions 2 (전치사 2)
- ለ (to, for) and በ (at, in, on, with, by)
- 래 (to, for) and 배 (at, in, on, with, by)
- 래(하기를, 하기 위하여, 위하여) 그리고 배(에, 안에, 위에, 와 함께, 의하여)

1. The prepositions ለ (to, for) and በ (at, in, on, with, by)
   & ለት and በት

The prepositions 래 (to, for) and 배 (at, in, on, with, by)
  & 래트 and 배트
래(하기를, 하기 위하여, 위하여) 그리고 배(에, 안에, 위에, 와 함께, 의하여)
& 래트 그리고 배트

ለት let 래트 (to him, for him, to it, for it) or (him, it) 그에게, 그를 위하여, 그것에게, 그것을 위하여 또는 그를, 그것을	በት bet 배트 (by him, with him, on him, by it, with it, on it) or (him, it) 그의 위하여, 그와 함께, 그 위에, 그것에 의하여, 그것과 함께, 그것 위에

2. objective suffixes 1 - ለ 르(목적격 접미사 1) - 르

		objective suffixes 목적격 접미사	ለ(to, for)+ኝ(me) 르(to, for)+느(me) 른	
i	ለ(to, for) 르	ኝ me ny 느	ለኝ lny 른	to (for) me
you(m)		υ (ህ) you (m) h (he) 흐(해)	ለυ lh 르흐	to (for) you(m)
you(f)		ሽ you (f) shi 시	ለሽ lshi 르시	to (for) you(f)
he		ው(ት) him wu(t) 우(트)	ለት let 래트	to (for) him
she		አት her at 아트	ላት lat 라트	to (for) her
we		ን (ነ) us n (ne) 느(내)	ለን ln 른	to (for) us
you(pl)		አችሁ you(pl) achihu 아치후	ላችሁ lachihu 라치후	to (for) you(pl)
they		አቸው them achewu 아쵸우	ላቸው lachewu 라쵸우	to (for) them, to (for) him(pol), to (for) her(pol)

you(pol)		ዎት(pol) wot 오트	ልዎት to (for) you(pol) lwot 르오트

3. objective suffixes 2 - 브(목적격 접미사 2 - 브)

		objective suffixes 목적격 접미사	በ(at, in, on, with, by)+ኝ(me) 배(at, in, on, with, by)+느(me) be 배
i		ኝ me ny 느	በኝ at (in, on, with, by) me bny 븐
you(m)		ʋ (ህ) you (m) h (he) 흐(해)	በʋ at (in, on, with, by) you(m) bh 브흐
you(f)		ሽ you (f) shi 시	በሽ at (in, on, with, by) you(f) bshi 브시
he		ው(ት) him wu(t) 우(트)	በት at (in, on, with, by) him bt 브트
she	በ(at, in, on, with, by) 배	ኣት her at 아트	ባት at (in, on, with, by) her bat 바트
we		ን (ነ) us n (ne) 느(내)	በን at (in, on, with, by) us bn 븐
you(pl)		ኣችሁ you(pl) achihu 아치후	ባችሁ at (in, on, with, by) you(pl) bachihu 바치후
they		ኣቸው them achewu 아쵸우	ባቸው at (in, on, with, by) them bachewu 바쵸우
you(pol)		ዎት(pol) wot 오트	በዎት at (in, on, with, by) you (pol) bwot 브오트

I	አለብ 아래브 I have to, I must alebny 나는 해야 한 다	ነበረብኝ 내배래븐(브느) I had to neberebny 나는 해야 했 다	ይሠራልኛል 이새랄(라르)냘 He works for me. yiseralnyal 그는 나를 위하여 일한다	አምጣልኝ 암 (아 므) 따 른 (른(르느)) Bring(m) for me. amthalny 나를 위하여 가져오라(당신

You(m)	አለብህ 아래브흐 You(m) have to alebh 당신은(남성) 해야 한다	ነበረብህ 내배래브흐 You(m) had to neberebh 당신은(남성) 해야 했다	ይሠራልሃል 이새랄(라르)할 (하르) You(m) work for me. yiseralhal 당신은(남성) 나를 위하여 일한다	
You(f)	አለብሽ 아래브시 You(f) have to alebsh 당신은(여성) 해야 한다	ነበረብሽ 내배래브시 You(f) had to neberebsh 당신은(여성) 해야 했다	ይሠራልሻል 이새랄(라르)샬 (샤르) You(f) work for me. yiseralshal 당신은(여성) 나를 위하여 일한다	
He	አለበት 아래배트 He have to alebet 그는 해야 한다	ነበረበት 내배래배트 He had to neberebet 그는 해야 했다	ይሠራልዎታል 이새랄(라르)오탈(타르) He works for me. yiseralwotal 그는 나를 위하여 일한다	አምጣለት 암(아므)따래트 Bring(he) for me. amthalet 나를 위하여 가져오라(그)
She	አለባት 아래바트 She have to alebat 그녀는 해야 한다	ነበረባት 내배래바트 She had to neberebat 그녀는 해야 했다	ይሠራላታል 이새라라탈(타르) She works for me. yiseralatal 그녀는 나를 위하여 일한다	አምጣለት 암(아므)따라트 Bring(she) for me. amthalat 나를 위하여 가져오라(그녀)
We	አለብን 아래븐(브느) We have to alebn 우리는 해야 한다	ነበረብን 내배래븐(브느) We had to neberebn 우리는 해야 했다	ይሠራልናል 이새랄(라르)(날)날(나르) We work for me. yiseralnal 우리는 나를 위하여 일한다	አምጣለን 암(아므)따른(르느) Bring(we) for me. amthaln 나를 위하여 가져오라(우리)
You(pl)	አለባችሁ 아래바치후 You(pl) have to alebachihu 당신들은 해야 한다	ነበረባችሁ 내배래바치후 You(pl) had to neberebachihu 당신들은 해야 했다	ይሠራላችሁአል 이새라라치후아르 You(pl) work for me. yiseralachihual 당신들은 나를 위하여	

			일한다	
They, he, she(pol)	አለባቸው 아래바쵸우 They have to alebachewu 그들은 해야 한다	ነበረባቸው 내배래바쵸우 They had to neberebachewu 그들은 해야 했다	ይሠራሳቸዋል 이새라 라 쵸 왈 (와르) They work for me. yiseralachewal 그들은 나를 위하여 일한다	አምጣላቸው 암(아므)따라쵸우 Bring(pl) for me. amthalachewu 나를 위하여 가져오라(그들)
You(pol)	አለብዎት 아래브오트 You(pol) have to alebwot 당신은(공손한 표현) 해야 한다	ነበረብዎ 내배래브오 You(pol) had to neberebwo 당신은(공손한 표현) 해야 했다		

Lesson 26 - The prepositions 2 (전치사 2)
- 래 (to, for) and 배 (at, in, on, with, by)
- 래(하기를, 하기 위하여, 위하여) 그리고 배(에, 안에, 위에, 와 함께, 의하여)

Exercise(sentence) 15
1. The man to whom I wrote a letter is my brother
ደብዳቤ የጻፍሁለት ሰው ወንድሜ ነው።
대브다배 애짜프후래트 새우 앤(애느)드매 내우።
debdabe yetsafhulet sewu wendme newu።
편지를 내가 썼던 사람은 나의 형제입니다.

2. On the day on which you(pl) came, there was much rain.
በመጣችሁበት ቀን ብዙ ዝናብ ነበረ።
배매따치후배트 깬(깨느) 브주 즈나브 내배래።
bemethachihubet qen bzu znab nebere።
당신들이 왔던 그 날은 많은 비가 있었습니다.

3. Last week I went to the house in which my sister lives.
ባለፈው ሳምንት እህቴ ወደምትኖርበት ቤት ሄድሁ።
바래패우 사믄(므느)트 으흐태 애댐(대므)트노르배트 배트 해드후።
balefewu samnt ihte wedemtnorbet bet hedhu።
지난 주 나의 여동생이 살고 있는 그 집에 나는 갔습니다.

4. Are there many believers in the country in which you(pol) live?
በሚኖሩበት አገር ብዙ አማኞች አሉ?
배미노루배트 아개르 브주 아마뇨치 아루?
beminorubet ager bzu amanyochi alu?
당신이(공손한 표현) 살고 있는 그 나라에 많은 기독교인들이 있습니까?

5. I will come to the house in which you(f) live.
ወደምትኖሪበት ቤት አመጣለሁ።
애댐(대므)트노리배트 배트 으매따래후።
wedemtnoribet bet imethalehu።
당신이(여성) 살고 있는 그 집에 나는 올 것입니다.

6. Jesus entered the room in which the girl was laying.
ኢየሱስ ልጃቱ ወደተኛችበት ክፍል ገባ።
이애수스 르지투 애대태냐치배트 크프르 개바።
iyesus ljitu wedetenyachibet kfl geba።
예수님은 그 소녀가 누워있는 그 방에 들어갔습니다.

7. I gave the beggar 10 Birr to buy his dinner.
እራቱን እንዲገዛበት ለለማኙ 10 ብር ሰጠሁት።
으라툰(투느) 은(으느)디개자배트 래래마뉴 10 브르 새때후트።
iratun indigezabet lelemanyu 10 br sethehut።
그의 저녁을 사기 위하여 그 거지에게 10비르를 나는 주었습니다.

8. The road on which we go is rough.
የምንሄድበት መንገድ መጥፎ ነው።
애른(므느)해드배트 맨(매느)개드 매뜨포 내우።
yemnhedbet menged methfo newu።
우리가 가고 있는 그 길은 나쁩니다.

9. Look inside the box in which there are clothes (f)
ልብስ ባለበት ሣጥን ውስጥ ተመልከቺ።
르브스 바래배트 사뜬(뜨느) 우스뜨 태매르캐치።
lbs balebet sathn wusth temelkechi።
옷이 있는 그 박스 안에 보아라.(여성)

10. The village to which we are going is far away
የምንሄድበት መንደር ሩቅ ነው።
애른(므느)해드배트 맨(매느)대르 루끄 내우።
yemnhedbet mender ruq newu።
우리가 가고 있는 그 길은 멉니다.

11. Put(pl) it in the box in which there is paper.
ወረቀት ባለበት ሣጥን ውስጥ አስቀምጡት።
애래깨트 바래배트 사뜬(뜨느) 우스뜨 아스깨므뜻트።
wereqet balebet sathn wusth asqemthut።
종이가 있는 그 박스 안에 그서을 놓아라.(복수)

12. The boy who lost his book are crying.
መጽሐፉ የጠፋበት ልጅ ያለቅሳል።
매쯔하푸 애때파배트 르즈 야래끄살(사르)።
metshafu yethefabet lj yaleqsal።
그의 책을 잃은 그 소년은 웁니다.

13. Give(m) 10 Birr to the boy who lost his book.

መጽሀፉ ለጠፋበት ልጅ 10 ብር ስጠው።

매쯔하푸 래때파바트 르즈 10 브르 스때우።

metshafu lethefabet lj 10 br sthewu።

그의 책을 잃은 그 아이에게 10비르를 주어라.(남성)

14. The road on which you(pl) go is wide.

የምትሄዱበት መንገድ ሰፊ ነው።

애므트해두배트 맨(매느)개드 새피 내우።

yemthedubet menged sefi newu።

당신들이 가고 있는 그 길은 넓습니다.

15. Search(pl) in the room in which the children.

ልጆቹ ባሉበት ክፍል ፈልጉ።

르조추 바루배트 크프르 패르구።

ljochu balubet kfl felgu።

그 아이들이 있는 그 방안을 찾아보라.(복수)

Lesson 27 - The passive(수동태) - 당하다, 시키다
1. Rule 1 - The passive prefix ተ 태 is added.

1. 규칙 1 - 동사 앞에 ተ (태)을 추가

Active(능동태)	Passive(ተ)(수동태)(태)
መዝጊያውን ከፈተ። 매즈기야운(우느) 캐패태። he opened the door. mezgiyawun kefete። 그는 그 문을 열었습니다.	መዝጊያው ተከፈተ። 매즈기야우 태캐패태። The door was opened. mezgiyawu tekefete። 그 문은 열림을 당했다.
መጽሐፌን መለሰ 매쯔하팬(패느) 매래새 he returned my book. metshafen melese 나의 책을 그는 되돌려 주었다.	መጽሐፌ ተመለሰ 매쯔하패 태매래새 my book was returned. metshafe temelese 나의 책은 되돌려 줌을 당했다.
ስኒዎቹን አጠበ 스니오춘(추느) 아때배 he washed the cups sniwochun athebe 그 컵들은 그가 씻었습니다.	ስኒዎቹ ታጠቡ 스니오추 타때부 The cups were washed. sniwochu tathebu 그 컵들은 씻김을 당했다.
ወሰደ 애새대 He took wesede 그는 취했습니다.	ተወሰደ 태애새대 He was taken tewesede 그는 취함을 당했다.
ፈለገ 패래개 He wanted felege 그는 원했습니다.	ተፈለገ 태패래개 He was wanted tefelege 그는 원함을 당했다.

ሰማ 새마 He heard sema 그는 들었습니다.	ተሰማ 태새마 He was heard tesema 그는 들음을 당했다.
ጠጣ 때따 He drank thetha 그는 마셨습니다.	ተጠጣ 태때따 He was drunk tethetha 그는 마심을 당했다.
ሰጠ 새때 He gave sethe 그는 주었다	ተሰጠ 태새때 He was given tesethe 그는 주는 것을 당했다.
ለየ 래애 He separated leye 그는 나누었습니다.	ተለየ 태래애 He was separated teleye 그는 나눔을 당했다.
ጻፈ 짜패 He wrote tsafe 그는 썼습니다.	ተጻፈ 태짜패 He was written tetsafe 그는 썼음을 당했다.
ሸጠ 셰때 He sold shethe 그는 팔았습니다.	ተሸጠ 태셰때 He was sold teshethe 그는 팔림을 당했다.
ሾመ 쇼매 He appointed shome 그는 지명했습니다.	ተሾመ 태쇼매 He was appointed teshome 그는 지명을 당했다.
አለ 아래 He said ale 그는 말했습니다.	ተባለ(불규칙) 태바래 He was said tebale 그는 말함을 당했다.

2. Rule 2 - አ Change ተ(아 Change 태)

2. 규칙 2 - 아 변화 태

አ 아 a	Passive(ተ 태)
አደረገ 아대래개 he did aderege 그는 했습니다.	ተደረገ 태대래개　　　it was done tederege 그것은 당했습니다.

አገኘ 아개녜 he found agenye 그는 찾았습니다.	ተገኘ 태개녜 it was found tegenye 그것은 찾음을 당했다.

3. Rule 3 - Passive Meaning's Verbs

3. 규칙 3 - 수동태 뜻이 있는 동사들

Active(능동)	Passive(수동)
አዳነ 아다내 he saved adane 그는 구했습니다.	ዳነ 다내 he was saved dane 그는 구함을 당했다.
አጠፋ 아때파 he destroyed athefa 그는 파괴했습니다.	ጠፈ 때패 he was lost thefe 그는 파괴(잃음)를 당했다.

4. Exception - Many verbs are passive in form but active in meaning.

4. 예외 - ተ 태 로 시작하는 동사들이 수동태가 되어야 하지만

능동태의 뜻이 있는 동사들

ተሸከመ 태셰캐매 he carried teshekeme 그는 날랐습니다.	ተረተ 태래태 he told a proverb terete 그는 금언을 말했습니다.
ተቀበለ 태깨배래 he received teqebele 그는 받았습니다.	ተከለ 태캐래 he planted tekele 그는 자랐습니다.
ተከተለ 태캐태래 he followed teketele 그는 따랐습니다.	ተረከ 태래캐 he recounted history tereke 그는 역사를 자세히 말했습니다.
ተሻገረ 태샤개래 he crossed teshagere 그는 가로질러 갔습니다.	ተኮሰ 태코새 he ironed, shot tekose 그는 태웠습니다.
ተማረ 태마래 he learned temare 그는 배웠습니다.	ተረፈ 태래패 it was left over terefe 그것은 남게 되었습니다.
ተረጎመ 태래고매 he translated teregome 그는 번역했습니다.	ተኛ 태냐 he lay down tenya 그는 누웠습니다.
ተነፈሰ	

태내패새 he breathed	
tenefese	
그는 호흡했습니다.	

Lesson 27 - The passive(수동태) - 당하다, 시키다

Exercise(sentence) 50
1. The girl is following her father.
ልጃቱ አባትዋን ትከተላለች::
르지투 아바트완(와느) 트캐태라래치::
ljitu abatwan tketelalechi::
그 소녀는 그녀의 아버지를 따라가는 중입니다.

2. The women crossed the river.
ሴቶቹ ወንዙን ተሻገሩ::
새토추 앤(애느)준(주느) 태샤개루::
setochu wenzun teshageru::
그 여자들은 그 강을 건넜습니다.

3. He will receive his salary today.
ዛሬ ደመወዙን ይቀበላል::
자래 대매애준(주느) 이깨배랄(라르)::
zare demewezun yiqebelal::
오늘 그의 월급을 그는 받을 것입니다.

4. The girl is learning handwork.
ልጃቱ የእጅ ሥራ ትማራለች::
르지투 애으즈 스라 트마라래치::
ljitu yeij sra tmaralechi::
그 소녀는 수공예(직역: 손의 일)를 배우는 중입니다.

5. The carrier is able to carry 50 kg On his head.
ወዛደሩ 50 ኪሎ በራሱ መሸከም ይችላል::
애자대루 50 키로 배라수 매셰캠(캐므) 이치랄(라르)::
wezaderu 50 kilo berasu meshekem yichilal::
그 날(나르)는 사람은 50kg을 그의 머리로 나를 수 있습니다.

6. Speak(pol) slowly.
ቀስ ብለው ይናገሩ::
깨스 브래우 이나개루::
qes blewu yinageru::
천천히 말해 주세요(공손한 표현)

7. The coffee has not been planted yet.
ቡናው ገና አልተተከለም::
부나우 개나 아르태태캐램(래므)::
bunawu gena altetekelem::
그 커피는 아직 자라지 않았습니다.

8. They have gone and come back from the market.
ወደ ገበያ ሄደው ተመለሱ።
애대 개배야 해대우 태매래수።
wede gebeya hedewu temelesu።
시장에 그들은 갔습니다 그리고 되돌아 왔습니다.

9. He rose up against them.
በእነርሱ ላይ ተነሣ።
배으내르수 라이 태내사።
beinersu layi tenesa።
그들에 반대하여 그는 일어났습니다.

10. The door will not be closed.
በሩ አይዘጋም።
배루 아이재감(가므)።
beru ayizegam።
그 문은 닫지 않게 될 것입니다.

11. The window is open.
መስኮቱ ተከፍቶአል።
매스코투 태캐프토아르።
meskotu tekeftoal።
그 창문은 열림을 당합니다.

12. Because of this he left a job.
ከዚህ የተነሣ ሥራውን ተወ።
캐지흐 애태내사 스라운(우느) 태애።
kezih yetenesa srawun tewe።
이것 때문에 그 일을 그는 떠났습니다.

13. Share(m) this candy with your friends.
ይህን ከረሜላ ከጓደኞችህ ጋር ተካፈለው።
이흔(흐느) 캐래매라 캐과대뇨치흐 갈(가르) 태카패래우።
yihn keremela kegwadenyochih gar tekafelewu።
이 캔디를 당신의(남성) 친구들과 함께 나누어라.

14. When the cup fell on the floor it shattered.
ሲኒው በወለሉ ላይ ሲወድቅ ተባበረ።
시니우 배애래루 라이 시애드끄 태바배래።
siniwu bewelelu layi siwedq tebabere።
그 컵을 그 바닥위에 떨어졌을 때 깨졌습니다.

15. The car went of the road and turned over
መኪናው ከመንገድ ወጥቶ ተገለባበጠ።
매키나우 캐맨(매느)개드 애뜨토 태개래바배때።
mekinawu kemenged wethto tegelebabethe።
그 차는 그 길로부터 나온 후 돌아왔습니다.

16. They talked for a long time.
ለረጅም ጊዜ ተነጋገሩ።
래래즈므 기재 태내가개루።

lerejm gize tenegageru።
오랫동안 그들은 이야기했습니다.

17. Some of the children ran after us.
አንዳንደቹ ልጆች እየሮጡ ተከተሉን።
안(아느)다느도추 르조치 으애로뚜 태캐태룬(루느)።
andandochu ljochi iyerothu teketelun።
그 손님들의 아이들은 달리면서 우리를 따랐습니다.

18. Carry(pl) this carefully.
ይህን ቀስ ብላችሁ ተሸከሙት።
이흔(흐느) 깨스 브라치후 태셰캐무트።
yihn qes blachihu teshekemut።
이것을 주의 깊게 날(나르)라(복수)

19. Ask and it will be given you(pl).
ለምኑ ይሰጣችኋልም።
램(래므)누 이새따치후알름(르므)።
lemnu yisethachihuwalm።
요청한 후 당신들에게 주게 될 것입니다.

20. You(pl) will receive power.
ኃይል ትቀበላላችሁ።
하이르 트깨배라라치후።
hayil tqebelalachihu።
힘을 당신들은 받을 것입니다.

21. Has the book been found? No.
መጽሐፉ ተገኝትዋል? አይ።
매쯔해푸 태갠(개느)트왈(와르)? 아이።
metshefu tegenytwal? ayi።
그 책을 찾았습니까? 아닙니다.

22. You(m) will receive a gift.
ስጦታ ትቀበላለህ።
스또타 트깨배라래흐።
sthota tqebelaleh።
선물을 당신은(남성) 받을 것입니다.

23. Be quiet and sit down(pl).
ዝም ብላችሁ ተቀመጡ።
즈므 브라치후 태깨매뚜።
zm blachihu teqemethu።
조용히 하신 후 앉아라.(복수)

24. He was sitting alone, quietly.
ዝም ብሎ ብቻውን ተቀምጦ ነበር።
즈므 브로 브차운(우느) 태깨므또 내배르።
zm blo bchawun teqemtho neber።

조용하라 라고 말하고 혼자 그는 앉는 중이었습니다.

25. They returned quickly.
ቶሎ ተመለሱ።
토로 태매래수።
tolo temelesu።
빨리 그들은 돌아왔습니다.

26. The teacher spoke emphatically.
አስተማሪው አጥብቆ ተናገረው።
아스태마리우 아뜨브꼬 태나개래우።
astemariwu athbqo tenagerewu።
그 선생님은 강조하며 말했습니다.

27. Have you(m) received him as your savior?
እንደ አዳኝህ ተቀብለኸዋል?
은(으느)대 아다느흐 태깨브래해왈(와르)?
inde adanyh teqeblehewal?
당신의 구원자로서 당신은(남성) 받아들였습니까?

28. They had been humble.
ዝቅ ተደርገው ነበር።
즈끄 태대르개우 내배르።
zq tedergewu neber።
그들은 겸손(직역: 낮아짐)해 졌다.

29. They returned to their home rejoicing (gladly).
ደስ ብሏቸው ወደ ቤታቸው ተመለሱ።
대스 브르아쵸우 애대 배타쵸우 태매래수።
des blawachewu wede betachewu temelesu።
기쁘게 그들의 집에 그들은 돌아왔습니다.

30. Stand up, all of you(pl) who do not have food!
ምግብ የሌላችሁ ሁሉ ተነሱ።
므그브 애래라치후 후루 태내수።
mgb yelelachihu hulu tenesu።
음식이 없는 당신들 모두는 모두 일어서라.

31. The man was sitting at the side of the road begging.
ሰውዬው በመንገድ ዳር እየለመነ ተቀመጠ ነበር።
새우예우 배맨(매느)개드 달(다르) 으애래매내 태깨매또 내배르።
sewuyewu bemenged dar iyelemene teqemetho neber።
그 남자는 길 가장자리에서 구걸하면서 서 있는 중이었습니다.

32. All the butter was sold.
ቅቤው በሙሉ ተሸጠ።
끄배우 배무루 태셰때።
qbewu bemulu teshethe።
그 버터 모두를 팔리게 되었습니다.

33. The school was not open the day before yesterday.
ከትናንትና ወዲያ ትምህርት ቤቱ አልተከፈተም።
캐트난(나느)트나 애디야 틈(트므)흐르트 배투 아르태캐패태므።
ketnantna wediya tmhrt betu altekefetem።
그저께 그 학교는 열리지 않았습니다.

34. When will he receive his salary?
ደመወዙን መቼ ይቀበላል።
대매애준(주느) 매채 이깨배랄(라르)።
demewezun meche yiqebelal።
그의 월급은 언제 그는 받을 것입니까?

35. will not they learn Amharic?
አማርኛ አይማሩም?
아마르냐 아이마룸(루므)?
amarnya ayimarum።
암하릭어를 그들은 배우지 않을 것입니까?

36. The son who was lost returned to his father.
የጠፋው ልጅ ወደ አባቱ ተመለሰ።
애때파우 르즈 애대 아바투 태매래새።
yethefawu lj wede abatu temelese።
잃었던 그 아이는 그의 아버지에게 돌아왔습니다.

37. She went to bed without eating her supper.
እራትዋን ሳትበላ ተኛች።
으라트완(와느) 사트배라 태냐치።
iratwan satbela tenyachi።
그녀의 저녁을 먹지 않고 그녀는 잤습니다.

38. A lot of people were seen at church.
በቤተ ክርስቲያን ብዙ ሰዎች ታዩ።
배배태 크르스티얀(야느) 브주 새오치 타유።
bebete krstiyan bzu sewochi tayu።
교회에 많은 사람들을 보았습니다.

39. Let it be closed carefully.
በጥንቃቄ ይዘጋ።
배뜬(뜨느)까깨 이재가።
bethnqaqe yizega።
조심해서 닫게 합시다.

40. I am following Chirst daily.
ክርስቶስን በየቀኑ እከተላለሁ።
크르스토슨(스느) 배애깨누 으캐태라래후።
krstosn beyeqenu iketelalehu።
그리스도를 매일 나는 따르는 중입니다.

41. Has the lost key been found?
የጠፋው ቁልፍ ተገኝትዋል?
애때파우 꾸르프 태갠(개느)트왈(와르)?
yethefawu qulf tegenytwal?
잃었던 그 열쇠를 찾았습니까?

42. We've been called to their house.
ወደ ቤታቸው ተጠርተናል።
애대 배타쵸우 태때르태날(나르)።
wede betachewu tethertenal።
그의 집에 우리는 불렀습니다.

43. It was not permitted for them.
አልተፈቀደላቸውም።
아르태패깨대라쵸움(우므)።
altefeqedelachewum።
그들을 위하여 허락되지 않았습니다.

44. What time will we return there?
በስንት ሰዓት ወደዚህ እንመለስ?
배슨(스느)트 새아트 애대지호 은(으느)매래스?
besnt seat wedezih inmeles?
몇 시에 거기에 우리는 돌아올까요?

45. She was hit by a big rock.
በትልቅ ድንጋይ ተመታች።
배트르끄 든(드느)가가 태매타치።
betlq dngayi temetachi።
큰 돌로 그녀는 맞았습니다.

46. Let us visit(talk) at length (a long time) another time.
ሌላ ጊዜ በሰፊው እንጫወት።
래라 기재 배새피우 은(으느)짜애트።
lela gize besefiwu inchawet።
다른 시간 길게 우리가 방문(이야기)하도록 합시다.

47. Which road is the best (better)?
የትኛው መንገድ የተሻለ ነው?
애트냐우 맨(매느)개드 애태샤래 내우?
yetnyawu menged yeteshale newu?
어떤 길이 좋습니까?

49. Is it easy to cross the river? It is not.
ወንዙን መሻገር ቀላል ነው? አይደለም።
앤(애느)준(주느) 매샤개르 깨랄(라르) 내우? 아이대램(래므)።
wenzun meshager qelal newu? ayidelem።
그 강을 건너기 쉽습니까? 아닙니다.

50. Why you(f) were mad at me?

ለምን ተቆጣሽኝ።
램(래므)느 태꼬따신(시느)።
lemn teqothashny።
왜 당신은(여성) 나에게 화를 냈습니까?

Lesson 28 - The "Said" verbs(아래 verbs)(말했다 동사들)(알래 동사들)
1. አለ 아래 verbs(알래 동사들)

ጠጥ አለ 째뜨 아래 he was calm tzeth ale 그는 조용해졌다	እምቢ አለ 음(으므)비 아래 he refused imbi ale 그는 거절했다
ከፍ አለ 캐프 아래 he was high kef ale 그는 높아졌다	ዝቅ አለ 즈끄 아래 he was low zq ale 그는 낮아졌다
ቶሎ አለ 토로 아래 he hurried tolo ale 그는 서둘렀다	ይቅር አለ 이끄르 아래 he forgave, he pardoned yiqr ale 그는 용서했다
ቀስ አለ 깨스 아래 he was careful qes ale 그는 조심했다	ደስ አለው 대스 아래우 he was glad(impersonal) des alewu 그는 기뻤다
ዝም አለ 즘(즈므) 아래 he was silent zm ale 그는 조용히 했다	ቅር አለው 끄르 아래우 he was displeased (impersonal) qr alewu 그는 불쾌해 졌다
ቅርት አለ 끄르트 아래 he completely stopped qrt ale 그는 멈추었다	ቀረት አለ 깨래트 아래 he lagged behind qeret ale 그는 뒤로 뒤떨어졌다
ቁጭ አለ 꾸쯔 아래 he sat down quch ale 그는 앉았다	ብቅ አለ 브끄 아래 he appeared, he turned up bq ale 그는 나타났다
ሰተት አለ 새태트 아래 he went straight forward setet ale 그는 곧게 갔다	ትዝ አለው 트즈 아래우 he remembered it tz alewu 그는 그것을 기억했다

ዘወር አለ 재애르 아래 he turned zewer ale 그는 돌렸다			ብንን አለ 븐(브느)느 아래 he started up violently (from sleep) bnn ale 그는 시작했다	
ቸል አለ 쵸르 아래 he neglected chel ale 그는 무시했다			እሺ አለ 으쉬 아래 he agreed ishi ale 그는 동의했다	

2. The conjugation of ዝም አለ 쥼(즈므) 아래(he was silent),

ደስ አለው 대스 아래우 (he was glad)

2. 쥼 알래(그는 조용했다), 대스 알래우(그는 기뻤습니다.)

	Past Tense 과거시제	Present Tense 현재시제	Past Tense 과거시제	Present Tense 현재시제
I	ዝም አልሁ 쥼(즈므) 아르후 zm alhu I was silent 나는 조용히 했다	ዝም እላለሁ 쥼(즈므) 으라래후 zm ilalehu I will be silent 나는 조용히 할 것입니다	ደስ አለኝ 대스 알랜 des aleny I was happy 나는 행복했다	ደስ ይለኛል 대스 이래냘(냘) des yilenyal I will be happy 나는 행복할 것입니다.
You(m)	ዝም አልህ 쥼(즈므) 아르흐 zm alh You(m) was silent 당신은(남성) 조용히 했다	ዝም ትላለህ 쥼(즈므) 트라래흐 zm tlaleh You(m) will be silent 당신은(남성) 조용히 할 것입니다	ደስ አለህ 대스 알래흐 des aleh You(m) was happy 당신은(남성) 행복했다	ደስ ይልሃል 대스 이르할(하르) des yilhal You(m) will be happy 당신은(남성) 행복할 것입니다.
You(f)	ዝም አልሽ 쥼(즈므) 아르시 zm alsh You(f) was silent 당신은(여성) 조용히 했다	ዝም ትዪአለሽ 쥼(즈므) 트이 알래시 zm tyialeshi You(f) will be silent 당신은(여성) 조용히 할 것입니다	ደስ አለሽ 대스 알래시 des aleshi You(f) was happy 당신은(여성) 행복했다	ደስ ይልሻል 대스 이르샬(샤르) des yilshal You(f) will be happy 당신은(여성) 행복할 것입니다.
He	ዝም አለ 쥼(즈므) 아래 zm ale He was silent 그는 조용히	ዝም ይላል 쥼(즈므) 이랄(라르) zm yilal He will	ደስ አለው 대스 아래우 des alewu He was happy	ደስ ይለዋል 대스 이래왈(왈(와르))) des yilewal He will

	했다	be silent 그는 조용히 할 것입니다	그는 행복했다	be happy 그는 행복할 것입니다.
She	ዝም አለች 즘(즈므) 알래치 zm alechi She was silent 그녀는 조용히 했다	ዝም ትላለች 즘(즈므) 트라래치 zm tlalechi She will be silent 그녀는 조용히 할 것입니다	ደስ አላት 대스 아라트 des alat She was happy 그녀는 행복했다	ደስ ይላታል(탈(타르)) 대스 이라탈 des yilatal She will be happy 그녀는 행복할 것입니다.
We	ዝም አልን 즘(즈므) 아른(르느) zm aln We was silent 우리는 조용히 했다	ዝም እንላለን 즘(즈므) 은(으느)라랜(래느) zm inlalen We will be silent 우리는 조용히 할 것입니다	ደስ አለን 대스 알랜 des alen We was happy 우리는 행복했다	ደስ ይሰናል(날(나르)) 대스 이래날 des yilenal We will be happy 우리는 행복할 것입니다.
You(pl)	ዝም አላችሁ 즘(즈므) 알라치후 zm alachihu You(pl) was silent 당신들은 조용히 했다	ዝም ትላላችሁ 즘(즈므) 트라라치후 zm tlalachihu You(pl) will be silent 당신들은 조용히 할 것입니다	ደስ አላችሁ 대스 알라치후 des alachihu You(pl) was happy 당신들은 행복했다	ደስ ይላችኋል 대스 이라치후알 d e s yilachihuwal You(pl) will be happy 당신들은 행복할 것입니다.
They, he, she(pol)	ዝም አሉ 즘(즈므) 아루 zm alu They was silent 그들은 조용히 했다	ዝም ይላሉ 즘(즈므) 이라루 zm yilalu They will be silent 그들은 조용히 할 것입니다	ደስ አላቸው 대스 아라쵸우 des alachewu They was happy 그들은 행복했다	ደስ ይላቸዋል(왈(와르)) 대스 이라쵸왈 des yilachewal They will be happy 그들은 행복할 것입니다.
You(pol)			ደስ አለዎት 대스 아래오트 des alewot You(pol) was happy 당신은(공손한 표현) 행복했다	ደስ ይልዎታል 대스 이르오탈(탈(타르)) des yilwotal You(pol) will be happy 당신은(공손한 표현) 행복할 것입니다.

Lesson 28 - The "Said" verbs(아래 verbs)(말했다 동사들)(알래 동사들)

Exercise(sentence) 25
1. He said. She said. We said. I did not say. He(pol) did not say.
አለ። አለች። አለን። አላልሁም። አላሉ።

아래። 알래치። 알랜። 아랄(라르)훔(후므)። 아라룸(루므)።
ale። alechi። alen። alalhum። alalum።
그는 말했습니다. 그녀는 말했습니다. 우리는 말했습니다.
나는 말하지 않았습니다. 그는(공손한 표현) 말하지 않았습니다.

2. You(m) said to us(m). you did not say to them (pl). we said to you(f).
አልከኝ። አሳላኋቸውም። አላንሽ።
아르캐느። 아라라후알츄옴(우므)። 아른(르느)시።
alkeny። alalahuwachewum። alnsh።
당신은(남성) 우리에게 말했습니다. 당신은 그들에게 말하지 않았습니다.
우리는 당신에게(여성) 말했습니다.

3. He is having said. She is having said to me.
ብሎ። ብላኝ። ብለው ነበር። አላሉም ነበር።
They had said. they had not said.
브로። 브란(라느)። 브래우 내배르። 아라룸(루므) 내배르።
blo። blany። blewu neber። alalum neber።
그는 말했습니다. 그녀는 나에게 말했습니다.
그들은 말했었습니다. 그들은 말하지 않았었습니다.

4. When he said. If she says.
ሲል። ብትል። ስላሊህ። ስለምትል።
because you(m) said. because you(m) say.
시르። 브트르። 스랄(라르)흐። 스램(래므)트르።
sil። btl። slalh። slemtl።
그가 말했을 때. 만약 그녀가 말한다면.
당신이(남성) 말했기 때문에. 당신이(남성) 말하기 때문에
5. To say. To be called. Say (m)! do not say it (pl)!
let her say. Let's all say.
ማለት። መባል። በል። አትበሉ። ትበል። ሁላችንም እንበል።
마래트። 매바르። 배르። 아트배루። 트배르። 후라치늠(느므) 은(으느)배르።
malet። mebal። bel። atbelu። tbel። hulachinm inbel።
말하기 위하여. 부르기 위하여. 말하라(남성). 말하지 말라(복수).
그녀가 말하게 합시다. 우리 모두가 말합시다.

6. They who say to him. He who said to them.
የሚሉት። ያላቸው። ቁጭ በሉ። ዝም አላሉም።
sit down(pl). they are not quiet.
애미루트። 야라쵸우። 꾸쯔 배루። 즈므 아라룸(루므)።
yemilut። yalachewu። quch belu። zm alalum።
그에게 말한 그들. 그들에게 말했던 그. 앉으라(복수). 그들은 조용하지 않았다.

7. Carry(pl) this carefully.
ይህን ቀስ ብላችሁ ተሸከሙት።
이흔(흐느) 깨스 브라치후 태셰캐무트።
yihn qes blachihu teshekemut።
이것을 조심스럽게 날(나르)라(복수).

8. Get out of the way, a car is coming (f)

ዘወር በይ መኪና መጣ።
재애르 배이 매키나 매따።
zewer beyi mekina metha።
그 길의 밖으로 차는 왔다.

9. That lesson makes me very happy.
ያ ትምህርት በጣም ደስ ያሰኘኛል።
야 틈(트므)흐르트 배땀(따므) 대스 야새녜날።
ya tmhrt betham des yasenyenyal።
저 수업은 매우 나에게 기쁩니다.

10. Be quiet and sit down(pl).
ዝም ብላችሁ ተቀመጡ።
즈므 브라치후 태깨매뚜።
zm blachihu teqemethu።
조용히 하라 그리고 앉으라(복수)

11. He was sitting alone, quietly.
ዝም ብሎ ብቻውን ተቀምጦ ነበር።
즈므 브로 브차운(우느) 태깨므또 내배르።
zm blo bchawun teqemtho neber።
조용히 하라 라고 말하고 그 혼자 앉는 중이었습니다.

12. You(pol) ought to be careful.
ቀስ ማለት ይገባዎታል።
깨스 마래트 이개바오탈(타르)።
qes malet yigebawotal።
주의해서 당신은(공손한 표현) 해야 한다.

13. Say it again (you f). Write it again (you pol).
እንደገና በይ። እንደገና ይጻፉት።
은(으느)대개나 배이። 은(으느)대개나 이짜푸트።
indegena beyi። indegena yitsafut።
다시 말해라(여성). 다시 그것을 쓰라(당신-공손한 표현)

14. What did you(m) say?
ምን አልክ?
믄(므느) 아르크?
mn alk?
무엇을 당신은(남성) 말했습니까?

15. What will I say?
ምን ልበል?
믄(므느) 르배르?
mn lbel?
무엇을 나는 말 할까요?

16. They were listen to what I am saying.
የምለውን ሰሙ።

애므래운(우느) 스무::
yemlewun smu::
내가 말한 것을 그들은 들었습니다.

17. What did you(m) say? Say(m) it again.
ምን አልህ? እንደገና በል::
믄(므느) 아르흐? 은(으느)대개나 배르::
mn alh? indegena bel::
무엇을 당신은(남성) 들었습니까? 다시 말하라.

18. Say(f) it in Amharic. it is easy.
በአማረኛ ቢይ: ቀላል ነው::
배아마래냐 배이: 깨랄(라르) 내우::
beamarenya beyi: qelal newu::
암하릭어로 말하라(여성). 그것은 쉽습니다.

19. I did not hear what you(pol) said.
ያሉትን አልሰማሁም::
야루튼(트느) 아르새마훔(후므)::
yalutn alsemahum::
당신이(공손한 표현) 말했던 것을 나는 듣지 못했습니다.

20. They returned to their home rejoicing(gladly).
ደስ ብሏቸው ወደ ቤታቸው ተመለሱ::
대스 브르아챠우 애대 배타챠우 태매래수::
des blawachewu wede betachewu temelesu::
기쁘게 그들의 집에 그들은 돌아왔습니다.

21. It was becoming calm.
ጸጥ ብሎ ነበር::
째뜨 브로 내배르::
tzeth blo neber::
조용히 하라 라고 말했습니다.

22. Rejoice (you pl) in the lord always!
ሁልጊዜ በጌታ ደስ ይበላችሁ::
후르기재 배개타 대스 이배라치후::
hulgize begeta des yibelachihu::
항상 주안에서 기뻐하라(복수)

23. I'm happy (takes object ending).
ደስ አለኝ::
대스 알랜::
des aleny::
나는 행복합니다.

24. I was silent.
ዝም አልሁ::
즈므 아르후::
zm alhu::

나는 조용히 했다.

25. Was 요하느스 silent?
ዮሐንስ ዝም አለ?
요하느스 즈므 아래?
yohans zm ale?
요한은 조용히 했습니까?

Lesson 29 - The "have" verbs(동사들)("아래" verbs(동사들))(가지다 동사)(알래 동사들)
(have, will have)(가지고 있습니다 또는 있습니다, 가질 것입니다.)

1. - The "have" verb("አለ" "아래" Verb)(have, will have)

1. (가지다 동사)(알래 동사들)(가지고 있다, 가질 것입니다.)

	"አለ" "아래" Verb (M a s c subject) "ale" 남성	The negative of አለ is የለም The negative of 아래 is 애램(래므) ale is yelem	The verb ነበረ 내배래 with object suffixes nebere	The negative of አለ is አል ነበረኝም The negative of 아래 is 아르내배래늠 ale is alneberenym
I	አለኝ 알랜 I have aleny 나는 가지고 있다	የለኝም 애래늠 I have not yelenym 나는 가지고 있지 않다	ነበረኝ 내배랜(래느) I had nebereny 나는 가지고 있었다	አልነበረኝም 아르내배래늠 I had not alneberenym 나는 가지고 있지 않았다
You(m)	አለህ 알래흐 you(m) have aleh 당신은(남성) 가지고 있다	የለህም 애래흠(흐므) you(m) have not yelehm 당신은(남성) 가지고 있지 않다	ነበረህ 내배래흐 you (m) had nebereh 당신은(남성) 가지고 있었다	አልነበረህም 아르내배래흠(흐므) you (m) had not alneberehm 당신은(남성) 가지고 있지 않았다
You(f)	አለሽ 알래시 you(f) have aleshi 당신은(여성) 가지고 있다	የለሽም 애래심(시므) you(f) have not yeleshm 당신은(여성) 가지고 있지 않다	ነበረሽ 내배래시 you (f) had nebereshm 당신은(여성) 가지고 있었다	አልነበረሽም 아르내배래심(시므) you (f) had not alnebereshm 당신은(여성) 가지고 있지 않았다
He	አለው	የለውም	ነበረው	አልነበረውም

	아래우 he have alewu 그는 가지고 있다	애래움(우므) he has not yelewum 그는 가지고 있지 않다	내배래우 he had neberewu 그는 가지고 있었다	아 르 내 배 래 움 (우므) he had not alneberewum 그는 가지고 있지 않았다
She	አላት 아라트 she have alat 그녀는 가지고 있다	የላትም 애라틈(트므) she has not yelatm 그녀는 가지고 있지 않다	ነበራት 내배라트 she had neberat 그녀는 가지고 있었다	አልነበራትም 아 르 내 배 라 틈 (트므) she had not alneberatm 그녀는 가지고 있지 않았다
We	አለን 알랜 we have alen 우리는 가지고 있다	የለንም 애래늠 we have not yelenm 우리는 가지고 있지 않다	ነበረን 내배랜(래느) we had neberen 우리는 가지고 있었다	አልነበረንም 아르내배래늠 we had not alneberenm 우리는 가지고 있지 않았다
You(pl)	አላችሁ 알라치후 you(pl) have alachihu 당신들은 가지고 있다	የላችሁም 애라치훔(후므) you (pl) have not yelachihum 당신들은 가지고 있지 않다	ነበራችሁ 내배라치후 you (pl) had neberachihu 당신들은 가지고 있었다	አልነበራችሁም 아 르 내 배 라 치 훔(후므) you (pl) had not alneberachihum 당신들은 가지고 있지 않았다
They, he, she(pol)	አላቸው 아라쵸우 They have alachewu 그들은 가지고 있다	የለዎትም 애래오틈(트므) they have not yelewotm 그들은 가지고 있지 않다	ነበራቸው 내배라쵸우 they had neberachewu 그들은 가지고 있었다	አልነበራቸውም 아 르 내 배 라 쵸 움(우므) they had not alneberachewum 그들은 가지고 있지 않았다
You(pol)	አለዎት 아래오트 you(pol) have alewot 당신은(공손한 표현) 가지고 있다	የለዎትም 애래오틈(트므) you (pol) have not yelewotm 당신은(공손한 표현) 가지고 있지 않다	ነበረዎት 내배래오트 you (pol) had neberewot 당신은(공손한 표현) 가지고 있었다	አልነበረዎትም 아 르 내 배 래 오 틈(트므) you (pol) had not alneberewotm 당신은(공손한 표현) 가지고 있지 않았다

	The verb ዋረ 노래 with object suffixes	The negative of conjunction is +ም 므(out)	The negative of relative pronoun is +ም 므(out)
I	ይዋረኛል	እንደሌሉኝ	የሌለኝ

	이노래날(날) I willl have yinorenyal 나는 가지고 있 을 것입니다.	은(으느)대래룬(루 느) that I have not indeleluny 나는 가지고 있 지 않는 것을	애래랜(래느) I who have not yeleleny 가지고 있지 않 는(없는) 나
You(m)	ይኖርሃል 이노르할(하르) you (m) will have yinorhal 당신은(남성) 가지 고 있을 것입니 다.	እንደሌለህ 은(으느)대래래흐 that you (m) have not indeleleh 당신은(남성) 가지 고 있지 않는 것 을	የሌለህ 애래래흐 you (m) who have not yeleleh 가지고 있지 않 는(없는) 당신(남 성)
You(f)	ይኖርሻል 이노르샬(샤르) you (f) will have yinorshal 당신은(여성) 가지 고 있을 것입니 다.	እንደሌለሽ 은(으느)대래래 that you (f) have not indelelesh 당신은(여성) 가지 고 있지 않는 것 을	የሌለሽ 애래래시 you (f) who have not yelelesh 가지고 있지 않 는(없는) 당신(여 성)
He	ይኖረዋል 이노래왈(왈(와르)) he will have yinorewal 그는 가지고 있 을 것입니다.	እንደሌለው 은(으느)대래래우 that he has not indelelewu 그는 가지고 있 지 않는 것을	የሌለው 애래래우 he who has not yelelewu 가지고 있지 않 는(없는) 그
She	ይኖራታል 이노라탈(탈(타르)) she will have yinoratal 그녀는 가지고 있을 것입니다.	እንደሌላት 은(으느)대래라트 that she has not indelelat 그녀는 가지고 있지 않는 것을	የሌላት 애래라트 she who has not yelelat 가지고 있지 않 는(없는) 그녀
We	ይኖረናል 이노래날(나르) we will have yinorenal 우리는 가지고 있을 것입니다.	እንደሌለን 은(으느)대래랜(래 느) that we have not indelelen 우리는 가지고 있지 않는 것을	የሌለን 애래랜(래느) we who have not yelelen 가지고 있지 않 는(없는) 우리
You(pl)	ይኖራችኋል 이노라치후알 you (pl) will have yinorachihuwal 당신들은 가지고 있을 것입니다.	እንደሌላችሁ 은(으느)대래라치후 that you (pl) have not indelelachihu 당신들은 가지고 있지 않는 것을	የሌላችሁ 애래라치후 you (pl) who have not yelelachihu 가지고 있지 않 는(없는) 당신들

https://worlddic.com/xe/amharic/05.html – 290 – 인터넷 강의

They, he, she(pol)	ይኖራቸዋል 이노라 쵸왈 (왈 (와르)) they will have yinorachewal 그들은 가지고 있을 것입니다.	እንደሌሳቸው 은(으느)대래라쵸우 that they have not indelelachewu 그들은 가지고 있지 않는 것을	የሌሳቸው 애래라쵸우 they who have not yelelachewu 가지지 않는(없는) 그들
You(pol)	ይኖርዎታል 이노르오탈 (탈 (타르)) you (pol) will have yinorwotal 당신은(공손한 표현) 가지고 있을 것입니다.	እንደሌሉዎት 은(으느)대래래오트 that you (pl) have not indelelewot 당신은(공손한 표현) 가지고 있지 않는 것을	የሌሉዎት 애래래오트 you (pol) who have not yelelewot 가지고 있지 않는(없는) 당신(공손한 표현)

Lesson 29 - The "have" verbs(동사들)("አለ "아래" verbs(동사들))(가지다 동사) (알래 동사들)
(have, will have)(가지고 있습니다 또는 있습니다, 가질 것입니다.)

Exercise(sentence) 50
1. I have one child.
አንድ ልጅ አለኝ፡፡
안(아느)드 르즈 알랜፡፡
and lj aleny፡፡
한 아이를 나는 있습니다.

2. I do not have any children.
ልጅ የለኝም፡፡
르즈 애래늠፡፡
lj yelenym፡፡
아이가 나는 없습니다.

3. I have a spouse.
ባለቤት አለኝ፡፡
바래배트 알랜፡፡
balebet aleny፡፡
배우자가 나는 있습니다.

4. I do not have a spouse.
ባለቤት የለኝም፡፡
바래배트 애래늠፡፡
balebet yelenym፡፡
배우자가 나는 없습니다.

5. I have a big car.
ትልቅ መኪና አለኝ፡፡
트르끄 매키나 알랜፡፡

tlq mekina aleny።
큰 차가 나는 가지고 있습니다.

6. I have a brother.
ወንድም አለኝ።
앤(애느)듬(드므) 알랜።
wendm aleny።
형제가 나는 있습니다.

7. I had 5 Birr yesterday, but today I have only 4.
ትናንትና አምስት ብር ነበረኝ፤ ዛሬ ግን አራት ብቻ አለኝ።
트난(나느)트나 암(아므)스트 브르 내배랜(래느)። 자래 근(그느) 아라트 브차 알랜:
:
tnantna amst br neberny: zare gn arat bcha aleny።
어제 5 비르가 나는 있었습니다. 오늘 그러나 4 비르 만 나는 있습니다.

8. I have no sister. They had a house.
እህት የለኝም። ቤት ነበራቸው፤
으흐트 애래늠። 배트 내배라쵸우:
iht yelenym። bet neberachewu:
여동생이 나는 없습니다. 집은 그들은 가지고 있습니다.

9. We had none last week.
ባለፈው ሳምንት ምንም አልነበረኝም።
바래패우 사믄(므느)트 므늠(느므) 아르내배래늠።
balefewu samnt mnm alneberenym።
지난 주 아무것도 우리는 없었습니다.

10. If he works well he'll have a lot of money.
ደህና አድርጎ ቢሰራ ብዙ ብር ይኖረዋል።
대흐나 아드래고 비새라 브주 브르 이노래왈(와르)።
dehna adrego bisera bzu br yinorewal።
잘 한 후 만약 그가 일한다면 많은 비르(돈)을 그는 가질 것입니다.

11. The person who has no money cannot buy clothes.
ገንዘብ የሌለው ሰው ልብስ መግዛት አይችልም።
갠(개느)재브 애래래우 새우 르브스 매그자트 아이치름(르므)።
genzeb yelelewu sewu lbs megzat ayichilm።
돈이 없는 그 사람은 옷을 살 수 없습니다.

12. It is a hopeless thing (that which has no hope).
ተስፋ የሌለው ነገር ነው።
태스파 애래래우 내개르 내우።
tesfa yelelewu neger newu።
희망 없는 것은 이것 입니다.

13. I had a good car.
ጥሩ መኪና ነበረኝ።
뜨루 매키나 내배랜(래느)።

thru mekina nebereny::
좋은 차를 나는 가지고 있었습니다.

14. I had not a good car.
ጥሩ መኪና አልነበረኝም::
뜨루 매키나 아르내배래늠::
thru mekina alneberenym::
좋은 차를 나는 가지고 있지 않았습니다.

15. She knows that she does not have enough money.
በቂ ብር እንደሌላት ታውቃለች::
배끼 브르 은(으느)대래라트 타우까래치::
beqi br indelelat tawuqalechi::
충분한 비르(돈)이 그녀가 가지지 않은 것을 그녀는 압니다.

16. You(f) know very well that I have not any money.
ምንም ገንዘብ እንደሌለኝ በደንብ ታውቂያለሽ::
므늠(느므) 갠(개느)재브 은(으느)대래랜(래느) 배댄(대느)브 타우끼야래시::
mnm genzeb indeleleny bedenb tawuqiyaleshi::
어떠한 돈을 내가 가지지 않은 것을 잘 당신은(여성) 압니다.

17. I know that he has no child.
ልጅ እንደሌለው አውቃለሁ::
르즈 은(으느)대래래우 아우까래후::
lj indelelewu awuqalehu::
아이가 그가 없다는 것을 나는 압니다.

18. I do not have 100 Birr, and you(pl) all know that I have not.
መቶ ብር የለኝም:: እንደሌለኝም ሁላችሁም ታውቃላችሁ::
매토 브르 애래늠:: 은(으느)대래래늠 후라치훔(후므) 타우까라치후::
meto br yelenym:: indelelenym hulachihum tawuqalachihu::
100 비르를 나는 가지고 있지 않습니다. 내가 없다는 것을 당신들 모두가 압니다.

19. We have heard that the lady has no mule. She has only donkeys.
ሴትየዋ በቅሎ እንደሌላት ሰምተናል:: አህዮች ብቻ አሏት::
새트애와 배끄로 은(으느)대래라트 새므태날(나르):: 아흐요치 브차 아르아트::
setyewa beqlo indelelat semtenal:: ahyochi bcha alawat::
그 여자 노새를 가지지 않는 것을 우리는 들었습니다.
당나귀들을 단지 그녀는 가지고 있습니다.

20. You(f) will have much money.
ብዙ ገንዘብ ይኖርሻል::
브주 갠(개느)재브 이노르샬(샤르)::
bzu genzeb yinorshal::
많은 돈을 당신은(여성) 가지고 있을 것입니다.

21. He has. She has not. they had not.
አለው:: አላትም:: አልነበራቸውም:: ነበረን:: የለኝም:: ይኖረዋል::
We had. We do not have. He will have.

아래우:: 아라틈(트므):: 아르내배라쵸움(우므):: 내배랜(래느):: 애래늠:: 이노래왈
(와르)::
alewu:: alatm:: alneberachewum:: neberen:: yelenm:: yinorewal::
그는 가지고 있다. 그녀는 가지지 않았다. 그들은 가지지 않았다.
우리는 가졌다. 우리는 가지고 있지 않다. 그를 가질 것입니다.

22. If she has. If she does not have. Because she (pol) does not have.
ካላት:: ከሌላት:: ከሌላቸው::
카라트:: 캐래라트:: 캐래라쵸우::
kalat:: kelelat:: kelelachewu::
만약 그녀가 가진다면. 만약 그녀가 가지지 않는다면.
그녀가(공손한 표현) 가지지 않기 때문에.

23. Abebech has a son. She also has 5 brothers.
አበበች ወንድ ልጅ አላት:: አምስት ወንድሞችም አሏት::
아배배치 앤(애느)드 르즈 아라트:: 암(아므)스트 앤(애느)드모침(치므) 아르아트::
abebechi wend lj alat:: amst wendmochim alawat::
아베베치는 아들이 있다. 또한 5 형제들이 그녀는 있다

24. I have a sister.
እህት አለኝ::
으흐트 알랜::
iht aleny::
여동생이 나는 있다.

25. Have you(m) a bible?
መጽሐፍ ቅዱስ አለህ?
매쯔하프 끄두스 알래흐?
metshaf qdus aleh?
성경을 당신은(남성) 가지고 있습니까?

26. I did not know that he has children.
ልጆች እንዳሉት አላውቅም ነበር::
르조치 은(으)다루트 아라우끔(끄므) 내배르::
ljochi indalut alawuqm neber::
아이들이 그가 있는 것을 나는 몰랐었습니다.

27. He has no child.
ልጅ የለውም::
르즈 애래옴(우므)::
lj yelewum::
아이가 그는 없습니다.

28. I know that he has no child.
ልጅ እንደሌለው አውቃለሁ::
르즈 은(으)대래래우 아우까래후::
lj indelelewu awuqalehu::
아이가 그가 없는 것을 나는 압니다.

29. Show me what you have in your pocket
በኪስህ ያለውን ሳየኝ።
(that which is in your pocket) (m)
배키스흐 야래운(우느) 사앤(애느)።
bekish yalewun sayeny።
당신의(남성) 주머니 안에 있는 것을 나에게 보여주라.

30. They have no relatives in this country.
በዚህ አገር ዘመድ የላቸውም።
배지흐 아개르 재매드 애라쵸움(우므)።
bezih ager zemed yelachewum።
이 나라 안에 친척이 그들은 없습니다.

31. You(m) will have a lot of money since going to become a doctor.
ሐኪም ስለምትሆን ብዙ ገንዘብ ይኖርሃል።
하킴(키므) 스램(래므)트혼(호느) 브주 갠(개느)재브 이노르할(하르)።
hakim slemthon bzu genzeb yinorhal።
의사가 되면 많은 돈을 당신은(남성) 가질 것입니다.

32. If thief steals it, you(f) will have no money.
ሌባ ከሰረቀው ገንዘብ አይኖርሽም።
래바 캐새래깨우 갠(개느)재브 아이노르심(시므)።
leba kesereqewu genzeb ayinorshm።
도둑이 만약 그것을 훔친다면 돈이 당신은(여성) 없을 것입니다.

33. If you(pl) have children, they just stayed at home.
ልጆች ካላችሁ በቤት ኖሩ።
르조치 칼(카르)아치후 배배트 노루።
ljochi kalawachihu bebet noru።
아이들이 만약 당신들이 없다면 집에서 그들은 머물렀습니다.

34. My sister had not bought a house.
እህቴ ቤት አልገዛችም ነበር።
으흐태 배트 아르개자침(치므) 내배르።
ihte bet algezachim neber።
나의 여동생은 집을 살 수 없었습니다.

35. A man who has no friends is poor.
ጓደኛ የሌለው ሰው ድሃ ነው።
과대냐 애래래우 새우 드하 내우።
gwadenya yelelewu sewu dha newu።
친구가 없는 사람은 가난합니다.

36. If they have money they will give it to you(m).
ገንዘብ ካላቸው ይሰጡሃል።
갠(개느)재브 카라쵸우 이새뚜할(하르)።
genzeb kalachewu yisethuhal።
돈을 만약 그들이 가진다면 당신에게(남성) 줄 것입니다.

37. They are not coming because they have no food.

ምግብ ስለሌላቸው አይመጡም።
므그브 스래래라쵸우 아이매뚬(뚜므)።
mgb slelelachewu ayimethum።
음식이 그들은 없기 때문에 올 수 없습니다.

38. I had none last week.
ባለፈው ሳምንት ምንም አልነበረኝም።
바래패우 사믄(므느)트 므늠(느므) 아르내배래늠።
balefewu samnt mnm alneberenym።
지난 주 아무것도 나는 없었습니다.

39. I have to much work.
ሥራ በዛብኝ።
스라 배자븐(브느)።
sra bezabny።
일이 나는 매우 많습니다.

40. If the children have pencils they can do their work.
ልጆቹ እርሳስ ካላቸው ሥራቸውን መስራት ይችላሉ።
르조추 으르사스 카라쵸우 스라쵸운(우느) 매스라트 이치라루።
ljochu irsas kalachewu srachewun mesrat yichilalu።
그 아이들이 연필을 만약 가진다면 그들의 일을 할 수 있습니다.

41. Because tesfy does not have a pen, he can not write.
ተስፋዬ እስኪረብቶ ስለሌለው ሊጽፍ አይችልም።
태스파예 으스키르브토 스래래래우 리쯔프 아이치름(르므)።
tesfaye iskiribto slelelewu litsf ayichilm።
테스파예는 펜을 없기 때문에 쓸 수 없습니다.

42. Those who have a pen, stay! Those who have only pencils, go (pl).
እስኪረብቶ ያላቸሁ። ቆዩ። እርሳስ ብቻ ያላቸሁ። ሂዱ።
으스키르브토 야라치후። 꼬유። 으르사스 브차 야라치후። 히두።
iskiribto yalachihu። qoyu። irsas bcha yalachihu hidu።
펜을 가진 저들. 기다려라. 연필 만 가진 저들. 가라

43. My grandfather has a big house, he has 3 children also.
ወንድ አያቴ ትልቅ ቤት አለው። ሶስት ልጆችም አሉት።
앤(애느)드 아야태 트르끄 배트 아래우። 소스트 르조침(치므) 아루트።
wend ayate tlq bet alewu። sost ljochim alut።
나의 할아버지는 큰 집이 있습니다. 또한 3 아이들이 그는 있습니다.

44. If you (f) have time tomorrow, come.
ነገ ጊዜ ካለሽ ነይ።
내개 기재 카래시 내이።
nege gize kaleshi neyi።
내일 시간이 만약 당신이(여성) 있다면 와라.

45. I do not want the book. You have it (m)!
መጽሐፉን አልፈልግም። ውሰደው።

매쯔하푸느 알패르금(그므):: 우새대우::
metshafun alfelgm:: wusedewu::
그 책을 나는 원하지 않습니다. 당신은(남성) 그것을 취하라.

46. Why do not we go by taxi because I do not have a good car?
ጥሩ መኪና ስለሴለኝ ለምን በታክሲ እንሄድም?
뜨루 매키나 스래래랜(래느) 램(래므)느 배타크시 은(으느)해듬(드므)?
thru mekina sleleleny lemn betaksi inhedm?
좋은 차가 나는 없기 때문에 왜 택시로 우리는 가지 않습니까?

47. I have no car. She had a house.
መኪና የለኝም:: ቤት ነበራት::
매키나 애래늠:: 배트 내배라트::
mekina yelenym:: bet neberat::
차가 나는 없습니다. 집을 그녀는 가졌습니다.

48. We did not learn because we have no a book.
መጽሐፍ ስለሴለን አልተማርንም::
매쯔하프 스래래랜(래느) 아르태마르늠(느므)::
metshaf slelelen altemarnm::
책이 우리가 없기 때문에 우리는 배우지 못했습니다.

49. You(pol) have three books.
ሦስት መጻሕፍት አሉዎት::
소스트 매쯔하프트 아루오트::
sost metshaft aluwot::
3 책들을 당신은(공손한 표현) 가졌습니다.

50. He had pity on them because they were like sheep without a shepherd.
እረኛ እንደሴሌው በጉች ስለነበሩ አዘነላቸው::
으래냐 은(으느)대래래우 배고치 스래내배루 아재내라쵸우::
irenya indelelewu begochi sleneberu azenelachewu::
목자가 없는 그 양들처럼 그들은 되었기 때문에 그는 그들을 동정했었습니다.

Lesson 30 - Comparison (ከ)(캐)(than)(비교) (캐)(-보다)

Excerse(sentence) 20
1. The girl is taller than her brother.
ከወንድምዋ ልጃቱ ትረዝማለች:: (ረጅም ናት)
캐앤(애느)듬(드므)와 르지투 트래즈마래치:: (래즈므 나트)
kewendmwa ljitu trezmalechi:: (rejm nat)
그녀의 형제보다 그 소녀는 키가 큽니다.

2. He is the youngest of the brothers.
ከወንድሞቹ ታናሹ እርሱ ነው::
캐앤(애느)드모추 타나시투 으르수 내우::
kewendmochu tanashtu irsu newu::
그 형제들 중에 젊은 사람은 그 입니다.

3. Our house is nicer than our neighbour's house.
የእኛ ቤት ከጎረቤታችን ቤት ያማረ ነው(ያምራል)።
애으냐 배트 캐고래배타친(치느) 배트 야마래 내우(야므랄(라르))።
yeinya bet kegorebetachin bet yamare newu(yamral)።
우리의 집은 우리 이웃집 보다 좋습니다.

4. She is the eldest of the students.
ከተማሪዎቹ ታላቅ እርስዋ ናት።
캐태마리오추 타라끄 으르스와 나트።
ketemariwochu talaq irswa nat።
그 학생들 중에 나이 많은(큰) 사람은 그녀 입니다.

5. My pen is longer than yours.
ከእንተ እስክሪብቶ የእኔ እስክሪብቶ ይረዝማል።
캐안(아느)태 으스크리브토 애으내 으스크리브토 이래즈마르።
keante iskribto yeine iskribto yirezmal።
당신 펜보다 나의 펜이 더 깁니다.

6. Your clothes is nicer than his.
ከእርሱ ልብስ የእንተ ያማረ ነው።
캐으르수 르브스 애안(아느)태 야마래 내우።
keirsu lbs yeante yamare newu።
그의 옷보다 나의 것이 좋습니다.

7. She is the eldest of her sisters.
ከእህቶችዋ ታላቅ እርስዋ ናት።
캐으흐토치와 타라끄 으르스와 나트።
keihtochiwa talaq irswa nat።
그녀의 여동생들 중에 나이 많은(큰) 사람은 그녀 입니다.

8. Mamusi is taller than John.
ማሙሲ ከዮሐንስ ረጅም ነው።
마무시 캐요하느스 래즈므 내우።
mamusi keyohans rejm newu።
마무시는 요한보다 큽니다.

9. She loves her sister more than her brother.
ከወንድምዋ ይልቅ እኅትዋን ትወዳለች።
캐앤(애느)듬(드므)와 이르끄 으흐트완(와느) 트애다래치።
kewendmwa yilq ihtwan twedalechi።
그녀의 형제보다 더 그녀의 여동생을 그녀는 사랑합니다.

10. My sister is much smaller than I am.
እህቴ ከእኔ በጣም ታንሳለች።
으흐태 캐으내 배땀(따므) 타느사래치።
ihte keine betham tansalechi።
나의 여동생은 나보다 매우 작습니다.

11. She is the youngest of the students.
ከተማሪዎቹ ታናሹ እርስዋ ናት።
캐태마리오추 타나슈 으르스와 나트።
ketemariwochu tanashu irswa nat።
그 학생중에 젊은 사람은 그녀 입니다.

12. She is the prettiest of the sisters.
ከእኅቶቹ ያማረችው ያች ናት።
캐으흐토추 야마래치우 야치 나트።
keihtochu yamarechiwu yachi nat።
그 여동생들 중에 예쁜 사람은 그녀 입니다.

13. A crocodile is bigger than a dog.
አዞ ከውሻ ይበልጣል።
아조 캐우샤 이배르따르።
azo kewusha yibelthal።
악어는 개보다 큽니다.

14. He is the youngest of the brothers.
ከወንድሞቹ በዕድሜ ያንሳል።
캐앤(애느)드모추 배으드매 얀(야느)살(사르)።
kewendmochu beidme yansal።
그 형제들보다 나이가 그는 적습니다.

15. My pen is shorter than yours(m).
የእኔ እስክሪብቶ ከእንተ እስክሪብቶ አጭር ነው።
애으내 으스크리브토 캐안(아느)태 으스크리브토 아쯔르 내우።
yeine iskribto keante iskribto achr newu።
나의 펜은 당신의 펜보다 짧습니다.

16. Her sister is thinner than all the sisters.
እኅትዋ ከእኅቶቹ ሁሉ ቀጭን ናት።
으흐트와 캐으흐토추 후루 깨쭌(쯔느) 나트።
ihtwa keihtochu hulu qechn nat።
그녀의 여동생은 그 여동생들 모두보다 가냘픕니다.

17. Abarasi is younger than her sister.
አባራሲ ከእኅትዋ ታናሽ ናት።
아바라시 캐으흐트와 타나시 나트።
abarasi keihtwa tanash nat።
아바라시는 그녀의 여동생보다 젊습니다.

18. Abarasi is taller than Ruth.
አባራሲ ከሩት ረጅም ናት።
아바라시 캐루트 래즈므 나트።
abarasi kerut rejm nat።
아바라시는 룻보다 키가 큽니다.

19. Mamusi is smaller than his brother.

ማሙሲ ከወንድሙ አጭር ነው።
마무시 캐앤(애느)드무 아쯔르 내우::
mamusi kewendmu achr newu::
마무시는 그의 형제보다 짧습니다.

20. He is the shortest of the brothers.
ከወንድሞቹ አጭሩ እርሱ ነው።
캐앤(애느)드모추 아쯔루 으르수 내우::
kewendmochu achru irsu newu::
그 형제들 중에 짧은 사람은 그 입니다.

Lesson 31 - Reflexive Pronoun(재귀 대명사)

myself 나 자신	ራሴ 라새 rase
Yourself(m) 당신(남성) 자신	ራስህ 라스흐 rash
Yourself(f) 당신(여성) 자신	ራስሽ 라스시 rassh
himself 그 자신	ራሱ 라수 rasu
herself 그녀 자신	ራስዋ 라스와 raswa
ourselves 우리 자신	ራሳችን 라사친(치느) rasachin
yourselves 당신들 자신	ራሳችሁ 라사치후 rasachihu
themselves, himself(pol), herself(pol) 그들 자신	ራሳቸው 라사쵸우 rasachewu
Yourself(pol) 당신(공손한 표현) 자신	ራስዎ 라스오 raswo
Watch the small children(pl). let the big ones play by themselves. ትንንሾቹን ልጆች ጠብቁ። ትልልቆቹ ብቻቸውን ራሳቸው ይጫወቱ። 튼(튼(트느))느쇼춘(추느) 르조치 때브꾸:: 트르르꼬추 브차쵸운(우느) 라사쵸우 이짜애투::	

Etc 1 - Group Verbs, The imperative, The Infinitive Comparison
기타 1 - 그룹 동사들, 명령법, 부정사 비교

111 verbs(동사들) 1	The imperative 명령법	Infinitive (To Verb) 부정사
	616 Changes(변화) Masculine. sing 남성	መ 매+616(to verb) 동사 하기 위하여, 동사 하기를
He arrested, he tied አሰረ 아새래 asere 그는 체포됐다	እሰር 으새르 arrest, tie iser 체포해라(남성)	ማሰር 마새르 to tie maser 체포하기 위하여
He arrived, he reached ደረሰ 대래새 derese 그는 도착했다	ድረስ 드래스 arrive, reach dres 도착해라	መድረስ 매드래스 to arrive, to reach medres 도착하기 위하여
He became tired ደከመ 대캐매 dekeme 그는 피곤해 졌다	ድከም 드캠(캐므) tire dkem 피곤해라	መድከም 매드캠(캐므) to tire medkem 피곤하기 위하여
He believed . አመነ 아매내 amene 그는 믿었다	እመን 으맨(매느) believe imen 믿어라	ማመን 마맨(매느) to believe mamen 믿기 위하여
He broke ሰበረ 새배래 sebere 그는 깨뜨렸다	ስበር 스배르 break sber 깨뜨어라	መስበር 매스배르 to break mesber 깨뜨리기 위하여
He buried ቀበረ 깨배래 qebere 그는 매장했다	ቅበር 끄배르 bury qber 매장해라	መቀበር 매끄배르 to bury meqber 매장하기 위하여

He chose, he selected መረጠ 매래때 merethe 그는 선택했다	ምረጥ 므래뜨 choose, select mreth 선택해라	መምረጥ 매므래뜨 to choose, to select memreth 선택하기 위하여
He counted ቆጠረ 꼬때래 qothere 그는 숫자를 세웠다	ቁጠር 꾸때르 count quther 숫자를 세워라	መቁጠር 매꾸때르 to count mequther 숫자를 세우기 위하여
He created ፈጠረ 패때래 fethere 그는 창조했다	ፍጠር 프때르 create fther 창조해라	መፍጠር 매프때르 to create mefther 창조하기 위하여
He crucified ሰቀለ 새깨래 seqele 그는 희생했다	ስቀል 스깨르 crucify sqel 희생해라	መስቀል 매스깨르 to crucify mesqel 희생하기 위하여
He cut, decided ቆረጠ 꼬래때 qorethe 그는 잘랐다, 결정했다	ቁረጥ 꾸래뜨 cut, decide qureth 잘라라, 결정해라	መቁረጥ 매꾸래뜨 to cut, to decide mequreth 잘(자르)기 위하여, 결정하기 위하여
He dared, he ventured ደፈረ 대패래 defere 그는 모험했다	ድፈር 드펠(패르) dare, venture dfer 모험해라	መድፈር 매드펠(패르) to dare, to venture medfer 모험하기 위하여
He fell ወደቀ 애대깨 wedeqe 그는 넘어졌다	ውረድ 우래드 fall wured 넘어져라	መውሰድ 매우새드 fall mewused 넘어지기 위하여
He fried ጠበሰ 때배새 thebese 그는 튀겼다	ጥበስ 뜨배스 fry thebes 튀겨라	መጥበስ 매뜨배스 to fry methbes 튀기기 위하여
he hastened ፈጠነ 패때내 fethene	ፍጠን 프땐(때느) haste fthen	መፍጠን 매프땐(때느) to haste mefthen

그는 서둘렀다	서둘러라	서두르기 위하여
he judged	ፍረደ	መፍረድ
ፈረደ	프라드	매프라드
패래대	judge	to judge
ferede	fred	mefred
그는 심판했다	심판해라	심판하기 위하여
He killed	ግደል	መግደል
ገደለ	그댈(대르)	매그댈(대르)
개대래	kill	to kill
gedele	gdel	megdel
그는 죽었다	죽어라	죽이기 위하여
He knew	እወቅ	ማወቅ
አወቀ	으애끄	마애끄
아애깨	know	to know
aweqe	iweq	maweq
그는 알았다	알라	알기 위하여
He loved, he liked	ውደድ	መውደድ
ወደደ	우대드	매우대드
애대대	love, like	to love, to like
wedede	wuded	mewuded
그는 사랑(좋아) 했다	사랑(좋아)해라	사랑(좋아)하기 위하여
He opened	ክፈት	መክፈት
ከፈተ	크파트	매크파트
캐패태	open	to open
kefete	kfet	mekfet
그는 열었다	열어라	열기 위하여
He paid, he divided	ክፈል	መክፈል
ከፈለ	크펠(패르)	매크펠(패르)
캐패래	pay, divide	to pay, to divide
kefele	kfel	mekfel
그는 지불했다, 결정했다	지불해라, 결정해라	지불하기 위하여, 결정하기 위하여
He passed the night	እደር	ማደር
አደረ	으댈(대르)	마댈(대르)
아대래	pass	to pass
adere	ider	mader
그는 밤을 지냈다	밤을 지내라	밤을 지내기 위하여
He passed	እለፍ	ማለፍ
አለፈ	으래프	마래프
아래패	pass	to pass
alefe	ilef	malef
그는 통과했다	통과해라	통과하기 위하여
He permitted, he allowed	ፍቀድ	መፍቀድ
	프깨드	매프깨드

ፈቀደ 패깨대 feqede 그는 허락했다	permit, allow fqed 허락해라	to permit, to allow mefqed 허락하기 위하여
He ploughed አረሰ 아래새 arese 그는 밭을 갈았다	አረሰ 으래스 plough ires 밭을 갈라	ማረስ 마래스 to plough mares 밭을 갈기 위하여
He put clothes, he wore ለበሰ 래배새 lebese 그는 옷을 입었다	ልበስ 르배스 put, wear lbes 입어라	መልበስ 매르배스 to put, to wear melbes 입기 위하여
He resembled, he seemed መሰለ 매새래 mesele 그는 닮았다	ምሰል 므새르 resemble, seem msel 닮아라	መምሰል 매므새르 to resemble, to seem memsel 닮기 위하여
He stole ሰረቀ 새래깨 sereqe 그는 훔쳤다	ስረቅ 스래끄 steal sreq 훔쳐라	መስረቅ 매스래끄 to steal mesreq 훔치기 위하여
He swept ጠረገ 때래개 therege 그는 쓸었다	ጥረግ 뜨래그 sweep threg 쓸어라	መጥረግ 매뜨래그 to sweep methreg 쓸기 위하여
He took away ወሰደ 애새대 wesede 그는 취했다	ውሰድ 우새드 take wused 취해라	መውሰድ 매우새드 to take mewused 취하기 위하여
He was satisfied ጠገበ 때개배 thegebe 그는 만족했다	ጥገብ 뜨개브 satisfy thgeb 만족해라	መጥገብ 매뜨개브 to satisfy methgeb 만족하기 위하여
He was sorry, he grieved አዘነ 아재내 azene	አዘን 으잰(재느) sorry, grief izen 슬퍼하라	ማዘን 마잰(재느) to sorry, to grief mazen 슬퍼하기 위하여

그는 슬퍼했다		
He washed	እጠበ	ማጠብ
አጠበ	으때브	마때브
아때배	wash	to wash
athebe	itheb	matheb
그는 씻었다	씻어라	씻기 위하여
He went down	ወረደ	መውረድ
ወረደ	우래드	매우래드
애래대	go down	to go down
werede	wured	mewured
그는 내려갔다	내려가라	내려가기 위하여
It blew	ይንፈስ	መንፈስ
ነፈሰ	인(이느)패스	맨(매느)패스
내패새	blow	to blow
nefese	yinfes	menfes
그것은 불었다	불어라	불기 위하여
It dried	ይድረቅ	መድረቅ
ደረቀ	이드래끄	매드래끄
대래깨	dry	to dry
dereqe	yidreq	medreq
그것은 말랐다	건조해라	말리기 위하여
It rained	ይዝነብ	መዝነብ
ዘነበ	이즈내브	매즈내브
재내배	rain	to rain
zenebe	yizneb	mezneb
그것은 비가 왔다	비가 와라	비가 오기 위하여
It was finished	ይለቅ	ማለቅ
አለቀ	이래끄	마래끄
아래깨	finish	to finish
aleqe	yileq	maleq
그것은 끝냈다	끝내라	끝내기 위하여
It was useful	ይጠቀም	መጠቀም
ጠቀመ	이뜨깨므	매뜨깨므
때깨매	use	to use
theqeme	yithqem	methqem
그것은 유용했다	유용하게 하라	유용하기 위하여
He told	ንገር	መንገር
ነገረ	느개르	맨(매느)개르
내개래	tell	to tell
negere	nger	menger
그는 말했다	말해라	말하기 위하여

111 verbs(동사들) 2	The imperative 명령법	Infinitive (To Verb)

	166 Changes(변화) Masculine. sing 남성	부정사 매+116(to verb) 하기위하여, 하기를
He added, he increased ጨመረ 째매래 chemere 그는 추가(증가)했다	ጨምር 째므르 add, increase chemr 추가(증가)해라(남성)	መጨመር 매째매르 to add, to increase mechemer 추가(증가) 하기 위하여
He answered, he returned መለሰ 매래새 melese 그는 대답했다, 돌아왔다	መልስ 매르스 answer, return mels 대답해라, 돌아와라	መመለስ 매매래스 ao answer, to return memeles 대답하기 위하여, 돌아오기 위하여
He asked, he visited ጠየቀ 때애깨 theyeqe 그는 요청했다, 방문했다	ጠይቅ 때이끄 ask, visit theyiq 요청해라, 방문해라	መጠየቅ 매때애끄 to ask, to visit metheyeq 요청(방문)하기 위하여
He began ጀመረ 재매래 jemere 그는 시작했다	ጀምር 재므르 begin jemr 시작해라	መጀመር 매재매르 to begin mejemer 시작하기 위하여
He begged ለመነ 래매내 lemene 그는 구걸했다	ለምን 램(래므)느 beg lemn 구걸해라	መለምን 매래맨(매느) to beg melemn 구걸하기 위하여
He cooked ቀቀለ 깨깨래 qeqele 그는 요리했다	ቀቅል 깨끄르 cook qeql 요리해라	መቀቀል 매깨깨르 to cook meqeqel 요리하기 위하여
He covered ሸፈነ 셰패내 shefene 그는 덮었다	ሸፍን 셰프느 cover shefn 덮어라	መሸፈን 매셰팬(패느) to cover meshefen 덮기 위하여
He did wrong, he sinned	በደል 배드르	መበደል 매배댈(대르)

በደለ 배대래 bedele 그는 잘못했다(틀렸다)	wrong, sin bedl 틀려라	to wrong, to sin mebedel 틀리기 위하여
He dug ቆፈረ 꼬패래 qofere 그는 땅을 팠다	ቆፍር 꼬프르 dig qofr 땅을 파라	መቆፈር 매꼬펠(패르) to dig meqofer 땅을 파기 위하여
He finished ጨረሰ 째래새 cherese 그는 끝냈다	ጨርስ 째르스 finish chers 끝내라	መጨረስ 매째래스 to finish mecheres 끝내기 위하여
He locked ቆለፈ 꼬래패 qolefe 그는 잠갔다	ቆልፍ 꼬르프 lock qolf 잠가라	መቆለፍ 매꼬래프 to lock meqolef 잠그기 위하여
He prayed ጸለየ 째래애 tseleye 그는 기도했다	ጸልይ 째르이 pray tselyi 기도해라	መጸለይ 매째래이 to pray metseleyi 기도하기 위하여
He rang ደወለ 대애래 dewele 그는 종을 울렸다	ደውል 대우르 ring dewul 울려라	መደወል 매대애르 to ring medewel 울리기 위하여
He reduced ቀነሰ 깨내새 qenese 그는 감소했다(줄었다)	ቀንስ 깬(깨느)스 reduce qens 감소해라, 줄어라	መቀነስ 매깨내스 to reduce meqenes 감소하기 위하여, 줄이기 위하여
He renewed, he mended አደሰ 아대새 adese 그는 새롭게했다, 그는 수선했다	አድስ 아드스 renew ads 수선해라	ማደስ 마대스 mend mades 수선하기 위하여
He sang ዘመረ 재매래	ዘምር 재므르 sing	መዘመር 매재매르 to sing

zemere 그는 노래를 불렀다	zemr 노래를 불러라	mezemer 노래를 부르기 위하여
he wanted ፈለገ 패래개 felege 그는 원했다	ፈልግ 펠(패르)그 want felg 원해라	መፈለግ 매패래그 to want mefeleg 원하기 위하여
He tempted, he tested ፈተነ 패태내 fetene 그는 시도했다	ፈትን 패튼(튼(트느)) tempt, test fetn 시도해라	መፈተን 매파탠(태느) to tempt, to test mefeten 시도하기 위하여
He thought አሰበ 아새배 asebe 그는 생각했다	አስብ 아스브 think asb 생각해라	ማሰብ 마새브 to think maseb 생각하기 위하여
He tried ሞከረ 모캐래 mokere 그는 노력했다	ሞክር 모크르 try mokr 노력해라	መሞከር 매모캐르 to try memoker 노력하기 위하여
He watched, he looked after ጠበቀ 때배깨 thebeqe 그는 돌보았다	ጠብቅ 때브끄 watch thebq 돌봐라	መጠበቅ 매때배끄 to watch methebeq 돌보기 위하여
He weighed መዘነ 매재내 mezene 그는 저울에 달았다	መዝን 매즌(즈느) weigh mezn 저울에 달라	መመዘን 매매잰(재느) to weigh memezen 저울에 달기 위하여

41 verbs(동사들)	The imperative 명령법	Infinitive 부정사 (To Verb)
	46 Changes(변화) Masculine. sing 남성	매+46(to verb) 하기 위하여, 하기를
He forgave, he pitied ማረ 마래	ማር 마르 forgive, pity mar	መማር 매마르 to forgive, to pity memar

mare 그는 용서했다, 동정했다	용서해라	용서하기 위하여
He laughed, he smiled ሣቀ 사깨 saqe 그는 웃었다	ሣቅ 사끄 laugh, smile saq 웃어라	መሣቅ 매사끄 to laugh, to smile mesaq 웃기 위하여
he loaded, he pressed ጫነ 짜내 chane 그는 짐을 실었다, 압박했다	ጫን 짜느 load, press chan 짐을 실어라	መጫን 매짜느 to load, to press mechan 짐을 실기 위하여
He pulled ሳበ 사배 sabe 그는 당겼다	ሳብ 사브 pull sab 당겨라	መሳብ 매사브 to pull mesab 당기기 위하여
He said(irr)(불규칙) አለ 아래 ale 그는 말했다	በል(በዪ, በሉ, ይበሉ) 배르(배이, 배루, 이배루) say(m, f, pl, pol) bel(beyi, belu, yibelu) 말하라	ማለት 마래트 to say malet 말하기 위하여
He seized, he held ያዘ 야재 yaze 그는 잡았다	ያዝ 야즈 seize, hold yaz 잡아라	መያዝ 매야즈 to seize, to hold meyaz 잡기 위하여
He sent ላከ 라캐 lake 그는 보냈다	ላክ 라크 send lak 보내라	መላክ 매라크 to send melak 보내기 위하여
He spent the day ዋለ 와래 wale 그는 낮을 보냈다	ዋል(ዋር(와르)) 왈(왈(와르)) spend the day wal 낮을 보내라	መዋል 매왈(왈(와르)) to spend the day mewal 낮을 보내기 위하여
He swallowed ዋጠ	ዋጥ 와뜨	መዋጥ 매와뜨

와때 wathe 그는 게걸스럽게 먹었다	swallow wath 먹어라	to swallow mewath 먹기 위하여
He threw, he rejected ጣለ 따래 thale 그는 던졌다, 거절했다	ጣል 따르 throw, reject thal 던져라, 거절해라	መጣል 매따르 to throw, to reject methal 던지기 위하여
He was able ቻለ 차래 chale 그는 가능했다 (할 수 있다)	ቻል 찰(차르) be able chal 해라	መቻል 매찰(차르) to be able mechal 가능하기 위하여
He was saved ዳነ 다내 dane 그는 구했다	ዳን 단(다느) be save dan 구해라	መዳን 매단(다느) to be save medan 구하기 위하여
he wrote ጻፈ 짜패 tsafe 그는 썼다	ጻፍ 짜프 write tsaf 써라	መጻፍ 매짜프 to write metsaf 쓰기 위하여

71 verbs(동사들)	The imperative 명령법	Infinitive 부정사 (To Verb)
	26 Changes(변화) Masculine. sing 남성	መ 매+76(to verb) 하기 위하여, 하기를
He became, it happened ሆነ 호내 hone 그는 되었다, 그것이 일어났다	ሁን 훈(후느) become, happen hun 되라	መሆን 매혼(혼(호느)) to become, to happen mehon 되기 위하여
He cried ጨኸ 쪼해 chohe 그는 소리쳤다	ጩኽ 쭈흐 cry chuh 소리쳐라	መጮኽ 매쪼흐 to cry mechoh 소리치기 위하여

He died ሞተ 모태 mote 그는 죽었다	ሙት 무트 die mut 죽어라	መሞት 매모트 to die memot 죽기 위하여
He fasted ጾመ 쪼매 tsome 그는 금식했다	ጹም 쭈므 fast tsum 금식해라	መጾም 매쪼므 to fast metsom 금식하기 위하여
He lived ኖረ 노래 nore 그는 살았다	ኑር 누르 live nur 살아라	መኖር 매노르 to live menor 살기 위하여
He ran ሮጠ 로때 rothe 그는 달렸다	ሩጥ 루뜨 run ruth 달려라	መሮጥ 매로뜨 to run meroth 달리기 위하여
He returned round, he travelled ዞረ 조래 zore 그는 돌아왔다(여행했다)	ዙር 주르 return round, travel zur 돌아오라	መዞር 매조르 to return round, to travel mezor 돌아오기 위하여
It became warm ሞቀ 모깨 moqe 그것은 따뜻하게 되었다	ሙቅ 무끄 warm muq 데우라	መሞቅ 매모끄 to warm memoq 데우기 위하여
he stood ቆመ 꼬매 qome 그는 섰다	ቁም 꿈(꾸므) stand qum 서라	መቆም 매꼬므 to stand meqom 서기 위하여

14 verbs(동사들) 1	The imperative 명령법	Infinitive 부정사 (To Verb)
	64 Changes(변화) Masculine. sing 남성	매+64+트 (to verb) 하기 위하여, 하기를
He hit መታ 매타	ምታ 므타 hit	መምታት 매므타트 to hit

meta	mta	memtat
그는 때렸다	때려라	때리기 위하여
He came	ና(ነይ, ኑ, ይምጡ)	መምጣት
መጣ	(불규칙)	매드따트
매따	나(내이, 누, 임(이므)	to come
metha	뚜)	memthat
그는 왔다	come(m, f, pl, pol)	오기 위하여
	na(neyi, nu, yimthu)	
	오라	
He filled	መላ	መሙላት
ሞላ	무라	매무라트
모라	fill	to fill
mora	mula	memulat
그는 채웠다	채우라	채우기 위하여
He worked, he built,	ሥራ	መሥራት
he made	스라	매스라트
ሠራ	work, build, make	to work, to build,
새라	sra	to make
sera	일하라	mesrat
그는 일했다, 지었다,		일하기 위하여
만들었다		
He forget	ርሳ(እርሳ)	መርሳት
ረሳ	르사(으르사)	매르사트
래사	forgot	to forgot
resa	rsa(irsa)	mersat
그는 잊었다	잊어라	잊기 위하여
He helped	ርዳ(እርዳ)	መርዳት
ረዳ	르다(으르다)	매르다트
래다	help	to help
reda	rda(irda)	merdat
그는 도왔다	도와라	돕기 위하여
He heard	ስማ	መስማት
ሰማ	스마	매스마트
새마	hear	to hear
sema	sma	mesmat
그는 들었다	들어라	듣기 위하여
He sawed (clothes)	ስፋ	መስፋት
ሰፋ	스파	매스파트
새파	sew	to sew
sefa	sfa	mesfat
그는 옷을 꿰맸다	꿰매라	꿰매기 위하여
He roasted	ቁላ	መቁላት
ቆላ	꾸라	매꾸라트
꼬라	roast	to roast
qora	qula	mequlat

그는 고기를 구웠다	구워라	굽기 위하여
He ate	በላ	መብላት
በላ	브라	매브라트
배라	eat	to eat
bera	bla	meblat
그는 먹었다	먹어라	먹기 위하여
It was enough	ይብቃ	መብቃት
በቃ	이브까	매브까트
배까	be enough	to be enough
beqa	yibqa	mebqat
그것은 충분했다	충분히 해라	충분히 하기 위하여
He drove	ነዳ	መንዳት
ነዳ	느다	맨(매느)다트
내다	drive	to drive
neda	nda	mendat
그는 운전했다	운전해라	운전하기 위하여
He went out	ወጣ	መውጣት
ወጣ	우따	매우따트
애따	go out	to go out
wetha	wutha	mewuthat
그는 나갔다	나가라	나가기 위하여
He sowed (seed)	ዘራ	መዘራት
ዘራ	즈라	매즈라트
재라	sow	to sow
zera	zra	mezrat
그는 씨를 뿌렸다	뿌려라	뿌리기 위하여
He entered	ገባ	መግባት
ገባ	그바	매그바트
개바	enter	to enter
geba	gba	megbat
그는 들어갔다	들어가라	들어가기 위하여
He bought	ገዛ	መግዛት
ገዛ	그자	매그자트
개자	buy	to buy
geza	gza	megzat
그는 샀다	사라	사기 위하여
He pushed	ገፋ	መግፋት
ገፋ	그파	매그파트
개파	push	push
gefa	gfa	megfat
그는 밀었다	밀어라	밀기 위하여
He hurt	ጎዳ	መጉዳት
ጎዳ	그다	매구다트
고다	hurt	to hurt
goda	gda	megudat

그는 다쳤다	다쳐라	다치기 위하여
He called, he invited ጠራ 때라 thera 그는 불렀다, 방문했다	ጥራ 뜨라 call, invite thra 불러라	መጥራት 매뜨라트 to call, to invite methrat 부르기 위하여, 방문하기 위하여
He disappeared, he was lost ጠፋ 때파 thefa 그는 사라졌다, 잃었다	ጥፋ 뜨파 disappear, be lost thfa 사라져라	መጥፋት 매뜨파트 to disappear, to be lost methfat 사라지기 위하여
It boiled ፈላ 패라 fera 그것은 끓었다	ይፍላ 이프라 boil yifla 끓어라	መፍላት 매프라트 to boil meflat 끓기 위하여
He feared ፈራ 패라 fela 그는 무서웠다	ፍራ 프라 fear fra 무서워라	መፍራት 매프라트 to fear mefrat 무섭기 위하여
He untied ፈታ 패타 feta 그는 풀었다	ፍታ 프타 untie fta 풀어라	መፍታት 매프타트 to untie meftat 풀기 위하여
He shut ዘጋ 재가 zega 그는 잠겼다	ዝጋ 즈가 shut zga 잠겨라	መዝጋት 매즈가트 to shut mezgat 잠기기 위하여

14 verbs(동사들) 2	The imperative 명령법	Infinitive 부정사 (To Verb)
	14 Changes(변화) Masculine. sing 남성	መ+14+ት (to verb) 매+14+트 (to verb) 하기 위하여, 하기를
He drank ጠጣ 때따 thetha	ጠጣ 때따 drink thetha	መጠጣት 매때따트 to drink methethat

그는 마셨다	마셔라	마시기 위하여
He lay, he slept ተኛ 태냐 tenya 그는 잠들었다	ተኛ 태냐 lay, sleep tenya 잠들어라	መተኛት 매태냐트 to lay, sleep metenyat 잠들기 위하여
He measured ለካ 래카 leka 그는 측정했다	ለካ 래카 measure leka 측정해라	መለካት 매래카트 to measure melekat 측정하기 위하여
He painted, he anointed ቀባ 깨바 qeba 그는 페인트필 했다, 기름을 붓었다	ቀባ 깨바 paint, anoint qeba 페인트칠 해라, 기름을 부어라	መቀባት 매깨바트 to paint, to anoint meqebat 페인트칠 하기 위하여, 기름을 붓기 위하여

11 verbs(동사들) 1	The imperative 명령법	Infinitive 부정사 (To Verb)
	16 Changes(변화) Masculine. sing 남성	መ+61+ት (to verb) 매+61+트 (to verb) 하기 위하여, 하기를
He fled (irr) (불규칙) ሽሽ 셰셰 sheshe 그는 도망쳤다	ሽሽ 시시 flee shsh 도망쳐라	መሽሽ 매셰시 to flee meshesh 도망치기 위하여
He gave ሰጠ 새때 sethe 그는 주었다	ስጥ 스뜨 give sth 주어라	መስጠት 매스때트 to give mesthet 주기 위하여
He ground (grain) ፈጨ 패째 feche 그는 곡식을 갈았다	ፍጩ 프쭈 grind fch 갈아라	መፍጨት 매프째트 to grind mefchet 갈기 위하여
He remained, he was absent ቀረ 깨래	ቅር 끄르 remain, be absent qr	መቅረት 매끄래트 to remain, to be absent

qere 그는 남았다, 결석했다	남아라	meqret 남기 위하여
He saw አየ 아애 aye 그는 보았다	እይ 으이 see iyi 보아라	ማየት 마애트 to see mayet 보기 위하여
It became evening መሸ 매셰 meshe 그것은 저녁이 되었다	ይምሽ 임(이므)시 become evening yimsh 저녁이 되라	መምሸት 매므셰트 to become evening memshet 저녁이 되기 위하여
He separated ለየ 래애 leye 그는 나누었다, 분리했다	ለይ 래이 separate leyi 나누어라	መለየት 매래애트 to separate meleyet 나누기 위하여
He escorted, he accompanied ሸኝ 셰녜 shenye 그는 호위했다	ሸኝ 셰느 escort, accompany sheny 호위해라	መሸኘት 매셰녜트 to escort, to accompany meshenyet 호위하기 위하여

11 verbs(동사들) 2	The imperative 명령법	Infinitive 부정사 (To Verb)
	76 Changes(변화) Masculine. sing 남성	መ+71+ት (to verb) 매+71+트 (to verb) 하기 위하여, 하기를
He waited, he stayed ቆየ 꼬애 qoye 그는 기다렸다, 머물렀다	ቆይ 꼬이 wait, stay qoyi 기다려라	መቆየት 매꼬애트 to wait, to stay meqoyet 기다리기 위하여

Etc 2 - Command Tense(기타 2 - 명령법 시제)

R o o t verbs(동사들) (뿌리 동사들, 기본 동사들)	Command Tense(명령법 시제)			
	you(m) 당신(남성)	you(f) 당신(여성)	you(pl) 당신들	you(pol) 당신 (공손한 표현)

He ate በላ 배라 bela 그는 먹었다	ብላ 브라 bla 먹어라	ብዪ 브이 bi 먹어라	ብሉ 브루 blu 먹어라	ይብሉ 이브루 iblu 먹어라
He clapped አጨበጨበ 아째배째배 achebechebe 그는 손뼉을 쳤다	አጨብጭብ 아째브쯔브 achebchb 손뼉을 치라	አጨብጪቢ 아째브찌비 achebchbi 손뼉을 치라	አጨብጭቡ 아째브쯔부 achebchbu 손뼉을 치라	ያጨብጭቡ 야째브쯔부 yachebchbu 손뼉을 치라
He closed ዘጋ 재가 zega 그는 닫았다	ዝጋ 즈가 zga 닫으라	ዝጊ 즈기 zgi 닫으라	ዝጉ 즈구 zgu 닫으라	ይዝጉ 이즈구 izgu 닫으라
He counted ቆጠረ 꼬때래 qothere 그는 숫자를 세웠다	ቁጠር 꾸때르 quther 숫자를 세라	ቁጠሪ 꾸때리 qutheri 숫자를 세라	ቁጠሩ 꾸때루 qutheru 숫자를 세라	ይቁጠሩ 이꾸때루 iqutheru 숫자를 세라
He did አደረገ 아대래개 aderege 그는 했다	አድርግ 아드르그 adrg 해라	አድርጊ 아드르기 adrgi 해라	አድርጉ 아드르구 adrgu 해라	ያድርጉ 야드르구 yadrgu 해라
He drank ጠጣ 때따 thetha 그는 마셨다	ጠጣ 때따 thetha 마셔라	ጠጪ 때찌 thethi 마셔라	ጠጡ 때뚜 thethu 마셔라	ይጠጡ 이때뚜 ithethu 마셔라
He drew ሳለ 사래 sale 그는 당겼다	ሳል 살(사르) sal 당겨라	ሳዪ 사이 sali 당겨라	ሳሉ 사루 salu 당겨라	ይሳሉ 이사루 isalu 당겨라
He entered 개바 geba 그는 들어갔다	 그바 gba 들어가라	 그비 gbi 들어가라	 그부 gbu 들어가라	 이그부 igbu 들어가라
He erased አጠፋ 아때파 athefa 그는 지웠다	አጥፋ 아뜨파 athfa 지워라	አጥፊ 아뜨피 athfi 지워라	አጥፉ 아뜨푸 athfu 지워라	ያጥፉ 야뜨푸 yathfi 지워라
He gave ሰጠ	ሰጥ	ሰጪ	ሰጡ 스뚜	ይሰጡ

새때 sethe 그는 주었다	스뜨 sth 주어라	스찌 sthi 주어라	sthu 주어라	이스뚜 isthu 주어라
He illuminated አበራ 아배라 abera 그는 등불을 켰다	አብራ 아브라 abra 등불을 켜라	አብሪ 아브리 abri 등불을 켜라	አብሩ 아브루 abru 등불을 켜라	ያብሩ 야브루 yabru 등불을 켜라
He jumped ዘለለ 재래래 zelele 그는 뛰었다	ዝለል 즈래르 zlel 뛰어라	ዝለይ 즈래이 zleli 뛰어라	ዝለሉ 즈래루 zlelu 뛰어라	ይዝለሉ 이즈래루 izlelu 뛰어라
He knocked አንኳኳ 안(아느)콰콰 ankwakwa 그는 문을 두드렸다	አንኳኺ 안(아느)콰콰 ankwak 문을 두드려라	አንኳኪ 안(아느)콰키 ankwaki 문을 두드려라	አንኳኩ 안(아느)콰 쿠 ankwaku 문을 두드려라	ያንኳኩ 얀(야느)콰쿠 yankwaku 문을 두드려라
He learned ተማረ 태마래 temare 그는 배웠다	ተማር 태마르 temar 배우라	ተማሪ 태마리 temari 배우라	ተማሩ 태마루 temaru 배우라	ይማሩ 이마루 imaru 배우라
He liked ወደደ 애대대 wedede 그는 좋아했다	ውደድ 우대드 wuded 좋아해라	ውደጂ 우대지 wudeji 좋아해라	ውደዱ 우대두 wudedu 좋아해라	ይውደዱ 이우대두 iwudedu 좋아해라
He looked አየ 아애 aye 그는 보았다	እይ 으이 iyi 보아라	እዪ 으이 iyi 보아라	እዩ 으유 iyu 보아라	ይዩ 이유 iyu 보아라
He opened ከፈተ 캐패태 kefete 그는 열었다	ክፈት 크패트 kfet 열어라	ክፈቺ 크패치 kfechi 열어라	ክፈቱ 크패투 kfetu 열어라	ይክፈቱ 이크패투 ikfetu 열어라
He picked up አነሳ 아내사 anesa 그는 데려갔다	አንሳ 안(아느)사 ansa 데려가라	አንሺ 안(아느)쉬 ansi 데려가라	አንሱ 안(아느)수 ansu 데려가라	ያንሱ 얀(야느)수 yansu 데려가라
He put down አስቀመጠ 아스깨매때	አስቀምጥ 아스깨므뜨 asqemth	አስቀምጪ 아스깨므찌 asqemthi	አስቀምጡ 아스깨므뚜 asqemthu 놓아라	ያስቀምጡ 야스깨므뚜 yasqemthu

asqemethe 그는 놓았다	놓아라	놓아라		놓아라
He returned ተመለሰ 태매래새 temelese 그는 돌아왔다	ተመለሰ 태매래스 temeles 돌아오라	ተመለሺ. 태매래쉬 temelesi 돌아오라	ተመለሱ 태매래수 temelesu 돌아오라	ይመለሱ 이매래수 itemelesu 돌아오라
He said አለ 아래 (불규칙) 그는 말했다	በል 배르 bel 말해라	በዪ 배이 beli 말해라	በሉ 배루 belu 말해라	ይበሉ 이배루 ibelu 말해라
He sat ቁጭ አለ 꾸쯔 아래 quch ale 그는 앉았다	ቁጭ በል 꾸쯔 배르 quch bel 앉아라	ቁጭ በዪ 꾸쯔 배이 quch beli 앉아라	ቁጭ በሉ 꾸쯔 배루 quch belu 앉아라	ቁጭ ይበሉ 꾸쯔 이배루 quch ibelu 앉아라
He showed አሳየ 아사애 asaye 그는 보았다	አሳይ 아사이 asayi 보아라	አሳዪ 아사이 asayi 보아라	አሳዩ 아사유 asayu 보아라	ያሳዩ 야사유 yasayu 보아라
He spent day ዋለ 와래 wale 그는 낮을 보냈다	ዋል 왈(왈(와르)) wal 낮을 보내라	ዋዪ 와이 wali 낮을 보내라	ዋሉ 와루 walu 낮을 보내라	ይዋሉ 이와루 iwalu 낮을 보내라
He spent night አደረ 아대래 adere 그는 밤을 보냈다	እደር 으댈(대르) ider 밤을 보내라	እደሪ 으대리 ideri 밤을 보내라	እደሩ 으대루 ideru 밤을 보내라	ይደሩ 이대루 ideru 밤을 보내라
He stood ተነሣ 태내사 tenesa 그는 일어섰다	ተነስ 태내스 tenes 일어서라	ተነሺ. 태내쉬 tenesi 일어서라	ተነሱ 태내수 tenesu 일어서라	ይነሱ 이내수 itenesu 일어서라
He stretched ዘረጋ 재래가 zerega 그는 손을 뻗었다	ዘርጋ 재르가 zerga 손을 뻗어라	ዘርጊ. 재르기 zergi 손을 뻗어라	ዘርጉ 재르구 zergu 손을 뻗어라	ይዘርጉ 이재르구 izergu 손을 뻗어라
He took	ውሰድ	ውሰጂ	ውሰዱ	ይውሰዱ

ወሰደ 애새대 wesede 그는 취했다	우새드 wused 취해라	우새지 wuseji 취해라	우새두 wusedu 취해라	이우새두 iwusedu 취해라
He touched ነካ 내카 neka 그는 만졌다	ንካ 느카 nka 만져라	ንኪ 느키 nki 만져라	ንኩ 느쿠 nku 만져라	ይንኩ 인(이느)쿠 inku 만져라
He turned ዞረ 조래 zore 그는 돌아왔다	ዙር 주르 zur 돌아오라	ዙሪ 주리 zuri 돌아오라	ዙሩ 주루 zuru 돌아오라	ይዙሩ 이주루 izuru 돌아오라
He wanted ፈለገ 패래개 felege 그는 원했다	ፈልግ 펠(패르)그 felg 원해라	ፈልጊ 펠(패르)기 felgi 원해라	ፈልጉ 펠(패르)구 felgu 원해라	ይፈልጉ 이펠(패르)구 ifelgu 원해라
He went ሄደ 해대 hede 그는 갔다	ሂድ 히드 hid 가라	ሂጂ 히지 hiji 가라	ሂዱ 해두 hedu 가라	ይሂዱ 이히두 ihidu 가라
He went out 애따 wetha 그는 나갔다	ውጣ 우따 wutha 나가라	ውጢ 우찌 wuthi 나가라	ውጡ 우뚜 wuthu 나가라	ይውጡ 이우뚜 iwuthu 나가라
He wore ለበሰ 래배새 lebese 그는 입었다	ልበስ 르배스 lbes 입어라	ልበሺ 르배쉬 lbesi 입어라	ልበሱ 르배수 lbesu 입어라	ይለበሱ 이르배수 ilbesu 입어라
He wrote ጻፈ 짜패 tsafe 그는 썼다	ጻፍ 짜프 tsaf 써라	ጻፊ 짜피 tsafi 써라	ጻፉ 짜푸 tsafu 써라	ይጻፉ 이짜푸 itsafu 써라

Etc 3 - Command Tense - Negative(기타 3 - 명령법 시제 - 부정)

Command Tense - Negative	
you(m) 당신(남성)	አትሂድ 아트히드　　　do not go athid 가지 말라
you(f)	አትሂጂ

당신(여성)	아트히지 athiji 가지 말라	do not go
you(pl) 당신들	ኣትሂዱ 아트히두 athidu 가지 말라	do not go

부록 1
*** 암하릭어를 잘하는 15가지 방법 ***
밑의 있는 것들을 먼저 외우시고 이 교재를 보시면 쉽고 빠르게 암하릭어를 잘하실 수 있습니다. 암하릭어 어순과 한글 어순이 90% 정도 같습니다.
그래서 밑의 것들을 이해하시면 암하릭어는 대한민국 사람에게는 쉬운 언어입니다.

1. 암하릭어 알파벳(피델)을 읽고 쓸줄 알아야 합니다.
2. 암하릭어 기본(Basic, Root) 동사들 알아야 합니다.
3. 암하릭어 문법 - 인칭대명사, 소유 대명사의 규칙을 알아야 합니다.
4. 암하릭어 문법 - 과거 시제 규칙을 알아야 합니다.
5. 암하릭어 문법 - 현재(미래) 시제, 과거진행 규칙을 알아야 합니다.
6. 암하릭어 문법 - 명령법1, 명령법2(The Jussive)의 규칙을 알아야 합니다.
7. 암하릭어 문법 - To 부정사의 규칙 알아야 합니다.
8. 암하릭어 문법 - 단순 전치사, 복합 전치사들을 알아야 합니다.
9. 암하릭어 문법 - 과거 접속사, 현재(미래) 접속사, 접속사의 부정들을 알아야 합니다.
10. 암하릭어 문법 - 과거, 현재(미래) 관계사절(관계대명사)의 규칙과 어순을 알아야 합니다.
11. 암하릭어 문법 - 동명사, 현재완료, 과거완료 규칙을 알아야 합니다.
12. 암하릭어 문법 - 인칭대명사의 부정, 과거, 현재완료, 과거완료, 현재(미래), 과거 진행 부정들을 알아야 합니다.
13. 암하릭어 문법 - 목적격 접미사를 알아야 합니다.
14. 암하릭어 문법 - become 동사, said 동사, have 동사를 알아야 합니다.
15. 암하릭어 단어들을 알아야 합니다.

*** 암하릭어를 잘하는 15가지 방법 ***
1. 암하릭어 알파벳(피델)을 읽고 쓸줄 알아야 합니다.

	1st	2nd	3rd	4th	5th	6th	7th		1st	2nd	3rd	4th	5th	6th	7th
	e(a)	u	i	a	e(ɛ)	i	o		e(a)	u	i	a	e(ɛ)	i	o
h	ሀ	ሁ	ሂ	ሃ	ሄ	ህ	ሆ	h	ሸ	ሹ	ሺ	ሻ	ሼ	ሽ	ሾ
	(하)	(후)	(히)	(하)	(해)	(흐)	(호)		(해)	(후)	(히)	(하)	(해)	(흐)	(호)
l	ለ	ሉ	ሊ	ላ	ሌ	ል	ሎ	w	ወ	ዉ	ዊ	ዋ	ዌ	ው	ዎ
	(래)	(루)	(리)	(라)	(래)	(른)	(로)		(왜)	(우)	(이)	(와)	(왜)	(으)	(오)
h	ሐ	ሑ	ሒ	ሓ	ሔ	ሕ	ሖ	a	ዐ	ዑ	ዒ	ዓ	ዔ	ዕ	ዖ
	(하)	(후)	(히)	(하)	(해)	(흐)	(효)		(아)	(우)	(이)	(아)	(애)	(으)	(오)
m	መ	ሙ	ሚ	ማ	ሜ	ም	ሞ	z	ዘ	ዙ	ዚ	ዛ	ዜ	ዝ	ዞ
	(매)	(무)	(미)	(마)	(매)	(므)	(오)		(재)	(주)	(지)	(자)	(재)	(즈)	(조)
s	ሠ	ሡ	ሢ	ሣ	ሤ	ሥ	ሦ	Zh	ዠ	ዡ	ዢ	ዣ	ዤ	ዥ	ዦ
	(새)	(수)	(시)	(사)	(새)	(스)	(소)		(졔)	(쥬)	(지)	(쟈)	(졔)	(즈)	(죠)
r	ረ	ሩ	ሪ	ራ	ሬ	ር	ሮ	y	የ	ዩ	ዪ	ያ	ዬ	ይ	ዮ
	(래)	(루)	(리)	(라)	(래)	(른)	(로)		(얘)	(유)	(이)	(야)	(예)	(이)	(요)
s	ሰ	ሱ	ሲ	ሳ	ሴ	ስ	ሶ	d	ደ	ዱ	ዲ	ዳ	ዴ	ድ	ዶ
	(새)	(수)	(시)	(사)	(새)	(스)	(소)		(대)	(두)	(디)	(다)	(대)	(드)	(도)
sh(ʃ)	ሸ	ሹ	ሺ	ሻ	ሼ	ሽ	ሾ	j(z)	ጀ	ጁ	ጂ	ጃ	ጄ	ጅ	ጆ
	(셰)	(슈)	(쉬)	(샤)	(셰)	(스)	(쇼)		(재)	(주)	(지)	(자)	(재)	(즈)	(조)
q	ቀ	ቁ	ቂ	ቃ	ቄ	ቅ	ቆ	g	ገ	ጉ	ጊ	ጋ	ጌ	ግ	ጎ
	(깨)	(꾸)	(끼)	(까)	(깨)	(끄)	(꼬)		(개)	(구)	(기)	(가)	(개)	(그)	(고)
b	በ	ቡ	ቢ	ባ	ቤ	ብ	ቦ	th	ጠ	ጡ	ጢ	ጣ	ጤ	ጥ	ጦ
	(배)	(부)	(비)	(바)	(배)	(브)	(보)		(때)	(뚜)	(띠)	(따)	(때)	(뜨)	(또)
t	ተ	ቱ	ቲ	ታ	ቴ	ት	ቶ	ch	ጨ	ጩ	ጪ	ጫ	ጬ	ጭ	ጮ
	(태)	(투)	(티)	(타)	(태)	(트)	(토)		(째)	(쭈)	(찌)	(쨔)	(째)	(쯔)	(쪼)
ch	ቸ	ቹ	ቺ	ቻ	ቼ	ች	ቾ	ph	ጰ	ጱ	ጲ	ጳ	ጴ	ጵ	ጶ
	(채)	(주)	(치)	(차)	(채)	(츠)	(초)		(패)	(푸)	(피)	(파)	(패)	(프)	(포)
h	ኀ	ኁ	ኂ	ኃ	ኄ	ኅ	ኆ	ts	ጸ	ጹ	ጺ	ጻ	ጼ	ጽ	ጾ
	(하)	(후)	(히)	(하)	(해)	(흐)	(호)		(째)	(쭈)	(찌)	(짜)	(째)	(쯔)	(쪼)
n	ነ	ኑ	ኒ	ና	ኔ	ን	ኖ	tz	ፀ	ፁ	ፂ	ፃ	ፄ	ፅ	ፆ
	(내)	(누)	(니)	(나)	(내)	(느)	(노)		(째)	(쭈)	(찌)	(짜)	(째)	(쯔)	(쪼)
ny	ኘ	ኙ	ኚ	ኛ	ኜ	ኝ	ኞ	f	ፈ	ፉ	ፊ	ፋ	ፌ	ፍ	ፎ
	(녜)	(뉴)	(니)	(냐)	(녜)	(느)	(뇨)		(패)	(푸)	(피)	(파)	(패)	(프)	(포)
a	አ	ኡ	ኢ	ኣ	ኤ	እ	ኦ	p	ፐ	ፑ	ፒ	ፓ	ፔ	ፕ	ፖ
	(아)	(우)	(이)	(아)	(에)	(으)	(오)		(패)	(푸)	(피)	(파)	(패)	(프)	(포)
k	ከ	ኩ	ኪ	ካ	ኬ	ክ	ኮ	v	ቨ	ቩ	ቪ	ቫ	ቬ	ቭ	ቮ
	(캐)	(쿠)	(키)	(카)	(캐)	(크)	(코)		(배)	(부)	(비)	(바)	(배)	(브)	(보)

2. 암하릭어 기본(Basic, Root) 동사들 알아야 합니다.

111 Group Verbs 1		111 Group Verbs 2	
He arrested, He tied 그는 체포했다, 그는 묶었다	아새래 asere	He added, He increased 그는 추가했다, 그는 증가했다	째매래 chemere
He arrived, He reached 그는 도착했다	대래새 derese	He answered, He returned 그는 대답했다, 그는 되돌아왔다	매래새 melese
He became tired 그는 피곤하게 되었 다	대캐매 dekeme	He asked, He visited 그는 질문했다, 그는 방문했다	때애깨 theyeqe
He believed 그는 믿었다	아매내 amene	He began 그는 시작했다	재매래 jemere
He broke 그는 깨뜨렸다	새배래 sebere	He begged 그는 구걸했다	래매내 lemene
He buried 그는 장사했다	깨배래 qebere	He cooked 그는 요리했다	깨깨래 qeqele
He chose, He selected 그는 선택했다	매래때 merethe	He covered 그는 덮었다	셰패내 shefene
He counted 그는 세웠다	꼬때래 qothere	He did wrong, He sinned 그는 잘못했다, 그는 죄를 지었다	배대래 bedele
He created 그는 창조했다	패때래 fethere	He dug 그는 팠다	꼬패래 qofere
He crucified 그는 희생했다	새깨래 seqele	He finished 그는 끝냈다	째래새 cherese
He cut, He decided 그는 잘랐다, 그는 결정했다	꼬래때 qorethe	He locked 그는 잠갔다	꼬래패 qolefe
He dared, He ventured 그는 도전했다 그는 모험했다	대패래 defere	He prayed 그는 기도했다	째래애 tseleye
He fell 그는 넘어졌다	애대깨 wedeqe	He rang 그는 울렸다	대애래 dewele
He fried 그는 튀겼다	때배새 thebese	He reduced 그는 감소했다	깨내새 qenese
he hastened 그는 서둘렀다	패때내 fethene	He renewed, He mended 그는 새롭게했다, 그는 수선했다	아대새 adese
he judged 그는 심판했다	패래대 ferede	He sang 그는 노래했다	재매래 zemere

He killed 그는 죽었다	개대래 gedele	He wanted 그는 원했다	패래개 felege
He knew 그는 알았다	아애깨 aweqe	He tempted, He tested 그는 시험했다	패태내 fetene
He loved, He liked 그는 사랑했다, 그는 좋아했다	애대대 wedede	He thought 그는 생각했다	아새배 asebe
He opened 그는 열었다	캐패태 kefete	He tried 그는 노력했다	모캐래 mokere
He paid, He divided 그는 지불했다, 그는 나누었다	캐패래 kefele	He watched, He looked after 그는 지켰다, 그는 돌보았다	때배깨 thebeqe
He passed the night 그는 밤을 보냈다	아대래 adere	He weighed 그는 저울에 달았다	매재내 mezene
He passed 그는 지나갔다	아래패 alefe	He took away 그는 취했다	애새대 wesede
He permitted, He allowed 그는 허락했다	패깨대 feqede	He was satisfied 그는 만족하게 되었 다	때개배 thegebe
He ploughed 그는 경작했다	아래새 arese	He was sorry, He grieved 그는 슬펐다	아재내 azene
He put clothes, He wore 그는 입었다	래배새 lebese	He washed 그는 씻었다	아때배 athebe
He resembled, He seemed 그는 닮았다	매새래 mesele	He went down 그는 내려갔다	애래대 werede
He stole 그는 훔쳤다	새래깨 sereqe	It blew 이것은 불었다	내패새 nefese
He swept 그는 청소했다	때래개 therege	It dried 이것은 말랐다	대래깨 dereqe
He told 그는 말했다	내개래 negere	It rained 이것은 비가 내렸다	재내배 zenebe
		It was finished 이것은 끝나게 되었 다	아래깨 aleqe
		It was useful 이것은 유용하다	때깨매 theqeme

3. 암하릭어 문법 - 인칭대명사, 소유 대명사의 규칙을 알아야 합니다.
(1) 인칭 대명사

P e r s o n a l Pronouns	to be verb	to be verb - Negative 인칭 대명사 부정
으내 I ine 나는	낸(내느) I am neny 나는 입니다.	아이대래홈(후므) I am not ayidelehum 나는 아닙니다.
안(아느)태 you(m) ante 당신은(남성)	내흐 You(m) are neh 당신은(남성)입니다.	아이대래홈(흐므) You(m) are not ayidelehm 당신은(남성) 아닙니다.
안(아느)치 you(f) anchi 당신은(여성)	내시 you(f) are nesh 당신은(여성) 입니다.	아이대래심(시므) You(f) are not ayideleshm 당신은(여성) 아닙니다.
으르수 he irsu 그는	내우 he is newu 그는 입니다.	아이대램(래므) he is not ayidelum 그는 아닙니다.
으르스와 she irswa 그녀는	나트 she is nat 그녀는 입니다.	아이대래침(치므) she is not ayidelem 그녀는 아닙니다.
으냐 we inya 우리는	낸(내느) we are nen 우리는 입니다.	아이대래늠 we are not ayidelenm 우리는 아닙니다.
으난태 you(pl) inante 당신들은	아치후 you(pl) are nachihu 당신들은 입니다.	아이대라치홈(후므) You(pl) are not ayidelachihum 당신들은 아닙니다.
으내르수 They inersu 그들은	나쵸우 they are nachewu 그들은 입니다.	아이대래롬(루므) they are not ayidelachihum 그들은 아닙니다.
으르사쵸우 he(pol) or she (polite) irsachewu 그는(그녀는) (공손한 표현)	나쵸우 he(pol) is, she (polite) is nachewu 그는(그녀는)(공손한 표현) 입니다.	아이대롬(루므) He, she,(polite) is not ayidelum 그는(그녀는)(공손한 표현) 아닙니다.
으래스오 you(pol) 당신은(공손한 표현)	내오트 you(pol) are 당신은(공손한 표현) 입니다.	아이대롬(루므) You(pol) are not 당신은(공손한 표현) 아닙니다.

(2) 소유 대명사

		소유대명사
I	명사 +	ፎ 애(e) my (나의)
you(m)		ʋ 흐(h) your (m) (당신의(남성))
you(f)		ሽ 시(shi) your (f) (당신의(여성))
he		ው 우(wu) his (그의) or The (그)
she		ዋ 와(wa) her (그녀의)
we		አችን 아친(achin) our (우리의)
you(pl)		አችው 아치우(achiwu) your(pl) (당신들의)
they		አቸው 아쵸우(achowu) their (그들의)
polite		ዎ 오(o) your (polite) (당신의(공손한 표현))

4. 암하릭어 문법 - 과거 시제 규칙을 알아야 합니다.
Past tense(과거 시제)
(verb + 후, 흐, 시, , 치, 느, 아치후, 우)
(verb + hu, h, shi, , chi, n, achihu, wu)
(verb + 후, 흐, 시, , 치, 느, 아치후, 우)

5. 암하릭어 문법 - 현재(미래) 시제, 과거진행 규칙을 알아야 합니다.
1. Present & Future Tense(현재, 미래 시제)
현재와 미래 시제는 똑같습니다.(대부분 미래 시제로 쓰입니다.)
(Verb + 으 알래후, 트 알래흐, 트 ee 알래시, 이 아르, 트 알래치, 은 알랜, 트
우 알라치후, 이 우 알루)

		과거 시제	과거시제 그룹변화 (예외)	현재,미래 시제	현재,미래 시제 그룹 변화 (예외)
I		ሁ 후 (I did)	111=> 116, 41=> 46, 71=> 76	እ አለሁ i alehu 으 알래후	111=>166, 1111=>

		hu			1166,
you(m)	동사 +	ህ 흐 (you(m) did) h		ት አለህ t aleh 트 알래흐	11111=> 11166,
you(f)		ሽ 시 (you(f) did) sh		ት ee አለሽ t ee aleshi 트 이 알래시	41=>66
he				ይ አል yi al 이 알	
she		ች 치 (she did) chi		ት አለች t alechi 트 알래치	
we		ን 느 (we did) n		እን አለን in alen 은 알랜	
you(pl)		አችሁ 아치후 (you(pl) did) achihu		ት ው አላችሁ t wu alachihu 트 우 알라치후	
they, pol		ው 우 (they did, he(pol) did, s h e (p o l) did.) wu		ይ ው አሉ yi wu alu 이 우 알루	

매우 중요 - 암하릭어는 동사 변화형 언어입니다.

변화 설명 - 다음에 있는 페이지 암하릭어 알파벳 도표를 보시면
ፈለገ 패래개 (He wanted) 단어가 1st, 1st, 1st 에 있는 것을 발견 하실 수 있을
것입니다. 그래서 111 그룹 동사라고 지칭합니다. 그러나 111 그룹 동사는 116
그룹 동사로 변화 하고 뒤에 + 후, 흐, 시, -, 치, 느, 아치후, 우를 붙이
면 됩니다. 그래서 밑에 있는 것처럼 변화 됩니다.

ፈለግሁ(116+ሁ) 패래그후(116+후)(i wanted),
ፈለግህ(116+ህ) 패래그흐(116+흐)(you(m) wanted),
ፈለግሽ(116+ሽ) 패래그시(116+시)(you(f) wanted),
ፈለገ 패래개(he wanted), ፈለገች 패래개치(she wanted), <= 이 두 개는 변화하지
않습니다.
ፈለግን(116+ን) 패래근(그느)(116+느)(we wanted),
ፈለጋችሁ(116+ኣችሁ) 패래가치후(116+아치후)(you(pl) wanted),
ፈለጉ(116+ጐ)패래구(116+우)(they wanted)

그러나 ፈለገ 패래개, ፈለገች패래개치 이 두 개는 기본 동사(뿌리 동사)로 보기 때
문에 변화하지 않습니다. 모든 변화형 동사들에서도 이 두 개는 변화하지 않습니
다.
=> feleghu, felegh, felegsh, felege, felegechi, felegn, felegachihu, felegu

Left table

	1st e(a)	2nd u	3rd i	4th a	5th e(ε)	6th ɨ	7th o
h	ሀ (해)	ሁ (후)	ሂ (히)	ሃ (하)	ሄ (해)	ህ (흐)	ሆ (호)
l	ለ (래)	ሉ (루)	ሊ (리)	ላ (라)	ሌ (래)	ል (르)	ሎ (로)
h	ሐ (하)	ሑ (후)	ሒ (히)	ሓ (하)	ሔ (해)	ሕ (흐)	ሖ (호)
m	መ (매)	ሙ (무)	ሚ (미)	ማ (마)	ሜ (매)	ም (므)	ሞ (모)
s	ሠ (새)	ሡ (수)	ሢ (시)	ሣ (사)	ሤ (새)	ሥ (스)	ሦ (소)
r	ረ (래)	ሩ (루)	ሪ (리)	ራ (라)	ሬ (래)	ር (르)	ሮ (로)
s	ሰ (새)	ሱ (수)	ሲ (시)	ሳ (사)	ሴ (새)	ስ (스)	ሶ (소)
sh(ʃ)	ሸ (셰)	ሹ (슈)	ሺ (쉬)	ሻ (샤)	ሼ (셰)	ሽ (스)	ሾ (쇼)
q	ቀ (깨)	ቁ (꾸)	ቂ (끼)	ቃ (까)	ቄ (깨)	ቅ (끄)	ቆ (꼬)
b	በ (배)	ቡ (부)	ቢ (비)	ባ (바)	ቤ (배)	ብ (브)	ቦ (보)
t	ተ (태)	ቱ (투)	ቲ (티)	ታ (타)	ቴ (태)	ት (트)	ቶ (토)
ch	ቸ (채)	ቹ (추)	ቺ (치)	ቻ (차)	ቼ (채)	ች (츠)	ቾ (초)
h	ኀ (하)	ኁ (후)	ኂ (히)	ኃ (하)	ኄ (해)	ኅ (흐)	ኆ (호)
n	ነ (내)	ኑ (누)	ኒ (니)	ና (나)	ኔ (내)	ን (느)	ኖ (노)
ny	ኘ (녜)	ኙ (뉴)	ኚ (니)	ኛ (냐)	ኜ (녜)	ኝ (느)	ኞ (뇨)
a	አ (아)	ኡ (우)	ኢ (이)	ኣ (아)	ኤ (애)	እ (으)	ኦ (오)
k	ከ (깨)	ኩ (쿠)	ኪ (키)	ካ (카)	ኬ (깨)	ክ (크)	ኮ (코)

Right table

	1st e(a)	2nd u	3rd i	4th a	5th e(ε)	6th ɨ	7th o
h	ኸ (해)	ኹ (후)	ኺ (히)	ኻ (하)	ኼ (해)	ኽ (흐)	ኾ (호)
w	ወ (에)	ዉ (우)	ዊ (이)	ዋ (와)	ዌ (에)	ው (으)	ዎ (오)
a	ዐ (아)	ዑ (우)	ዒ (이)	ዓ (아)	ዔ (애)	ዕ (으)	ዖ (오)
z	ዘ (재)	ዙ (주)	ዚ (지)	ዛ (자)	ዜ (재)	ዝ (즈)	ዞ (조)
Zh	ዠ (제)	ዡ (쥬)	ዢ (지)	ዣ (쟈)	ዤ (제)	ዥ (즈)	ዦ (죠)
y	የ (예)	ዩ (유)	ዪ (이)	ያ (야)	ዬ (예)	ይ (이)	ዮ (요)
d	ደ (대)	ዱ (두)	ዲ (디)	ዳ (다)	ዴ (대)	ድ (드)	ዶ (도)
j(z)	ጀ (재)	ጁ (주)	ጂ (지)	ጃ (쟈)	ጄ (재)	ጅ (즈)	ጆ (조)
g	ገ (개)	ጉ (구)	ጊ (기)	ጋ (가)	ጌ (개)	ግ (그)	ጎ (고)
th	ጠ (때)	ጡ (뚜)	ጢ (띠)	ጣ (따)	ጤ (때)	ጥ (뜨)	ጦ (또)
ch	ጨ (쩨)	ጩ (쭈)	ጪ (찌)	ጫ (쨔)	ጬ (쩨)	ጭ (쯔)	ጮ (쪼)
ph	ጰ (패)	ጱ (푸)	ጲ (피)	ጳ (파)	ጴ (패)	ጵ (프)	ጶ (포)
ts	ጸ (째)	ጹ (쭈)	ጺ (찌)	ጻ (쨔)	ጼ (째)	ጽ (쯔)	ጾ (쪼)
tz	ፀ (때)	ፁ (푸)	ፂ (찌)	ፃ (짜)	ፄ (째)	ፅ (쯔)	ፆ (쯔)
f	ፈ (패)	ፉ (푸)	ፊ (피)	ፋ (파)	ፌ (패)	ፍ (프)	ፎ (포)
p	ፐ (패)	ፑ (푸)	ፒ (피)	ፓ (파)	ፔ (패)	ፕ (프)	ፖ (포)
v	ቨ (배)	ቩ (부)	ቪ (비)	ቫ (바)	ቬ (배)	ቭ (브)	ቮ (보)

6. 암하릭어 문법 - 명령법1, 명령법2(The Jussive)의 규칙을 알아야 합니다.

(1) The imperative 1 (명령법 1)

1. 111 Group Verbs 1

111 Group Verbs 1	6 1 6 Changes Masc. sing 남성	6 1 3 Changes Fem. sing 여성	6 1 2 Changes Plural 복수	이+612 Changes (polite) 공손한 표현
ሰበረ 새배래 He broke sebere 그는 깨뜨렸다	ስበር 스배르 break(m) sber 깨뜨려라 (남성)	ስበሪ 스배리 break(f) sberi 깨뜨려라 (여성)	ስበሩ 스배루 break(pl) sberu 깨뜨려라 (복수)	ይስበሩ 이스배루 break(pol) yisberu 깨뜨려라 (공손한 표현)
አጠበ 아때배 He washed athebe 그는 씻었다	እጠብ 으때브 wash(m) itheb 씻어라(남성)	እጠቢ 으때비 wash(f) ithebi 씻어라(여성)	እጠቡ 으때부 wash(pl) ithebu 씻어라(복수)	ይጠቡ 이때부 wash(pol) yithebu 씻어라 (공손한 표현)
ከፈተ 캐패태 He opened kefete 그는 열었다	ክፈት 크패트 open(m) kfet 열어라 (남성)	ክፈቲ(not) ክፈቺ(0) 크패티(not) 크패치(0) open(f) kfet kfechi 열어라 (여성)	ክፈቱ 크패투 open(pl) kfetu 열어라 (복수)	ይክፈቱ 이크패투 open(pol) yikfetu 열어라 (공손한 표현)
ደረሰ 대래새 He arrived derese 그는 도착했다	ድረስ 드래스 arrive(m) dres 도착하라 (남성)	ድረሺ 드래쉬 arrive(f) dreshi 도착하라 (여성)	ድረሱ 드래수 arrive(pl) dresu 도착하라 (복수)	ይድረሱ 이드래수 arrive(pol) yidresu 도착하라 (공손한 표현)
ጠረገ 때래개 He swept therege 그는 쓸었다	ጥረግ 뜨래그 sweep(m) thereg 쓸어라 (남성)	ጥረጊ 뜨래기 sweep(f) theregi 쓸어라 (여성)	ጥረጉ 뜨래구 sweep(pl) theregu 쓸어라 (복수)	ይጥረጉ 이뜨래구 sweep(pol) yitheregu 쓸어라 (공손한 표현)
ጠበሰ 때배새 He fried thebese	ጥበስ 뜨배스 fry(m)	ጥበሲ(not) ጥበሲ(0) 뜨배시(not) fry(f)	ጥበሱ 뜨배수 fry(pl)	ይጥበሱ 이뜨배수 fry(pol) yithebesu

그는 튀겼다	thebes 튀겨라 (남성)	뜨배시(0) fry(f) thebeshi 튀겨라 (여성)	thebesu 튀겨라 (복수)	튀겨라 (공손한 표현)

Exception => ሰ. becomes ሺ. , ጠ. becomes ጨ. , ዳ. becomes ጃ , ቲ. becomes ቺ ,
ዘ. becomes ጀ. , ላ. becomes ይ. , ኒ. becomes ኚ.

Exception => 시 becomes 쉬 , 띠 becomes 찌 , 디 becomes 지 , 티 becomes 치 ,
지 becomes 지 , 리 becomes 이 , 니 becomes 니

2. 111 Group Verbs 2

111 Group Verbs 2	1 6 6 Changes Masc. sing 남성	1 6 3 Changes Fem. sing 여성	1 6 2 Changes Plural 복수	이+162 Changes (polite) 공손한 표현
ቀቀለ 깨깨래 He cooked qeqele 그는 요리했다	ቀቅል 깨끄르 cook(m) qeql 요리하라 (남성)	ቀቅዪ 깨끄이 cook(f) qeqyi 요리하라 (여성)	ቀቅሉ 깨끄루 cook(pl) qeqlu 요리하라 (복수)	ይቀቅሉ 이깨끄루 cook(pol) yiqeqlu 요리하라 (공손한 표현)

3. 41 Group Verbs

41 Group Verbs	46 Changes Masc. sing 남성	43 Changes Fem. sing 여성	42 Changes Plural 복수	이+42 Changes (polite) 공손한 표현
አለ 아래 He said (irr) ale 그는 말했다	በል (irr-불규칙) 배르(irr) say(m) bel 말하라 (남성)	በዪ 배이 say(f) beyi 말하라 (여성)	በሉ 배루 say(pl) belu 말하라 (복수)	ይበሉ 이배루 say(pol) yibelu 말하라 (공손한 표현)

4. 71 Group Verbs

71 Group Verbs	26 Changes Masc. sing 남성	23 Changes Fem. sing 여성	22 Changes Plural 복수	이+22 Changes (polite) 공손한 표현
ሆነ	ሁን	ሁኚ.	ሁኑ	ይሁኑ

호내 He became hone 그는 되었다	훈(후느) become(m) hun 되어라 (남성)	후니 become(f) hunyi 되어라 (여성)	후누 become(pl) hunu 되어라 (복수)	이후누 become(pol) yihunu 되어라 (공손한 표현)

5. 14 Group Verbs 1

14 Group Verbs 1	64 Changes Masc. sing 남성	63 Changes Fem. sing 여성	62 Changes Plural 복수	이+62 Changes (polite) 공손한 표현
መጣ 매따 He came metha 그는 왔다	ና(irr-불규칙) 나(irr) come(m) na 오라 (남성)	ነዪ 내이 come(f) neyi 오라 (여성)	ኑ 누 come(ol) nu 오라 (복수)	ይምጡ 임(이므)뚜 come(pol) yimthu 오라 (공손한 표현)

6. 14 Group Verbs 2

14 Group Verbs 2	14 Changes Masc. sing 남성	13 Changes Fem. sing 여성	12 Changes Plural 복수	이+12 Changes (polite) 공손한 표현
ቀባ 깨바 He painted qeba 그는 페인트 칠했다	ቀባ 깨바 paint(m) qeba 페인트칠 하 라 (남성)	ቀቢ 깨비 paint(f) qebi 페인트칠 하 라 (여성)	ቀቡ 깨부 paint(pl) qebu 페인트칠 하 라 (복수)	ይቀቡ 이깨부 paint(pol) yiqebu 페인트칠 하 라(공손한 표현)

7.11 Group Verbs 1

11 Group Verbs 1	66 Changes Masc. sing 남성	63 Changes Fem. sing 여성	62 Changes Plural 복수	이+62 Changes (polite) 공손한 표현
ሰጠ 새때 He gave sethe 그는 주었다	스뜨 give(m) sth 주라 (남성)	ሰጢ(not) ሰጪ(0) 스띠(not) 스찌(0) give(f) schi 주라 (여성)	ሰጡ 스뚜 give(pl) sthu 주라 (복수)	ይስጡ 이스뚜 give(pol) yisthu 주라 (공손한 표현)

8. 11 Group Verbs 2

11 Group Verbs 2	16 Changes Masc. sing 남성	13 Changes Fem. sing 여성	12 Changes Plural 복수	이+12 Changes (polite)
ለየ 래애 He separated leye 그는 나누웠다	ለይ 래이 separate(m) leyi 나누어라 (남성)	ለይ 래이 separate(f) leyi 나누어라 (여성)	ለዩ 래유 separate(pl) leyu 나누어라 (복수)	ይለዩ 이래유 separate(pol) yileyu 나누어라 (공손한 표현)

(2) The imperative 2 (The Jussive)(명령법 2)(간접명령)
(Let me verb)(주어가 동사 하게 해 주세요, 하게 합시다, 하자)

1. rule(규칙)

	rule
I	ል r 르 let me 내가 동사 하게 해 주세요(합시다)
You(m)	imperative(명령법)
You(f)	imperative(명령법)
He	ይ yi 이 let him 그가 동사 하게 해 주세요(합시다)
She	ት t 트 let her 그녀가 동사 하게 해 주세요(합시다)
We	እን in 은 let us 우리가 동사 하게 해 주세요(합시다)
You(pl)	imperative(명령법)
They, He,she(pol)	ይ ዉ yi wu 이 우 let them 그들이 동사 하게 해 주세요(합시다)

2. Exception(예외)

	rule	14 Group		11 Group	71 Group
		changes 64	changes 14	changes 66	changes 16
		ሰማ	ጠማ	ሰጠ	ለየ

		새마 He heard sema 그는 들었다	때따 He drank thetha 그는 마셨다	새때 He gave sethe 그는 주었다	래애 H e separated leye 그는 나누었 다
I	ለ let me r 르	ለሰማ 르새마 Let me hear lsema 내가 듣게 해 주세요 (합시다)	ለጠጣ 르때따 Let me drink lthetha 내가 마시게 해 주세요 (합시다)	ለስጥ 르스뜨 Let me give lsth 내가 주게 해 주세요 (합시다)	ለለይ 르래이 Let me separate lleyi 내가 나누게 해 주세요 (합시다)
You(m)	imperative(명령법)	ውሰድ 우새드 616 Take! wused	ፈልግ 패르그 166 want felg	ጻፍ 짜프 43 write tsaf	ቁም(꾸므) 26 stand qum
You(f)	imperative(명령법)	ውሰጂ 우새지 613 Take! wuseji	ፈልጊ 패르기 163 want felgi	ጻፊ 짜피 42 write tsafi	ቁሚ 꾸미 23 stand qumi
He	ይ let him yi 이	ይውሰድ 이우새드 Let him take yiwused 그가 가져가 게 해 주세 요(합시다)	ይፈልግ 이패르그 Let him want yifelg 그가 원하게 해 주세요 (합시다)	ይጻፍ 이짜프 Let him write yitsaf 그가 쓰게 해 주세요 (합시다)	ይቁም 이꿈(꾸므) Let him stand yiqum 그가 서게 해 주세요 (합시다)
She	ት let her t 트	ትውሰድ 트우새드 Let her take twused	ትፈልግ 트패르그 Let her want tfelg 그녀가 원하	ትጻፍ 트짜프 Let her write ttsaf 그녀가 쓰게	ትቁም 트꿈(꾸므) Let her stand tqum 그녀가 서게

		그녀가 가져 가게 해 주 세요(합시 다)	게 해 주세 요(합시다)	해 주세요 (합시다)	해 주세요 (합시다)
We	እን let us in 은	እንውሰድ 은(으느)우 새드 Let us take inwused 우리가 가져 가게 해 주 세요(합시 다)	Let us want 우리가 원하 게 해 주세 요(합시다)	እንጻፍ 은(으느)짜 프 Let us write intsaf 우리가 쓰게 해 주세요 (합시다)	እንቁም 은(으느)꿈 (꾸므) Let us inqum 우리가 서게 해 주세요 (합시다)
You(pl)	imperati ve(명령 법)	ውሰዱ 우새두 612 Take! inwused	ፈልጉ 패르구 162 want felgu	ጻፉ 짜푸 42 write tsafu	ቁሙ 꾸무 22 stand qumu
They, He,she(pol)	ይ ው l e t them yi wu 이 우	ይውሰዱ 이우새두 Let them take yiwusedu 그들이 가 져가게 해 주세요(합시 다)	ይፈልጉ 이패르구 Let them want yifelgu 그들이 원하 게 해 주세 요(합시다)	ይጻፉ 이짜푸 Let them write yitsafu 그들이 쓰게 해 주세요 (합시다)	ይቁሙ 이꾸무 Let them stand yiqumu 그들이 서게 해 주세요 (합시다)

3. Exception(예외)

	rule	14 Group		11 Group	
		changes 64	changes 14	changes 66	changes 16
		ሰማ 새마 He heard sema 그는 들었다	ጠጣ 때따 He drank thetha 그는 마셨다	ሰጠ 새때 He gave sethe 그는 주었다	ለየ 래애 H e separated leye

					그는 나누었다
I	ል let me r 르	ልስማ 르새마 Let me hear lsema 내가 듣게 해 주세요 (합시다)	ልጠጣ 르때따 Let me drink lthetha 내가 마시게 해 주세요 (합시다)	ልስጥ 르스뜨 Let me give lsth 내가 주게 해 주세요 (합시다)	ልለይ 르래이 Let me separate lleyi 내가 나누게 해 주세요 (합시다)

7. 암하릭어 문법 - To 부정사의 규칙 알아야 합니다.
(1) The infinitive (부정사)
(to Verb)(매+ Verb) or (래매+ Verb)
　　　 (me+ Verb) or (reme+ Verb)

1. to verb(매+ Verb)

	Root Verbs	rule	The infinitive(መ+ Verb)(매+ Verb) 하기 위하여, 하기를
1 1 1 Group Verbs 1	ወደደ 애대대 wedede (he loved, he liked) 그는 좋아했다	መ +616 매 +616	መውደድ 매우대드 mewuded (to like) 좋아하기 위하여, 좋아하기를
	ደረሰ 대래새 derese (he arrived, he reached) 그는 도착했다		መድረስ 매드래스 medres (to arrived, to reach) 도착하기 위하여
	አወቀ 아애깨 aweqe (he knew) 그는 알았다		ማወቅ 마애끄 maweq (to know) 알기 위하여
	ደከመ 대캐매 dekeme (he weaked) 그는 약했다		መድከም 매드캠(캐므) medkem (to weak) 약하기 위하여
	አመነ 아매내 amene (he believed) 그는 믿었다		ማመን 마맨(매느) mamen (to believe) 믿기 위하여
	መረጠ		መምረጥ

	매래때 merethe (he selected) 그는 선택했다		매므래뜨 memreth (to select) 선택하기 위하여
	ከፈተ 캐패태 kefete (he opened) 그는 열었다		መክፈት 매크패트 mekfet (to open) 열기 위하여
	ሰበረ 새배래 sebere (he broke) 그는 깨뜨렸다		መስበር 매스배르 mesber (to break) 깨뜨리기 위하여
	ጠረገ 때래개 therege (he swept) 그는 쓸었다		መጥረግ 매뜨래그 methreg (to sweep), 그는 쓸기 위하여
	ገደለ 개대래 gedele (he killed) 그는 죽었다		መግደል 매그대르 megdel (to kill), 죽기 위하여
	ከፈለ 캐패래 kefele (he paid) 그는 지불했다		መክፈል 매크패르 mekfel (to pay) 지불하기 위하여
	ለበሰ 래배새 lebese (he wore) 그는 입었다		መልበስ 매르배스 melbes (to wear) 입기 위하여
1 1 1 Group Verbs 2	ጨመረ 째매래 chemere he added 그는 더했다	መ +116 매	መጨመር 매째매르 mechemer (to add), 더하기 위하여
	መለሰ 매래새 melese he answered, he returned 그는 대답했다, 그는 돌아왔다.	+116	መመለስ 매매래스 memeles (to answer, to return), 대답하기 위하여, 돌아오기 위하여
	ቀቀለ 깨깨래 qeqele he cooked 그는 요리했다		መቀቀል 매깨깨르 meqeqel (to cook), 요리하기 위하여
	አሰበ 아새배 asebe he thought		ማሰብ 마새브 maseb (to think),

	그는 생각했다		생각하기 위하여
	ጸለየ 째래애 tseleye he prayed 그는 기도했다		መጸለይ 매째래이 metseleyi (to pray), 기도하기 위하여
	አደሰ 아대새 adese he renewed he mended 그는 새롭게 했다, 그는 고쳤다		ማደስ 마대스 mades (to renew, to mend), 새롭게 하기 위하여, 고치기 위하여
	ዘመረ 재매래 zemere he sang 그는 노래했다		መዘመር 매재매르 mezemer (to sing), 노래하기 위하여
	ወሰደ 애새대 wesede he took 그는 취했다		መውሰድ 매우새드 mewused 616 (to take), 취하기 위하여
	ጀመረ 재매래 jemere he started 그는 시작했다		መጀመር 매재매르 mejemer (to start), 시작하기 위하여
	ጠበቀ 때배깨 thebeqe he kept 그는 지켰다		መጠበቅ 매때배끄 methebeq (to keep), 지키기 위하여
	አጠበ 아때배 athebe he washed 그는 씻었다		ማጠብ 마때브 matheb (to wash) 씻기 위하여
4 1 G r o u p Verbs	ሣቀ 사깨 saqe he laughed 그는 웃었다	መ+46 매+46	መሣቅ 매사끄 mesaq (to laugh) 웃기 위하여
	ላከ 라캐 lake he sent 그는 보냈다		መላክ 매라크 melak (to send) 보내기 위하여
	ቻለ 차래 chale he was able 그는 가능했다		መቻል 매차르 mechal (to be able) 가능하기 위하여

	ነዳ 내다 neda he saved 그는 구했다		መዳን 매다느 medan (to save) 구하기 위하여
	ዋለ 와래 wale he spent the night 그는 밤을 보냈다		መዋል 매왈(와르) mewal (to spend the night) 밤을 보내기 위하여
	ዋጠ 와때 wathe he swallowed 그는 게걸스럽게 먹 었다		መዋጥ 매와드 mewath (to swallow) 게걸스럽게 먹기 위하여
	ያዘ 야재 yaze he held 그는 붙잡았다		መያዝ 매야즈 meyaz (to hold) 붙잡기 위하여
	ጣለ 따래 thale he threw 그는 던졌다		መጣል 매따르 methal (to throw) 던지기 위하여
	ሳበ 사배 sabe he pulled 그는 당겼다		መሳብ 매사브 mesab (to pull) 당기기 위하여
7 1 Ｇｒｏｕｐ Verbs	ሆነ 호내 hone he became 그는 되었다	መ+76 매+76	መሆን 매혼(호느) mehon (to be) 되기 위하여
	ሞተ 모태 mote he died 그는 죽었다		መሞት 매모트 memot (to die) 죽기 위하여
	ሮጠ 로때 rothe he ran 그는 달렸다		መሮጥ 매로뜨 meroth (to run) 달리기 위하여
	ቆመ 꼬매 qome he stood 그는 섰다		መቆም 매꼬므 meqom (to stand) 서기 위하여
	ኖረ 노래 nore		መኖር 매노르 menor

	he lived 그는 살았다		(to live) 살기 위하여	
	ጾመ tsome 쪼매 tsome he fasted 그는 금식했다		መጾም metsom 매쬬므 metsom (to fast) 금식하기 위하여	
1 4 G r o u p Verbs 1	መታ 매타 meta he hit 그는 때렸다	መ +64+ት 매 +64+ 트	መምታት memtat 매므타트 memtat (to hit) 때리기 위하여	
	መጣ 매따 metha he came 그는 왔다		መምጣት memthat 매므따트 memthat (to come) 오기 위하여	
	ሠራ 새라 sera he worked 그는 일했다		መሥራት mesrat 매스라트 mesrat (to work) 일하기 위하여	
	ረዳ 래다 reda he helped 그는 도왔다		መርዳት merdat 매르다트 merdat (to help) 도우기 위하여	
	በላ 배라 bela he ate 그는 먹었다		መብላት meblat 매브라트 meblat (to eat) 먹기 위하여	
	ሰማ 새마 sema he heard 그는 들었다		መስማት mesmat 매스마트 mesmat (to hear) 듣기 위하여	
	ገባ 개바 geba he entered 그는 들어갔다		መግባት megbat 매그바트 megbat (to enter) 들어가기 위하여	
	ዘጋ 재가 zega he closed 그는 닫았다		መዝጋት mezgat 매즈가트 mezgat (to close) 닫기 위하여	
	ገዛ 개자 geza he bought 그는 샀다		መግዛት megzat 매그자트 megzat (to buy) 사기 위하여	
	ገፋ 개파 gefa		መግፋት megfat 매그파트 megfat	

		he pushed 그는 밀었다		(to push) 밀기 위하여
		ጠራ 때라 thera he called 그는 불렀다		መጥራት 매뜨라트 methrat (to call) 부르기 위하여
		ፈታ 패타 feta he untied 그는 풀었다		መፍታት 매프타트 meftat (to untie) 풀기 위하여
		ፈራ 패라 fera he feared 그는 무서웠다		መፍራት 매프라트 mefrat (to fear) 무서웠기 위하여
		ወጣ 애따 wetha he came out 그는 나갔다		መውጣት 매우따트 mewuthat (to come out) 나가기 위하여
1　　4 G r o u p Verbs 2		ቀባ 깨바 qeba he painted, he anointed 그는 페인트칠 했다, 그는 기름을 발랐다	መ +14+ት 매 +14+ 트	መቀባት 매깨바트 meqebat (to paint, to anoint) 페인트칠하기 위하여, 기름을 바르기 위하여
		ተኛ 태냐 tenya he slept 그는 잤다		መተኛት 매태냐트 metenyat (to sleep) 자기 위하여
		ጠጣ 때따 thetha he drank 그는 마셨다		መጠጣት 매때따트 methethat (to drink) 마시기 위하여
		ለካ 래카 leka he measured 그는 측정했다		መለካት 매래카트 melekat (to measure) 측정하기 위하여
1　　1 G r o u p Verbs 1		ሰጠ 새때 sethe he gave 그는 주었다	መ +61+ት 매 +61+	መስጠት 매스때트 mesthet (to give) 주기 위하여
		ቀረ 깨래 qere		መቅረት 매끄래트 meqret

		he remained 그는 남았다	트	(to remain) 남기 위하여
		ኣየ 아애 aye he saw 그는 보았다		ማየት 마애트 mayet (to see) 보기 위하여
		ፈጨ 패째 feche he grinded 그는 갈았다		መፍጨት 매프째트 mefchet (to grind) 갈기 위하여
1 Group Verbs 2	1	ለየ 래애 leye he separated 그는 나누었다	መ +11+ት 매 +11+ 트	መለየት 매래애트 meleyet (to separate) 나누기 위하여
Exception		ሄደ 해대 hede he went 그는 갔다		መሄድ 매해드(to go) mehed 가기 위하여
		ሸጠ 셰때 shethe he sold 그는 팔았다		መሸጥ 매셰뜨(to sell) mesheth 팔기 위하여

8. 암하릭어 문법 - 단순 전치사, 복합 전치사들을 알아야 합니다.
(1) Simple prepositions(단순 전치사들)

	Meaning
ለ le 래	to, for 에게, 위하여
በ be 배	at, in, on, with, by 에, 안에, 위에, 와 함께, 으로
ከ ke 캐	from, of, than 로부터, 중에, 보다
ወደ wede 애대	to, towards 쪽으로, 향하여
ስለ sle 스래	because, about, for the sake of 때문에, 대하여, 위하여
እንደ	as, like, according to 할 때, 만큼, 처럼,

inde 은대	하기 위하여
የ ye 에	of, ...'s 의, 의
ያለ yale 야래	without 없이

(2) Compound prepositions(복합 전치사들)

1) በ....ውስጥ => inside 배...우스뜨 be....wusth => 안에	9) ከ....በፊት => before, ago 캐... 배피트 ke....befit => 앞에, 전에
2) ከ....ውጭ => Outside 캐... 우쯔 ke....wuch => 밖에	10) ከ.....በኋላ => after 캐...배후왈라 ke.....behuwala => 뒤에
3) በ....ላይ => on, upon, against 배...라이 be....layi => 위에, 위에, 반대로	11) ከ...ፊት or ከ.....በስተፊት => in front of 캐..피트 또는 캐...배스태피트 ke...fit or ke.....bestefit => 앞에
4) ከ....በላይ => above 캐...배라이 ke....belayi => 위에	12) ከ....ኋላ or ከ....በስተኋላ => behind 캐..홀라 또는 캐...배스태후왈라 ke....huwala or ke....bestehuwala => 뒤에
5) ከ.....በታች => under, below 캐...배타치 ke.....betachi => 아래에	13) በ(ከ) ፊት ለፊት => opposite 배(캐) 피트 래피트 be(ke) fit lefit => 반대편에
6) በ.....ሥር => at the bottom of, under 배...스르 be.....sr => 바닥에	14) ከ....ጋር => with, together 캐...갈(가르) ke....gar => 와 함께
7) በ.....አጠገብ => beside, near 배...아때개브 be.....athegeb => 옆에	15) በ...በኩል => Through, in the direction of 배...배쿨 be...bekul => 통하여, 방향으로
8) በ.... ዙሪያ => around 배...주리야 be.... zuriya => 주위에	16) ከ....የተነሣ => because of 캐...에태내사 ke....yetenesa => 때문에

9. 암하릭어 문법 - 과거 접속사, 현재(미래) 접속사, 접속사의 부정들을 알아야 합니다.
1. Past tense Conjunction(과거 시제 접속사)

Past tense Conjunction

በ...ጊዜ 배...기재　be...gize	when 할 때
ከ...በኋላ 캐...배후알라 ke...behuwala	after 뒤에
ስለ 스래　　　　sle	because 때문에
ከ.... 캐....　　　ke....	since 이래로 죽
እየ... 으애...　　iye...	while, —ing 동안, 하면서
እንደ... 은(으느)대...　inde...	as , that 처럼, 할 때, 것을

- Conjugation

	Past verb +	ከ ... በኋላ 캐 ... 배후알라 After kewesed hu behuwal a 뒤에	እየ 으애 While, -ing iye 동안, 하면서	እንደ 은(으느) 대 As, That inde 처럼, 할 때, 것을	በ ... ጊዜ 배 ... 기재 When be ... 할 때	ስለ 스래 Because sle 때문에
I	ሁ I did hu 후	ከወሰድሁ በኋላ 캐애새드 후 배후알라 after I took kewesed hu behuwal a 내가 취한 후에	እየጻፍሁ 으애짜프 후 I writing iyetsafhu 내가 쓰면서	እንዳልሁ 은(으느) 달(다르) 후 as I said indalhu 내가 말했던 것처럼	በሰማሁ 배새마 후 기재 when I heard besema hu gize 내가 들었을 때	ስለ ሰጠሁ 스래 새때후 because I gave sle sethehu 내가 주었기 때문에
You(m)	ህ you(m) did h 흐	ከወሰድህ 캐애새드 흐 배후알라 after you(m) took kewesed h behuwal a 당신이(	እየጻፍህ 으애짜프 흐 you(m) writing iyetsafh 당신이(남성) 쓰면서	እንዳልህ 은(으느) 달(다르) 흐 as you(m) said indalh 당신이(남성) 말했던 것처럼	በሰማህ 배새마 흐 기재 when you(m) heard besema h gize 당신이(남성) 들었을 때	ስለ ሰጠህ 스래 새때흐 because you(m) gave sle seteh 당신이(남성) 주었기 때문에

		남성) 취한 후에				
You(f)	ሽ you(f) did shi 시	ከወሰድሽ 캐애새드 시 배후알라 after you(f) took kewesed sh behuwal a 당신이(여성) 취한 후에	እያጻፍሽ 으애짜프 시 you(f) writing iyetsafsh 당신이(여성) 쓰면서	እንዳልሽ 은(으느) 달(다르) 시 as you(f) said indalsh 당신이(여성) 말했던 것처럼	በሰማሽ 배새마 시 기재 when you(f) heard besema sh gize 당신이(여성) 들었을 때	ስለ ሰጠሽ 스래 새때셰 because you(f) gave sle sethesh e 당신이(여성) 주었기 때문에
He	- he did	ከወሰደ 캐애새대 배후알라 after he took kewesed e behuwal a 그가 취한 후에	እያጻፈ 으애짜패 he writing iyetsafe 그가 쓰면서	እንዳለ 은(으느) 다래 as he said indale 그가 말했던 것처럼	በሰማ ጊዜ 배새마 기재 when he heard besema gize 그가 들었을 때	ስለ ሰጠ 스래 새때 because he gave sle sethe 그가 주었기 때문에
She	ች she did chi 취	ከወሰደች በኋላ 캐애새대 치 배후알라 after she took kewesed echi behuwal a 그녀가 취한 후에	እያጻፈች 으애짜패 치 she writing iyetsafec hi 그녀가 쓰면서	እንዳለች 은(으느) 다래치 as she said indalechi 그녀가 말했던 것처럼	በሰማች 배새마 치 기재 when she heard besema chi gize 그녀가 들었을 때	ስለ ሰጠች 스래 새때치 because she gave sle sethechi 그녀가 주었기 때문에
We	ን we did n 느	ከወሰድን 캐애새든 (드느) 배후알라 after we took kewesed	እያጻፍን 으애짜프 느 we writing iyetsafn 우리가	እንዳለን 은(으느) 다랜(래 느) as we said indalen	በሰማን 배새만(마느) 기재 when we heard	ስለ ሰጠን 스래 새땐(때 느) because we gave

		n behuwala 우리가 취한 후에	쓰면서	우리가 말했던 것처럼	besema n gize 우리가 들었을 때	sle sethen 우리가 주었기 때문에
You(pl)	ኣችሁ you(pl) did achihu 아치후	ከወሰዳችሁ በኋላ 캐애새다 치후 배후알라 after you(pl) took kewesed achihu behuwal a 당신들이 취한 후에	እየጻፋችሁ 으애짜파 치후 you(pl) writing iyetsafac hihu 당신들이 쓰면서	እንዳላችሁ 은(으느) 다라치후 as you(pl) said indalachi hu 당신들이 말했던 것처럼	በሰማችሁ ጊዜ 배새마 치후 기재 when you(pl) heard besema chihu gize 당신들 이 들었을 때	ስለ ሰጣችሁ 스래 새따치 후 because you(pl) gave sle sethachi hu 당신들 이 주었기 때문에
They, polite	ው they did wu 우	ከወሰዱ በኋላ 캐애새두 배후알라 after they took kewesed u behuwal a 그들이 취한 후에	እየጻፉ 으애짜푸 they writing iyetsafu 그들이 쓰면서	እንዳሉ 은(으느) 다루 as they said indalu 그들이 말했던 것처럼	በሰሙ ጊዜ 배새무 기재 when they heard besemu gize 그들이 들었을 때	ስለ ሰጡ 스래 새뚜 because they gave sle sethu 그들이 주었기 때문에

2. present & future tense Conjunctions(현재, 미래 시제 접속사들)

Conjunction(present & future tense)	
ስ... s... 스	when, while, -ing 할 때, 동안, 하면서
ብ... b... 브	if, when 만약 -한다면, 할때
ል...l... 르	to 위하여, 하기를
እንድ...ind... 은드	to, in order that, so that 위하여, 하기를
ዘንድ... zend... 잰드	to 위하여, 하기를
እስከ .... ድረስ iske .... dres 으스캐.... 데레스	until 할 때 까지

- Conjugation

	rule	ሰ 스 when	ብ 브 if, when
I	-	ስሰማ 스새마 when I hear ssema 내가 들을 때	ብከፍት 브캐프트 if I open bkft 만약 내가 열 때
you(m)	ት t 트	ስትሰማ 스트새마 when you(m) hear stsema 당신이(남성) 들을 때	ብትከፍት 브트캐프트 if you(m) open btkeft 당신이(남성) 열 때
you(f)	ት ee t ee 트 이	ስትሰሚ 스트새미 when you(f) hear stsemi 당신이(여성) 들을 때	ብትከፍቺ 브트캐프치 if you(f) open btkefchi 당신이(여성) 열 때
He	ይ yi 이	ሲሰማ 시새마 when he hear sisema 그가 들을 때	ቢከፍት 비캐프트 if he open bikeft 그가 열 때
She	ት t 트	ስትሰማ 스트새마 when she hear stsema 그녀가 들을 때	ብትከፍት 브트캐프트 if she open btkeft 그녀가 열 때
We	ን n 느	ስንሰማ 슨(스느)새마 when we hear snsema 우리가 들을 때	ብንከፍት 븐(브느)캐프트 if we open bnkeft 우리가 열 때
You(pl)	ት ው t wu 트 우	ስትሰሙ 스트새무 when you(pl) hear stsemu 당신들이 들을 때	ብትከፍቱ 브트캐프투 if you(pl) open btkeftu 당신들이 열 때
They, polite	ይ ው yi wu 이 우	ሲሰሙ 시새무 when they hear sisemu 그들이 들을 때	ቢከፍቱ 비캐프투 if they open bikeftu 그들이 열 때

	rule	ል 르 l to 위하여, 하기를	እንድ 은(으느)드 ind to 위하여, 하기를	እስከ ... ድረስ 으스크 ... 드래스 until isk ... dres 할 때 까지
I	-	ልሰጥ 르새뜨	እንድጸፍ 은(으느)드	እስከቆም ድረስ 으스크꼬므 드래스

		to give (i) lseth 주기 위하여(내가)	쯔프 to write (i) indtsf 쓰기 위하여(내가)	until I stand iskqom dres 내가 설 때 까지
You(m)	ት t 트	ልትሰጥ 르트새뜨 to give (you - m) ltseth 주기 위하여(당신이(남성))	እንድትጽፍ 은(으느)드 트쯔프 to write (you - m) indttsf 쓰기 위하여(당신이(남성))	እስክትቆም ድረስ 으스크트꼬므 드래스 until you(m) stand isktqom dres 당신이(남성) 설 때 까지
You(f)	ት ee t ee 트 이	ልትሰጪ 르트새찌 to give (you - f) ltsechi 주기 위하여(당신이(여성))	እንድትጽፊ 은(으느)드 트쯔피 to write (you - f) indttsfi 쓰기 위하여(당신이(여성))	እስክትቆሚ ድረስ 아스크트꼬미 드래스 until you(f) stand asktqomi dres 당신이(여성) 설 때 까지
He	ይ yi 이	ሊሰጥ 리새뜨 to give (he) liseth 주기 위하여(그가)	እንዲጽፍ 은(으느)디 쯔프 to write (he) inditsf 쓰기 위하여(그가)	እስኪቆም ድረስ 으스키꼬므 드래스 until he stand iskiqom dres 그가 설 때 까지
She	ት t 트	ልትሰጥ 르트새뜨 to give (she) ltseth 주기 위하여(그녀가)	እንድትጽፍ 은(으느)드 트쯔프 to write (she) indttsf 쓰기 위하여(그녀가)	እስክትቆም ድረስ 으스크트꼬므 드래스 until she stand isktqom dres 그녀가 설 때 까지
We	ን n 느	ልንሰጥ 른(르느)새뜨 to give (we) lnseth 주기 위하여(우리가)	እንድንጽፍ 은(으느)든(드느)쯔프 to write (we) indntsf 쓰기 위하여(우리가)	እስክንቆም ድረስ 으스크느꼬므 드래스 until we stand isknqom dres 우리가 설 때 까지
You(pl)	ት ው	ልትሰጡ	እንድትጽፉ	እስክትቆሙ ድረስ

	t wu 트 우	르트새뚜 to give (you - pl) ltsethu 주기 위하여(당 신들이)	은(으느)드 트쯔푸 to write (you - pl) indttsfu 쓰기 위하여(당신 들이)	으스크트꼬무 드래스 until you(pl) stand isktqomu dres 당신들이 설 때 까지
They, polite	ይ ዉ yi wu 이 우	ሊ.ሰጡ 리새뚜 to give (they) lisethu 주기 위하여(그 들이)	እንዲጻፉ 은(으느)디 쯔푸 to write (they) inditsfu 쓰기 위하여(그들 이)	እስኪ.ቆሞ ድረስ 으스키꼬무 드래스 until they stand iskiqomu dres 그들이 설 때 까지

10. 암하릭어 문법 - 과거, 현재(미래) 관계사절(관계대명사)의 규칙과 어순을 알
아야 합니다.
(1) Past Relative clauses(애+ past verb) (e+ past verb) (Verb 했던 나(당
신....))

(person(thing) + who(what, which, that) + Verb + ed)
or what + person + verb + ed
or (person(thing) + who(what, which, that) have + p.p)
or (person(thing) + who(what, which, that) had + p.p)

	I who came, I who have come, I who had come	I who washed, I who have washed, I who had washed	I who said, what I said, I who have said, I who had said (irregular)	Negative (አል 알(아르) + past verb + ም 므) But አል 알(아르) + past verb + ም 므 (out)
I	የመጣሁ 애매따후 I who came, I who have come, I who had come yemethahu 왔던 나	ያጠብሁ 야때브후 I who washed yathebhu 씻었던 나	ያልሁት 야르후트 I who said yalhut 말했던 나	ያልሮጥሁ 야르로뜨후 I who did not run yalrothhu 달리지 않았던 나
y o u (m)	የመጣህ 애매따흐	ያጠብህ 야때브흐	ያልከው 야르해우	ያልሮጥህ 야르로뜨흐

	you(m) who came yemethah 왔던 당신(남성)	you(m) who washed yathebh 씻었던 당신(남성)	you(m) who said yalhewu 말했던 당신(남성)	you(m) who did not run yalrothh 달리지 않았던 당신(남성)
you(f)	የመጣሽ 애매따시 you(f) who came yemethash 왔던 당신(여성)	ያጠብሽ 야때브시 you(f) who washed yathebsh 씻었던 당신(여성)	ያልሽው 야르시우 you(f) who said yalshwu 말했던 당신(여성)	ያልሮጥሽ 야르로뜨시 you(f) who did not run yalrothsh 달리지 않았던 당신(여성)
he	የመጣ 애매따 he who came yemetha 왔던 그	ያጠበ 야때배 he who washed yathebe 씻었던 그	ያለው 야래우 he who said yalewu 말했던 그	ያልሮጠ 야르로때 he who did not run yalrothe 달리지 않았던 그
she	የመጣች 애매따치 she who came yemethachi 왔던 그녀	ያጠበች 야때배치 she who washed yathebechi 씻었던 그녀	ያለችው 야래치우 she who said yalechiwu 말했던 그녀	ያልሮጠች 야르로때치 she who did not run yalrothechi 달리지 않았던 그녀
we	የመጣን 애매따느 we who came yemethan 왔던 우리	ያጠብን 야 때 븐 (브느) we who washed yathebn 씻었던 우리	የልነው 애르내우 we who said yelnewu 말했던 우리	ያልሮጥን 야르로뜬(뜨느) we who did not run yalrothn 달리지 않았던 우리
you(pl)	የመጣችሁ 애매따치후 you(pl) who came yemethachihu 왔던 당신들	ያጠባችሁ 야 때 바 치 후 you(pl) who washed yathebachihu 씻었던 당신들	የላችሁት 애라치후트 you(pl) who said yelachihut 말했던 당신들	ያልሮጣችሁ 야르로따치후 you(pl) who did not run yalrothachihu 달리지 않았던 당신들
they, polite	የመጡ 애매뚜 they who came yemethu 왔던 그들	ያጠቡ 야때부 they who washed yathebu 씻었던 그들	ያሉት 야루트 they who said yalut 말했던 그들	ያልሮጡ 야르로뚜 they who did not run yalrothu 달리지 않았던 그들

(2) present & future Relative clauses(애드 + contingent)
(현재, 미래 관계사절)
(em+ past verb) 내가(당신.....) Verb 한
 (person(thing) + who(what, which, that) + verb)
or what + person(thing) + verb
or (person(thing) + who(what, which, that) + verb + ing)
or (person(thing) + who(what, which, that) + will + verb)

	Contingent	I who take, I who taking, I who will take	I who say, I who am saying, I who will say	I who do not give, I who will not give
I	+ V	የምወስድ 애드애스드 I who take, I who taking, I who will take yemwesd 내가 취한	የምል 애드르 I who say, I who am saying, I who will say yeml 내가 말한	የማልሰጥ 애마르새뜨 I who do not give, I who will not give yemalseth 내가 주지 않은
you(m)	ት + V 트	የምትወስድ 애드트애스드 you(m) who take yemtwesd 당신이(남성) 취한	የምትል 애드트르 you(m) who say yemtl 당신이(남성) 말한	የማትሰጥ 애마트새뜨 you(m) who do not give yematseth 당신이(남성) 주지 않은
you(f)	ት + V + ee 트 이	የምትሰጂ 애드트애스지 you(f) who take yemtwesji 당신이(여성) 취한	የምትዪ 애드트이 you(f) who say yemtyi 당신이(여성) 말한	የማትሰጪ 애마트새찌 you(f) who do not give yematsechi 당신이(여성) 주지 않은
he	ይ + V 이	የሚወስድ 애미애스드 he who take yemiwesd 그가 취한	የሚል 애미르 he who say yemil 그가 말한	የማይሰጥ 애마이새뜨 he who do not give yemayiseth 그가 주지 않은
she	ት + V 트	የምትሰድ 애드트애스드 she who	የምትል 애드트르 she who say	የማትሰጥ 애마트새뜨 she who do

		take yemtwesd 그녀가 취한	yemtl 그녀가 말한	not give yematseth 그녀가 주지 않은
we	ን + V 느	የም ን ወስድ 애른(므느)애 스드 we who take yemnwesd 우리가 취한	የም ን ል 애른(므느)르 we who say yemnl 우리가 말한	የማ ን ስጥ 애만(마느)새 뜨 we who do not give yemanseth 우리가 주지 않은
you(pl)	ት + V + ው 트 우	የም ት ወስዱ 애므트애스두 you(pl) who take yemtwesdu 당신들이 취한	የም ት ሉ 애므트루 you(pl) who say yemtlu 당신들이 말한	የማ ት ስጡ 애마트새뚜 you(pl) who do not give yematsethu 당신들이 주지 않은
they, polite	ይ + V + ው 이 우	የሚ ወስዱ 애미애스두 they who take yemiwesdu 그들이 취한	የሚ ሉ 애미루 they who say yemilu 그들이 말한	የማ ይ ስጡ 애마이새뚜 they who do not give yemayisethu 그들이 주지 않은

11. 암하릭어 문법 - 동명사, 현재완료, 과거완료 규칙을 알아야 합니다.

1. The Gerund (Verb + ing) (동명사)

=> 동명사, 현재 완료 시제, 과거 완료 동사들 변화의 규칙이 같다

After + subject + Verb 주어가 동사 한 후

subject + having + Verb

verb + and 동사 하다 그리고

		동명사 규칙1	그룹변화 (예외)	동명사 규칙2	그룹변화 (예외)
I	동사 +	ዬ(e) ye 에	111=> 161, 41=>61, 11111=> 11161, ኣ111=> ኣ661	ቼ che 채	11=> 16+ ቼ(채), 14=> 16+ ቼ(채) ኣ11=> ኣ66
you(m)		ህ h 흐		ተህ theh 태흐	
you(f)		ሽ shi 시		ተሽ teshi 태시	
he		ኦ(o) o 오		ቶ to 토	

she		አ(a) a 아		ታ ta 타	
we		ን n 느		ተን ten 탠	
you(pl)		አችሁ achihu 아치후		ታችሁ tachihu 타치후	
they, pol		ው wu 우		ተው tewu 태우	

*** The Present Perfect Tense(현재 완료 시제)
=> 동명사, 현재 완료 시제, 과거 완료 동사들 변화의 규칙이 같다
<u>(Have + P.P.)</u> -했습니다.

		현재완료 규칙1	그룹변화 (예외)	현재완료 규칙2	그룹변화 (예외)
I	동사 +	ዬ ye (e) + አለሁ alehu 에 아렐후	111=> 161, 41=>61, 11111=> 11161, አ111=> አ661	ቼ+ አለሁ che+ alehu 채 알래후	11=> 16+ ቼ(채), 14=> 16+ ቼ(채) አ11=> አ66
you(m)		ሃል hal 할		ተሃል tehal 태할	
you(f)		ሻል shal 샬		ተሻል teshal 태샬	
he		አ(o) + አል al 오 알		ቶ+ አል to+ al 토 알	
she		አለች alechi 알래치		ታለች talechi 탈래치	
we		ናል nal 날		ተናል tenal 태날	
you(pl)		አችሁአል Or አችሁጓል achihuhuwal achihual 아치후알		ታችሁአል Or ታችጓል tachihual tachihal 타치후알	

		아치활		타치활	
they, pol		ዋል wal 왈		ተዋል tewal 태왈	

*** The Past Perfect Tense(과거 완료 시제)
=> 동명사, 현재 완료 시제, 과거 완료 동사들 변화의 규칙이 같다
(had + P.P.) -했었습니다.

		과거완료 규칙1	그룹변화 (예외)	과거완료 규칙2	그룹변화 (예외)
I	동사 +	ዬ(e) + ነበር ye(e) + neber 에 내배르	111=> 161, 41=>61, 11111=> 11161, አ111=> አ661	ቼ+ ነበር che+ neber 채 내배르	11=> 16+ ቼ(채), 14=> 16+ ቼ(채) አ11=> አ66
you(m)		ህ+ ነበር h+ neber 흐 내배르		ተህ+ ነበር teh+ neber 태흐 내배르	
you(f)		ሽ+ ነበር shi+ neber 시 내배르		ተሽ+ ነበር thshi+ neber 태시 내배르	
he		አ(o)+ ነበር O+ neber 오 내배르		ቶ+ ነበር to+ neber 토 내배르	
she		አ(a)+ ነበር a(a)+ neber 아 내배르		ታ+ ነበር ta+ neber 타 내배르	
we		ን+ ነበር n+ neber 느 내배르		ተን+ ነበር ten+ neber 탠 내배르	
you(pl)		አችሁ+ ነበር achihu+ neber 아 치 후 내배르		ታችሁ+ ነበር tachihu+ neber 타 치 후 내배르	
they, pol		ው+ ነበር wu+ neber 우 내배르		ቱ+ ነበር tu+ neber 투 내배르	

12. 암하릭어 문법 - 인칭대명사의 부정, 과거, 현재완료, 과거완료, 현재(미래), 과거 진행 부정들을 알아야 합니다.
1. Negative Verbs(부정 동사들)

1. Personal Pronouns(인칭 대명사)

Personal Pronouns 인칭대명사	to be verb 인칭대명사 동사	to be verb - Negative 인칭 대명사 부정
እኔ 으내 I ine 나는	ነኝ 낸(내느) I am neny 나는 입니다.	አይደለሁም 아이대래훔(후므) I am not ayidelehum 나는 아닙니다.
አንተ 안(아느)태 you(m) ante 당신은(남성)	ነህ 내흐 You(m) are neh 당신은(남성)입니다.	አይደለህም 아이대래홈(흐므) You(m) are not ayidelehm 당신은(남성) 아닙니다.
አንቺ 안(아느)치 you(f) anchi 당신은(여성)	ነሽ 내시 you(f) are nesh 당신은(여성) 입니다.	አይደለሽም 아이대래심(시므) You(f) are not ayideleshm 당신은(여성) 아닙니다.
እርሱ 으르수 he irsu 그는	ነው 내우 he is newu 그는 입니다.	አይደለም 아이대램(래므) he is not ayidelum 그는 아닙니다.
እርስዋ 으르스와 she irswa 그녀는	ናት 나트 she is nat 그녀는 입니다.	አይደለችም 아이대래침(치므) she is not ayidelem 그녀는 아닙니다.
እኛ 으냐 we inya 우리는	ነን 낸(내느) we are nen 우리는 입니다.	አይደለንም 아이대래늠 we are not ayidelenm 우리는 아닙니다.
እናንተ 으난태 you(pl) inante 당신들은	አችሁ 아치후 you(pl) are nachihu 당신들은 입니다.	አይደላችሁም 아이대라치홈(후므) You(pl) are not ayidelachihum 당신들은 아닙니다.
እነርሱ 으내르수 They inersu 그들은	ናቸው 나쵸우 they are nachewu 그들은 입니다.	አይደሉም 아이대룸(루므) they are not ayidelachihum 그들은 아닙니다.
እርሳቸው 으르사쵸우	ናቸው 나쵸우 he(pol) is,	አይደሉም 아이대룸(루므)

he(pol) or she (polite) irsachewu 그는(그녀는) (공손한 표현) 어리스오	she (polite) is nachewu 그는(그녀는)(공손한 표현) 입니다.	He, she,(polite) is not ayidelum 그는(그녀는)(공손한 표현) 아닙니다.
አ수ስም 으래스오 you(pol) 당신은(공손한 표현)	ነዎት 내오트 you(pol) are 당신은(공손한 표현) 입니다.	አይደሉም 아이대룸(루므) You(pol) are not 당신은(공손한 표현) 아닙니다.

2. past tense & present perfect negative
(과거와 현재 완료 부정- 둘다 과거로 해석),
past perfect negative(과거 완료 부정),
present & future tense negative(현재와 미래 부정),
past continuous negative(과거 진행 부정).

	past tense & present perfect negative (과거와 현재 완료 부정) (did not verb, have not verb+ed)	past perfect negative (had not verb+ed) (과거 완료 부정)
I	አል+ verb+ሁ+ም 알+ verb+후+므 I did not verb, I have not verb+ed al+hu+m 알+후+므	አል+ verb+ሁ+ም ነበር 알+ verb+후+므 내배르 I had not verb+ed al+ hu+m neber 알+후+므 내배르
You(m)	አል+ verb+ህ+ም 알+ verb+흐+므 You(m) did not verb, You(m) have not verb+ed al+ h+m 알+흐+므	አል+ verb+ህ+ም ነበር 알+ verb+흐+므 내배르 You(m) had not verb+ed al+ h+m neber 알+흐+므 내배르
You(f)	አል+ verb+ሽ+ም 알+ verb+시+므 You(f) did not verb, You(f) have not verb+ed al+sh+m 알+시+므	አል+ verb+ሽ+ም ነበር 알+ verb+시+므 내배르 You(f) had not verb+ed al+ sh+m neber 알+시+므 내배르
He	አል+ verb+ም 알+ verb+므 he did not verb, he have not verb+ed	አል+ verb+ም ነበር 알+ verb+므 내배르 he had not verb+ed al+m neber 알+므 내배르

	al+m 알+므	
She	አል+ verb+ች+ም 알+ verb+치+므 she did not verb, she have not verb+ed al+chi+m 알+치+므	አል+ verb+ች+ም ነበር 알+ verb+치+므 내배르 she had not verb+ed al+chi+m neber 알+치+므 내배르
We	አል+ verb+ን+ም 알+ verb+느+므 we did not verb, we have not verb+ed al+n+m 알+느+므	አል+ verb+ን+ም ነበር 알+ verb+느+므 내배르 we had not verb+ed al+n+m neber 알+느+므 내배르
You(pl)	አል+ verb+አችሁ+ም 알+ verb+아치후+므 You(pl) did not verb, You(pl) have not verb+ed al+nachihu+m 알+나치후+므	አል+ verb+አችሁ+ም ነበር 알+ verb+아치후+므 내배르 You(pl) had not verb+ed al+nachihu+m neber 알+나치후+므 내배르
They, He,she(p ol)	አል+ verb+ው+ም 알+ verb+우+므 they did not verb, they have not verb+ed al+wu+m 알+우+므	አል+ verb+ው+ም ነበር 알+ verb+우+므 내배르 they had not verb+ed al+ wu+m neber 알+우+므 내배르
	present & future tense negative (현재와 미래 부정) (do not verb, will not verb)	past continuous negative (was not verb+ ing) (과거 진행 부정)
I	አል+ verb+ም 알+ verb+므 I do not verb, I will not verb al+m 알+므	አል+ verb+ም ነበር 알+ verb+므 내배르 I was not verb+ ing al+ m neber 알+므 내배르
You(m)	አት+ verb+ም 아트+ verb+므 You(m) do not verb, You(m) will not verb at+m	አት+ verb+ም ነበር 아트+ verb+므 내배르 You(m) was not verb+ ing at+m neber 아트+므 내배르

	아트+ㅁ	
You(f)	አት+ verb+ee+ም 아트+ verb+ee+므 You(f) do not verb, You(f) will not verb at++ee+m 아트+이+므	አት+ verb+ee+ም ነበር 아트+ verb+ee+므 내배르 You(f) was not verb+ ing at++ee+m neber 아트+이+므 내배르
He	ኢይ+ verb+ም 아이+ verb+므 he do not verb, he will not verb ayi+m 아이+므	ኢይ+ verb+ም ነበር 아이+ verb+므 내배르 he was not verb+ ing ayi+m neber 아이+므 내배르
She	አት+ verb+ም 아트+ verb+므 she do not verb, she will not verb at+m 아트+므	አት+ verb+ም ነበር 아트+ verb+므 내배르 she was not verb+ ing at+m neber 아트+므 내배르
We	እን+ verb+ም 안(아느)+ verb+므 we do not verb, we will not verb an+m 안+므 내배르	እን+ verb+ም ነበር 안(아느)+ verb+므 내배르 we was not verb+ ing an+m neber 안+므 내배르
You(pl)	አት+ verb+ው+ም 아트+ verb+우+므 You(pl) do not verb, You(pl) will not verb at+wu+m 아트+우+므	አት+ verb+ው+ም ነበር 아트+ verb+우+므 내배르 You(pl) was not verb+ ing at+wu+m neber 아트+우+므 내배르
They, He,she(p ol)	ኢይ+ verb+ው+ም 아이+ verb+우+므 they do not verb, they will not verb ayi+wu+m 아이+우+므	ኢይ+ verb+ው+ም ነበር 아이+ verb+우+므 내배르 they was not verb+ ing ayi+wu+m neber 아이+우+므 내배르

	past tense & present perfect negative (과거와 현재 완료 부정) (did not verb, have not verb+ed)	past perfect negative (had not verb+ed) (과거 완료 부정)

I	አልወሰድሁም 알애새드홈(후므) I did not take, I have not taken alwesedhum 나는 취하지 못했습니다.	አልወሰድሁም ነበር 알애새드홈(후므) 내배르 I had not taken alwesedhum neber 나는 취하지 못했었습니다.
You(m)	አልወሰድህም 알애새드홈(흐므) you(m) did take, you(m) have not taken alwesedhm 당신은(남성) 취하지 못했습 니다.	አልወሰድህም ነበር 알애새드홈(흐므) 내배르 you(m) had not taken alwesedhm neber 당신은(남성) 취하지 못했었습 니다.
You(f)	አልወሰድሽም 알애새드심(시므) you(f) did not take, you(f) have not taken alwesedshm 당신은(여성) 취하지 못했습 니다.	አልወሰድሽም ነበር 알애새드심(시므) 내배르 you(f) had not taken alwesedshm neber 당신은(여성) 취하지 못했습 니다.
He	አልወሰደም 알애새댐(댐(대므)) he did not take, he has not taken alwesedem 그는 취하지 못했습니다.	አልወሰደም ነበር 알애새댐(대므) 내배르 he had not taken alwesedem neber 그는 취하지 못했었습니다.
She	አልወሰደችም 알애새대침(치므) she did not take, she has not taken alwesedechim 그녀는 취하지 못했습니다.	አልወሰደችም ነበር 알애새대침(치므) 내배르 she had not taken alwesedechim neber 그녀는 취하지 못했었습니다.
We	አልወሰድንም 알애새드늠(느므) we did not take, we has not taken alwesednm 우리는 취하지 못했습니다.	አልወሰድንም ነበር 알애새드늠(느므) 내배르 we had not taken alwesednm neber 우리는 취하지 못했었습니다.

You(pl)	አልወሰዳችሁም 알애새다치훔(후므) you(pl) did not take, you(pl) have not taken alwesedachihum 당신들은 취하지 못했습니다.	አልወሰዳችሁም ነበር 알애새다치훔(후므) 내배르 you(pl) had not taken alwesedachihum neber 당신들은 취하지 못했었습니다.
They, He,she(p ol)	አልወሰዱም 알애새둠(두므) they did not take, they have not taken. alwesedum 그들은 취하지 못했습니다.	አልወሰዱም ነበር 알애새둠(두므) 내배르 they had not taken. alwesedum neber 그들은 취하지 못했었습니다.

	present & future tense negative (현재와 미래 부정) (do not verb, will not verb)	past continuous negative (was not verb+ ing) (과거 진행 부정)
I	አልፈልግም 알패르금(그므) I do not want, I will not want alfelgm 나는 원하지 않습니다. 나는 원하지 않을 것입니다.	አልፈልግም ነበር 알패르금(그므) 내배르 I was not wanting alfelgm neber 나는 원하지 않는 중이었습니다.
You(m)	አትፈልግም 아트패르금(그므) You(m) do not want, You(m) will not want atfelgm 당신은(남성) 원하지 않습니다. 당신은(남성) 원하지 않을 것입니다.	አትፈልግም ነበር 아트패르금(그므) 내배르 You(m) was not wanting atfelgm neber 당신은(남성) 원하지 않는 중이었습니다.
You(f)	አትፈልጊም 아트패르김(기므) You(f) do not want, You(f) will not want atfelgim	አትፈልጊም ነበር 아트패르김(김(기므)) 내배르 You(f) was not wanting atfelgim neber 당신은(여성) 원하지 않는 중이

https://worlddic.com/xe/amharic/05.html   - 361 -   인터넷 강의

	당신은(여성) 원하지 않습니다. 당신은(여성) 원하지 않을 것입니다.	었습니다.
He	አይፈልግም 아이패르금(그므) he do not want, he will not want ayifelgm 그는 원하지 않습니다. 그는 원하지 않을 것입니다.	አይፈልግም ነበር 아이패르금(그므) 내배르 he was not wanting ayifelgm neber 그는 원하지 않는 중이었습니다.
She	አትፈልግም 아트패르금(그므) she do not want, she will not want atfelgm 그녀는 원하지 않습니다. 그녀는 원하지 않을 것입니다.	አትፈልግም ነበር 아트패르금(그므) 내배르 she was not wanting atfelgm neber 그녀는 원하지 않는 중이었습니다.
We	አንፈልግም 안(아느)패르금(그므) we do not want, we will not want anfelgm 우리는 원하지 않습니다. 우리는 원하지 않을 것입니다.	አንፈልግም ነበር 안(아느)패르금(그므) 내배르 we was not wanting anfelgm neber 우리는 원하지 않는 중이었습니다.
You(pl)	አትፈልጉም 아트패르굼(구므) You(pl) do not want, You(pl) will not want atfelgum 당신들은 원하지 않습니다. 당신들은 원하지 않을 것입니다.	አትፈልጉም ነበር 아트패르굼(구므) 내배르 You(pl) was not wanting atfelgum neber 당신들은 원하지 않는 중이었습니다.
They, He,she(p ol)	አይፈልጉም 아이패르굼(구므) they do not want, they will not want	አይፈልጉም ነበር 아이패르굼(굼(구므)) 내배르 they was not wanting ayifelgum neber 그들은 원하지 않는 중이었습니

		다.
ayifelgum 그들은 원하지 않습니다. 그들은 원하지 않을 것입니다.		

13. 암하릭어 문법 - 목적격 접미사를 알아야 합니다.

Personal Pronouns (인칭 대명사)	to be verb	The object suffixes - Rule (목적격 접미사 - 규칙)
እኔ 으내 I ine 나는	ነኝ 낸(내느) I am neny 나는 입니다.	ኝ me ny 느
አንተ 안(아느)태 you(m) ante 당신은(남성)	ነህ 내흐 You(m) are neh 당신은(남성)입니다.	ህ (ኸ) you(m) h (he) 흐(해)
አንቺ 안(아느)치 you(f) anchi 당신은(여성)	ነሽ 내시 you(f) are nesh 당신은(여성) 입니다.	ሽ you(f) shi 시
እርሱ 으르수 he irsu 그는	ነው 내우 he is newu 그는 입니다.	ው(ት) him wu(t) 우(트)
እርሰዋ 으르스와 she irswa 그녀는	ናት 나트 she is nat 그녀는 입니다.	አት her at 아트
እኛ 으냐 we inya 우리는	ነን 낸(내느) we are nen 우리는 입니다.	ን (ነ) us n (ne) 느(내)
እናንተ 으난태 you(pl) inante 당신들은	አችሁ 아치후 you(pl) are nachihu 당신들은 입니다.	አችሁ you(pl) achihu 이치후
እነርሱ 으내르수 They	ናቸው 나쵸우 they are	አቸው them achewu

inersu 그들은	nachewu 그들은 입니다.	아쵸우
እርሳቸው 으르사쵸우 he(pol) or she (polite) irsachewu 그는(그녀는) (공손한 표현)	ናቸው 나쵸우 he(pol) is, she (polite) is nachewu 그는(그녀는)(공손한 표현) 입니다.	ዎ or ዎት you(pol) wo or wot 오 또는 오트

14. 암하릭어 문법 - said 동사, have 동사를 알아야 합니다.
The "Said" verbs(동사들)(아래 verbs(동사들))(말했다 동사들)(알래 동사들)
1. አለ 아래 verbs(동사들)(알래 동사들)

ጠጥ አለ 째뜨 아래 he was calm tzeth ale 그는 조용해졌다	እምቢ አለ 음(으므)비 아래 he refused imbi ale 그는 거절했다
ከፍ አለ 캐프 아래 he was high kef ale 그는 높아졌다	ዝቅ አለ 즈끄 아래 he was low zq ale 그는 낮아졌다
ቶሎ አለ 토로 아래 he hurried tolo ale 그는 서둘렀다	ይቅር አለ 이끄르 아래 he forgave, he pardoned yiqr ale 그는 용서했다
ቀስ አለ 깨스 아래 he was careful qes ale 그는 조심했다	ደስ አለው 대스 아래우 he was glad(impersonal) des alewu 그는 기뻤다
ዝም አለ 즘(즈므) 아래 he was silent zm ale 그는 조용히 했다	ቅር አለው 끄르 아래우 he was displeased (impersonal) qr alewu 그는 불쾌해 졌다
ቅርት አለ 끄르트 아래 he completely stopped qrt ale 그는 멈추었다	ቀረት አለ 깨래트 아래 he lagged behind qeret ale 그는 뒤로 뒤떨어졌다
ቁጭ አለ 꾸쯔 아래 he sat down	ብቅ አለ 브끄 아래 he appeared, he turned up

quch ale 그는 앉았다	bq ale 그는 나타났다
ሰተት አለ 새태트 아래 he went straight forward setet ale 그는 곧게 갔다	ትዝ አለዉ 트즈 아래우 he remembered it tz alewu 그는 그것을 기억했다
ዞወር አለ 재애르 아래 he turned zewer ale 그는 돌렸다	ብንን አለ 븐(브느)느 아래 he started up violently (from sleep) bnn ale 그는 시작했다
ቸል አለ 쵸르 아래 he neglected chel ale 그는 무시했다	እሺ አለ 으쉬 아래 he agreed ishi ale 그는 동의했다

*** The "have" verbs(동사들)("아래" verbs(동사들))(가지다 동사)(알래 동사들)
(have, will have)(가지고 있습니다 또는 있습니다, 가질 것입니다.)

1. - The "have" verb("አለ" "아래" Verb)(have, will have)

1. (가지다 동사)(알래 동사들)(가지고 있다, 가질 것입니다.)

	"አለ" "아래" Verb (M a s c subject) "ale" 남성	The negative of አለ is የለም The negative of 아래 is 애램(래므) ale is yelem	The verb ነበረ 내배래 with object suffixes nebere	The negative of አለ is አል ነበረኝም The negative of 아래 is 아르내배랜(래느)므 ale is alneberenym
I	አለኝ 알랜 I have aleny 나는 가지고 있다	የለኝም 애랜(래느)므 I have not yelenym 나는 가지고 있지 않다	ነበረኝ 내배랜(래느) I had nebereny 나는 가지고 있었다	አልነበረኝም 아르내배랜(래느)므 I had not alneberenym 나는 가지고 있지 않았다
You(m)	አለህ 알래흐 you(m) have aleh 당신은(남성) 가지고 있다	የለህም 애래홈(흐므) you(m) have not yelehm 당신은(남성) 가지고 있지 않다	ነበረህ 내배래흐 you (m) had nebereh 당신은(남성) 가지고 있었다	አልነበረህም 아르내배래홈(흐므) you (m) had not alneberehm 당신은(남성) 가지고 있지 않았다

You(f)	አለሽ 알래시 you(f) have aleshi 당신은 (여성) 가지고 있다	የለሽም 애래심(시므) you(f) have not yeleshm 당신은 (여성) 가지고 있지 않다	ነበረሽ 내배래시 you (f) had neberesh 당신은 (여성) 가지고 있었 다	አልነበረሽም 아 르 내 배 래 심 (시므) you (f) had not alnebereshm 당신은 (여성) 가지고 있지 않았다
He	አለው 아래우 he have alewu 그는 가지고 있다	የለውም 애래움(우므) he has not yelewum 그는 가지고 있지 않다	ነበረው 내배래우 he had neberewu 그는 가지고 있었다	አልነበረውም 아 르 내 배 래 움 (우므) he had not alneberewum 그는 가지고 있지 않았다
She	አላት 아라트 she have alat 그녀는 가지고 있다	የላትም 애라틈(트므) she has not yelatm 그녀는 가지고 있지 않다	ነበራት 내배라트 she had neberat 그녀는 가지고 있었다	አልነበራትም 아 르 내 배 라 틈 (트므) she had not alneberatm 그녀는 가지고 있지 않았다
We	አለን 알랜 we have alen 우리는 가지고 있다	የለንም 애랜(래느)므 we have not yelenm 우리는 가지고 있지 않다	ነበረን 내배랜(래느) we had neberen 우리는 가지고 있었다	አልነበረንም 아 르 내 배 랜(래 느)므 we had not alneberenm 우리는 가지고 있지 않았다
You(pl)	አላችሁ 알라치후 you(pl) have alachihu 당신들은 가지 고 있다	የላችሁም 애라치훔(후므) you (pl) have not yelachihum 당신들은 가지 고 있지 않 다	ነበራችሁ 내배라치후 you (pl) had neberachihu 당신들은 가지 고 있었다	አልነበራችሁም 아 르 내 배 라 치 훔(후므) you (pl) had not alneberachihu m 당신들은 가지 고 있지 않 았다
They, he, she(pol)	አላቸው 아라쵸우 They have alachewu 그들은 가지고 있다	የለዋትም 애래오틈(트므) they have not yelewotm 그들은 가지고 있지 않다	ነበራቸው 내배라쵸우 they had neberachewu 그들은 가지고 있었다	አልነበራቸውም 아 르 내 배 라 쵸 움(우므) they had not alneberachew um 그들은 가지고 있지 않았다
You(po l)	አለዎት 아래오트 you(pol) have alewot 당신은 (공손한	የለዎትም 애래오틈(트므) you (pol) have not yelewotm	ነበረዎት 내배래오트 you (pol) had neberewot 당신은(공손한	አልነበረዎትም 아 르 내 배 래 오 틈(트므) you (pol) had not

표현) 가지고 있다	당신은(공손한 표현) 가지고 있지 않다	표현) 가지고 있었다	alneberewotm 당신은(공손한 표현) 가지고 있지 않았다

15. 암하릭어 단어들을 알아야 합니다.
이곳에 있는 단어들을 공부하시면 되십니다.

이 책 다음으로 암하릭어 회화(460 예문), 단어들(동사, 단어)(3,900개)가 출판될 예정입니다.

ሀ(하) ሁ(후) ሂ(히) ሃ(하) ሄ(해) ህ(흐) ሆ(호)